Understanding of TOURISM SERVICE for Customer Satisfaction

개정판

고객감동을 위한 관광서비스의 이해

도미경 지음

백산출판사

머 리 말

관광서비스는 일반적인 서비스와는 다른 특별한 감동이 있어야 한다. 그것은 사람들이 왜 관광을 하는가와 관광이 무엇인가에 대한 이해와 관광을 통해서 얻는 감동에 대한 가치를 인식하는 데서 시작해야 한다.

관광이 인간에게 주는 의미는 여러 가지가 있지만 체험에 대한 심리적 즐거움이 가장 으뜸이 될 것이다. 그렇지만 여기서만 머물 것이 아니라 즐거움과 동시에 무언가를 새롭게 느끼고 배우는 지적 충만으로 이어진다는 데 관광의 큰 가치가 있는 것이다. 그래서 관광이 인간에게 예나 지금이나 변함없이 주는 선물은 자신과 세상을 성찰하는 소중한 시간이 되는 것이다.

1989년 전면적인 국민해외여행자유화를 실시한 이래로 2003년 현재 7백만 명 이상이 국외로 나가고 있고 주말이면 어김없이 고속도로가 정체를 보이고 있는 것은 관광이 인간의 삶에 얼마나 중요한지를 알게 한다. 이렇게 관광 경험이 늘어날수록 관광서비스에 대한 질적 욕구도 증가하고 있다. 관광버스를 타고 단체로 유원지를 찾아다니고 춤과 노래로 일관하던 여행에서 이제 답사를 위한 서적을 들고 해지는 저녁 고택이나 새벽녘의 절터에서 덩그러니 서 있는 석탑을 찾는 가족도 늘어나고 있다. 그리고 이런 사회변화에 부응하여 문화유적지의 이해를 도와주는 문화유산 해설사는 관광의 질을 한층 높이고 있다. 이와 같이 여행을 통해 느끼고 배우고 깨닫는 것이 '빛을 보는 것'이고 관광이다.

이렇게 관광이 과소비의 온상이 아니라 삶의 에너지를 재충전하고 삶의 이치를 깨닫게 하며 세상을 성찰하는 소중한 경험이 되도록 하기 위해서는 관광서비스를 제공하는 종사원의 역할이 매우 중요하다.

관광은 특별한 체험으로 이루어진다. 따라서 관광을 구성하는 물리적 요소나 인적 서비스의 요소는 관광만이 갖는 특별한 가치를 가져야만 한다. 이를 위해서 관광서비스 종사원은 자신의 업무를 수행할 때 모든 개인들에게 특별한 체험, 독특한 느낌, 오감을 통해 느끼는 감동을 줄 수 있어야 하며, 시시각각으로 변하는 관광환경을 고객의 특별한 경험으로 이끌 수 있어야 한다. 만일 관광종사원이 정해진 매뉴얼대로만 업무를 수행한다면, 언젠가는 기계로 그 업무가 대체될 수 있다. 이미 인적 서비스가 기계로 대체된 호텔이 등장했으며, 이 호텔에서 접객서비스 종사원은 없다. 고객을 대하는 종사원의 서비스에서 가장 중요한 것은 마음을 담고, 마음을 전달하는 것이다. 그리고 관광서비스는 관광의 정신을 담고, 관광의 정신을 전달해야 한다.

본서는 관광서비스에 대한 가치를 깨닫는 데 가장 큰 목적을 두고 관광서비스에서 필요한 정신자세를 확립할 수 있도록 하였다. 따라서 관광업 전반에서 활용될 수 있는 예를 제시함으로써 생각의 폭을 넓히고자 하였다. 관광 분야에서 각 분야의 업무를 익히더라도 고객마다 다른 욕구에 부응하는 관광서비스를 제공하기 위해서는 고객의 관광에 대한 가치 인식이 가장 우선해야 하기 때문이다. 따라서 관광서비스는 업종별 업무매뉴얼이나 서비스매뉴얼과는 달라야 한다. 본서에서 업종별 매뉴얼을 지양하고 관광관련 사례를 가급적 많이 다룬 것은 이 사례들을 통해서 관광마인드를 키우고 관광현장에서 행동할 수 있는 판단력을 키워가기를 바랐기 때문이다.

끝으로 이 책이 출판되기까지 도움을 주신 백산출판사의 임직원 여러분께 감사드리고, 모쪼록 본 저서가 관광학도들에게 관광서비스의 가치와 인식을 강화하고 관광서비스의 전문성을 함양하는데 큰 역할을 하기를 바라는 바이다.

저 자

차 례

제3장 관광서비스의 특징과 분류

제4장 관광서비스의 고객

제7장 고객의 기대

제8장 관광서비스의 품질

제9장 관광서비스의 접점관리

제10장 관광서비스의 불만 / 불평

제11장 접객서비스 실제

제12장 관광서비스 품질 인증

제1장

관광과 서비스의 이해

관광과 서비스의 이해

제1절 관광의 개념

1. 관광의 어원과 의미

1) 관광의 어원

觀光의 뜻을 글자 그대로 해석하면, '볼 관(觀)', '빛 광(光)'으로 이루어져 있으므로 '빛을 보는 것'이 된다. 우리가 관광을 하면 여러 가지 많은 것들을 보게 된다. 여기서 '빛'이 무엇이고 어떻게 '본다'는 뜻인지를 살펴보면 관광의 깊은 의미를 발견할 수 있다.

관광의 어원은 주역에 등장한다. 주역은 상경(1~30괘)과 하경(31~64괘)으로 이루어져 있으며 총 64괘 중 우주생성의 순환원리를 표현하고 있는 상경(上經)의 20괘인 '觀'괘의 효사에 "관국지광"이 수록되어 있다. 하나의 괘(卦 : 소성괘)는 효(爻)라고 불리는 음양(陰陽)을 나타내는 3개의 선(효)들로 구성되어 있다. 그 중 땅을 나타내는 곤(坤, ☷)괘와 바람을 나타내는 손(巽, ☴)괘가 합쳐서 20괘인 觀괘(대성괘)가 되었다. 그래서 괘를 볼 때는 우선

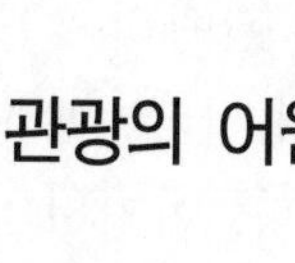

괘상을 본 다음 각 효를 설명하는 문장인 효사를 보아야 그 뜻을 알 수 있다.

관(觀)의 전체 괘상은 '바람이 땅 위를 두루 다니는 형상'으로 집을 떠나 자유롭게 세상을 다니는 것이다. 관(觀)하는 것은 눈으로만 보는 것이 아니고 관세음(觀世音)이 '세상의 소리를 본다'고 했듯이 오감으로 느껴서 깊은 이치를 깨닫고 아는 것을 말한다.[1)]

각 효를 설명하는 효사는 어린아이, 부녀자, 어른, 신하, 임금, 상왕 등의 관에 대해 수록하고 있다. 觀은 그 사람의 위치에 따라 보는 자세가 다른데, 6개의 효사를 모두 정리하여 관(觀)하는 자세를 요약하면, "관(觀)하는 것은 자유롭게 이동하면서 세상을 두루 살펴 자기 삶의 이치를 깨닫고 그것을 세상에 올바르게 펼쳐 관광으로 존경받는 것"을 말한다.

6개의 효 중에서 네번째 음효(陰爻)인 64효가 관광의 어원인 "관국지광 이용빈우왕(觀國之光 利用賓于王)"이다. '국지광(國之光)을 觀하는 것'에서 '관광'이란 용어가 시작되었다. 여기서 국지광(國之光)이란 '나라의 빛'을 말하는데, 64효가 신하의 도리이므로, 신하가 나라의 빛을 관(觀)하여 나라가 발전하고 융성하는 이치를 깨닫고 아는 것이다. 국지광은 임금의 손님이 되는데 이롭다고 한 것이다. 여기서 '나라의 빛'이란 당시의 사회에 비추어 볼 때, 천하를 얻어 통일을 이루며 번성하고 발전하는 나라가 되는 이치를 말한다.

또 '이용빈우왕'은 임금의 손님이 되는 것은 과거제도가 없던 당시 사회에서 관직에 나아가는 유일한 길이었다. 임금에게 천거되고 그의 손님이 되어 인정받고 등용되어야 자신의 뜻을 마음껏 세상에 펼칠 수 있게 되고 옳게 나라를 다스려 존경을 받게 되는 것이다.

---

1) 도미경, 동양사상을 근거로 한 관광에 관한 고찰, 한국여행학회, 여행학연구 2002.

2) 관광의 의미

20괘의 6효를 모두 살펴보면 각 효에서 관광하는 것은 자기의 '삶의 빛'을 보는 것이다. 여기서 '자기 삶의 빛'은 세상을 보고 그 이치를 알아서 자신의 삶의 도리와 나아갈 바를 깨닫는 것이다. 따라서 관광은 사람이 여행을 하며, 높은 뜻을 가지고, 자유롭고 넓고 마음으로 봐서, 세상의 이치와 삶의 도리를 알고, 자기 삶이 나가야 할 바를 깨닫게 되는 것이다. 그리고 그 깨달음을 실천하면서 존경받는 것이다.

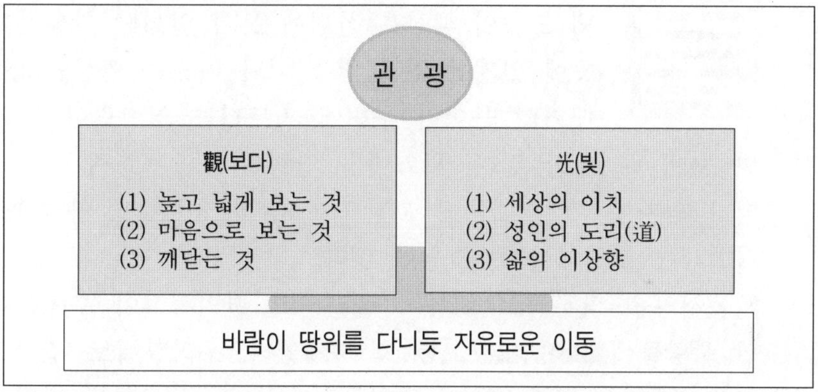

여기서 '삶의 빛'은 아주 개인적이고 주관적인 판단에 의존하기 때문에, 타인의 관광에 대해 일일이 그 가치와 진의를 따지기는 어렵다. 그렇지만 관광의 궁극적인 가치는 '깨달음'이기 때문에 여행을 통해서 얻을 수 있는 소중한 가치들을 함축적으로 표현한 철학적 가치를 담고 있다. 여행을 떠나면 자유로움을 느끼고, 많은 경험들을 얻게 된다. 이런 경험들이 마음속에 감동과 교훈으로 남게 되고 살아가는 데 많은 도움이 된다. 책을 통한 경험이 간접경험이라면 여행을 통해서 얻는 경험은 직접 경험이다. 다양하게 경험한 것들은 여행을 가지 않았다면 얻지 못했을 소중한 것이고 삶을 풍부하게 하고 풍요롭게 하며, 지혜롭게 할 수 있다.

다만, 좋은 책을 읽어야 하는 것과 마찬가지로 여행에서도 '삶의 빛'이 되는 좋은 감동, 깨달음, 느낌, 교훈들을 얻으려는 노력이 필요하다. 그러기 위해서는 올바르게 보고(觀), 빛(光)이 되는 것을 보는 관광의 자세를 가져야 한다.

3) 여행의 의미

여행(旅行)은 나그네 려(旅), 다닐 행(行)으로 이루어져 '나그네길'을 말한다. 나그네는 집을 떠난 사람이며 쓸쓸하고 외롭다. 주역에 旅괘를 살펴보면, 남녀가 만나 세상을 살아가는 순환의 과정을 그리고 있는 하경(下經)의 56괘이다. 괘의 전체 모습인 괘상은 산위에 불이 일어난 형상이다. 한 곳에 있지를 않고 집을 떠나 떠도는 형상인데, 산꼭대기의 불이란 주변에 퍼트리는 영향력이 적고, 남의 눈에 매우 잘 띈다. 나그네가 안정된 집, 보호해 주는 집을 떠나 타지에 있기 때문에 고달프고, 남의 눈에 잘 띄기 때문에 나그네는 조심해야 할 것들이 많다.

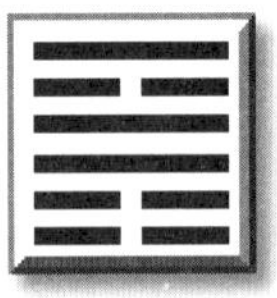

동서양을 막론하고 교통이 불편하고 편의시설이 부족하던 옛날 사람들에게 여행은 고통 그 자체였다. 우리말에도 '집 떠나면 고생이다'라는 말이 있고, 영어 '트래블(travel)'은 '세 개의 구덩이'라는 뜻을 가진 라틴어 '트레팔리움(trepalium)'에서 유래했는데, 트레팔리움은 세 개의 구멍이 나 있는 고대 고문 도구의 명칭이기도 했다. 이렇게 여행은 마치 고문을 당하는 것처럼 고생스러운 일이라는 의미에서 트래블이라는 단어가 탄생했고, 괴로움, 고생을 뜻하는 '트러블(trouble)'도 트래블에 뿌리를 두고 있다.

그래서 여행을 떠나기 전에는 잘 준비해야 하고, 여행지에서도 항상 주의를 게을리 해서는 안 된다. 여행이란 본래 고생길이라고 하듯이 여행길은 큰일 없이, 큰 사고 없이 여정을 마치려는데 그 뜻이 있는 것이다. 그래서 여행자가 주의해야 할 사항에는 다음과 같은 것들이 있다.[2]

(1) 조급하지 말고 잘 준비해야 한다.
(2) 항상 올바른 도움이 필요하다.
(3) 조심스럽고 주변에 순응해야 한다.
(4) 자기 자리가 아니므로 늘 불편하다.
(5) 여행에서는 잃어야 얻는 것이 있다.
(6) 나그네로 끝난다면 잃는 것뿐이다.

여 행(나그네 길)
집을 나와 떠돌며, 고립되고 눈에 잘 띈다.

4) 관광과 여행

동서고금을 통해 널리 여행을 권장하는 것은 여행을 통해 세상과 삶을 배우고 깨달을 수 있기 때문이다. 사람들은 여행을 통해 많은 것들을 배우고 느끼게 되며, 그런 경험들이 삶을 풍요롭게 한다. 또 여행을 많이 한 사람은 세상에 대해 아는 것이 많다고 여기고 부러워하는 것은 바로 여행이 관광으로 승화되었기 때문이다.

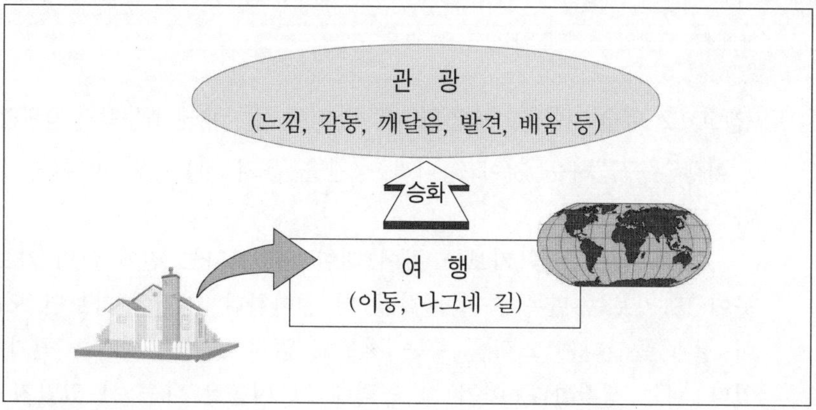

---

2) 주역, 하경, 56괘, 효사.

귀한 자식일수록 '여행을 시키라'고 한 것은 여행을 통해 관광에 이르게 하려고 한 것이다. 또, 여행을 예찬하는 많은 글들 속에 여행이 인간의 삶에 매우 값진 의미를 주는 것으로 표현되는데, 이처럼 여행으로 얻을 수 있는 가치들을 포함하고 있는 용어가 '관광'이다. 누구든 여행에서 큰 가치를 발견할 때 여행은 관광으로 승화된다. 여행이 관광으로 승화되었을 때 비로소 여행은 인간의 삶에 의미 있고 가치 있는 것이 된다.

〈참고〉 1. 답사여행의 길잡이에서

– 한국문화유산답사회 대표 유홍준

언제부터인지 여행은 인간의 삶을 이루는 한 부분으로 되어왔다. 여행이 인간의 삶에 주는 일차적 의미는 권태로운 일상으로부터 벗어나는 즐거움에 있을 것이다. 여행이 주는 이러한 즐거움은 감성의 해방에서 비롯된다. 그러나 여행의 의미는 결코 여기에서 머무르는 것이 아니다. 즐거움과 동시에 무언가를 새롭게 느끼고 배우는 지적 충만으로 이어진다는 데 여행의 큰 미덕이 있는 것이다.

돌 하나, 풀 한 포기에도 삶의 체취와 역사의 흔적이 그렇게 서려 있음을 보았다. 그것은 놀라움이자 기쁨이었으며, 그동안 우리 것에 무관심했던 데 대한 부끄러움의 확인이기도 하였다.

여행이 감성의 과소비가 아니라 삶의 에너지를 재충전하는 계기가 되는 참된 여행문화의 정착이 요구되고 있는 것이다(한국문화유산답사회, 답사여행의 길잡이, 돌베개, 2002.).

〈참고〉 2. 예술 기행집 '시간의 파도로 지은 성' 펴낸 불문학자 김화영 교수

여행은 구경하는 것이 아니라 공간을 옮겨 사는 것, 떠나라, 접촉하라, 그리고 느껴라.

– 나는 생전 처음 가보는 곳에 대한 흥미보다는 전에 이미 가보았던 곳에 또 가보는 반복 속의 변화를 더 좋아한다. 거기에 가보면 모든 것이 전과 똑같다는 느낌을 주는 경우도 없지 않지만 대개는 뭔가 변해 있다. 나는 생각한다. 여기 이 언덕에 그 여름날 나는 서 있었지. 그때 나는 그 풍경 속에 다시 돌아와 있는, 이미 청년이 아닌 나를 생각한다.

나도 변했다. 단순히 나이를 더 먹었다는 사실 이외에도 많은 관계와 의미의 변화를 이끌고 나는 그곳에 와 있는 것이다. 그 변화와 공간의 접촉, 즉 내게 구체적인 삶과 그 변화를 만지고 있다는 실감, 그것이 여행이다.(책머리에서)－

"여행은 '공간을 옮겨서 사는 것'입니다. 구경하러 가는 게 아니고요. 우리 삶 전부가 여행이죠. 그렇게 생각하면 매일매일 출퇴근하면서도 여행을 할 수 있죠. 멀리 갈 것도 없이 그저 손쉬운 버스를 타고 대단할 것 없는 중·소도시에 당도하기만 해도 우리는 돌연 잊었던 자신과 대면하게 되지요. 외국을 갈 때도 마찬가집니다. 외국 풍물에 호기심도 있지만 그곳이 내가 지금 사는 곳이라고 생각하세요. 보는 눈이 달라집니다. 길에서 만나는 사람들, 잠시 사귀다 이별 연습을 하게 되는 외국 사람도 좋아요. 우리처럼 고향이 어디냐, 나이는 몇이냐로 상대방을 심문하지 않거든요." 김 교수는 여행을 가기 전에는 공부를 많이 하고 책도 많이 읽고 가지만 도착해서는 책 속에 있던 선입견은 다 버리고 느낌에만 의존한다. 김화영 교수가 말하는 멋지게 여행 즐기는 법은 다음과 같다.

신문 보면 여행 광고 많지요. 대부분의 여행이 매일 아침 7시에 기상해 본전 뽑으려고 제대로 보기도 전에 내가 들어간 사진 찍고 버스 타고 서둘러 또다른 장소로 가곤 하죠. 외국 사람들 이제 그런 여행 패턴은 없어졌어요. 예전에 보면 시골 사람들이 창경궁에 올라와 프로판 가스 벌여놓고 고기 구워 먹더라고요. 우리는 다 고기 구워 먹어 봤으니 이제 안 하지만 첨 해본 사람은 그거 해 봐야 되잖아요. 이제 11일 동안 열한 군데 가지 말고 한 군데 닷새, 열흘 가보세요. 여행이란 게 내 삶이란 말이에요. 나에게 아무 의미 없는 궁전을 보기보다 여유 있게 한 곳에서 지내며 발로 걸으며 관찰하고, 구멍가게 주인과 친구가 되고, 아, 구멍가게 주인에게도 이런 꿈이 있구나 느끼는 것, 그것이 내 삶에 더 의미가 있는 거예요. 내가 외국 사람에게 서울을 안내해도 큰 궁은 안내 안 해요. 운현궁 같은 데, 조그만 데에서 지내면 나중에라도 '아, 어느 계절 한때를 서울에서 지냈구나' 하는 느낌이 오는 겁니다(조선일보, 2003. 6. 15일자, 글·육은주 기자).

2. 올바른 관광의 자세

관광은 '사람이 자유롭게 여행하며, 마음으로 보아서 세상의 이치와 삶의 도리를 깨닫고 자신의 삶이 나가야 할 바를 깨닫는 것이다. 그리고 이것을 실천하여 삶의 질을 향상시키고 관광으로 존경받는 것이다. 깨달음을 쉽게 말하면 '아, 그렇구나' 하고 마음으로 알게 되는 것이다. 깨달음에 도달하기 위한 올바른 자세는 다음과 같다.

① 자유롭게 널리 본다.
② 마음으로 본다.
③ 자기 삶의 빛을 본다.

1) 자유롭게 널리 본다

관광은 바람이 땅 위를 돌아다니듯 자유롭게 여행하며 보는 것이다. 그렇기 때문에 집안에서, 사진을 통해서, 이야기를 통해서, 인터넷이나 비디오 등을 통해서 보지 않고 실제로 직접 여행하며 보는 것이다. 자유롭다는 것은 반드시 돌아올 목적을 가져야 한다거나, 일상생활 또는 주거지를 떠나야 한다거나, 일정 간격 이상으로 떠나야 한다는 제한은 없다. 그저 자신이 살고 있는 시간(天)과 공간(地) 속에서의 자유롭게 이동을 하는 것이다.

자유롭게 널리 보려면 긍정적인 사고와 열린 마음을 가져야 한다. 자유롭고 탁 트인 마음이기 때문에 일상의 탈출이 느껴지는 것이 관광이다.

널리 보려면 '보는 위치'가 항상 위에서 높은 뜻을 가지고 보아야 한다. 여행에서 눈앞의 재미와 편한 것만 찾거나, 보잘 것 없어 보인다고 하찮게 여겨서는 안 된다. 모든 것들을 높은 뜻, 깊은 의미를 가지고 보는 것이다. 또 윗사람의 위치에서 보아야 한다. 그래서 관광하는 마음을 가진 사람은 너그럽고 이해심 많으며 품위를 잃지 않고 낯선 사람과 낯선 환경, 이질적 문화를 접하더라도 위축되거나 두려워하지 않고 존경을 받는다. 여행지에서 아무리 행색이 초라해도 높은 뜻을 가지고 넓게 볼 수 있다면 자신감을 잃지 않게 된다.

2) 마음으로 본다

관광은 '빛을 마음으로 보는 것'이다. 오감을 초월해서 마음으로 본다는 것은 곧 깨달음을 얻는 것을 말한다. 여행은 눈으로 보고, 소리를 듣고, 냄새를 느끼고, 만져보고, 음식을 먹는다. 이렇게 오감으로 받아들인 것들은 마음으로 보아서 느끼고 깨달음을 얻는다. 허물어져 가는 유적지의 빛바랜 건물에서 찬란한 문화를 보고 역사의 숨결을 느끼는 것이다.

겉으로 드러난 것만 보고 그 속에 담긴 뜻을 모르는 채, 교만하게 행동해서는 안 된다. 흔히 선진국을 여행할 때에는 화려하고 잘 사는 모습만 보고 '그 나라는 참 잘 살더라, 참 좋은 나라이다'라고 여기고 스스로 위축되거나 반대로 함부로 행동한다면 경건하거나 높은 뜻을 가지지 못한 것이다. 또 못 사는 나라에 갔을 때 교만해져서 함부로 돈을 쓰거나 그 나라 사람이나 문화를 무시하는 것도 마찬가지이다.

마음으로 잘 보기 위해서는 ① 경건하고 겸손하게 보아야 하고 ② 높은 뜻으로 보아야 한다. 경건하고 겸손하게 높은 뜻으로 보면 훨씬 더 많은 것들을 볼 수 있다. 잘 사는 화려한 모습 뒤에 감추어진 아픔과 지금의 모습을 위해 기울인 노력을 보아야 한다. 못 사는 나라에서는 열악한 환경에서도 행복하게 살아가는 사람들의 모습에서 지혜를 배우고, 그들의 인내와 노력, 그리고 그들 조상들의 빛나는 문화유산을 통해 그들의 문화와 정신을 보아야 한다.

이렇게 마음으로 잘 보면 세상의 이치를 깨달을 수 있고, 또 존경받는다. 그래서 여행을 해서 관광에 이르면 삶이 풍요로워지고 삶의 질이 높아질 수 있는 것이다.

3) 자기 삶의 빛을 본다

자기 삶의 빛이란 자기 삶이 나아갈 바이다. 즉 인생의 역할과 가치를 깨닫고 행동으로 옮기는 것이다. 사람마다 해야 할 바가 서로 다르다. 아버지는 아버지로서의 역할이 있고, 아들은 아들로서의 역할이 있다. 상관은 상관으로서의 역할이 있으며, 부하는 부하로서의 역할이 있다. 여행을 가서 마음으로 보면 세상의 이치와 도리가 보이고 그 속에서 자기 삶의 빛이 되는 것을 볼 수 있다.

자기 삶이 나갈 바를 알면, 어떤 일 앞에서도 나아갈 때와 물러갈 때를 구분할 줄 알고 행동에 옮길 수 있다. 즉 상황에 따라 자신이 해야 할 바를 알고 제대로 행동하게 됨으로써 존경받는 삶을 살 수 있다. 올바른 관광은 자신의 삶을 돌아보고 깨달아서 존경받는 것이다.

3. 관광의 중요성과 관광사업

1) 관광의 중요성

사회가 발전하고 물질적으로 풍요로워짐에 따라 관광은 국제적으로나 국가 및 사회 그리고 개인적으로도 매우 중요해졌다.

(1) 삶의 질 향상에 기여

관광은 인간의 삶에서 매우 중요한 가치가 되었다. 장기 휴가제도는 선진국이 되는 요건의 하나가 되었고, 사람들은 노동 후 남는 시간을 채우기 위해 관광을 선택하는 것이 아니라, 관광을 위해 준비하는 기간으로 노동을 하는 경우도 늘고 있다. 학교를 휴학하고 배낭여행을 떠나는 학생들이 있는가 하면, 직장을 휴직하고 자녀들의 학업을 중지하고 온 가족이 세계일주를 떠나기도 한다. 전세금을 빼서 외국여행을 떠나는 신혼부부도 있다.

사회에서 더 이상 관광은 여가시간의 위락 정도가 아니라 학업을 중지하고, 직장을 쉬어야 할 만큼 인생에서 소중한 것이 되었다. 이들에게 관광을 대신할 수 있는 것은 아무 것도 없다. 여행을 통해서 보고 배우고 느끼고 감동한 모든 것들이 더 나은 삶, 정신적으로 풍요로운 삶을 약속하기 때문이다.

(2) 외화획득과 고용창출

관광은 여행의 편의만이 아니라 '빛'을 보여주기 위한 사업으로 확대되었고 이제 국가의 중요한 전략이 되고 있다. 선진국이건 개발도상국이건 관광은 외화획득과 고용창출의 중요한 수단이 되기 때문이다. 외국관광객 1인당 소비액은 반도체 16MD RAM 440개, 컬러 TV(소형) 10대를 수출한 것과 같은 효과가 있으며 외국관광객 3인을 유치할 경우 소형 자동차 1대를 수출한 것과 동일한 효과를 가진다고 할 정도로 외화획득의 중요한 수단이 된다.

(3) 지역경제 활성화

관광의 경제적 효과는 수출효과 뿐만 아니라 지역경제의 활성화에 기여한다. 관광으로 많은 사람들이 유입되고 지역의 소비가 활발해지면서 지역의 생산이 늘어나고 소득도 늘어나 지역은 활기를 띠게 된다. 따라서 정부와 지역은 앞 다투어 관광을 위해 노력을 기울이고 지방의 각 자치단체장은 관광홍보활동에 주력하고 있다. 올림픽유치 및 각종 행사의 유치와 지역축제의 개최 등의 노력이 여기에 해당한다.

(4) 세계화에 기여

올림픽 등 국제행사를 통한 관광의 활성화는 타국의 방문을 통해 서로를 이해하며 문화에 관심과 애정을 갖게 되어 세계화에 기여한다. 대립과 반목에서 벗어나 국경을 넘어 친분을 쌓고 우호적 이미지를 형성할 수 있다. 또한 관광을 통해 견문을 넓히고 외국이나 타 지역의 문화, 지식, 정보 등을 넓힐 수 있는 기회를 갖게 됨으로써 편협한 사고에서 벗어나 세계인이 될 수 있도록 한다.

(5) 미래산업

관광은 향후 미래사회에서도 지속적으로 각광을 받으며 발전할 수 있는 사업이다. 이는 특히 관광이 세계정세 및 경제상황 등에 민감하지만 매우 회복성이 높은 안정적인 경제부문임이 입증되면서 더욱 확신을 얻고 있다. 2002년 세계관광통계 잠정집계 결과 세계국제관광도착자수(International Tourist Arrivals)가 7억명을 돌파하였으며, 9·11테러 발생 이후 위기상황에 대한 논란과 암울한 예측에도 불구하고 전년대비 3.1% 성장했다. 이를 두고 WTO 사무총장 Francesco Frangialli는 "국제관광은 심각한 위기를 겪었지만 관광산업이 얼마나 회복성이 강한 산업인가를 다시 한 번 입증하였다. 예를 들어, 정보기술(IT)과 같은 다른 산업들은 관광산업보다 훨씬 위기에 취약하며 더 강한 타격을 받을 수 있다"고 말했다.[3)]

2) 관광과 관광사업

관광은 사람이 여행을 통해 깨달음을 얻는 것이다. 이렇게 볼 때 관광의 범위가 매우 넓어서 관광의 시작과 끝을 단정적으로 말하기는 어렵지만, 물리적 범주를 말한다면 '집을 떠나 깨달음을 얻는 과정'이라고 할 수 있다.

그리고 관광의 대상은 '삶의 빛'이다. 삶의 빛이 되는 것으로는 재미, 아름다움, 신기함, 배움, 역사, 경이로움 등 마음에 감동을 줄 수 있는 모든 것이 포함될 수 있다. 따라서 사람이 마음으로 볼 수 있다면 어느 것이든 관광의 대상이 될 수 있다. 자연풍경, 지역 사람들, 음식, 날씨, 역사적 유물뿐만 아니라 재래시장, 민속공연, 작은 곤충이나 꽃, 기념품을 파는 사람까지 모든 것들이 관광의 대상이 될 수 있다. 이때 중요한 것은 관광하는 사람이

3) WTO, 2002 국제관광잠정통계.

마음속에 의미부여, 가치부여의 과정을 통해 삶의 빛이 될 수 있어야 한다. 이렇게 볼 때 무엇이든 관광하려는 마음을 갖고 보는 것이 매우 중요하다.

관광과 관광사업의 범위

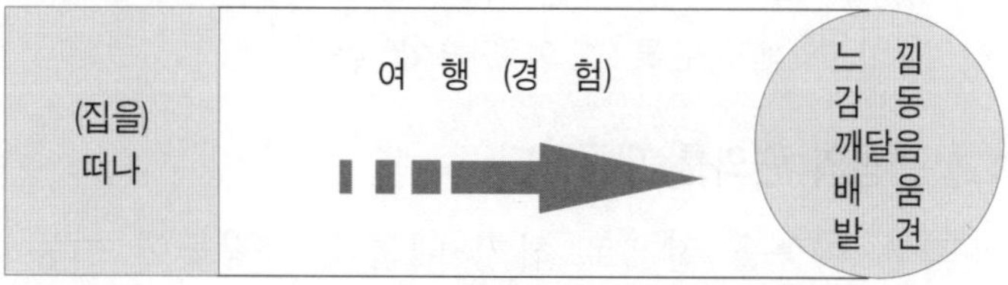

관광사업 : 이동, 숙박, 음식, 관람, 방문, 안내, 시설 등

관광사업은 사람들의 관광을 도와주는 사업이다. 많은 사람들이 쉽게 깨달음과 감동에 도달할 수 있도록 하기 위하여 관광대상이 빛을 내도록 하고, 또 사람들이 빛나는 대상을 쉽게 찾아갈 수 있도록 여러 가지 편의를 제공하고, 올바르게 빛을 볼 수 있도록 해준다.

관광호텔에 투숙한 사람들이나 여행지에서 만난 사람들이 관광을 했는지 못했는지를 구분하는 것은 불가능하다. 그렇지만 일반 호텔과 관광호텔을 지향하는 호텔의 운영방법과 가치체계는 달라야 한다. 관광하는 마음을 소중히 여기고 올바르게 관광이 이루어질 수 있도록 배려하는 것이 관광호텔이다. 그래서 관광하는 사람은 관광산업이나 관광지 현지 사람들 입장에서는 '빛'을 보여주어야 할 손님이기 때문에 '관광객'이라고 부르는 것이다. 올바른 관광을 돕는 관광사업의 중요한 역할은 다음과 같다.

(1) 관광대상이 빛을 내도록 한다

관광자가 보는 세상의 사물에 의미를 부여하고 가치를 부여해서 삶의 빛을 볼 수 있도록 하는 것이다. 역사적 유물, 자연경관, 전적지, 소설이나 영화의 배경지, 전설 속의 장소 등이 관광지가 될 수 있도록 하는 것을 말한다. 또는 박물관, 문화촌, 역사재현 단지, 영화 세트장 등을 볼만한 것으로 만드는 것도 포함된다. 자연자원을 개발하기도 하고, 관광시설을 만들고, 민속행사를 벌여 문화를 보고 느낄 수 있게 해주기도 한다. 때로는 실제 사람이 살지 않는 민속촌을 운영하는 등 인위적인 방법으로 '거짓으로 꾸며'서 보여주기도 한다. 관광사업은 사람들이 마음으로 보아서 느끼고 깨닫도록 도와주어야 한다.

(2) 관광의 편의를 제공한다

관광은 이동을 전제로 하기 때문에 사람들이 이동하는데 따르는 여러 가지 불편함을 제거하고 편리함을 제공하는 것이 필요하다. 이와 같이 사람들이 빛나는 것들을 보고자 할 때 필요한 편의를 제공하는 것들이 관광사업에 포함된다. 그 예로는 관광지 편의시설, 교통, 숙박, 음식, 여행서비스, 쇼핑, 안내, 정보제공 등 관광을 하려는 사람들과 관련된 모든 시설과 활동이다.

(3) 올바르게 빛을 볼 수 있도록 한다

모든 사람들이 올바르게 빛을 볼 수 있는 것은 아니다. 여행을 떠나서 여러 가지를 보지만 높은 뜻도 모르고, 널리 볼 줄도 모르고, 마음으로 보지 못해 이치를 깨닫지 못하는 경우도 있다. 여행에서 작은 불편에 불평하고 힘들다고 짜증내며, 음식이 입맛에 맞지 않는다고 항의하는 등 여행의 참뜻을 보려 하지 않고, 어린아이처럼 행동하기도 한다. 또 타지에서 자신의 신분이 드러나지 않는다고 해서 함부로 행동하고 제대로 보지 않고 호기심을 충족만을 위해 이치에 어긋나는 행동을 하기도 한다. 한때 동남아 국가에 가서 행해졌던 퇴폐관광, 향락관광, 불건전관광 등이 여기에 해당한다. 혐오식품 먹기, 향락업소 방문, 도박이나 일탈행위 등은 올바르게 '빛'을 보지 못한 결과이다. 관광사업은 사람들이 올바르게 빛을 볼 수 있도록 도와야 한다.

제2절 서비스의 개념

1. 서비스의 어원과 의미

1) 서비스의 어원

서비스는 봉사, 노예 신세, 종살이, 고역, 섬김을 의미하는 라틴어 'Servitium'과 종, 노복, 복종하는, 노예적인 등의 뜻을 가진 'Servus'에서 유래하였다.[4] 그래서 비록 현대적 의미의 서비스가 전문분야로 대두되고 있는데도 불구하고 아직까지도 서비스를 하인의 업무 등으로 여기는 경향이 있다.

최근 월스트리트 저널에서는 현재 영국의 서비스가 나쁜 이유를 과거 신분제 때문이라고 보았다. 영국에서 서비스는 잠재적으로 과거에 하인들이 제공했던 서비스를 연상시킨다. 그래서 현대의 웨이터나 판매원들은 고객에게 자신들이 하인이 아니라는 것을 상기시키고 싶어하다보니 오히려 고객을 무례하게 대하게 된다는 것이다.

이와 같이 하인이나 하인의 일을 말하던 어원의 의미가 아직도 고객의 마음속에 깊이 남아 있는 경우, 서비스 종사자에게 무례하게 함부로 대하게 된다. 만일, 서비스 종사자가 스스로 자신의 업무를 하인의 업무로 본다면 단순히 복종하면 된다거나, 시키는 일만 하면 된다고 생각하는 등 스스로의 역할을 '하인이 되는 것'으로 격하시키게 된다.

---

4) The American Heritage Dictionary of the English Language, Fourth Edition, Houghton Mifflin Company.

2) 서비스의 의미

(1) 서비스의 사전적 뜻

현재 사람들이 주로 사용하는 의미를 정의한 서비스의 사전적인 뜻은 '상대방 또는 다른 사람들에게 혜택을 주는 것들을 총칭'한다. 즉 다른 사람들을 위해 무엇인가를 할 때 이것을 총칭하여 서비스라고 한다. 여기에는 활동뿐만 아니라 단순하게 제공되는 물건도 포함될 수 있다. 사전에 수록된 용어는 시대가 변화함에 따라 새로운 의미가 등장하기도 해서 내용이 많아지거나, 사용되지 않는 의미는 사라지기도 하는데 서비스와 관련한 내용은 상당히 다양하게 수록되어 있다. 국어사전[5]에 나타난 서비스의 의미는 다음과 같다.

> ① 사람을 접대함, 또는 그 접대(서비스가 좋은 하숙집)
> ② 보수를 바라지 않고 남을 위하여 봉사함, 또는 그 봉사 (서비스 정신)
> ③ 상점 따위에서 값을 싸게 하거나 경품 따위를 붙여 파는 것 (서비스 품목)

이러한 뜻은 비교적 동등한 관계에서 상대에 대한 배려의 마음을 가지고 상대에게 보다 많은 혜택을 주기 위한 노력을 나타낸다. 굳이 나의 희생을 언급하지 않고도 상대를 우선하고 상대에게 혜택을 주는 것을 말하고 있다.

영어사전[6]에 나타난 서비스의 뜻은 훨씬 많아서 그 사회에 서비스가 다양하게 발달된 것을 찾아볼 수 있다. 하인으로부터 시작하여 공공을 위한 업무, 일정한 개인들을 위한 업무, 운동경기의 상대방에게 공을 쳐서 주는 것 등 넓은 분야에서 사용되고

5) 동아 새국어사전, 동아출판사, 1995년.
6) 혼비 영영한 사전(Oxford Advanced Learner's Dictionary of Current English), Service, p.1429.

있다. 모두가 상대에게 이익이나 혜택을 주는 등 상대를 위한 행위들이다.

① being a servant ; position as a servant;
하인 : 하인으로서의 직책
② department or branch of public work, government employment. etc; 공직기관, 정부근무, 공무
③ done to help or benefit another or others; 공헌, 봉사, 공로
④ benefit, use, advantage; 이익, 유용, 도움, 쓸모
⑤ system or arrangement that supplies public needs. especially for communications; 공익사업, 시설, 공급, (특히) 통신, 교통시설
⑥ form of worship and prayer to God; 예배, 의식
⑦ complete set of plates, dishes, etc for use at table;
(식기 따위의) 한 벌
⑧ serving of food and drink (in hotels, etc) : work done by domestic servants, hotel staff, etc;
(호텔 등) 음식 시중, (하인, 종사원의)
⑨ expert help or advice given by manufacturers or their agents after the sale of an article; (판매 후) 전문적 조언, 수리
⑩ serving of a writ, summons etc; (영장, 소환장 등의) 송달, 집행
⑪ (tennis, etc) act of serving the ball : manner of doing this : person's turn to serve;
(테니스 등) 서브하기, 서브할 차례, 서브하는 방식 등

(2) 일상에서의 서비스

서비스의 일반적인 의미는 '다른 사람에게 이익이나 혜택을 주기 위한 활동'이다. 그 활동의 내용을 살펴보면, 현대사회에서 서비스는 매우 다양한 의미로 사용되고 있기 때문에 여러 가지 활동에 서비스라는 용어가 사용되고 있다. 법률서비스, 교육서비스, 행정서비스와 같은 전문적인 서비스에서부터 배달서비스, 음료서비스 등 아주 단순한 부문까지 폭넓은 분야를 지칭하고 있다. 이

를 정리하면 다음과 같다.

① 남에게 혜택을 주는 것

서비스는 남을 위해 무엇인가를 해 주는 것, 혜택을 주는 것을 말한다. 흔히 친구관계, 가족관계 등에서도 '서비스한다'는 말을 사용할 정도이다. 그러나 이때 다른 사람이란 주로 고객을 말한다. 즉 서비스는 고객을 위한 행위이며 과정이고 또 성과이다. 병원에 가서 의사의 진료를 받는 것, 호텔에 투숙하는 것, 은행에 돈을 맡기고 찾는 것, 비행기를 타고 여행을 하는 것, 영화관에 가서 영화를 보는 것 등은 상대방에게 소유권의 이전 없이 제공해 줄 수 있는 무형적인 효용이나 활동을 통해서 만족을 주는 행위인 것이다.

② 친절 및 환대정신

사회에서 사용되는 서비스는 친절의 의미로 사용된다. "그 사람은 서비스가 좋다"라고 말할 때에는 친절하다는 뜻으로 사용되기도 한다. 상품이나 기업에서 서비스가 친절의 의미로 사용되는 경우는 환대정신(hospitality)을 말한다. 환대정신이란 관대함으로써 손님이나 방문객을 대접하는 것을 말한다. 특히 호텔이나 레스토랑 등의 서비스시설을 찾아온 손님에 대해서 환영하고 친절을 베풀며 대접하는 것이다. 그렇지만 제조업에서도 친절한 상담, 적절한 포장과 사후서비스 등 상품의 품질 이상으로 중요하게 여기는 것도 환대정신을 담고 있기 때문이다.

③ 무 료

서비스는 무료혜택의 의미로도 사용되는데 무료의 경품을 제공하는 경우 '서비스품목'이라고 한다. 이때 서비스 제공자가 서비스 가치를 정확하게 값으로 나타내지 않기 때문에 표면적으로는 가치를 지급한 것 이상의 혜택을 받았다고 느끼는 경우가 많다. 무료의 경품은 고객이 직접 지급을 하지 않은 것으로 여기지기 쉬우나 사실은 상품의 값에 이미 포함되어 있다. 구매한 상품에 대해서 홍보와 광고비용 등의 형태로 지급되고 있으며 기업이 상품의 원가를 산정할 때 이미 포함되어 있다. 다만, 소비자가 느끼지 못할 뿐이며 이것을 확장된 혜택의 의미로 해석하여 서비스라 일컫는다.

종합해 보면 서비스는 친절이라고 생각하든 무료의 혜택이라고 생각하든 상관없이 그 대가를 지급할 수도 있고 지급하지 않을 수도 있지만, 모두 다른 사람들에게 편리함이나 이익 또는 혜택을 제공하는 활동이며, 과정이고 그 성과를 일컫는 말이다.

2. 서비스의 확대와 인식변화

1) 서비스의 확대

현대사회에서 인간의 단순 노동은 기계와 로봇으로 대체되고 있다. 그러나 인간에 의한 서비스는 기계나 로봇, 컴퓨터로 대체될 수 없는 인간 고유의 업무로 존재하고 있다. 인간의 감정, 판단력, 직관력, 통찰력 등의 사고력은 기계나 컴퓨터가 대신할 수 없기 때문이다. 따라서 서비스업은 인간고유의 영역으로 남을 것이고, 기계와 컴퓨터가 더욱 발전해 가는 미래사회에서 더욱 각광을 받는 분야가 될 것이다. 그래서 서비스 분야에서는 매일 새로운 서비스가 탄생하고 있고 어느 분야이든 서비스를 붙여 표현하는 것이 어색하지 않을 정도이다.

〈자료〉 서비스의 예 – '야후' 검색 결과 총 85건(2003년 2월 24일)

1577서비스, 5S서비스, CUG서비스, FM서비스, P2P(Peer to Peer)서비스, VDT서비스, VPN서비스, 가사서비스생산자, 개장자동보고서비스, 거래처리서비스, 검색서비스, 고속디지털전송서비스, 고용자셀프서비스, 공항통신서비스, 광고사서함서비스, 국제데이터유통 · 서비스무역, 국제디지털전용회선서비스, 귀속서비스, 금융귀속서비스, 기업전용결제서비스, 다우존스뉴스서비스, 대화형서비스, 데이터폰서비스, 도표서비스, 디렉토리서비스, 디지털방송쌍방향데이터서비스, 레드카펫서비스, 리로케이션서비스, 마일리지서비스, 멀티서비스, 메시지서비스, 무디스인베스터스서비스, 민간비영리서비스생산자, 비디오서비스, 사이버코인서비스, 선박무선통신서비스, 스캔데이터서비스, 신용통화서비스, 안전관리서비스, 완전서비스리스, 원격감시서비스, 원격정보처리서비스, 원넘버서비스, 원스톱서비스, 이동전화서비스, 이동전화선불서비스, 인재애프터서비스, 재판매서비스, 전용회선서비스, 전자전화번호부서비스, 전화메시지전달서비스, 전화사서함서비스, 정부서비스생산자, 종합증권서비스, 주파수공용통신서비스, 컴퓨터의료진단서비스, 콜백서비스, 콜백전화서비스, 쿠리어서비스, 클로바서비스, 텔레캅서비스, 통합메세징서비스, 투자정보서비스, 팩스우편서비스, 포인트업서비스, 해상통신서비스, 홈트레이드서비스 등

2) 서비스에 대한 인식변화

현재 서비스의 개념은 어원과는 매우 다르다. 하인이나 하인의 일로 여기던 때는 서비스업을 하찮은 일로 여기고 특별한 지식이나 능력이 없는 사람이 하는 일로 생각하여, 서비스업에 종사하는 것은 매우 천한 직업으로 여기기도 하였다.

그러나 현대사회에서 서비스업은 전문직으로 인정받고 있다. 많은 전문인력이 서비스업을 선호하고 있으며 서비스업이 매력있는 직장으로 등장하고 있다. 그 중에서도 특히 관광서비스 분야가 두드러진다. 일본에서 대학생들이 입사하고 싶은 회사에 1위에 손꼽히고 있는 회사는 JTB(Janpan Travel Bureau)라고 하는 여행사이다.[7)]

물질보다 지식이나 정보가 더 중요한 지식정보사회로 진입하면서 서비스는 점차 전문성을 높여가고 있다. 서비스는 지식이나 정보를 사용하여 사람들에게 편리함, 이익, 혜택을 제공하게 되었고, 서비스는 지식정보사회의 가치를 생산하는데 매우 중요한 역할을 하게 되었다. 이제 우리는 서비스가 없는 사회는 상상할 수조차 없게 되었다. 이렇게 사회의 변화와 함께 서비스업을 대

---

7) 아사히신문, 2000년 7월 1일자.

하는 태도에도 변화가 있어 왔다.

이제 서비스업에 종사하기 위해서는 잘 교육받고 뛰어난 판단력과 통찰력을 가져야 하며 좋은 대인관계를 유지할 수 있어야 한다. 또 서비스업 분야의 보수는 동일한 수준을 갖춘 사람이 종사하는 업무 중에서 높은 보수 수준을 유지하고 있다. 그래서 서비스업은 잘 교육받은 젊은이들에게 매우 인기 있는 직종이 되고 있다.

3. 서비스의 학문적 정의

가장 최근의 서비스와 관련한 학문적 정의는 "인간의 욕구와 욕망을 충족시켜서 이익 또는 만족에 도달하도록 하는 모든 활동"이다. 서비스는 무형의 특징을 갖고 있으며, 유형재와 함께 제공되기도 하지만 유형재가 없이도 창출될 수 있다. 서비스는 인간의 욕구와 욕망에 대해 만족에 도달시키는 데서 그 효용과 가치가 발생한다. 이런 정의를 바탕으로 하면 서비스는 '행위(deeds), 과정(processes), 성과(performance)'로 요약될 수 있다.

1) 시대 변화

서비스의 개념은 경제에서 가치를 만들어 내는 생산개념이 변하고, 경영에서 중요한 핵심이 판매에서 마케팅으로 바뀌면서 다음과 같이 변화의 과정을 갖게 되었다.

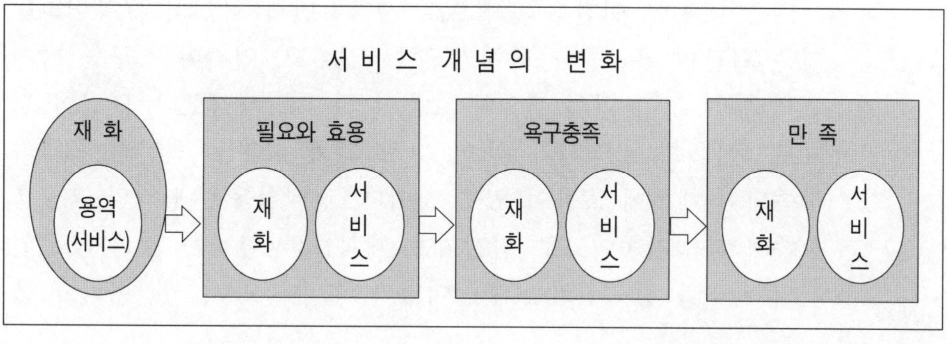

초기 자급자족의 사회에서는 필요한 물자는 스스로 생산하고 스스로 소비하였다. 차츰 자신과 가족이 소비하고 남는 것이 생기기 시작하였고, 잉여생산물은 교환을 발생시켰다. 물물교환에서 벗어나 교환의 기준이 되는 가치로 화폐가 등장하였고 교환은 더욱 확대되었다.

1750년대의 중농주의 학파들은 땅에서 얻어지는 산물만을 생산으로 보았기 때문에 농업만을 생산적 활동으로 인정하고 서비스의 존재는 없었다. 그러나 산업사회로 이전하면서 공장에서 많은 물건들이 생산되자, 농업생산물 이외에 가치를 만들어 내는 것들을 인식하게 되었다.

1789년 아담스미스는 물건을 만들어 내는 것이 곧 가치를 만드는 생산이라고 보았고, 자본과 교환되거나 상품생산에 실현되는 일부 노동을 생산적 노동이라고 하여 생산활동에 포함시켰다. 이때의 서비스는 재화에 수반되는 부차적 존재로 인식되었다.

19세기 초반에 들어서면서 물건의 생산이 더욱 많아지고 어떤 물건은 잘 팔리는데, 어떤 물건은 쓸모가 없어 사라지는 현상이 나타나게 되었다. 그러다 보니 사람들은 생산이라는 것을 '효용'을 창출하는 과정이라고 생각하였다.

즉 쓸모 있는 물건은 사람들에게 선택되어 가치를 갖지만 쓸모가 없는 물건은 없어져서 생산으로 인정될 수 없었다. 물질이나 재화라는 것은 필요에 의해서 생산되는 것이고, 인간이 얼마나 필요로 하느냐에 따라서 서비스이든 재화이든 그 가치가 결정되었다. 이때부터 서비스는 물질이나 재화와 동등해졌다.

19세기 후반 인간을 중심으로 생각하면서 물건의 효용이라는 것은 인간의 욕구를 충족시켜 주는 것이고, 인간이 욕구를 가지고 있어야 그 물건의 필요와 효용이 있다고 생각했다. 인간이 필요로 해야 그 쓰임새가 있고, 그 쓰임의 결과로 인간의 욕구가 충족되기 때문에 효용이 있는 것이다. 경제활동은 인간의 욕구를 충족시키는 활동이므로 심지어는 재화를 생산하는 것까지도 인간의 욕구를 충족시키는 활동이었다. 결과적으로, 생산이라고 했을 때는 어떤 형태이든 인간의 욕구를 충족시키는 서비스를 생산하는 것으로 인식되면서 바야흐로 서비스경제, 서비스 사회의 개념이 등장하였다.

이 시기에 마케팅이 활발하게 연구되었는데 공급이 수요를 초과하면서 아무리 좋은 물건이더라도, 또 아무리 판매노력을 기울여도 팔리지 않게 되자 인식의 전환을 가져왔다. 욕구를 충족시키는 수단으로서 물건이나 서비스를 인식하고 인간의 욕구를 충족시키자 저절로 판매되었으며 고객이 만족했을 때 재판매도 이루어졌다.

20세기에는 '만족'에 대한 개념이 매우 중시되면서 시장과 고객이 만족에 도달해야 기업이 목적을 달성하고 성장하기 때문에 인간을 만족시키기 위해서는 재화와 서비스는 모두 필요했다. 그리고 서비스는 '인간의 욕구를 충족시켜 주는 독립된 활동'으로 정의되었다. 서비스는 무형의 존재이고, 유형재의 소유권 이전이 없이도 서비스가 존재하며, 유형재가 없이도 서비스가 창출되었다.

2) 경제학적 정의

경제학적 정의는 경제적 가치를 생산하고 이전하는 경제현상의 관점에서 서비스를 살펴본 것이다. 경제적 가치를 갖는 대상은 재화와 용역이다. 초기에는 재화(물질)만을 경제적 가치가 있는 것으로 인식했고, 용역은 재화의 가치를 증대시키는데 도움을 주는 것이라고 생각했다. 그러나 차츰 재화와 관계없이도 존재하는 용역이 있다는 것을 인정하면서 이것을 서비스로 인식하였다. 이때 서비스는 용역(用役)을 말하는 것으로 재화의 상대적 개념이며, 재화와 마찬가지로 경제행위의 대상물이고, 경제주체에 의해 대가를 지급하고 조달되는 경제객체이다.

이후에는 재화의 가치는 효용이 있기 때문이라고 하여 서비스는 물질과 마찬가지의 효용을 창출하는 것으로 생각되었다. 여기서 효용이란 '효율적인 쓰임새를 갖는 것'으로 사람들이 필요를 느끼고 그 필요에 매우 유용하게 사용되어 쓸모 있는 것을 말한다.

마샬에 이르러서 효용이란 것은 인간이 욕구를 갖기 때문에 생기는 것이라고 인식했다. 인간의 욕구가 없다면 어떤 재화나 서비스도 효용이 창출될 수 없다. 따라서 서비스는 인간의 욕구를 충족시키기 위한 중심활동으로 인식되었고, 물질적인 재화의 생산까지도 서비스를 생산하는 것으로 간주되는 등 서비스의 개념은 인간의 욕구를 충족시키는 모든 활동으로 확대되었다. 이상의 견해를 보이는 경제학자들의 서비스와 관련한 정의를 살펴보면 다음과 같다.

경제적 가치 생산의 개념 변화

(1) 중농주의 학파

1750년대의 중농주의 학파는 토지가 유일한 부(富)를 나타낸다고 생각했기 때문에 농업만을 유일하게 생산적 활동으로 보았다. 따라서 농업 이외의 상업이나 공업생산 등 모든 활동은 비생산적인 활동이라고 주장했고 서비스는 생산적 활동에서 제외된다.

(2) 아담 스미스(A. Smith : 1723~1790)

1789년 노동을 생산적 노동과 비생산적 노동으로 구분하여 일부를 생산적 활동에 포함시켰다. 즉 자본과 교환되는 노동이나 상품으로 실현되는 노동은 생산적 노동이라고 하였다. 유형재와 결부되지 않은 모든 활동은 부(富)를 창출할 수 없기 때문에 비생산적 노동이며, 서비스가 여기에 해당한다고 하였다.

(3) 세이(J. B. Say : 1767~1832)

생산이란 의미를 다시 해석하여 생산이란 물질을 창조하는 것이 아니라 효용을 창출하는 과정이라고 하였다. 따라서 부(富)에는 물질적인 부와 비물질적인 부가 있는데, 서비스는 효용을 창출하는 비물질적인 부라고 하였다.

(4) 마샬(A. Marshall : 1842~1924)

인간은 물체를 창조할 수 없다고 했다. 따라서 물체를 만들었다고 하는 것은, 물질의 구조와 형태를 변화시켜 욕구충족에 보다 적합하게 한 것이기 때문에 단지 효용을 만들었을 뿐이라는 것이다. 따라서 모든 경제활동은 인간의 욕구를 충족시키기 위해 서비스를 생산하는 것이라고 했다.

3) 경영학적 정의

경영학은 조직이 합리적 의사결정을 통해 조직의 목적을 달성하는 것과 관련한 연구를 중심으로 하는 학문이다. 경영학적 정의는 시장상황과 밀접한 관련을 갖는다. 산업혁명 이후 생산이 활발해지면서 초기의 기업들은 많은 새로운 물건들을 생산해 내기 시작했다. 수요가 공급을 초과하는 상황이었으며 기업은 수요에 부응하며 생산에만 주력하였다.

그러나 곧 공급이 수요를 앞지르게 되고 판매노력만으로는 더 이상의 성과를 올리기 어렵게 되자 기업은 고객의 욕구에 관심을 갖게 되었는데 이것이 마케팅의 등장이다.

마케팅은 상품 중심의 사고에서 벗어나 시장과 고객의 욕구를 충족시켜 만족에 도달시켜서 기업의 목적을 달성하려고 한다. 따라서 재화와 용역(用役)의 생산은 판매의 대상으로서가 아니라 고객만족을 추구하는 수단이고, 활동으로 인식하게 된 것이다. 이 과정에서 특히 서비스는 고객만족을 위한 핵심적 활동으로 부각되었다. 이러한 개념의 변화를 살펴보면 다음과 같다.

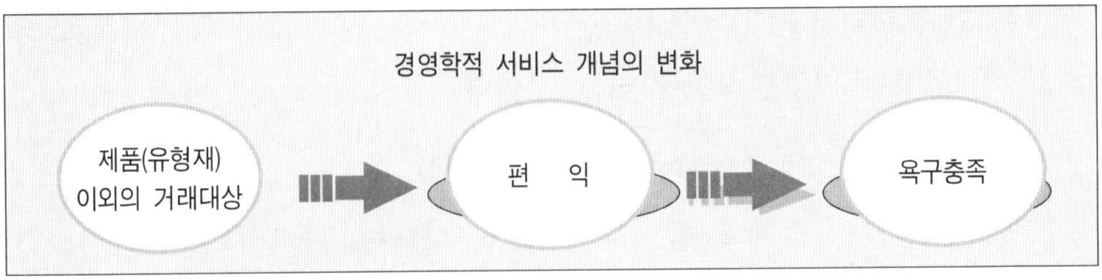

(1) 미국마케팅학회(AMA : American Marketing Association)

1960년 "서비스란 판매를 위해 제공되거나 제품의 판매에 부수되는 행위 · 편익 · 만족이다"라고 했다. 그리고 여기에는 호텔서비스 · 오락 · 통신 · 수선 · 신용 등이 포함된다[8]고 하였다. 즉 서비스를 판매, 특히 제품의 판매와 연결시켰다.

(2) 쥬드(R. C. Judd)

1964년 서비스란 "유형재 이외에 교환의 대상이 되는 시장 거래물"이며 그 내용은 다음과 같다.[9]

- 서비스는 제품과 함께 경제적 상품의 범주이다.
- 기업 또는 기업가에 의해 제공되어 계산될 수 있는 것이다.
- 서비스의 상호 독립적인 세 영역 : 임대품 서비스(이용권리), 소유품 서비스(수리 · 개선), 비 제품 서비스(경험 · 경험적 소유물)이다. 쥬드는 서비스를 반드시 교환의 대상이 되는 시장거래물로 한정하고 있다.

(3) 라스멜(John M. Rathmell)

1966년 서비스는 유형제품 이외에 소유권 이전의 대상이 되는 것이며 기업 또는 기업가가 시장거래를 통해 판매하는 것이 서비스(marketed service)라고 했다.[10] 또한 제품이 유용성을 갖기

---

8) Committee on Definition, AMA, *Marketing Definitions*(Chicago : AMA, 1960), p.21.
9) Robert C. Judd, "The Case for Redefining Services", *Journal of Marketing*, Vol. 28(January, 1964), pp.58~59.

위해서는 서비스의 뒷받침이 있어야 하며, 반대로 어떠한 서비스든 유형재인 제품의 뒷받침이 있을 때만 그 유용성이 있다고 하여 서비스의 독립성을 인정하지 않았다.

(4) 블로이스(K. J. Blois)

1974년 서비스는 물재(物材)의 형태에 물리적 변화를 일으키지 않고 판매에 제공되는 활동으로 편익과 만족을 가져오는 과정이라고 했다.[11] 여기에는 보험, 은행, 진찰, 유통, 운송 등이 포함되지만, 이발이나 식당 등 물재의 형태에 물리적 변화를 가져오거나 물재의 판매가 수반되지 않는 활동이 누락되었다.

(5) 코틀러(P. Kotler)

1982년 서비스는 어느 한편이 다른 상대방에게 제공하는 편익이나 활동으로서 그것은 기본적으로 무형이며 어떤 것의 소유로 귀결되지 않는다. 서비스의 생산은 물질적인 제품과 연결될 수도 있고 그렇지 않을 수도 있다[12]고 하였다.

(6) 스탠톤(William J. Stanton)

1984년 서비스란 욕구를 충족시켜 주는 것이고 단독으로 확인될 수 있으며 본질적으로 무형의 활동이라고 했다. 또한 이는 상품이나 다른 서비스의 판매와 반드시 관계가 있는 것은 아니고 또 서비스를 창출하는데 유형의 재화가 반드시 필요한 것은 아니라고 했다. 유형의 재화를 사용할 경우 이 재화에 대한 소유권은 이전되지 않는다[13]고도 하여 다음과 같은 서비스를 독립적으로 정의하기 시작했다.

---

10) John M. Rathmell, "What is Meant by Service?" *Journal of Marketing*(October 1966), p.33.

11) K. J. Blois, The Marketing of Services : An Approach, European Marketing Journal, Vol. 8.

12) P. Kotler, Marketing for Non Profit Organizations (New Jersey : Prentice-Hall, 1982), p.477.

13) William J. Stanton, Fundamentals of Marketing, 7th. ed. (NY : McGraw-Hill Book Co., 1984), p.494.

① 의료행위, 오락, 수리행위 포함(의료품, 수리용 부품은 제외)
② 제품, 서비스 판매와 함께 제공되는 외상, 배달, 기타 서비스는 제외
③ 호텔객실, 임대 승용차 : 서비스생산에 사용되는 제품을 일시적으로 소유, 전용 가능
④ 서비스 조직 : 주된 목적이 영구적 소유를 목적으로 한 유형재를 생산하지 않은 기관으로 한정했다.

제2장

관광서비스 개념과 구성

제2장

관광서비스 개념과 구성

제1절 관광서비스의 개념

1. 관광서비스의 뜻

1) 관광서비스의 정의

관광서비스는 “사람들이 관광을 할 수 있도록 돕는 활동”이다. 다시 말하면 “관광과 관련한 인간의 욕구와 욕망을 충족시키고 감동(깨달음)에 도달하도록 하는 모든 활동”이다.

관광과 관련한 욕구와 욕망은 인간이 여행을 하도록 하거나 관광시설을 이용하도록 한다. 그리고 이와 같은 욕구와 욕망이 충족되었을 때 만족이라고 한다. 여행이나 관광시설을 이용하고자 하는 욕구와 욕망을 충족시켜서 여행을 마쳤거나 시설을 이용하였다면 고객은 만족할 것이다. 그러나 여행의 욕구는 관광지 방문이나 관광시설의 이용결과만으로 만족에 도달하지 않는다.

2000년의 한 연구[1]에 따르면 여행의 주된 목적은 견문확대, 휴양, 업무를 겸해서 순으로 나타났는데, 견문확대라는 정신적

---

1) 한국소비자보호원, 소비자의 해외관광여행의 의식 및 행태 조사, 2000.

가치가 단순히 관광지 방문과 안내만으로 도달할 수 없음을 쉽게 알 수 있다.

항 목	구성비(%)	항 목	구성비(%)
견문확대	40.2	친목모임	4.3
휴양	30.9	스포츠레저	4.3
업무	24.6	쇼핑	2.7
친지방문	17.9	어학연수	2.0
신혼여행	8.0	성지순례	1.0
효도관광	5.6	유흥	0.7
어학실력	4.7	기타	5.3

이상과 같은 관광욕구는 관광지 방문과 시설이용과 같은 신체적 활동만으로 달성되는 것이 아니라, 정신적 활동을 통해 여행을 가치 있게 해야 하는 것이다. 따라서 여행을 통해서 관광에 도달해야 한다. 즉 여행이 여행으로 끝나지 않고 가치 있는 것이 되기 위해서는 사람이 여행을 하며 세상을 마음으로 보아서 세상의 이치와 사람의 도리를 깨닫고 자신의 삶이 나아갈 바를 깨달아야 한다.

그러므로 관광서비스는 관광을 돕는 활동이고, "사람들이 여행을 통해 세상을 마음으로 보고 세상의 이치와 사람의 도리를 깨닫고 자신의 삶이 나아갈 바를 깨달을 수 있도록 도와주는 모든 활동이고 행위이며 과정"이다. 여기서 깨달음이란 보고, 느끼고, 알게 되는 것으로 감동을 얻는 것을 말한다.

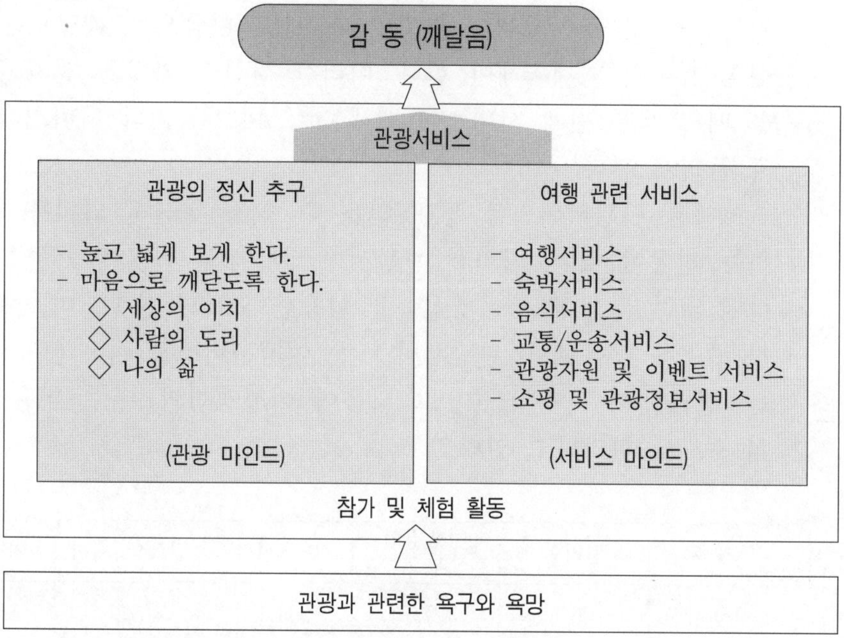

또 관광서비스의 만족이란 여행을 통해 감동을 갖는 것이다. 감동을 얻지 못했을 때 관광에 대한 만족은 낮다. 그런데 감동은 아는 만큼 얻게 되듯이 스스로 여행을 계획하고 떠나는 개별여행자들의 경우 사전 정보와 기대가 선명하고, 여행사를 이용하는 수동적인 여행의 경우 사전 정보의 부족과 막연한 기대를 갖게 된다. 그래서 개별여행자보다 여행상품을 이용하는 고객에게 만족과 감동을 주는 것이 더욱 어렵고 실제로 여행에 대한 만족도 낮게 나타나고 있다.[2)]

구 분	만 족	보 통	불만족
개별여행	54.7	39.2	6.1
여행사 이용	40.6	48.6	10.8
자체주선	20.0	70.0	10.0

2) 한국소비자보호원, 소비자의 해외관광여행의 의식 및 행태 조사, 2000.

고객만족을 위한 관광서비스는 관광의 정신을 추구하는 관광 마인드를 가지고 고객이 높고 넓게 보고 마음으로 깨닫도록 정신적 서비스를 제공해야 한다. 이러한 정신적 가치를 얻지 못했을 때 고객은 전체 서비스에 대해 저(低)평가하거나 서비스 탓으로 돌리게 된다.

고객은 관광서비스를 통해 얻을 수 있는 정신적 가치를 간과하는 경향이 있다. 따라서 관광서비스에 대한 욕구에는 잘 나타나지 않는다. 2000년 여행상품을 이용한 고객의 관광서비스에 대한 욕구를 알아보면, 관광서비스 중 여행서비스를 이용하는 이유는 '편리함'이 가장 높고, 그 다음이 여행경험의 부족, 비용절감의 순으로 나타나고 있다.[3)]

항 목	편리함	여행경험 부족	비용절감	단체의 재미	기타
구성비(%)	46.0	27.5	11.4	8.3	6.8

이러한 내용은 사람들의 신체적 이동과 시설이용 등과 같은 서비스에만 관광서비스를 국한하고 있다.

이렇게 관광서비스를 신체적 활동을 제공하는 서비스로만 한정할 때 관광서비스는 관광의 특성이 없는 일반적인 서비스로서의 특징만을 가지게 된다. 따라서 무형의 특징을 갖고 있으며, 유형재와 함께 제공되기도 하지만 유형재가 없이도 창출될 수 있다. 다만, 관광서비스는 관광과 관련한 인간의 욕구와 욕망을 충족시켜서 만족에 도달하게 하는 데서 그 효용과 가치가 발생한다. 관광서비스는 서비스와 마찬가지로 대가를 받을 수도 있고 대가를 받지 않을 수도 있으며, 유형재와 함께 제공되기도 하고 독립적으로 존재하기도 한다.

---

3) 한국소비자보호원, 해외여행상품 이용 및 서비스 실태조사, 2000.

2) 관광서비스의 구성

관광서비스는 관광과 관련된 인간의 욕구와 욕망을 충족시키기 위한 서비스들로 구성되어야 한다. 여기에는 인간이 집을 떠나 고달픈 여행에서 겪게 될 어려움과 불편함 등을 해소하려는 욕구, 편안하고 안락한 여행을 하고 싶어하는 욕구, 재미를 얻고자 하는 욕구, 특정 관광지나 유물을 보고 싶어하는 욕구 등과 관련한 서비스가 있다. 뿐만 아니라 여행을 통해서 정신적으로 가치 있는 것을 얻으려는 욕구를 충족시키는 서비스도 포함한다. 전자는 여행을 위한 제반 활동 위한 서비스로 여행편의서비스이고, 후자는 정신적 가치에 대한 욕구에 부응하는 서비스로 관광가치제공서비스이다.

(1) 여행편의서비스

여행상품을 이용하는 가장 큰 이유는 전체 여행상품 이용자의 73.5%가 답한 편리함과 여행경험의 부족이었다. 이와 같이 관광서비스의 가장 일차적인 서비스는 여행과 관련한 편의를 제공하는 서비스이다. 여기에는 여정을 중심으로 필요한 모든 관련사항에 대한 총체적 서비스를 하는 여행서비스, 숙박서비스, 음식서비스, 안전하고 쾌적한 이동을 위한 교통/운송서비스, 또 매력있는 장소와 체험활동을 위한 관광지 및 이벤트 서비스, 기념품 및 필요한 소비활동과 정보욕구를 위한 쇼핑 및 관광정보서비스가 있다.

여행편의서비스는 고객이 사전에 인지하는 중요한 요소이기 때문에 서비스의 체험과정에서 그 내용과 품질을 인식하게 되므로 불만의 직접적인 원인이 되고 있다. 소비자보호원에 여행업과 관련하여 상담 및 피해구제 사례를 살펴보면 불만내용으로는 다음과 같다.[4)]

---

4) 한국소비자보호원, 해외여행상품 이용 및 서비스 실태조사, 2000.

불 만 내 용	구 성 비(%)
여행출발 전 여행사의 계약변경 및 취소요구 관련	25.1
여행도중 여행사의 계약내용 위반 및 일정변경 관련	17.7
소비자계약 변경 및 취소요구 관련	17.3
항공권 관련	4.9
휴대품 분실	4.9
추가경비 부담	4.4
기 타	15.6
계	100

이상의 내용은 복합서비스의 성격을 갖고 있는 관광서비스 업무의 수행에 있어서 어려움이기도 하다. 관광서비스는 사전에 약속된 철저한 서비스를 제공하려는 노력과 전문성을 가져야 하고 변경사항이 발생했을 경우 고객의 여행편의서비스를 우선하려는 서비스종사원의 투철한 서비스정신(서비스마인드)이 바탕이 되어야 한다.

(2) 관광가치제공서비스

관광가치제공서비스는 고객이 여행을 통해 관광에 도달하도록 돕는 서비스이다. 여행을 의미 있고 값진 것으로 만들고자 하는 욕구를 위한 서비스인데, 여행의 목적에 나타난 바와 같은 견문확대를 위해서 제공되는 서비스이다. 이것은 여행관련 편의를 제공하는 서비스보다 더욱 전문적이고 고차원적이며 깨달음과 감동 등을 제공하는 인간의 정신에 대한 서비스이다.

여행을 하는 사람들의 상당수는 여행에서 가장 큰 의미를 두는 일이 유적지 방문, 생활모습보기, 자연풍광 감상하기 등으로 나타났다.

구 분	유적지 방문	생활 모습	자연 감상	휴 양	외국어 향상	외국인 접촉	외국 음식	쇼 핑	기 타
구성비 (%)	55.4	47.0	34.6	18.8	8.4	7.0	4.7	4.4	9.5

그렇지만 유적지를 가고, 생활모습을 보고, 자연풍광을 보고 마음속에 어떤 가치와 의미를 갖게 되는지는 매우 개인적인 문제로 남는다. 여기서 관광서비스는 사람들이 올바른 가치와 큰 의미를 깨달을 수 있도록 도와야 하는 것이다.

이렇게 관광서비스가 매우 개인적이며 주관적인 정신적 깨달음을 지향한다는 것이 다른 서비스에서는 찾아보기 힘든 가치이다. 이를 위해서 관광서비스 종사원은 확고한 관광의 정신(관광마인드)을 가져야 한다. 이러한 정신이 부족할 경우 관광업체와 관광서비스 종사원은 수익의 증가에만 몰두하게 되고, 그 결과는 무리한 일정, 쇼핑 강요, 선택관광 강요로 이어지게 된다. 관광의 정신은 관광서비스 종사자가 추구해야 하는 가치이고, 관광을 하려는 고객에게 제공해야 하는 가치이다.

3) 관광서비스의 목표

관광서비스의 목표는 관광서비스를 제공받은 사람이 감동과 깨달음에 도달하도록 하는 것이다. 다시 말하면 사람들에게 여행과 관련한 편의를 제공하여 기대를 충족시키고, 관광으로 감동과 깨달음에 도달하도록 하는 것이다. 더 나아가 관광한 사람이 깨달음을 실천하여 삶의 질이 향상되고 존경받는 삶이 되도록 하는 것이다. 관광서비스의 목표가 실현되면 관광은 더욱 확대되고 관광서비스와 관광사업은 인간의 삶의 질 향상에 기여하는 것이 된다.

비록 기업으로서 그리고 사업으로서 조직이 이익을 추구하고 있지만, 관광사업 존립의 기반이 되는 관광의 지속적인 발전과 관광서비스의 확대가 반드시 따라야 한다. 그러므로 관광을 통해 인간의 삶의 질 향상을 이루는 것이 관광서비스의 더 큰 목표가 되어야 한다.

2. 관광욕구와 욕망

1) 욕구와 욕망

욕구는 'needs'라고 하며, 마음속으로 필요를 느끼는 상태를 말한다. 끼니를 굶었을 경우 배가 고프다는 것을 느끼게 되고 뭘 좀 먹었으면 좋겠다고 생각하게 된다. 이것이 욕구이다. 먹을 것에 대한 필요를 느끼는 상태인 것이다. 관광욕구는 견문을 넓히고 싶거나, 쉬고 싶다거나, 너무 더워서 휴가를 가져야겠다 등 관광의 필요를 느끼는 상태이다.

욕망이란 'wants'라고 하며, 구체적인 대상이 생기고 그 대상을 강렬하게 원하는 경우이다. 앞에서 말한 먹을 것에 대한 필요를 느끼는 욕구를 갖고 있던 사람이 빵 냄새를 맡았을 때 빵에 대한 강렬한 감정을 느끼게 되는데 이것을 욕망이라고 한다. 즉 욕망은 욕구가 구체적 대상을 향해 강렬한 감정으로 표출되는 것을 말한다. 관광에 대한 욕망은 멋진 휴양지의 사진을 보거나, 누군가 여행을 다녀온 사람의 글이나 이야기를 듣게 되거나 또는 영화나 소설을 통해 알게 된 장소가 있을 때 그 장소를 꼭 가고 싶다고 강렬하게 원하는 경우이다.

그러나 이와 같은 욕구와 욕망이 바로 행동이라는 결과를 가져오지는 않는다. 욕구와 욕망이 행동을 일으키기 위해서는 더욱 강력한 행동의 원인이 되는 동기가 필요하다.

2) 인간의 기본욕구

기본욕구는 모든 인간이 기본적으로 가지고 있으며 누구에게나 나타나는 욕구이다. 관광이 인간의 삶과 동떨어진 것이 아니기 때문에 여행 중에도 인간의 기본욕구는 함께 한다. 즉 인간의 기본적인 욕구가 관광으로 제한을 받거나 한정되는 것은 아니다. 인간의 기본적 욕구로 매슬로우(Maslow)는 5단계설을 주장하였다.

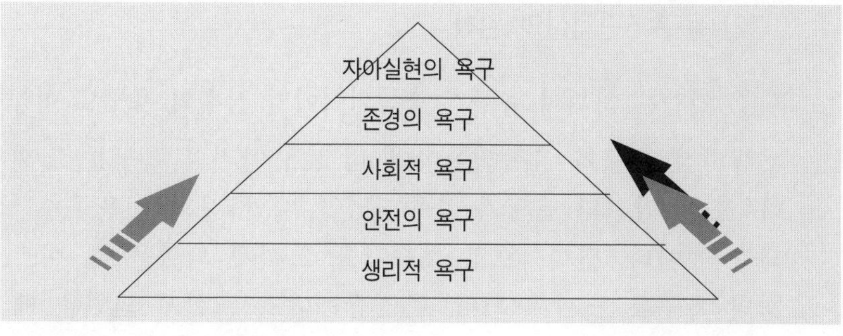

(1) 5가지 차원의 욕구

인간이 갖는 기본욕구를 생리적 욕구, 안전의 욕구, 사회적 욕구(소속의 욕구), 존경의 욕구, 자아실현의 욕구 등 다섯 가지로 나누었다. 생리적 욕구란 굶주림, 배변의 욕구, 수면의 욕구 등이 해당한다.

안전의 욕구란 두려움에서 벗어나고자 하는 욕구를 말한다. 동물의 습격으로부터의 안전, 자연재해로부터의 안전, 주변에 존재하는 두려움에서 벗어나 안전하고 싶은 욕구이다.

사회적 욕구는 소속의 욕구라고도 한다. 안전하다고 느끼게 되면 혼자 있지 않고 사람들과 어울리고 싶고 정보를 공유하고 싶어하는 욕구가 생긴다. 따돌림을 받거나 외톨이가 되지 않고 사람들 속에서 서로 관심을 주고받으려는 욕구이다. 집에 있기보다는 사회활동을 바라는 것이 여기에 해당한다.

존경의 욕구는 사회의 한 일원에서 앞장서고, 인정받으며, 존경받는 훌륭한 존재가 되고 싶은 욕구이다. 사회에 소속되었다고 느끼면 이제 그 사회에서 인정받기를 바라는 존경의 욕구가 생긴다. 성적을 잘 받고 싶어하고, 스타가 되고 싶어하고, 유명한 사람이 되고 싶어하며, 남들이 존경하는 사람이 되려고 노력하는 것이다.

자아실현의 욕구는 매우 고차원적인 욕구로서 주위의 비교대상이나 사회적 기준에 의한 성취의 욕구가 아니라 자기 스스로 인정할 수 있는 훌륭한 가치에 도달하거나 이상을 실현하고자 하는 욕구이다.

(2) 욕구 5단계설의 원칙

① 인간은 하위의 욕구가 충족되어야만 상위의 욕구로 이동한다.

생리적 욕구가 충족되어야만 비로소 안전의 욕구를 느끼게 된다. 또한 안전의 욕구가 충족되었을 때만 사회적 욕구를 느끼게 되는 것이다. 사회적으로 소속감을 느끼게 되었을 때 비로소 존경의 욕구를 느끼게 되며, 존경받는다고 느끼게 되었을 때 자아

실현의 욕구가 생기게 되는 것이다.

② 각 단계는 한 번 지나왔다고 해서 사라지는 것이 아니다.

학교에 다니는 학생은 학교라는 사회에 소속되어 있으며, 반 급우들과의 친분 속에 소속감을 느끼게 된다. 소위 '왕따'라는 현상은 사회적 욕구를 충족시킬 수 없기 때문이며 욕구가 충족되지 못했을 때 욕구불만이 되는 것이다. 그러나 친구들과 대화하는 시간에 사회적 욕구를 충족시키고 있다고 하더라도 그 순간 화장실이 가고 싶어졌을 때 즉 생리적 욕구를 느꼈을 때는 이것을 먼저 해결해야만 한다.

③ 기본욕구는 언제 어디서든 고려되어야 한다.

관광서비스는 관광과 관련한 현장에서 제공되어야 하며, 관광종사원과 여행하는 사람은 많게는 수십일의 오랜 시간 동안 접촉이 이어진다. 이때 인간의 기본적 욕구 중의 여러 단계가 매 순간 보일 수 있다. 존경의 욕구를 충족시키기 위해서는 존칭, 인사, 태도, 예의를 지켜야 한다. 그렇지만 현재 생리적 욕구를 갖고 있기 때문에 빨리 일이 처리되기를 바라는 사람에게 예의를 다하기 위해서 말을 빨리 끝내지 않고 오래 붙잡고 있는 등 존중의 태도만으로 일관할 때에는 짜증나게 하는 사태가 발생할 수 있다. 관광서비스는 매 순간 어디서나 인간이 갖는 기본적 욕구를 파악하고 하위의 욕구가 먼저 충족될 수 있도록 해야 한다.

3. 관광동기

1) 동기의 뜻

관광동기란 관광행동을 일으키는 직접적인 원인이 되는 것을 말한다. 아무리 욕구와 욕망이 커도 실제로 관광행동을 일으키지 않는다면 관광서비스를 제공할 수 있는 기회는 없다. 예를 들어 관광하고자 하는 욕구와 욕망을 가지고 있는 사람이 어느 날 휴가를 받았다든가, 보너스를 받았다든가, 의사가 공기 좋은 곳으로 가서 휴양을 하라고 할 경우 직접적인 원인이 되어 관광행동을 일으킬 수 있다.

관광동기는 한 가지 또는 여러 가지 요인들이 복잡하게 작용하여 관광행동을 일으킨다. 매일의 일상에서 지쳐가던 직장인이 휴가에 여행을 하기로 마음을 먹었는데 마침 그곳에 살고 있던 친구가 지역에 축제가 있으니 놀러 오라고 해서 축제도 구경하고 친구도 만나고 오랜만에 쉴 겸해서 관광을 하는 경우도 있다. 그러므로 관광서비스는 여러 가지 원인이 복합적으로 작용하는 관광욕구와 동기에 대해 충분한 고려가 있어야 고객을 만족에 도달시킬 수 있다.

2) 관광동기

Claude Kaspa는 관광을 하는 동기로 신체적 동기, 심리적 동기, 대인적 동기, 문화적 동기, 지위 및 위신에 관한 동기 등 5가지를 들었다.

(1) 신체적 동기

신체적 동기란 체력단련, 휴양, 치료 등 신체적 이유가 관광의 직접적인 원인이 되는 경우를 말한다. 운동선수들의 전지훈련, 산악등반훈련, 병을 치료받기 위해 공기 좋은 곳에 휴양을 하는 등의 경우가 해당한다.

(2) 심리적 동기

심리적 동기란 일상탈출, 지루함, 변화추구 등의 심리적 이유가 관광의 직접적인 원인이 되는 경우이다. 일상에 지쳐, 심신이 피로해져서 어디론가 떠나고 싶다는 생각에서 관광을 하는 경우로 대개의 경우가 여기에 해당한다. 놀러 간다거나, 그냥 간다거나, 자연경관을 보고 싶어서 간다거나, 즐기기 위해서 간다거나 등으로 표현하는 경우이다.

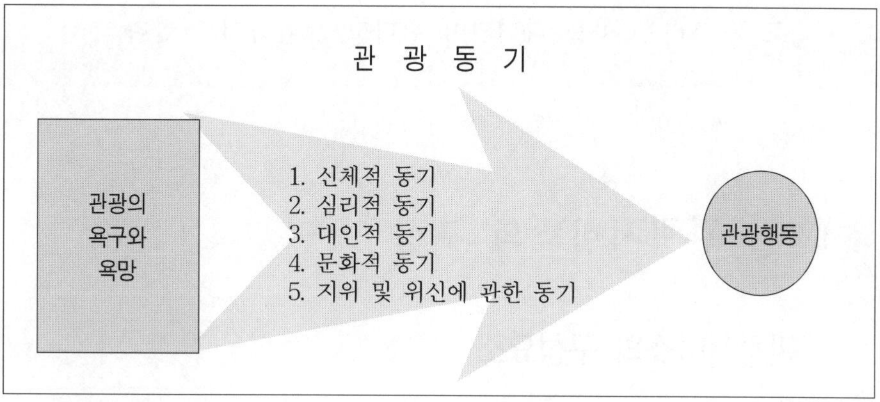

(3) 대인적 동기

대인적 동기란 인간관계와 관련해서 관광을 하게 되는 경우를 말한다. 친지의 초대, 방문, 친구와의 약속 등의 이유가 관광의 직접적인 원인이 되는 것이다. 고향을 방문하거나 친구의 집을 방문하는 경우, 또는 회사 일을 처리하기 위해서 관광을 하는 등 사회와 인간관계에 의해 관광을 하는 경우가 해당한다.

(4) 문화적 동기

문화적 동기란 문화와 관련한 욕구를 충족시키기 위해 관광을 하는 경우이다. 지역의 고유한 문화 탐방, 역사적 유물이나 문화유산의 견학, 콘서트 참석, 올림픽이나 월드컵 관람, 오페라 관람, 음악회나 전시회 관람, 박물관 견학, 재래시장 탐방 등 문화를 향유하려는 것이 관광의 직접적인 원인이 되는 경우이다.

(5) 지위 및 위신에 관한 동기

지위 및 위신에 관한 동기란 자신의 지위나 위신을 지키기 위해 관광을 하는 경우이다. 자신의 지위에 비추어 볼 때 남들이 다 가는 바캉스를 가지 않을 경우 쏟아질 주변의 시선을 피하기 위해서, 또는 자신의 위신을 지키기 위해 남들만큼 또는 남보다는 더 낫다고 생각하는 관광을 하려는 경우이다. 심지어는 비교

대상이 되는 어떤 사람이 A라는 관광지를 다녀왔기 때문에 자기도 꼭 A라는 곳을 다녀와야 한다고 생각하기도 한다.

제2절 관광서비스의 구성

1. 관광서비스의 구성요소

관광과 관련한 인간의 욕구와 욕망을 충족시키고 감동과 깨달음을 주기 위한 활동인 관광서비스는 4가지로 구성된다. 관광상품(Tourism Product), 서비스시스템(Service System), 관광서비스 환경(Service Environment), 서비스 전달(Service Delivery)[5]이다.

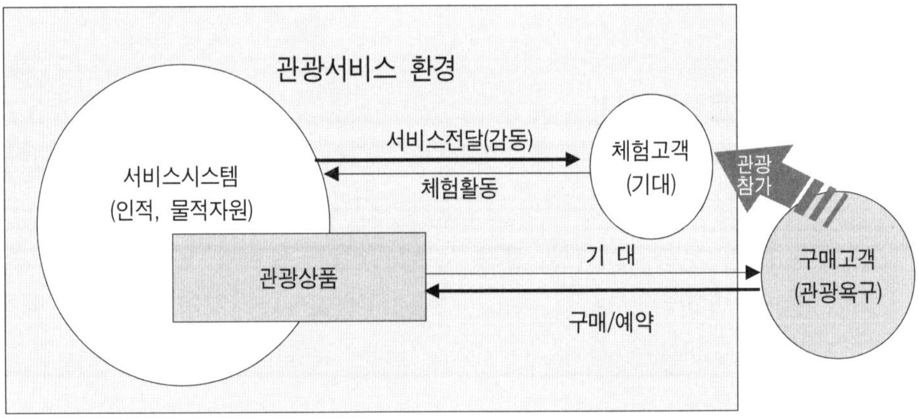

5) 이러한 견해는 서비스의 구성요소를 물리적 제품(physical product), 서비스 제품(service product), 서비스 환경(service environment), 서비스 전달(service delivery)로 한 의견에 따른 것이다(Rust, R. T. and R. L. Oliver, 1993).

앞의 그림은 관광욕구를 갖고 있는 고객은 관광상품을 구매한 후 기대를 갖고, 직접 관광서비스 시스템에 참가하여 관광서비스를 전달받으며 체험을 하게 된다. 이때 관광서비스는 관광서비스 환경에 따라 다르게 전달된다.

1) 관광상품

관광상품은 고객의 관광욕구와 욕망을 충족시키기 위해서, 객관적으로 제시되기 위해 조직된 상품이다. 여기에는 관광서비스 기업이 고객에게 상품의 형태로 전달할 수 있는 모든 것들이 포함된다. 객관적으로 제시되어야 하기 때문에 무형의 관광상품이라 하더라도 유형적 단서들을 이용하여 타상품과 비교가 가능하도록 노력을 기울인다.

호텔상품의 경우 객실이나 부대시설의 모습이 담긴 사진을 넣어 브로슈어를 만들고 여행상품은 일정표와 관광지 사진을 수록하기도 한다. 이러한 유형적 단서들은 서비스를 이용하거나 체험하기 전에 관광상품의 내용을 예측하거나 타상품과 비교하는데 사용된다.

고객의 입장에서 볼 때 관광상품은 고객이 관광과 관련하여 소유, 참가, 이용하는 모든 것들이다. 고객은 관광시설의 이용이나 관광활동의 참가, 또는 체험의 권리를 구매한다. 호텔식당의 음식, 관광기념품의 구매, 여행상품의 구매, 테마파크의 입장권, 호텔 숙박권, 바의 음료, 항공권, 관광지 입장권, 박물관 입장권, 오페라 관람권 등이 모두 여기에 해당한다.

그 밖에 객관적으로 제시되는 상품의 내용으로는 여행상품의 경우, 기간, 항공기 종류, 경유지 유무, 방문지, 투숙하는 호텔의 등급, 식사의 내용 및 횟수, 교통수단의 종류, 안내원의 유무 등이다. 호텔 숙박권의 경우도 호텔의 등급, 호텔의 위치, 객실의 크기 및 종류, 객실의 위치(경관), 식사제공 유무, 부대시설의 유무 및 종류, 픽업서비스의 유무 등이다.

2) 서비스시스템

서비스시스템(Service System)은 고객이 관광과 관련하여 구매하는 핵심적인 성과(Performance)를 말한다. 즉 관광서비스 기업이 고객이 원하는 결과물을 제공하기 위해 일련의 사건들(events)을 미리 설계해 둔 것이다. 서비스시스템에서는 고객과 서비스종사원과의 상호작용이 반드시 필요하며, 이 과정에서 관광기업과 관광상품, 관광서비스만의 독특한 가치를 나타낼 수 있다.

예를 들어 항공기 내의 좌석에는 Business class와 Economy class가 있는데, 동일한 항공기 내에 있는데도 불구하고 가격 면에서 2~3배의 차이를 보이고 있다. 객관적으로 제시할 수 있는 관광상품에는 Business class좌석의 구조가 Economy class에 비해 상당히 크고 또 간격도 넓어서 뒤로 눕거나 다리를 펴는데 불편이 훨씬 적다. 따라서 Economy class 증후군이라는 혈전현상에 의한 돌연사의 위험을 훨씬 줄일 수 있다.

뿐만 아니라 Business class와 Economy class는 서로 다른 서비스시스템을 가지고 있다. 항공기 승무원의 서비스는 Business class와 Economy class의 고객에서 서로 다른 서비스를 제공하도록 설계되어 있다. 고객과 접촉하는 횟수도 다르고, 기내식의 내용뿐만 아니라 기내식을 제공하는 방법도 다르게 설계되어 있다. 한 명의 승무원이 서비스를 제공하는 고객의 숫자도 다르게 계획되어 있다. 기꺼이 두세 배의 요금을 지급하고 Business class를 구입한 고객은 Economy class와는 다른 결과를 원하기 때문이다.

3) 관광서비스 환경

관광서비스 환경(Service environment)은 서비스를 둘러싸고 있는 환경으로 '서비스 스케이프(Service scape)'[6]라고도 한다. 관광서비스 환경은 고객이 관광종사원과 상호작용을 하며 서비스를 경험할 때, 그 서비스를 기억하는데 영향을 주며 매우 선명하고 핵심적으로 기억된다.

예를 들면, 잠을 자기 위해 호텔에 투숙했을 때 관광상품으로 제시된 호텔의 모습이나 부대시설의 내용, 객실의 조건 이외에 깨끗한 느낌, 향기, 안락함, 마음에 드는 실내장식, 좋아하는 색깔의 커튼과 카펫, 벽에 걸린 그림, 선호하는 가구 등을 갖춘 곳이 더 기쁘게 생각된다. 또 그 때 나타난 창가의 아름다운 저녁노을은 호텔서비스 전체를 선명하고 아름답게 기억하게 해 준다.

식당에서 식사를 할 때도 옆자리에 앉은 품위 있는 고객, 아름다운 사람들의 모습, 다른 손님이 나에게 좋은 인상을 주었을 때, 자신이 평소에 듣고 싶었던 음악이 흘러나오는 등 서비스 환경은 그 순간이 기억되도록 하고 만족에도 영향을 준다.

여행서비스에서의 환경은 더욱 범위가 넓다. 평범한 관광지라 하더라도 고객이 방문한 날 특별한 축제가 있거나 유명연예인이 방문하여 사인회를 하는 등 새로운 흥밋거리를 주거나, 날씨가 무척 좋다거나, 특별행사가 있어서 상품을 받거나 이벤트에 참가하는 기회를 가졌거나, 여행지에서 만난 사람이 특별히 좋은 느낌을 주었을 때는 여행서비스가 더욱 선명하게 기억된다.

4) 서비스 전달

서비스 전달(Service delivery)은 서비스종사원에 의한 서비스의 수행을 말한다. 즉 실제로 그 서비스가 어떻게 수행되는가에 대한 것으로 고객이 서비스를 소비하고, 종사원이 서비스를 수행할 때 발생하는 모든 것들이 여기에 포함된다. 아무리 서비스 시스템이 잘 짜여져 있다고 하더라도 서비스종사원이 이것을 제대로 수행하지 않거나, 고객이 제대로 받아들이지 못한다면 고객은 만족에 도달하기 어려워진다. 아무리 훌륭한 서비스로 설계되었

---

6) Bitner M. J. (1992), "Servicescapes : The Impact of Physical Surroundings on Customers and Employees," *Journal of Marketing*, Vol. 56, April, pp.69~82.

더라도 서비스종사원에 따라서 서비스는 다르게 전달된다.

호텔에서는 음료가 담긴 컵은 컵 받침과 함께 제공되고 절대로 입이 닿는 컵의 윗부분을 손으로 잡지 않도록 설계되어 있다. 그런데 손님이 너무 많은 나머지 종사원이 컵 받침을 잊었거나, 또는 서둘러 음료수를 제공하느라고 컵의 윗부분을 손으로 잡아서 내려놓았다면, 설계된 만족 도달과는 다르게 실제 서비스가 전달되었다. 승무원에게 음료를 원한다고 말한 후 음료를 제공할 때까지의 시간이 1분으로 설계되었다면, 이것은 서비스 시스템 또는 서비스 제품이다. 그러나 승무원이 잡담에 1분, 거울을 보느라고 1분이 더 소요되어 총 3분이 걸리면 이것은 서비스 전달의 차원이다. 관광지에서 가이드가 관광지 설명을 10분 동안 하도록 내용이 구성되어 서비스가 설계되었다. 그러나 가이드가 몸이 불편하거나 내용을 잠시 잊는 등 개인적인 이유로 3분만에 끝내버렸다면 이것이 서비스 전달의 차원이 된다. 국외여행에서 미팅(Meeting)과 샌딩(Sending) 서비스는 고객에게 여행사의 따뜻한 마음을 전달하고 즐거운 여행이 될 수 있도록 하려는 목적으로 설계되었다. 그러나 미팅과 샌딩 업무를 담당한 종사원이 공항에 나갔지만 아무것도 하지 않고 항공권만 전달해 주고 먼저 사라져 버린다면 서비스 전달에서 실패를 한 것이다.

〈사례〉 1. 뛰어난 서비스 전달 T.G.I. FRIDAY'S[7)]

푸드스타의 T.G.I. FRIDAY'S가 패밀리 레스토랑 군에서 브랜드 파워 1위를 차지했다. '국내 최초 · 최대 패밀리 레스토랑', '외식산업의 사관학교', '일일 매출 세계 최고기록 수립'. 이 브랜드에 내려진 평가들이다. 이 브랜드는 매장 수, 매출, 고객만족도와 인지도 등에서 패밀리 레스토랑을 선도하고 있다. 서울 · 경기지역에 16개, 부산에 2개, 대구 범어점 등 전국 19개 매장을 운영 중이다. 3월에는 20호점을 개장할 예정이다. 지난 1일은 T.G.I. FRIDAY'S가 국내에 소개된 지 10년이 되는 날이었다. 푸드스타는 이를 기념해 고객 사은행사를 펴고 있다. 이 브랜

7) 중앙일보, 2002. 03. 06일자.

드는 1992년 3월 국내에 첫선을 보였다. 캐주얼 다이닝을 컨셉으로 이삼십대 젊은 세대를 주요 타깃으로 한다. 아이들을 동반한 가족들이 핵심 고객층을 이룬다. T.G.I. FRIDAY'S는 젊은 세대의 트렌디하고 개성 강한 분위기와 함께 가족적인 분위기를 낸다. 여기에 맛과 서비스를 가미해 브랜드의 이미지를 높이고 있다. 1992년 개점시 주문을 받을 때 손님과 눈높이를 맞추기 위해 무릎을 꿇고 서비스하는 퍼피독 서비스를 해 화제가 되기도 했다.

〈사례〉 2. 서비스가 매출 끌어올린다[8)]

"이봐 김사장, 자네 가게 직원들 태도가 왜 그 모양이야. 게장 좀더 달라니까 바쁘다며 시큰둥하고, 물 한잔 가져다주는데 20분이 넘게 걸렸어. 그러니 장사가 안되지. 쯧쯧."

서울 강남에서 대형 음식점을 운영하는 김모(47)씨는 안 그래도 장사가 안돼 별별 궁리를 다하던 차에 평소 잘 알고 지내던 손님으로부터 정곡을 찌르는 지적을 받았다. 일류 주방장에 고급스런 실내 장식, 널찍한 주차장 등 도대체 장사가 안될 이유가 없어 보였지만 가장 기본적인 '서비스'가 문제였던 것이다.

2. 관광서비스의 새로운 인식

1) 시대의 변화

19세기는 농업과 산업을 기반으로 한 생산물의 시대였다면, 20세기는 기술과 정보를 기반으로 한 재화와 용역에 대한 부가가치의 시대였다. 그러나 21세기는 감동과 감각을 바탕으로 한 자기의 경험을 중시하는 느낌과 감정의 시대로 진화하고 있다.

---

8) 문화일보, 2002. 03. 05일자.

구 분	20세기	21세기
발전기반	기술과 정보	감동과 감각
시대 특성	재화와 용역에 대한 부가가치 시대	자기 경험 시대 (느낌과 감정)
추구가치	합리적 지능 · 기술(Technology) · 합리주의(Rationalism) · 실용주의(Pragmatism) · 육체적 안락(Physical Comfort)	감정적 지능 · 감각(Sensation) · 주관(Subjectivism) · 가치(Value) · 정신적 안정(Spiritual Comfort)
기술특성	차가운 기술 시대 (Cold Technology)	따뜻한 인적기술 시대 (Warm Humanology)

20세기는 합리적 지능을 내세우면서 기술, 합리주의, 실용주의, 육체적 안락 등을 추구하는 차가운 기술(Cold Technology)의 시대였다고 할 수 있다. 그러나 21세기는 감정적 지능을 내세우면서 감각, 주관, 가치, 정신적 안정을 추구하는 따뜻한 인적기술주의(Warm Humanology)의 시대이다.

2) 관광상품의 변화

시대의 변화는 관광에 대한 생각에도 많은 변화를 가져왔다. 관광을 하나의 상품으로만 보고 거래의 대상으로 인식하던 시대에서 이제 관광은 경험, 체험을 통해 감동을 느끼는 것을 중요한 가치로 생각하게 된 것이다.

상품이란 욕구나 욕망을 만족시키려고 관심, 획득, 사용 또는 소비를 위해 시장에 제공될 수 있는 재화와 용역의 집단을 의미했다. 그러나 관광체험이란 고객이 독특하고 재생 불가능한 일련의 감동적인 경험과 감각을 느낄 수 있도록 고안되고 발전된 활동의 집합체를 의미하는 것이다. 따라서 관광서비스는 고객이 여행을 통해 감동적인 경험을 하고 그 감동과 감각을 느낄 수 있도록 해야 하는 활동이고, 이것이 곧 관광의 정신인 것이다. 여행을 통해 '빛을 보는' 관광의 근본정신을 추구하는 관광의 가치를 인식해야 한다.

구 분	20세기	21세기
관광의 가치	거래의 대상	경험과 체험을 통한 감동
관광상품	욕구와 욕망의 충족을 위한 재화와 용역의 집단	재생 불가능한 감동과 감각을 위한 활동의 집합체
관광목적지	관광지 사람들이 방문하는 지역	복합관광단지 관광과 관련한 회사와 제도들의 지리적 집중
가치추구	삶에서의 휴식 안전과 편리성 추구	집을 떠난 삶의 영위 감동적인 경험 추구

관광목적지는 사람들이 방문하는 지역으로서 인식되었지만, 이제는 복합관광단지의 개념으로 바뀌고 있다. 이것은 기존의 관광목적지를 포괄하는 개념으로 특정 분야의 상호 연관된 회사들과 제도들에 대한 지리적 집중을 의미하고 있다. 즉 기존 관광지 개념에서 복지, 택시, 쇼핑가, 교통, 세탁 등 인간이 집을 떠나 삶을 영위하고 감동적인 경험을 추구하는 활동과 관련한 다양한 관련 분야들을 연관해서 지칭하는 개념이 중시되고 있는 것이다.

〈사례〉 관광상품 '대~한민국'

사업차 지난 주 남미에 다녀온 회사원 김모(37)씨. 가끔 있는 출장이지만 월드컵 이후에는 처음이었다. 남대문시장에서 선물을 골랐다. 한 벌에 4,000원인 붉은 악마 티셔츠 30벌을 사 라면박스에 담았다. 현지에서 붉은악마 티셔츠의 인기는 상상 이상이었다.9)

오리지널 한국산인 붉은 티셔츠는 금방 동이 났다. "우리 아이 것도", "집사람 것도"라며 현지의 바이어들이 체면 불구하고 티셔츠에 욕심을 냈다고 한다. "월드컵을 통해 알린 '대한민국'의 명성은 대단했다. 4,000

9) 한국일보, 2002. 07. 29일자.

원이 아니라 40만원 정도의 가치가 있었다. 300벌을 갖고 갔어도 모자랐을 것"이라고 김씨는 이야기했다. 월드컵의 이러한 홍보효과를 바로 이어받는 것은 관광이다. L여행사의 한 간부는 "예전에는 한국에 전혀 관심을 보이지 않던 나라의 여행객들도 상담 문의를 하고 있다. 한국이 세계적인 관광명소로 부상하고 있다는 느낌이 든다. 특히 월드컵과 관련한 여행상품에는 매우 의욕적이다"라고 말했다.

월드컵 관련 상품 중 대표적인 것이 '붉은 악마 관광상품.' 한국관광공사가 일본과 동남아의 여행객을 대상으로 기획한 상품이다. 서울의 상암경기장을 방문해 '대~한민국' 응원 구호 배우기, 붉은 티셔츠 지급 등 비교적 간단한 프로그램으로 구성돼 있지만, 상한가의 인기를 누리고 있다.

한국이 월드컵 기간에 무엇을 보여서 이런 일이 벌어지는 것일까. 서울시와 갤럽이 공동 조사한 월드컵 기간의 외국인 방문객 설문조사 결과를 보면 쉽게 이해할 수 있다. 월드컵 대회 기간 서울을 찾은 외국인 관광객의 10명 중 9명이 서울여행에 대해 만족했다. 402명의 외국인을 대상으로 한 이 설문조사에서 88.3%가 한국여행에 '만족한다'고 대답했다. 가장 인상적이었던 것을 묻는 질문에는 '시민들의 친절'이라는 응답이 71.1%로 가장 많았고, 맛있는 음식, 편리한 쇼핑, 활기찬 거리 등을 꼽았다. 모두 관광강국이 되는데 중요한 요소들이다.

S사의 최모 본부장은 "관광한국으로의 출발이 월드컵을 통해 이루어진 것 같다. 나라의 기운도, 국민의 관광 마인드도 최고조에 이른 것으로 보여진다. 국가 차원에서 기본적인 관광 인프라 구축에 더욱 힘을 기울인다면 동북아시아에서 가장 가고 싶은 나라 '대한민국'이 될 수 있을 것이다"라고 말했다.

3) 관광서비스의 변화

관광과 관광상품에 대한 고객기대가 변하고 있고 관광관련 회사들의 경쟁이 심화되면서 경쟁력을 확보하기 위해서 혁신과 지속적인 변화는 필수적인 과제가 되고 있다. 우선 관광조직이 조직의 운영을 지속하기 위해서는 재정적 자산이 아니라 고객의 욕구충족과 감동을 줄 수 있는 지식과 인적 자원의 경험이 더욱 중요해졌다. 그래서 고객만족에 초점을 맞추고 있지만, 그렇다고 고객에게 무조건 최상의 서비스를 약속하지는 않는다. 무조건 친절과 봉사, 환대정신만으로 세계적인 경쟁에서 살아남기는 어렵다. 고객이 원하는 경험과 체험을 통한 감동에 도달할 수 있도록 전략적인 관광서비스가 요구되는 시대이다.

미국 항공사의 경우를 보면, '박리다매'와 '부자 마케팅'이라는 양극화 양상을 나타내고 있다. 고객만족을 위해서는 낮은 가격을 원하는 고객들의 욕구에 따라 가격을 내려야 하지만, 동시에 이익을 위해서는 서비스의 질을 함께 내려야 한다. 아니면 고품질의 서비스를 위해 서비스를 향상시킴과 동시에 그에 따라 가격을 올릴 것인가를 고심하게 된 것이다. 무조건 '저렴한 가격에 최상의 서비스'를 약속하던 시절은 이제 지나갔다.

미국의 한 항공사의 비행기에선 따끈한 기내식이나 신문을 찾아볼 수 없다. 스튜어디스의 친절도 기대 못한다. 그래도 불평은 없다. 알뜰한 여행객은 서비스보다 가격이 우선이기 때문이다.[10] American Airline을 비롯한 미국의 6대 항공사가 2001년 10월부터 2002년 6월까지 69억달러의 손실로 고전할 때 할인 항공사인 Southwest Airlines는 성장을 거듭했다. 그러다 보니 메이저 항공사들의 기내서비스가 인색해지고 서비스에 대해서는 엄격하게 추가 요금을 징수하는 추세다.

그런가 하면 항공사의 고객차별화는 자연스럽게 부자 마케팅으로 이어져서 할인 항공권의 6배나 비싼 비즈니스클래스가 주 공략 대상으로 떠오르기도 했다. 루프트한자는 뉴욕-뒤셀도르프 구간 항공기를 전면 비즈니스클래스로만 운영하고 있다. 부유층의 주머니만 노리겠다는 루프트한자의 모험이 성공할 때 저가 경쟁에 시달려 온 미국 대형항공사들의 경영 궤도에도 획기적인 변화가 예상된다.

10) 매일경제, 2002. 08. 22일자.

〈사례〉 항공사 서비스 기내뿐만 아니라[11)]

항공티켓으로 비행기만 타십니까. 상승곡선을 타는 항공수요를 끌어안기 위해 항공사간에 고객서비스 경쟁이 치열하다. 아시아나항공은 이번주부터 비즈니스클래스 이상의 국제선 고객을 대상으로 에쿠우스 유료 의전서비스를 실시한다고 11일 밝혔다. 입국 고객들을 대중 교통수단 대신 고급 세단으로 모심으로써 항공서비스의 영역을 확장하고 회사의 이미지를 제고하겠다는 전략이다. 아시아나항공은 또 한국말이 서툰 외국 승객들에게는 전문 통역인을 붙여주고 유명인사들에게는 경호원을 대동시키는 다양한 서비스 프로그램을 마련해 놓고 있다. 회사 관계자는 "항공 서비스 하면 주로 '기내에서만' 이뤄지는 것을 통칭했지만, 항공사간 경쟁이 치열해지면서 앞으로는 영역을 불문하고 고객이 가려워하는 곳을 긁어주는 이른바 '토털서비스'가 확산될 것"이라고 말했다.

대한항공도 지난해까지 국제선 고객을 대상으로 실시해왔던 전동차 서비스를 올 들어 국내선 고객에까지 확대하고 나섰다. 전동차 서비스란 노약자나 환자, 가족 승객들의 편의를 위해 공항 티켓창구에서 탑승계단까지 전동차로 편안하게 이동시켜주는 서비스다. 인터넷 회원과 여성, 어린이 고객들에게 각종 이벤트와 사은행사를 제공하는 차별화 서비스도 정착단계에 이르렀다. 대한항공 권욱민 차장은 "고객들이 이제는 단순히 비행기를 타고 내리는 데서 만족하지 않는다"며 "각각의 고객들에게 개별 서비스를 제공해주는 원투원서비스를 확대해 고객감동을 이끌어낸다는 게 회사 방침"이라고 말했다

3. 관광서비스의 기본조건

1) 관광의 정신에 대한 식견과 전략

우수한 관광서비스는 관광의 정신에 대한 올바른 식견을 가지고 고객의 정신적 깨달음과 감동이라는 충만감을 제공하기 위한 전략을 가지고 있어야 한다. 사전에 약속된 대로의 서비스를 차

11) 매일경제, 2002. 03. 11일자.

질 없이 제공한다거나, 예상했던 대로 부족함이나 결함이 없는 여행활동을 마치는 것만으로는 만족에 도달할 수는 없다. 관광서비스의 만족은 고객이 관광의 정신적 가치인 깨달음, 느낌, 감동, 발견, 배움 등의 가치를 가질 수 있어야 하기 때문이다. 그래서 때로는 감동을 위한 연출도 필요하다.

2) 우수한 관광종사원

우수한 관광종사원은 관광에 대한 올바른 사고를 가지고 있어야 하고 고객지향적이어야 한다. 고객에게 관광의 감동을 줄 수 있고 깨달음을 얻을 수 있도록 도와주어야 하기 때문이다. 고객은 관광의 정신적 가치를 사전에 알고 있을 수도 있지만, 전혀 알지 못할 수도 있다. 여행은 자칫 설레임으로 소풍을 떠나기 전의 마음으로 들떠 조급해지거나, 막연한 기대로 한껏 부풀어 있다가 어린 시절 소풍에서 돌아올 때처럼 피곤함으로 지쳐버리기 쉽다. 관광의 정신에 도달하지 못한다면 고달픔만을 안고 오게 되는 것이다.

우수한 관광종사원은 고객을 깨달음으로 이끌어야 한다. 관광의 자세와 '삶의 빛'이 되는 것들을 발견할 수 있도록 해야 한다. 고객의 관광이 말초적 즐거움이 아니라 감동과 깨달음으로 가치 있는 것이 될 수 있도록 하는 것이다. 감동에 도달한 고객은 그 관광서비스의 우수성을 남에게 전하게 되고 자신도 지속적으로 우수한 종사원과의 관광활동을 선호하여 반복적으로 구매하게 된다.

3) 활동과 정신을 위한 시스템

관광서비스 제공시스템은 고객을 중심으로 설계되어야 한다. 관광기업의 입장에서 편리하고 유리한 설계가 아니다. 우선 고객에게 여행의 편의를 제공하는 완전한 시스템이어야 한다. 그렇지만 감동이란 안전한 여행이나, 안락한 잠자리만으로 도달되지 않는다. 고객중심의 설계는 고객이 감동과 깨달음을 얻도록 철저하게 고객에게 맞추어진 서비스시스템이 필요하다.

아무리 안전한 여행을 마쳤다 할지라도 고객에게 아무런 느낌조차도 없고 고객의 입장에서 아무것도 가치 있는 것을 얻을 수 없다면, 여행은 단지 여행으로 끝나버린다. 그러면 여행은 많은 시간과 경제적 부담, 노력들을 잃게 된다. 관광서비스는 모든 고객이 가치 있는 체험으로 깨달음과 감동을 얻을 수 있는 시스템을 개발하고 유지해야 한다.

〈사례〉

'2002 한국서비스품질 최우수기업'에 뽑힌 기업들의 공통점은 '차별화된 서비스'. 갈수록 까다로워지는 고객의 입맛을 철저히 분석해 꼼꼼하고 특화된 서비스를 제공했다. 그 서비스는 고객 기호 파악에서부터 제품 점검에 이르기까지 매우 다양했다.

리츠칼튼호텔은 3년 연속 가장 높은 점수를 받은 기업답게 서비스교육도 철저했다. 1년에 200시간 이상을 직원 서비스교육에 투자한다. 특히 고객 기호를 파악해 데이터로 만들어 둔 것은 호텔의 가장 큰 자산. 이 데이터를 바탕으로 주요 고객이 다시 호텔을 방문하면 묻지 않아도 그에게 맞는 과일, 음료 등을 제공한다.

제3장

관광서비스의 특징과 분류

관광서비스의 특징과 분류

제1절 관광서비스의 특징

1. 서비스의 기본 특징

서비스의 대표적인 특징은 무형성, 동시성, 소멸성, 변동성이다(P. Kotler). 특급호텔의 커피숍과 일반 카페에서 판매하는 커피는 그 원료가 동일하더라도 값에는 매우 큰 차이가 있다. 또 항공기 좌석은 비즈니스석과 이코노미석이 그 가격의 차이가 매우 현격하다. 여행상품도 동일한 여정에도 다양한 가격의 상품이 존재한다. 그렇지만 고객들은 현격한 값의 차이에도 불구하고 그 차이에 대해 이의를 제기하지 않고 인정한다. 이렇게 고객이 인정하는 것이 서비스이다.

1) 무형성

무형성(Intangibility)이란 손으로 만질 수 없다는 의미이다. 관광서비스는 행위이고 수행이며 수고이기 때문에 무엇이 제공되는지 보이지 않고 만질 수도 없다. 또한 개인적인 경험과 느낌만이 결과로 남기 때문에 그 가치를 파악하거나 평가하는 것도 매우 어렵다. 보이지 않기 때문에 진열할 수도 없고 그 존재를 알리기도 어렵다. 다른 것과 구별되는 더 좋은 것이라고 알리기는 더욱 어렵다.

(1) 유형적 단서의 이용

서비스의 무형성을 극복하기 위해서 '유형적인 단서'가 이용된다. 유형적 단서란 무형의 것을 나타내기 위해 형태가 있는 것들을 빌려서 표현하고 이를 통해 서비스의 내용과 장점 등을 알리는 것이다.

호텔은 품격 있는 서비스를 알리기 위해 고급스러운 실내장식을 하고 예술작품을 벽에 걸고, 질 높은 종이를 사용하여 브로슈어를 만든다. 사회의 저명인사를 내세워 광고하거나, 특정 리조트호텔은 환상적인 서비스를 알리기 위해 유명연예인 커플의 신혼여행의 숙박을 후원하기도 한다. 호텔에 투숙함으로써 품격 있고 수준 높은 서비스를 받을 수 있다는 사실을 간접적으로 보여주고 증거를 제시하고 있는 것이다.

여행사는 무형의 여행상품을 판매하기 위해 브로슈어나 카탈로그에 관광지 사진을 넣고, 즐거움에 넘치는 사람의 모습 등을 여행사 사무실의 벽에 걸어두거나(가시화), 인솔자(TC : Tour Conductor)나 여행경험자와의 대화 및 설명회를 개최하여 구체적으로 경험의 내용을 설명하도록 하고 이때 여행관련 책자나 자료를 보여준다. 많은 사진을 사용하고, 유명 사진작가의 작품으로 된 멋진 광경을 담고, 유명 관광지를 배경으로 한 유명 연예인의 즐거운 여행 모습이 담긴 사진이나 비디오를 사용한다.

(2) 서비스종사원에 의한 유형화

중요한 유형적 단서 중의 하나는 서비스종사원이다. 서비스종사원은 고객과 직접 상호작용하며 서비스의 최종 완성자이기 때문이다. 서비스종사원의 복장, 표정, 태도, 말씨, 눈빛 등이 복합적으로 작용하여 외적으로 서비스의 수준과 질을 나타낼 수 있다.

호텔이나 항공사에서는 유명 디자이너에게 의뢰하여 유니폼을 만드는 경우가 많다. 여행사도 유니폼을 사용하여 여행사와 여행상품의 질을 표현하고 있기도 하지만, 여행상품이 주는 자유로움과 편안함을 위해 딱딱한 정장보다는 간편한 복장을 통해 적극적이고 활동적인 인상을 주려고 한다.

2) 동시성

동시성은 비분리성(Inseparability)이라고도 하는데, 서비스의 생산과 소비가 동시에 이루어지고 서로 떨어질 수 없는 특성을 말한다. 서비스는 고객이 있어야 생산될 수 있는데, 서비스는 제공되는 동시에 고객에 의해 소비된다. 동시성의 특징으로는 다음과 같은 것이 있다.

(1) 서비스의 내용과 품질이 불확실하다

고객은 관광서비스를 구입하기 전에는 미리 시험할 수도 없고 그 서비스의 내용을 알기도 어렵다. 관광서비스 기업도 사전에 관광서비스의 품질을 완전하게 예측하여 계획하거나 통제하기가 어렵다.

(2) 고객의 참가가 필수적이다

고객은 반드시 서비스 제공(생산)현장에 참가해야 한다. 서비스에 따라서는 의사의 방문 진료와 같이 서비스가 고객이 있는 곳으로 이동하는 경우도 있지만, 관광서비스는 고객이 관광현장으로 반드시 이동해야 한다. 이때 고객이 기다리게 되는 경우가 생기기 때문에 대기관리가 이루어져야 하고 항상 고객에 대한 균등한 서비스가 이루어지도록 배려해야 한다. 개별 고객의 욕구충족에 치중하여 다른 고객의 욕구불만을 사는 일이 발생해서는 안 되기 때문이다.

서비스현장에는 다른 고객도 함께 참가하기 때문에 고객들이 형성하는 분위기가 서비스의 내용에 영향을 준다. 그래서 서비스

기업은 서비스의 설계에서부터 일정한 기준요건을 만들고 서비스체험 환경의 질을 균등하게 유지하기 위하여 고객의 참가를 통제하는 방법을 사용함으로써 균등한 서비스의 질을 확보하기도 한다. 정장을 입지 않으면 입장을 시키지 않는 식당이라든가, 나이 제한을 두고 입장시키는 경우가 이에 해당한다.

(3) 서비스종사원 역할의 중요성

서비스의 동시성으로 종사원과 고객은 서비스현장에 함께 존재한다. 이때 서비스의 품질은 서비스 제공자와 고객과의 상호작용에 따라 상당히 달라진다. 계획된 서비스의 질을 달성하느냐 못하느냐 하는 것은 서비스종사원에 달려 있고 개별고객에게 맞는 서비스를 제공하기 위해서 종사원은 서비스의 내용을 매우 능숙하게 통제할 수 있어야 한다. 그러므로 서비스기업은 고객과 상호작용을 하는 서비스종사원을 선발할 때 매우 신중을 기해야 하며, 선발 후에도 철저히 교육시키기 위해 노력과 투자를 아끼지 않아야 한다.

3) 변동성

변동성은 이질성(Heterogeneity)이라고도 하는데, 이질성이란 질이 서로 다르다는 의미이고 변동성은 변한다는 의미이다. 각기 다른 고객에게 제공되는 서비스의 질은 고객마다 서로 다르며, 동일한 고객에게 한 번 제공된 서비스가 다시 제공될 때도 이전 서비스와 똑같지 않다. 즉 똑같은 서비스는 없는 것이다. 변동성은 다음의 특징을 갖는다.

(1) 서비스의 불규칙성

동일한 서비스종사원이 똑같은 내용의 서비스를 제공하더라도 한 고객에게 제공된 서비스와 다음 고객에게 제공된 서비스는 똑같을 수 없다. 또한 고객이 오늘 받은 서비스와 어제 받은 서비스가 똑같을 수 없다. 심지어는 동일한 종사원에게서 동일한 고객이 서비스를 받더라도 어제의 서비스와 오늘의 서비스가 다를 수 있다. 관광 현장 상황, 고객의 반응, 서비스종사원의 태도 등에 따라 서비스가 달라질 수도 있는 것이다.

고객의 입장에서는 정확한 서비스의 질적 수준을 가늠하기 어렵다. 또한 한 사람이 만족한 서비스라고 해서 다른 사람도 만족한다고 확신할 수도 없다. 그래서 고객은 서비스를 구매하기 전에 불확실성을 줄이기 위해 정보탐색에 많은 시간을 들이게 된다.

(2) 서비스 표준화

고객의 불확실성을 줄이기 위해 서비스 표준화가 요구된다. 이를 위해 서비스의 표준을 만들고 종사원 훈련으로 일정한 질을 유지하고자 한다. 이 표준은 거의 예외 없이 수행되기 때문에 개별 고객의 기대에 모두 부응할 수는 없지만 많은 사람들의 보편적인 기대에 맞추기 때문에 호응을 얻을 수 있으며, 무엇보다도 표준에 대한 고객의 기대에 크게 벗어나지 않는다는 장점이 있다. 예를 들어 인사를 할 때에는 45도의 각도로 한다거나, 전화를 받을 때에는 항상 소속과 성명을 밝히고 일정한 멘트로 인사를 하기로 정한다거나 하는 것이다. 그렇지만 이런 표준이 때로는 고객에게 친근감보다는 싫증을 주거나 획일화된 어투로 인해 아무런 감흥을 주지 못하는 경우도 생길 수 있다.

(3) 서비스 유연성

서비스의 변동성은 고객의 개별적 욕구에 부응하여 만족에 도달시키는데 유용하다. 호텔에서 현지 문화와 분위기를 즐기려는 고객과 방해받지 않고 중요하고 진지한 대화를 나누고 싶어하는 고객에게 똑같은 횟수로 테이블을 찾지 않는다. 변동성은 고객에 따라 개별적인 서비스를 제공할 수 있도록 유연성을 준다.

유연성은 서비스종사원의 전문성이 가장 큰 바탕이 된다. 고객과 상호 작용하는 순간에 고객의 특성을 파악하고 상황을 판단하여 개별고객에게 맞는 서비스의 내용과 질을 구성하고 통제할 줄 아는 전문성이 요구된다.

4) 소멸성

소멸성(Perishability)이란 사라져서 없어져 버리는 특성이다. 서비스는 생산과 동시에 소비가 이루어지는데, 생산을 위해 준비해 놓은 것도 소비되지 못한 상태로 사라지게 된다. 또 소비된 후에는 고객에게서 어떠한 서비스의 증거도 찾을 수 없다. 서비스는 저장이 불가능하기 때문에 재고도 없다. 고객이 존재하는 순간에야 비로소 생산되고, 생산되는 순간 소멸되기 때문이다.

기업은 고객이 존재하는 순간 서비스가 생산되도록 하기 위해서 항상 인력과 물적 자원을 준비하고 있다. 이 준비상태는 비용이 드는데 서비스가 생산되지 못하면 손실로 이어진다. 반면에, 준비상태를 초과하여 고객이 너무 많으면 이익기회의 상실로 이어진다.

한 호텔이 100개의 객실을 가지고 있고 200명의 고객에게 서비스를 제공할 인력을 보유하고 있다고 하자. 어느 날 고객이 100명 투숙하여 50실만 채웠다면 호텔의 나머지 객실은 그 날의 손실로 이어진다. 다음날 고객 300명이 방문했을 경우 100명에 대해서는 거절해야 하므로 이익기회를 상실하게 된다.

여행사는 국외여행서비스를 위해 미리 항공좌석을 확보하고 인력을 준비하고 있다. 이때 고객의 수가 준비된 상태보다 적으면 영업규모의 축소나 손실로 이어진다. 또 성수기에 항공좌석수를 초과하는 모객이 이루어질 때는 부족한 항공좌석과 부족한 인력으로 인해 이익기회를 잃게 된다.

그래서 서비스기업은 성수기와 비수기의 수요를 예측하고, 조절하기 위해 예약의 활용, 비수기 할인, 회원제, 시간대별 가격할인, 성수기의 할증, 비수기의 특별서비스 등을 이용한다. 또 공급의 조절을 위해 임시직원 이용, 셀프서비스 도입, 시설의 용도개척, 시설의 공동이용 등 다양한 방안이 이용된다.

2. 관광서비스의 특성

관광서비스는 관광과 관련하여 제공되는 서비스이기 때문에 일반적인 서비스의 특성 이외에 관광으로 인한 독특한 특징을 갖고 있다. 관광서비스의 특성은 다음과 같다.

① 사람에 대한 복합적 활동 서비스이다.
② 참가에 의한 高접촉 서비스이다.
③ 재량권이 많은 서비스이다.
④ 추상적 기대를 갖는 서비스이다.
⑤ 만족은 깨달음과 감동이다.

1) 복합적 활동

관광서비스 활동은 첫째, 사람을 대상으로 한다. 둘째, 유형적 활동과 무형적 활동을 모두 포함하는 복합적 활동의 서비스를 제공한다.

행위의 성격	서비스의 직접적인 대상	
	사 람	사 물
유형적 행동	사람의 신체에 대한 서비스 여객운송, 의료, 호텔, 미용실, 물리치료, 헬스클럽, 크루즈, 레스토랑, 이발소 등	제품이나 소유물에 대한 서비스 화물운송, 수리 및 보수, 사무소 관리, 창고 및 보관업, 소매업, 세탁소, 주유소, 잔디관리 등
무형적 행동	사람의 정신에 대한 서비스 광고, 예술 및 오락, 방송, 경영컨설팅, 교육, 관광, 정보서비스, 공연, 심리치료, 종교, 음성전화 등	무형자산에 대한 서비스 회계, 은행, 자료처리, 보험서비스, 법률서비스, 프로그래밍, 조사서비스, 증권투자, 소프트웨어 컨설팅 등

유형적 행동(Tangible action)이란 사람의 신체에 직접적으로 가해지는 행동을 말한다. 따라서 고객들은 관광서비스를 받기 위해서는 반드시 서비스 제공기간 내내 그 서비스의 제공장소에 존재해야 한다. 여행을 하기 위해서는 반드시 집을 떠나 이동해야 하고, 호텔에 투숙하기 위해서는 호텔로 가야 하며, 레스토랑에서 식사를 하기 위해서는 그 장소로 가야 한다. 놀이공원의 서비스를 받기 위해서는 놀이공원을 방문해야 하고, 크루즈 여행을 위해서는 반드시 크루즈에 승선해야 한다.

무형적 행동(Intangible action)이란 사람들의 정신을 향하고 있는 행동이다. 이때 고객은 반드시 정신적으로 그 서비스 제공에 참가해야 한다. 이 경우 방송이나 원격교육 등과 같이 고객이 신체적으로 참가하지 않고 원격장소에서 가능한 경우도 있다. 관광서비스는 고객이 반드시 서비스 제공장소에 존재해야 하는 유형적 행위의 서비스임과 동시에 정신적 자극을 처리하는 무형적 활동을 수반하는 서비스이다. 정신적 자극이란 고객이 관광을 함으로써 정신적으로 관광서비스의 제공에 참가하고 그 결과 깨달음과 감동이라는 정신적 가치에 도달하는 것을 말한다.

2) 참가와 高접촉

고객이 서비스현장에 직접 참가하는 서비스를 '순수서비스'라고 하고, 서비스종사원과 접촉하는 정도가 높은 서비스를 '高접촉 서비스'라고 한다. 관광서비스는 신체적 이동과 정신적 자극을 처리하는 서비스이기 때문에 고객은 반드시 집을 떠나 신체적·정신적으로 서비스 생산과정에 직접 참가한다. 고객은 서비스 제공장소에 서비스제공기간 동안 존재해야 하며, 종사원과 높은 접촉을 유지한다. 이때 서비스 제공장소는 건물 내부일 수도 있고 외부일 수도 있다.

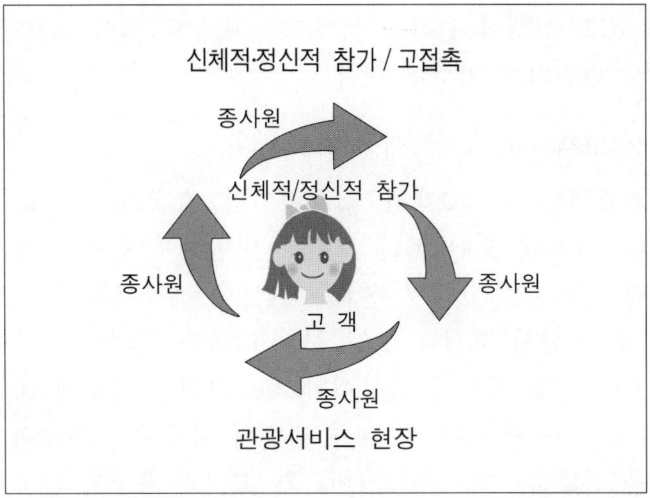

여행서비스에서 고객은 서비스를 제공하는 직원을 동반하여 여행을 시작해서 끝날 때까지 여행과정 내내 서비스직원과 접촉을 유지하며 서비스를 제공받게 된다. 호텔서비스를 받기 위해서 고객은 호텔을 방문하여야 하며, 체재하는 동안 종사원과 지속적으로 접촉하며 서비스를 제공받게 된다.

고객과 종사원의 접촉이 길수록 상호작용이 더 필요하기 때문에 시스템을 관리하기가 더욱 어려워진다. 관광서비스의 품질과 생산량이 고객에 의해서 영향을 받을 때 고객을 완전히 통제하는 것은 거의 불가능하기 때문이다.

그래서 고객과 서비스종사원과 접촉이 많을수록 서비스시스템은 많은 영향을 받는다. 高접촉이 서비스시스템에 주는 영향은 다음과 같다.

① 서비스의 불확실성이 증가한다.

계획한 대로 서비스를 수행할 경우에는 서비스의 내용과 질이 비교적 균일하게 유지될 수 있고, 서비스에 소요되는 시간이 예측 가능하다. 그러나 고객이 서비스 생산에 직접 참여하고, 종사원과 높은 접촉을 유지할 때 서비스시스템의 불확실성이 증가한다. 서비스를 생산하는 데 소요되는 시간이 고객에 따라 달라질 수 있고, 고객이 원하는 서비스의 내용과 질이 오랜 접촉의 과정에서 빈번하게 변하게 된다.

② 고객의 수요예측이 어려워진다.

관광서비스는 고객과 접촉하면서 고객의 욕구를 충족시켜야 한다. 그런데 오랜 시간 고객과 빈번하게 접촉을 유지하게 되면 계속 달라지는 고객의 수요의 패턴을 예측하는 것이 어려워진다. 또 한 사람의 고객과 오랜 시간 접촉을 유지하는 가운데 고객의 마음이 변할 때마다 관광서비스도 고객의 욕구에 대응해야만 한다. 고객은 종사원과의 높은 접촉의 과정에서 지속적으로 요구사항을 전달하는데, 이때 서비스가 고객의 욕구를 충족시키지 못한다면 불만족으로 이어지게 된다.

③ 접객 종사원들의 전문성이 요구된다.

관광서비스는 관광에 참여하는 고객과 종사원이 오랜 시간 높은 강도로 접촉해야 하고 고객의 정신에 대한 서비스도 포함되기 때문에 관광서비스 종사원의 역할은 매우 중요하다.

관광서비스 종사원은 정신적 자극을 처리하는 능력과 대인관계에 필요한 기술을 가져야 한다. 동시에 높은 행동규범을 가지고 고객의 불합리한 요구에 대처하면서, 서비스 현장에서 순간적으로 서비스를 결정하는 판단력을 발휘해야 한다. 고객에 따라, 고객의 심리상태에 따라, 업장이나 장소의 분위기 및 상황에 따라 서비스가 다르게 제공되어야 하기 때문이다.

④ 시간제약이 따른다.

高접촉은 많은 시간이 필요하지만 서비스가 한 고객만을 만족시키기 위해 너무 많은 시간을 쓸 수는 없다. 그렇다고 직접 서비스현장에 참가한 고객에 대한 서비스 제공시간을 종사원의 의지대로 제한하는 것도 어렵다.

식당에서 고객들은 식사시간대에 일시에 식당을 찾고, 식사시간대가 지나면 거의 사라지게 된다. 그 시간대에서 많은 고객을 받으려면 고객이 신속하게 식사를 마치고 자리를 비워주기를 바라게 된다. 그러나 식사하는 고객에게 식사를 빨리 끝내라고 말할 수 없고, 주문할 때 망설이며 시간을 많이 들이는 고객에게 어서 주문하라고 할 수도 없다.

관광서비스는 성수기에 많은 수요로 넘쳐난다. 그렇지만 고객과 직접 접촉해야 하고, 고객이 직접 참가해야 하는 관광서비스는 수요가 넘쳐나도 시간적 제약 속에서 제공된다. 주어진 시간대에 수요에 적절하게 대응하지 못하면 고객을 잃거나 이익의 기회를 잃게 된다.

⑤ 피드백이 신속하다.

피드백은 서비스를 제공한 후 그 결과들이 서비스 제공자에게 되돌려지는 것을 말한다. 관광서비스는 고객이 직접 참가하고 접촉하므로 피드백을 신속하게 받을 수 있다. 그러나 신속한 피드백은 회사가 서비스의 생산과정을 완전히 통제하는 것을 어렵게 한다. 회사가 계획한 서비스를 제공하려할 때 고객의 피드백에 의해 곧바로 수정되기 때문이다.

식사를 할 때 고객이 차의 온도가 마음에 들지 않으면 다시 요구할 것이고, 너무 싱겁거나 짜면 다시 요청할 것이다. 객실에서 춥다고 느끼면 담요를 더 요청할 것이다. 여행지에서도 고객들은 끊임없이 순간 순간 요구사항을 내놓는다. 또 수프에 향료를 빼 달라고 한다든가, 수프와 빵을 함께 달라고 한다든가, 자신이 좋아하는 방문지에서 시간을 더 연장해 달라는 등의 개인적인 요구사항들 때문에 회사가 계획한 서비스대로 진행되도록 완전하게 통제하는 것이 어렵다.

그래서 서비스의 피드백에 대해서는 서비스종사원의 전문성과 판단력이 더욱 절실해진다. 고객에 따라 다양한 피드백을 적절하게 수용하면서 올바르게 대응할 수 있는 능력이 요구된다.

3) 재량권

재량권이란 어떤 일에 대해서 스스로의 의지와 판단으로 결정하거나 변경할 수 있는 권리를 말한다. 관광서비스가 고객의 관광과 관련한 욕구충족을 목적으로 사전에 계획되었더라도, 관광현장에서 고객과 종사원이 상호작용을 하면서 서비스는 변경되거나, 추가되거나, 일부가 제거될 수 있다. 이때 그 판단의 권리를 재량권이라고 한다.

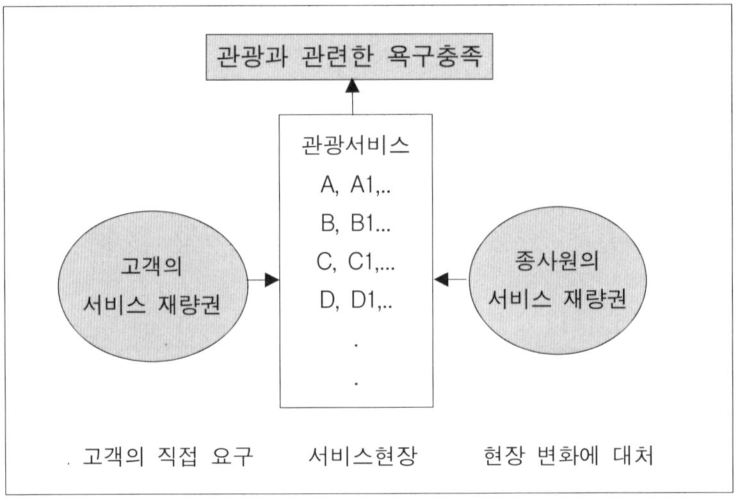

관광서비스의 고객은 관광현장으로 이동하지만 불확실성이 높은 관광서비스에 대한 많은 대안을 가지고 있다. 만일 특정 모델의 자동차를 사러 갔는데 품절되어 3일을 기다려야 한다면 고객은 충분히 기다릴 것이다. 그러나 배가 고파 식당에 갔는데 원하는 음식이 없다면 다른 음식을 주문하거나 다른 식당으로 가버릴 것이다. 그 음식을 먹기 위해 굶고 기다릴 사람은 없다. 5일간의 여름휴가를 위해 여행사를 찾은 사람은 원하는 여행상품이나 자신에게 맞는 여행기간을 찾지 못했다면 역시 다른 여행사로 가버릴 것이다. 관광서비스는 불확실한 환경에 탄력적으로 대응하기 위해서 고객과 종사원에게 많은 재량권이 주어진다.

(1) 고객의 재량권

고객에게 재량권이 비교적 많이 주어지는 경우는 시설을 중심으로 하는 식당이나 호텔서비스이다. 고객은 수시로 물을 더 요구할 수도 있고, 더운물을 요구할 수도, 찬물을 요구할 수도 있다. 호텔에서 늦잠을 자기 위해 방 청소를 거절할 수도 있고 또는 늦출 수도 있는 것이다. 이와 같이 호텔서비스는 '이렇게 해주시오', '이렇게 하지 마시오' 등 고객이 원하는 대로 서비스의 내용을 변화시킬 수 있기 때문에 고객에게 재량권이 매우 많다. 반면에 종사원은 고객의 요구에 신속하게 부응하고 이를 수용하게 된다.

이 경우 자칫 종사원은 수동적인 입장이 되기 쉽다. 고객의 재량권으로 인해서 종사원의 주도적 역할이 줄어들기 때문이다. 그러나 서비스종사원은 고객의 재량권 행사를 수용하면서도 전문가로서 서비스에 대해 알리고 전문성을 발휘함으로써 고객의 재량권에 수정을 가할 수도 있다.

(2) 종사원의 재량권

종사원에게 재량권이 높은 경우는 고객과 서비스가 함께 외부환경으로 이동하는 여행서비스이다. 망설이는 고객에게 여행지를 추천하거나 고객이 선정한 여행지를 바꾸도록 의견을 제시할 수도 있다. 또 여행 중에 인솔자(Tour Conductor)나 가이드(Local Guide)가 서비스의 수준이나 방법을 결정하고, 서비스의 내용을 수정할 수도 있다.

여행서비스는 외부환경 변화에 대응하고 고객만족을 높이기 위해서 종사원의 재량권이 발휘되지만, 서비스종사원의 이익이나 편의를 목적으로 재량권이 남용되기도 한다. 고객은 종사원의 재량권에 의해 변하는 서비스의 내용을 잘 모르는 경우가 많다. 현지의 환경변화에 따라 고객의 안전이나 만족을 위해 인솔자나 가이드의 순간적 판단에 따라 서비스가 변할 때 자세한 서비스의 내용을 고객에게 사전에 모두 전달하기도 어렵다. 관광서비스

종사원 스스로도 현지의 관광현장에 대해서 사전에 명확히 판단하기 곤란하기 때문이다.

4) 추상적 기대

기대는 만족에 영향을 미친다. 기대와 경험이 일치되었거나 또는 기대 이상의 좋은 경험을 했을 때 고객은 만족에 도달하고 기대에 미치지 못했을 때 고객은 불만족을 느끼게 된다.

그런데, 의료서비스의 고객은 치료를 받아 낫기를 바라고 치료결과 병이 나았을 때는 만족한다. 법률서비스에서는 법적인 문제의 해결을 바라고 해결되면 만족한다. 고객이 문제를 정확하게 인식하고 있을 때에는 그 해결을 바라고 서비스가 해결해 주면 만족한다. 그러나 관광서비스에 대한 기대는 현실을 벗어나 평소에 마음속에 그리던 환상이나 꿈 등의 이상향으로 이어진다.

영화 속의 한 장면에 등장한 관광지를 가 보고자 하는 사람은 그 곳에서 영화 속의 분위기를 기대한다. 그렇지만 영화가 갖는 종합예술이 현실에서 그대로 나타날 수는 없다. 그 곳에는 유명배우도, 의상 및 배경음악도, 멋진 조명도 없다. 그저 사람들이 사는 곳일 뿐이다. 때로는 지저분한 모습도 보이고, 소음도 들리고, 먼지도 날리고, 행인들만이 오가는 그저 그런 곳처럼 보인다. 그래서 사람들은 기대했던 것과 너무나 다르기 때문에 관광지에 대해서 쉽게 실망을 하기도 한다.

최고급 호텔에 투숙할 때 객실료가 비싼 만큼 마치 왕족이나 귀족이 된 듯한 환상을 갖게 된다. 그렇지만 막상 투숙했을 때는 빛 바랜 커튼이나 카펫의 얼룩을 발견할 수도 있고, 끝없이 추가로 요금을 부담하지 않으면 왕족이 되어보려는 환상을 채울 수 없다는 것을 발견하고 상실감에 오히려 크게 실망하기도 한다.

관광서비스는 문제해결 서비스가 아니다. 그래서 관광지의 방문이나 객실의 투숙이라는 사실만으로 만족에 도달시킬 수는 없다. 관광은 '환상, 꿈, 낭만, 동화나라, 낙원, 자유, 달콤한 휴식' 등 추상적인 기대를 갖게 한다. 이것은 깨달음과 감동으로 채워져야 한다. 관광서비스는 고객의 추상적인 기대를 알아내고 최대한 체험할 수 있도록 설계되어야 한다. 때로 극적 요소를 가미함으로써 기대에 접근하기도 한다.

그러나 지나친 기대와 욕구는 관광서비스의 불만족을 일으킬 수 있기 때문에 고객이 갖게 되는 기대 및 욕구에 대해서 현실적인 수준을 유지할 수 있도록 관리하는데 주의를 기울여야 한다.

5) 만족과 감동

관광서비스는 관광과 관련한 인간의 욕구와 욕망을 충족시키고 감동(깨달음)에 도달하도록 하는 모든 활동이다. 의사의 치료가 병의 완쾌로, 보험서비스가 사고시 보험금의 지급으로, 변호사의 법률서비스가 재판의 진행과 승소(勝訴)로, 금융서비스가 원금보전과 이자 등으로 비교적 분명한 만족의 결과물을 갖는데 비해 관광서비스 만족의 결과는 객관적으로 확인하기가 어렵다.

관광서비스에서 여행편의서비스의 결과는 숙박여부, 식사여부, 여정 등으로 확인할 수 있다. 그러나 고객의 기대는 행복한 시간, 즐거운 여행, 보람된 시간, 행복한 순간, 신기함 체험, 지적 충만감 등이다. 이러한 고객의 기대를 충족시키기 위해서는 깨달음과 감동에 도달해야 한다. 감동은 일종의 심리적 충격이다. 알지 못했던 것을 깨닫게 되고 기대하지 않았던 느낌인 감동은 오랫동안 기억에 남게 되고 서비스의 결과에 긍정적인 영향을 보여주게 된다.

여행을 떠나는 사람은 자신이 여행을 통해 무엇을 깨닫게 되고 어떤 감동을 얻게 될지 구체적으로는 알지 못하지만, 여행을 마친 후 아름다운 광경, 따뜻한 사람들의 마음, 색다른 느낌, 스스로 깨달음, 뜻밖의 감동을 얻는다. 관광서비스는 고객감동을 실현하기 위해 다음과 같은 노력을 기울여야 한다.

① 고객이 관광에 능동적으로 참가하도록 한다.
② 고객이 긍정적인 자세를 갖도록 한다.

고객이 열린 마음으로 긍정적인 사고를 가지고 관광서비스 현장에 적극적으로 참가하면 깨달음과 감동에 실현할 수 있다. 여행서비스에서 예정된 기간 동안 일정의 변경이 있었을 때 서비스시스템의 결과는 손상된 서비스이다. 그런데 매우 적극적으로 여행에 참가하여 긍정적으로 변화를 즐겼을 때는 만족에 도달하는 것이 가능하다.

이렇게 서비스시스템의 결과와는 다르게 만족과 불만족이 나타나는 것은 관광서비스에서는 만족과 연결되어 객관적으로 제시될 수 있는 결과물이 없기 때문이다. 고객의 환상을 위해 서비스가 계획되어 있을 때에도, 관광현장에는 여러 가지 불확실성이 존재하고 있기 때문에 계획에서 벗어날 수 있다. 이때 고객이 그 불확실성을 즐기고 긍정적인 마음으로 그 속에서 관광의 정신을 찾는다면 모든 경험은 그 자체가 관광이 될 수 있다.

식당에서의 식사는 음식이나 포만감 이외에도 접객종사원의 태도가 환상적인 분위기를 높여줄 수도 있고, 일순간에 모두 깨뜨려 버릴 수도 있다. 그러나 종사원의 실수로 분위기가 깨져서 절대 만족할 것 같지 않던 고객이 오히려 자신의 잘못을 만회하려는 종사원의 진심어린 노력에 감동함으로써 서비스에 대해 더욱 신뢰하고 높이 평가하게 되고 오히려 만족을 더욱 높이는 결과를 얻을 수도 있다. 관광서비스의 감동은 서비스에서 상호작용을 하는 고객과 종사원 노력의 결과이다.

제2절 관광서비스의 분류

관광서비스의 분류는 관광서비스를 보다 더 잘 이해할 수 있도록 해주고 있다. 일정한 기준에 의한 분류체계는 어떤 범주에서 분류된 서비스와 그렇지 않은 서비스 사이의 유사점과 차이점을 분명하게 알 수 있게 해주기 때문에 서비스와 고객에 대한 이해를 높여 서비스의 질을 향상시키는데 필요한 전략에 적용할 수 있다.

1. 제공시점에 따른 분류

관광서비스는 서비스가 제공되는 시점에 따라 관광상품의 판매 및 예약 전에 제공되는 서비스, 관광상품의 판매 및 예약과정에서 제공되는 서비스, 판매 및 예약 후 여행을 출발하기 전에 제공되는 서비스, 관광체험활동 중에 제공되는 서비스, 관광체험활동이 종료된 후 제공되는 사후 서비스로 분류할 수 있다.

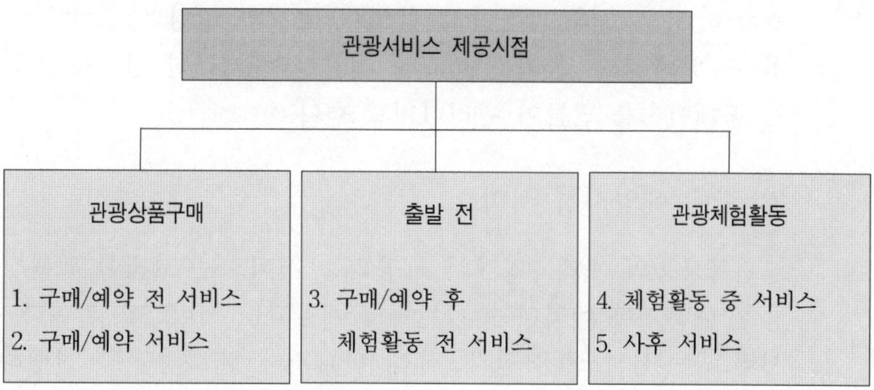

1) 판매/예약 전 서비스

고객이 관광상품을 구매 또는 예약하기 전에 제공되는 서비스를 말한다. 무형의 관광상품을 구입하거나 예약하도록 하기 위해 고객에게 내재되어 있는 관광욕구를 불러일으키고 관광상품의 구매활동을 유도하고자 하는 서비스이다.

판매예약 전에 제공되는 서비스는 잠재고객을 발굴하고, 사회에 관광과 관광서비스기업에 대한 바람직한 이미지를 형성함으로써 고객이 긍정적인 태도를 갖게 하려는 목적으로 폭넓게 전개된다. 국가의 관광홍보활동, 지역자치단체의 관광홍보활동, 각 관광기업의 활동은 매우 다양하다. 또 사회봉사활동을 통하여 관광서비스기업의 좋은 이미지를 형성하기도 하고, 특별한 행사나 축제를 기획하기도 하며, 홈페이지 구축을 통해 실시간 관광정보를 제공하고, 다양한 안내자료를 제공하고 있다. 이런 활동은 장기적인 전략에서 제공되는 서비스이다.

여행사의 경우 여행상품의 판매와 관련이 없더라도 누구에게나 여행지의 정보를 제공하고 여행과 관련한 자료를 제공하고 있으며, 관광전시회, 여행설명회 등을 개최하여 잠재고객을 발굴하기 위한 서비스를 제공한다.

호텔의 경우도 호텔이용에 관한 정보, 체인호텔의 정보, 인근 관광지 정보 등을 제공하고 있으며, 호텔의 정원과 로비를 이용할 수 있게 하는 등의 서비스를 제공한다. 이러한 정보를 제공하는 홈페이지를 만들어 관리하기도 한다.

2) 판매/예약시점 서비스

관광상품의 판매과정에서 제공되는 서비스는 고객이 관광상품을 구매하거나 예약하는 시점에서 제공되는 서비스를 말한다. 이 서비스는 서비스종사원과 직접 만나거나 전화상담을 진행하고 고객이 관광상품의 구매를 결정하고 예약을 하거나 대금을 지급할 때 제공된다.

여행사에서는 여행지 선정에 고민하는 고객을 위해 기꺼이 장시간 상담에 응해주며 필요한 자료를 제공해 주고, 비디오를 보여 주기도 한다. 차를 대접하거나 전화를 사용하게 하거나 하는 등의 서비스도 제공된다. 호텔에서는 예약을 하려는 고객에게 예산에 맞는 행사의 계획을 수립해 주기도 하고 예약상담을 해주고 현재의 예약상황을 알려주며 원하는 객실의 조건을 갖추어 주고, 행사의 조건에 맞는 식사를 준비해 주는 등 상품을 선택하고 구매하려는 고객을 위한 각종 서비스를 제공한다.

요즈음은 관광상품의 구매나 예약이 전화나 인터넷으로도 제공된다. 전화응대는 서비스종사원이 가장 신경 써서 훈련하고 있는 부분이다. 전화벨이 울리고 전화는 받는 순간부터 서비스종사원과 고객의 상호작용이 이루어지게 된다. 몇 번의 벨이 울리고 전화를 받았는지에 따라서도 고객만족에 영향을 끼치게 되고 첫 인사의 멘트도 매우 중요하다. 인터넷으로 판매나 예약이 이루어질 경우에는 기술적인 편리성과 안전성이 중요하다. 대금 결제가 카드로 이루어질 수 있는지 여부와 안전성이 중요하다. 또 직접 대면이 아니라서 고객은 불안해지기 쉬우므로 확인할 수 있는 장치가 마련되어야 한다. 직접 인터넷으로 확인을 할 수 있게 하거나, 고객에게 전화를 걸어서 확인해야 한다. 관광사업자의 입장에서 판매시점 서비스는 판매와 결정적으로 직결되기 때문에 가장 중시되는 서비스이다.

3) 체험활동 전 서비스

체험활동 전이란 관광상품을 구매 또는 예약을 한 후부터 관광을 떠나기 전까지 제공되는 서비스이다. 그러나 아직까지 이용하려는 관광상품의 핵심적 서비스는 제공되지 않았다. 관광출발 전까지 고객의 기대는 절정에 달하고 상품에 대한 불안도 커진다.

관광상품의 판매나 예약을 성사시키기 위해서 고객의 기대를 불러일으키는 노력을 기울여 왔으나, 이제 구매나 예약이 이루어진 후에는 서비스에 대한 고객의 기대를 확인하고 적절한 수준으로 유지할 수 있어야 한다. 어린 시절 소풍가기 전날이 가장 떨리고 설레듯이 고객은 관광상품을 구매, 예약한 후 더욱 그 기대가 커지는 경향이 있다. 또 고객은 불확실한 서비스에 대한 자신의 결정을 확인하고 싶어한다. 그래서 더 자주 연락하고 질문이 더 많아지기도 하며, 며칠 연락이 되지 않으면 몹시 불안해한다. 또 서비스의 작은 실수에 대해서도 매우 민감하게 반응한다.

이 시점에서 관광서비스는 고객의 기대를 확인하고 잘못된 기대는 바로잡고, 지나친 기대는 현실감으로 일깨워야 한다. 또 고객을 안심시키고 고객의 결정이 매우 적절하고 현명했음을 확인시켜 주는 것이 중요하다. 고객과의 친밀감과 특별히 배려하는 인상을 주고 여행준비의 점검이나 주의사항, 확인사항 등에 대해 자주 연락을 취한다. 호텔서비스에서도 예약한 고객에 대해서 연락을 하고 예약을 확인하는 등의 서비스를 실시한다.

4) 관광체험활동 중 서비스

고객이 목적했던 체험활동에 참가했을 때 제공되는 서비스이므로 고객을 만족시켜야 하는 핵심적 서비스라 할 수 있다. 이 단계에서 고객의 적극적인 참가와 긍정적인 태도를 이끌어 내는 것이 고객을 만족에 도달시키는데 크게 도움이 된다. 관광서비스에서는 부드러운 미소가 도움이 되지만, 때로는 단호한 판단력을 발휘하여 고객에게 공정성과 신뢰를 주는 것도 필요하다. 서비스 종사원은 고객의 마음을 읽을 줄 알고 계획된 서비스의 중요한 핵심을 전달할 수 있어야 서비스 실패를 막을 수 있다.

여행사에서는 여행상품을 구매한 고객이 여행을 출발해서 돌아올 때까지의 여행 중에 제공되는 서비스이다. 여행일정표대로 행사가 진행되고, 고객이 기대한 수준의 식사와 숙소가 제공되어야 하며, 예정된 관광지에서 고객이 기대한 활동이 이루어져야 한다. 뿐만 아니라 즐거움, 보람, 지적충족, 아름다움 등 고객이 기대했던 정신적 만족인 감동을 줄 수 있어야 한다. 이때 서비스의 고객만족과 감동은 서비스종사원과의 상호작용으로 완성된다. 인솔자나 현지가이드가 고객의 기대를 충족시키는 중요한 인적 서비스를 제공하고 고객과 상호작용을 하게 된다.

호텔상품의 경우는 호텔에 투숙하거나 호텔을 방문하여 식음료서비스나 부대시설을 이용할 때 제공되는 서비스를 말한다. 고객이 호텔을 방문했을 때는 고객이 기대한 분위기를 갖추고 있어야 하며, 가구를 비롯한 실내장식, 테이블과 의자 및 테이블 세팅 등이 모두 고객의 기대와 일치될 수 있어야 한다. 또한 호텔서비스에서 기대했던 품위, 격조, 인정감 등 서비스종사원과의 상호작용을 통해서 이루어지는 정신적 서비스에도 도달할 수 있어야 한다. 벨보이, 프론트데스크, 룸서비스, 식음료서비스 종사원 등 고객과 상호작용을 하는 서비스종사원이 수행하는 서비스와 그 정신이 훌륭한 호텔서비스와 고객만족 및 감동을 완성시킨다.

5) 사후 서비스

사후 서비스는 관광활동이 모두 끝난 후에 제공되는 서비스이다. 고객은 참가의 현장에서 떠나게 되며 관광서비스 종사원과 이별을 하게 된다. 이별한 후 남는 것은 기억이다. 관광체험활동 후의 서비스는 이 기억을 좋은 추억으로 만드는데 기여한다. 관광체험활동은 그 과정을 모두 마친 후 증거가 남지 않는다.

고객이 체험을 좋은 추억으로 기억하도록 하고 좋은 기억을 다시금 상기시키는 계기를 가짐으로써 만족을 늘리고 지속적인 관계를 유지할 목적으로 제공되는 서비스이다.

여행에서 돌아온 후 안부 전화를 걸거나, 단체사진을 우송하거나, 새로운 상품을 안내하거나 또는 생일을 잊지 않고 축하해 주기도 한다. 호텔에서는 투숙객에게 기념엽서를 보내주거나 다음 방문할 때에 할인혜택을 주거나 하는 등으로 지속적인 관심을 기울여 주는 서비스를 제공한다.

관광서비스는 일회성의 판매로 끝나거나 단 한 번의 만남으로 종료하지 않는다. 고객의 참가와 상호작용으로 이루어지는 활동이기 때문에 관광체험활동을 통해 고객과 서비스종사원은 상하관계를 형성하지 않는다. 함께 경험하고 일정시간을 함께 지내며 추억을 공유하게 된다. 뿐만 아니라 관광서비스 종사원은 추억의 일부가 된다. 관광체험활동 종료 후 서비스종사원과 고객은 친구로, 조언자로, 도움을 주는 조력자로 관계를 지속할 수 있다.

2. 제공형태에 따른 분류

관광서비스의 제공형태는 사람에 의해서 제공되는 인적 서비스와 물리적인 시설이나 자원을 사용하거나 소유하도록 하는 물적 서비스로 구분될 수 있다.

1) 인적 서비스

인적 서비스는 사람에 의해서 제공되는 서비스를 말한다. 여기서 인적 서비스의 주체는 고객과 직접 상호작용을 일으키는 서비스종사원 뿐만 아니라 고객에게 제공하려는 서비스를 생산하는데 참가한 모든 종사원이 여기에 해당한다. 또한 관광서비스의 질은 항상 일정한 것이 아니라 서비스종사원의 기분, 건강, 피로도 등에 의해 변화될 수 있기 때문에 서비스종사원이 뛰어난 자질과 전문성을 지니고 있을수록 고품질의 서비스를 유지할 수 있다.

여행서비스에서는 인솔자나 현지가이드 뿐만 아니라 미팅서비스와 샌딩 서비스 직원, 여행사 사무실의 상담직원, 사무직원, 안내직원, 발권직원, 비자발급직원 등 모든 직원이 전부 포함된다. 고객과 직·간접적으로 접촉하는 모든 직원은 인적 서비스를 생산하고 있는 것이고 고객은 이렇게 생산되는 서비스를 소비한다.

호텔서비스에서 고객을 대면하는 벨보이, 프론트데스크, 룸서비스, 식음료서비스 종사원 뿐만 아니라 주방의 조리사, 룸메이드, 청소부까지 서비스생산에 참가한 모든 종사원이 인적 서비스에 해당된다. 그래서 어쩌다 엘리베이터에서 마주친 청소부의 미소도 고객은 호텔의 한 모습이라고 여긴다.

2) 물적 서비스

물적 서비스는 유형적 재화로 구성되어 제공되는 서비스를 말한다. 이때 유형의 재화는 직접 소유권이 이전되기도 하고, 사용할 수 있는 권리인 사용권이 주어지기도 한다.

관광서비스는 관광경험을 통해 관광과 관련한 욕구와 욕망을 충족시키기 위한 활동이기 때문에 유형의 재화에 대한 소유권이 이전되더라도 이 재화는 일반적인 상품구매와는 다르다. 관광지에서 산 물건은 관광지의 추억이 담겨 있기 때문이다. 이렇게 직접 물질적 재화로 전달되는 경우는 기념품, 식음료, 기념사진, 자료 및 책자 등이다. 많은 경우 관광서비스에서 물적 서비스는 사용권을 제공한다.

물적 서비스는 관광서비스의 무형성에 유형의 단서를 제공하는 데 사용될 수 있다. 고품격의 호화로운 특별한 서비스를 내건 호텔의 경우 이런 서비스를 제공하는 유형적 단서로 최고급의 가구, 값비싼 그림, 고가의 장식재 등을 사용하게 된다. 타상품과 동일한 지역을 방문하는 고가의 여행상품의 경우도 최고급호텔 투숙, 리무진 이용 등으로 유형의 재화들을 통해 서비스의 특징을 보여줄 수 있다. 또 여행사의 실내장식을 호화롭게 함으로써 여행상품의 고급스러움을 보여주기도 한다.

3. 관광사업의 종류에 따른 분류

관광진흥법에 의해 분류된 관광사업의 종류에 따라 관광서비스를 분류하면 다음과 같이 나눌 수 있다.

① 여행 서비스
② 관광숙박 서비스
③ 관광객이용시설 서비스

④ 국제회의 서비스
⑤ 카지노 서비스
⑥ 유원시설 서비스
⑦ 관광편의시설 서비스

4. 비용에 따른 분류

서비스는 무료이거나 추가의 비용이 들지 않고 서비스종사원의 노력만으로 가능하다고 생각하는 경향이 있다. 일부의 서비스에는 비용이 들지 않지만 일부의 서비스에는 비용이 소요된다. 서비스기업의 입장에서는 비용이 들지 않는 서비스는 적극적으로 제공하고 향상시키려고 노력하지만, 비용이 소요되는 서비스에 대해서는 경제적 부담 때문에 소극적일 때도 있다.

〈비용에 따른 서비스의 분류〉

구 분	내 용	
기능적 서비스 (비용이 수반됨)	물적 서비스	사은품 등 덤으로 주는 서비스
	인적 서비스	사원의 친절 서비스
	정보 서비스	홈페이지 관리, 컨텐츠 정보 제공
	금융 서비스	특가판매, 특별패키지
도덕적 서비스 (비용이 안든다)	정신적 서비스	남을 위해 공헌하려는 마음을 갖는 것
	태도적 서비스	정중하고 예의바른 외형적 행동

1) 비용이 수반되는 서비스

비용이 수반되는 서비스는 서비스를 제공하는 데 비용이 들어가기 때문에 '경제적 서비스'라고도 하며 주로 서비스 기능을 수행하고 향상시키기 위해 비용을 투입하기 때문에 '기능적 서비스'라고 한다. 여기에는 물적 서비스와 인적 서비스, 정보서비스, 금융서비스가 있다.

물적 서비스에는 고객에게 무료로 제공하는 각종 시설, 설비품, 기념품 등으로 무형의 관광상품에 매력을 나타내고 신뢰성과 품질을 보여주기 위해 특별하게 다루어진다. 그래서 호텔의 시설은 일정기간이 지나면 노후화되어 그 가치를 소멸하는데 이때 호텔의 노후화란 유행이 뒤졌거나 신선함이 사라졌거나, 호텔의 정책에 의해 분위기를 바꿔야 할 경우가 모두 포함된다. 호텔이 지향하는 이미지를 유지하기 위해 자주 실내장식을 바꾸는 경향이 있으며 여기에는 상당한 비용이 요구된다. 그 밖에 객실에서 사용되는 비품도 여기에 해당한다.

여행서비스에서는 여행상품을 구매하는 고객에게 각종 기념품을 제공하게 되는데 열쇠고리, 가방, 지갑, 노트, 필기도구, 모자 등이 주로 사용되고 여기에는 비용이 든다.

인적 서비스에서 비용이 수반되는 경우는 인적 서비스의 질을 높이기 위한 교육과 훈련비용을 지급하는 경우이다. 교육 훈련을 외부에 위탁하는 경우 교육비를 부담해야 하고, 또 교육받는 직원이 교육받는 기간 동안 일을 하지 못함으로써 발생하는 비용도 부담을 해야 한다. 사내에서 교육을 실시하는 경우에도 교육을 담당하는 직원의 채용이나 업무손실을 부담해야만 한다.

정보서비스에는 고객에게 정보를 제공하기 위해 홈페이지를 구축하는 경우에 기계적 설비를 위한 시설과 함께 이를 관리하기 위해 전담직원을 채용하고 고급의 컨텐츠를 작성하기 위해 많은 비용이 수반된다. 팸플릿이나 여행정보책자, 상품 메뉴얼 등을 수록한 각종 자료에도 비용이 든다. 이때 홈페이지와 안내자료 등은 무형의 관광상품을 나타내는 유형의 물적 증거로 사용되기 때문에 고급의 종이와 인쇄, 그리고 전문 사진작가의 사진을 사용하는 경향이 많고 이것들을 제작하고 구입하는 데 많은 비용이 든다.

금융서비스는 고객이 관광상품을 이용하는데 금융상의 서비스를 제공하는 경우이다. 비수기의 할인가격이나 특별판매는 상품의 원가에도 미치지 못하는데, 이때 손실부분은 비용으로 처리된다. 또한 카드결제의 경우 고객에게 편리성을 제공하지만 관광기업의 입장에서는 카드수수료를 부담해야 한다. 인센티브 투어의 경우 기업단위의 고객을 상대로 하기 때문에 종종 후불제도를 시행하기도 하는데 이때 금융부담이 발생한다.

2) 비용이 수반되지 않는 서비스

비용이 수반되지 않는 서비스는 비용이 수반되지 않기 때문에 '비경제적 서비스'라고 하는데, 비용을 들이지 않고 할 수 있는 대표적인 서비스는 서비스종사원의 마음가짐을 통해 제공되는 서비스이다. 즉 서비스종사원이 기능적 서비스를 위해 많은 비용을 들여서 교육과 훈련을 받았다고 할지라도 종사원 스스로가 잘 하려는 마음가짐을 가지지 않고 또 제대로 익히지 않아 겉으로 드러나지 않으면 아무 소용이 없다. 비용이 수반되지 않으면서도 획기적으로 서비스를 개선할 수 있고 바람직한 서비스를 유지할 수 있는 중요한 요소이기 때문에 서비스기업의 경영자는 정신적 서비스와 태도변화로 서비스를 성공적으로 유지하고 발전시키기 위해 지속적인 정신교육과 서비스실무 교육을 실시한다.

여기에는 서비스종사원이 전문적인 서비스를 제공하고자 하는 마음가짐을 갖고 서비스를 하는 '정신적 서비스'와 그 마음이 겉으로 드러나도록 올바른 태도와 행동을 보이는 '태도적 서비스'로 구분할 수 있다.

정신적 서비스는 관광서비스 종사원이 스스로 잘 해야겠다고 결심을 하고 최선을 다하려고 다짐을 하는 경우이다. 겉으로 드러나지 않지만 고객을 우선하고, 고객의 입장에서 고객의 이익을 위해 노력하고 궁극적으로 고객만족에 도달하려는 노력으로 '서비스정신'이라고도 한다.

태도적 서비스는 관광서비스 종사원이 고객을 위해 자신의 태도를 항상 올바르게 하고 비록 힘들고 불편하더라도 고객에게 최상의 서비스를 하는 것이다. 올바르게 외양을 갖추고 격식을 차려서 행동하는 것으로 겉으로 드러나는 서비스이며 종사원의 태도를 통해서 드러난다. 복장 및 두발, 표정, 손짓, 몸짓, 말하기 등이 모두 여기에 해당한다. 올바른 복장을 갖추고, 예의바른 태도로 인사하고, 정중한 태도로 고객을 대면하고, 품위를 갖춘 행동을 하는 것 등이 여기에 해당한다.

5. 재량권에 따른 분류

재량권이란 자신의 자유재량으로 결정하고 처리할 수 있는 권리를 말한다. 관광서비스의 재량권이란 관광서비스를 제공하고, 제공받을 때 자유재량으로 그 범위와 형태, 정도와 질을 결정할 수 있는 권리이다.

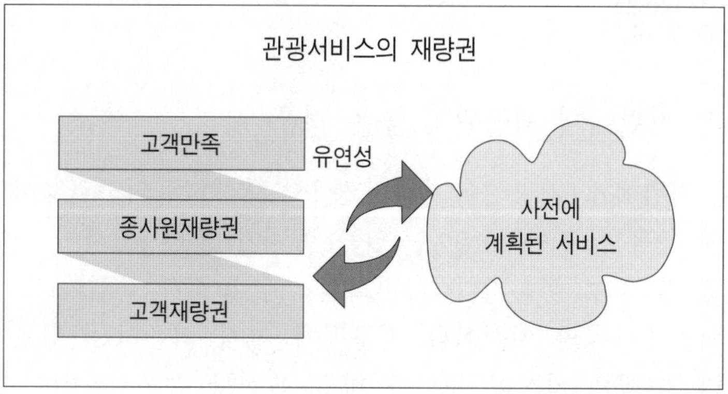

관광서비스는 서비스의 직접 대상이 사람(고객)이고 서비스종사원이 고객과 상호작용을 통해 전달한다. 이때 관광서비스는 불확실한 환경에 놓여 있으며 고객은 다양한 기대, 참여도를 가지고 있기 때문에 재량권은 고객만족을 달성할 수 있는 유연성을 제공해 준다.

1) 고객에게 재량권이 높은 경우

고객에게 재량권이 높은 경우는 고객의 요구대로 서비스가 바뀔 수 있는 여지가 많고 고객이 서비스의 내용과 질에 대해 예사결정할 수 있는 권리가 더 많이 주어진다.

호텔서비스의 경우가 이에 해당하며, 고객은 일정한 시설을 이용하는데 필요한 서비스의 내용을 요구할 수 있고 고객 스스로 요구사항을 가지고 있다. 물을 따뜻하게 데워 달라고 요청할 수도 있고, 방안의 냉난방의 온도를 원하는 대로 조절해 달라고 요구할 수도 있다. 고객의 요구사항들에 대해 직원은 신속하게 이를 수용할 태세를 갖추고 있어야 하며 가능하면 이들 요구를 들어주기 위해 노력하게 된다. 이와 같은 서비스로는 호텔서비스, 위락시설 서비스 등 관광시설을 기준으로 한 서비스가 주로 해당한다. 시설 내에서 이루어지는 서비스는 비교적 사전에 준비한 범위 내에서 고객이 발휘하는 재량권에 대해 수용하고 대응할 수 있다.

2) 직원에게 재량권이 높은 경우

직원에게 재량권이 높은 경우는 직원의 의사결정대로 서비스의 내용과 질이 바뀔 수 있는 여지가 많다. 고객이 서비스에 대해 잘 알지 못하거나, 서비스환경이 통제가 어렵거나, 고객이 서비스종사원의 지식이나 전문성에 크게 의존하는 경우가 해당한다. 고객은 자신이 원하는 바를 표현할 수는 있지만, 고객의 의견을 수용한 직원이 최종 의사결정을 내리고 처리할 수 있는 권리를 갖는다.

여행서비스의 경우 고객은 여행에 대한 지식이나 정보가 매우 부족한 상태이다. 직원은 전문적인 지식을 갖고 의견을 제시하며 때로는 환경적 요소 등에 의해 서비스의 내용을 변화시키게 된다. 그리고 고객은 서비스종사원에게 크게 의지한다. 따라서 고객과 접촉하는 서비스직원은 고객이 안심할 수 있는 전문성과 서비스의 확실성을 보여줄 수 있어야 한다. 이 경우 서비스종사원은 서비스의 질뿐만 아니라 내용을 결정할 정도로 많은 재량권을 갖는다.

6. 이동에 의한 분류

관광서비스는 고객이 직접 참가해야 하기 때문에 고객이 이동하는 서비스이다. 시설의 이용을 중심으로 하는 관광서비스의 경우에는 고객이 시설로 이동해야 한다. 여행서비스는 고객과 서비스종사원이 함께 관광지로 이동하며 서비스를 제공한다.

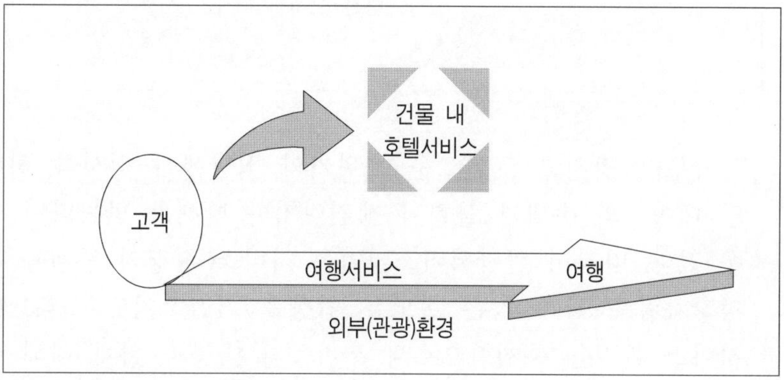

1) 고객이 관광서비스가 있는 곳으로 이동함

고객이 관광서비스가 있는 곳으로 이동해야 하는 경우는 시설을 중심으로 서비스가 설계된 경우이다. 호텔의 숙박, 관광지, 위락시설, 식당, 항공서비스 등은 고객이 서비스를 받기 위해서는 시설이 있는 곳으로 간다. 이 경우 관광서비스 환경은 일정 시설 내로 한정되어 비교적 통제가 가능하다. 따라서 관광기업들은 원하는 서비스 환경을 연출하기 위하여 분위기를 조성하고, 가구 및 실내장식을 이용하거나 종사원의 복장을 통제하는 등의 방법을 사용할 수 있다.

이렇게 연출된 관광서비스 환경은 서비스의 구성요소가 되고 관광경험의 일부가 되어 고객만족에 기여하게 된다. 그렇지만 완전하게 환경을 통제할 수는 없는데, 그것은 같은 서비스공간에 있는 다른 고객도 환경에 포함되기 때문이다.

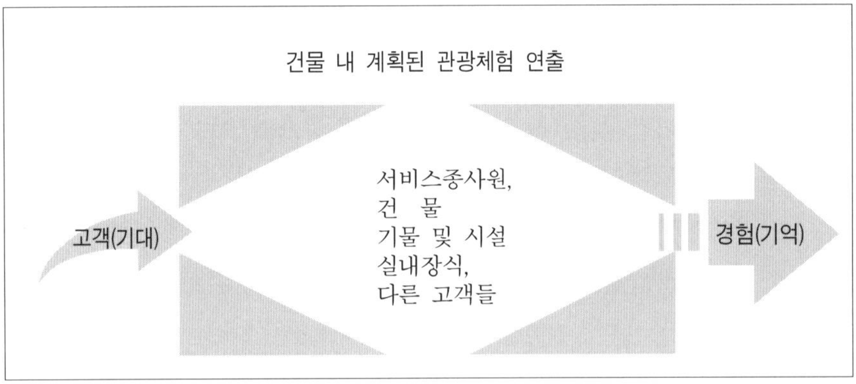

아무리 멋지고 호화로운 분위기의 식당에서 식사를 하더라도 옆 테이블의 손님과 불화가 생긴다거나 방해를 받는다면 만족할 수 없다. 따라서 관광서비스기업은 서비스 환경의 통제를 위해서 정장차림을 하지 않은 손님은 입장을 거절하기도 한다. 이렇게 서비스 환경을 통제함으로써 서비스의 내용과 질에 대해 예측한 대로의 서비스에 접근할 수 있기 때문이다.

2) 고객이 관광서비스와 외부환경으로 이동

여행서비스는 서비스와 고객이 함께 이동한다. TC(Tour Conductor)나 가이드(Local Guide) 등의 관광서비스종사원과 고객은 함께 여행을 하며 예측 불가능한 외부환경 속에서 서비스가 이루어지게 된다.

그러므로 아무리 사전에 잘 계획된 서비스의 내용이 있더라도 관광환경 즉 외부환경의 변화에 따라 서비스는 달라질 수밖에 없다. 우선 관광서비스를 설계할 때에는 다양한 외부환경의 변화에 대응할 수 있도록 유연하게 설계되어야 하고 돌발적 상황에 대한 예측을 통해 사전에 방지할 수 있는 방안을 마련하거나 대응책이 고려되어야 한다.

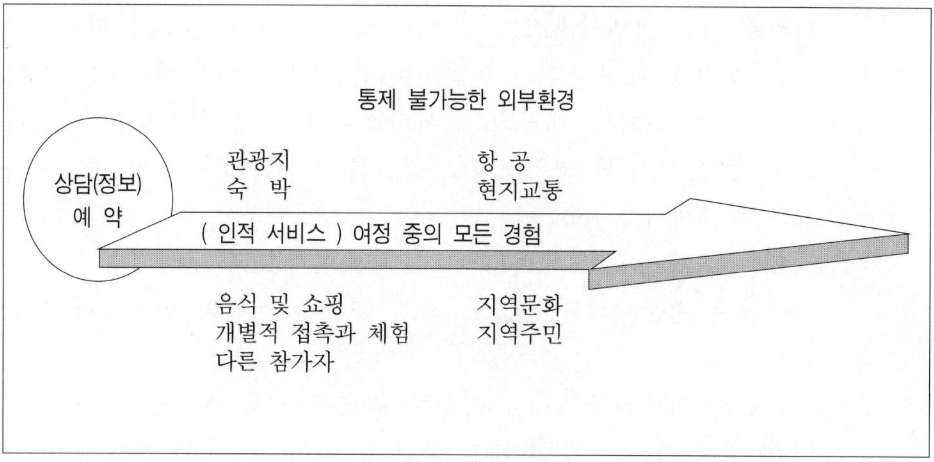

그러나 외부관광환경을 완전하게 통제하거나 완전하게 예측할 수 없기 때문에 서비스의 내용과 질이 매우 불확실하다. 그래서 여행 중의 모든 서비스는 외부환경 속에서 돌발적으로 발생하는 문제들을 해결하고 고객만족에 도달하기 위해서는 서비스종사원에게 고도의 판단력과 전문성이 요구된다.

서비스종사원은 고도의 전문성, 순간적인 판단력과 통찰력, 예측력, 치밀한 일처리의 능력이 요구된다. 그래서 여행서비스종사원의 여행경험 및 여행업무 경력은 매우 유용하다.

7. 여행서비스와 호텔서비스

이상의 관광서비스의 분류를 바탕으로 관광서비스를 크게 대별하면 인간을 기준으로 서비스를 제공하는 여행서비스와 시설의 이용을 핵심으로 하여 인적 서비스를 구성하는 대표적 서비스인 호텔서비스로 나눌 수 있다.

1) 여행서비스

관광서비스에서 대표적으로 인적 서비스를 중심으로 제공되는 서비스이다. 여행서비스는 고객과 직원의 높은 접촉이 필요하며 주된 서비스 제공장소는 관광지이다. 관광지에서 제공되는 서비스는 시설 내에서 제공되는 서비스보다 통제 불가능한 요소가 더욱 많다. 따라서 서비스의 완성도를 높이는데 직원의 판단력이 크게 작용한다.

또한 여행서비스는 비교적 고가의 상품으로 구성되며 다양한 여행관련 전문지식을 필요로 하기 때문에 직원의 전문성이 매우 중요하다.

직원은 여행전문가로서 여행과 관련한 각종 지식을 갖추고 있어야 하며, 고객과 대면하는 순간에 고객의 욕구와 욕망을 파악하고 이에 적절한 정보를 제공함으로써 고객의 욕구에 적합한 여행지를 추천하거나 여행상품을 추천해야 한다. 이를 위해 여행서비스에서는 인적 서비스 제공시스템을 개발하고 관리하는 것이 우선되어야 한다.

〈여행서비스와 호텔서비스〉

구 분 / 특 징	여행서비스	호텔서비스
핵심 기반	인적 서비스	시설이용서비스
주요 전달 공간	여행지(복수장소)	시설 내(단일장소)
종사원 요구능력	전문지식과 판단력	높은 행동규범 준수
재 량 권	직원의 재량권	고객의 재량권

2) 호텔(숙박)서비스

호텔서비스는 호텔의 객실을 비롯한 각종 시설의 이용을 핵심으로 하며 호텔시설 내에서 서비스를 전달한다. 고객과 매우 높은 접촉을 갖지만 서비스의 제공 장소가 대부분 호텔 내로 제한되기 때문에 호텔서비스 종사원의 근무 장소도 호텔 내로 제한되는 경우가 대부분이다.

또한 서비스종사원은 제한된 시설 내에서 고객과 접촉하도록 계획되어 있고, 그 접촉의 규범까지도 계획되어 있다. 서비스종사원은 고객과 접촉을 위해 대인관계에 필요한 접촉기술이 필요하며 사전에 직원의 높은 행동규범이 확립되어야 고객의 욕구에 매우 민감하게 대처하게 된다. 고객에 따라 서비스를 변화시킬 수 있는 정도가 높지 않고, 정해진 행동규범 내에서 개별 고객에게 맞는 서비스를 제공해야 하므로 종사원의 재량의 정도는 낮다.

제4장

관광서비스의 고객

제4장 관광서비스의 고객

제1절 고객의 개념

1. 고객의 뜻과 외부고객

1) 고객의 뜻

가장 넓은 의미로 고객은 어떤 한 사람의 서비스를 제공받은 모든 사람들이다. 서비스 업무를 담당하는 어떤 사람을 중심으로 해서 그 사람의 고객은, ① 그 일에 영향을 받는 사람 ② 그 일이 중요한 사람이다.

이렇게 한 종사원의 서비스가 누구에게 영향을 주고 있으며, 누구에게 중요한가를 생각할 때 고객이란 반드시 외부에서 상품을 사러 오는 손님만은 아니다. 종사원의 업무에 영향을 받는 동료나 상사도 고객이 될 수 있다. 또 한 종사원의 업무가 잘못되면 동료나 상사의 업무도 잘못될 수 있기 때문이다. 이런 관점에서 고객을 살펴보면, 고객에는 외부고객과 내부고객이 있다.

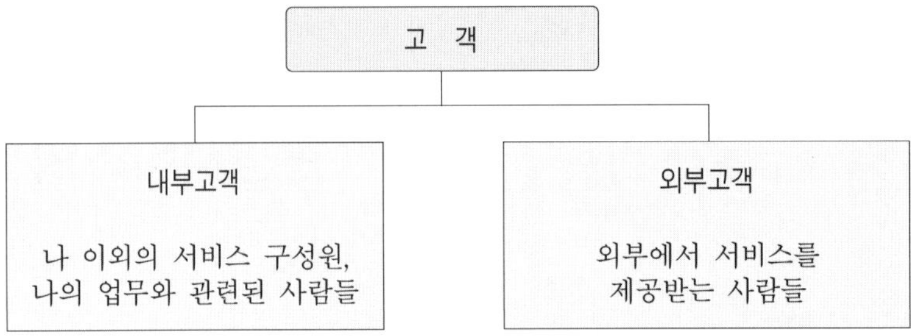

외부고객이란 회사(서비스시스템)의 외부에서 관광서비스를 제공받는 이용자이다. 내부고객은 회사(서비스시스템)의 내부에서 자신을 중심으로 볼 때 자신이 만들어 내는 서비스를 이용하는 사람을 말한다. 양자는 회사를 중심으로 외부에 존재하느냐 또는 내부에 존재하느냐 하는 것으로 구분하였지만, 광의로 해석하면 모두 서비스를 제공받는 사람들을 말한다.

2) 외부고객

외부고객이란 회사의 서비스상품이 제공하는 서비스를 제공받는 모든 사람이다. 따라서 관광서비스의 고객에는 관광서비스를 이용하는 사람이 모두 포함되는데, 관광상품의 구매자, 관광활동 참가자뿐만 아니라, 향후 관광을 하고자 하는 욕구를 가지고 있는 잠재 관광객도 포함된다. 이들은 모두 서비스시스템의 외부에서 서비스시스템 내부로 들어오기 때문에 손님 또는 외부고객이라고 한다. 관광서비스의 외부고객은 관광서비스의 구매자, 참가자, 수혜자, 평가자이며 회사로의 자금제공자이기도 하다.

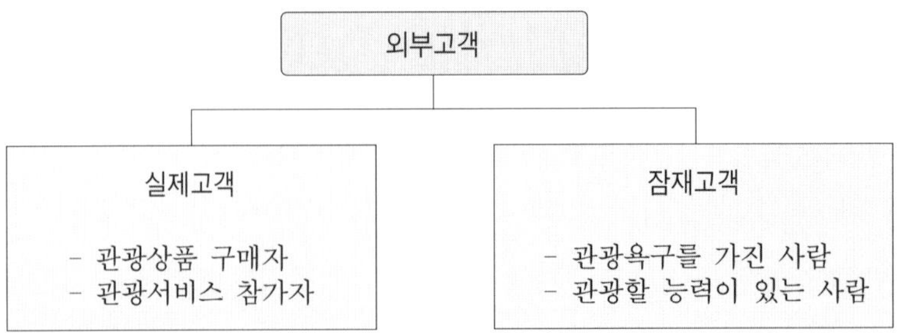

(1) 구매자 / 참가자

가장 좁은 의미로 고객을 말할 때에는 관광상품의 구매자와 관광서비스 참가자가 해당된다. 관광상품의 구매자는 대가를 지급하고 관광상품을 구매한 사람을 말한다. 관광서비스 참가자는 관광체험활동에 직접 참가하는 사람을 말한다. 관광상품의 구매자와 관광서비스 참가자는 동일인이 될 수도 있지만 다를 수도 있다. 자신이 직접 관광활동에 참가할 목적으로 구매하는 경우도 있지만, 가족이나 친지 등 타인의 관광활동을 위해 구매가 이루어질 수도 있기 때문이다.

(2) 잠재고객

좀더 넓은 의미로 고객을 말할 때에는 잠재고객을 포함한다. 지금 당장에는 구매나 참가가 이루어지지 않고 있지만, 향후 관광할 가능성이 매우 높은 사람들로 관광에 대한 욕구를 가지고 있거나 능력을 가지고 있는 사람이다. 관광정보의 탐색으로 관광에 관심을 보인다.

(3) 손 님

외부에서 내부로 들어오는 고객은 손님이라고 할 수 있다. 손님은 서비스의 외부에서 서비스의 내부로 들어와 서비스를 제공받는 대상이라는 의미이다. 이와 같이 회사의 외부에 있으면서 회사가 생산하여 제공하는 서비스를 이용하기 때문에 외부고객의 의미로 사용된다.

(4) 자금제공자 / 서비스평가자

손님 또는 외부고객은 서비스를 구매함으로써 회사의 경영을 지탱시켜 줄 자금을 제공해 준다. 그리고 회사가 만들어낸 서비스를 제공받은 후 그 서비스에 대해 우수성을 평가하는 평가자이기도 하다. 따라서 관광서비스 시스템은 외부고객의 욕구와 욕망을 충족시키는데 초점을 맞추어 만들어지고 운영된다.

회사경영의 목적이 합리적 의사결정을 통한 극대이익의 달성이므로 이익을 위해서는 고객의 유치와 만족의 달성은 매우 중요하다. 바로 고객은 회사의 상품을 구매함으로써 자금을 제공하기 때문이다. 그래서 서비스기업이 목표로 하는 고객지향의 서비스, 고객만족의 서비스란 대체로 이와 같은 외부고객을 우선적으로 의미한다.

3) 고객과 손님

고객은 '단골손님', 상객(上客), 영업상 손님 등으로 풀이된다. 손님이나 상객의 뜻은 지속적인 관계를 바탕으로 하여 귀하게 대접하는 인간적 관계를 중요시하는 의미가 담겨 있다.

〈顧客의 한자풀이〉

구 분	음 훈	의 미
顧	돌아볼 고	보다, 생각하다, 찾아보다, 사랑하다, 보살피다
客	손님 객	사람, 상객(上客), 단골손님, 손님

손님이나 고객에 대한 문헌의 기록은 사기(史記)에서도 찾아볼 수 있다. 사기에는 전국시대에 활약한 전국 4공자인 맹상군(제), 평원군(조) 신릉군(위), 춘신군(초)은 집안에 수천명의 식객(손님)을 두었다고 한다. 이 손님들로부터 갖가지 술수와 지략, 사건들이 엮어져 나왔다.[1] 또 주나라를 강력한 통일국가로 만든 周公은 손님에 대한 접대가 매우 극진해서 중국 주나라 시대의 주공은 천하의 현인들이 찾아오면, 한 번 머리를 감을 때마다 여러 번 머리를 거머쥐고, 한 번 먹을 때마다 여러 번 음식물을 뱉어낼 정도로 나가 손님을 영접하여 기다리지 않도록 함으로써 현인들을 놓치지 않으려고 했다. 여기서 토포악발(吐哺握髮)[2]이란

1) 사기열전 16권 평원군 우경열전 중.
2) 중국어로는 악발토포(握髮吐哺)라 한다.

고사가 생겨나기도 했다.

조나라의 평원군은 3년간이나 문하에 식객으로 있던 모수의 기지로 진왕과 담판하여 조초 동맹을 맺는 성과를 가지고 돌아왔는데 그 후 모수를 상객(上客)으로 모셨다는 기록이 있다.[3)]

이와 같이 권세가 높은 사람의 집에 손님으로 기거하면서 높은 학식을 인정받아 관직에 등용되었고, 자신의 뜻을 펼쳤는데 손님 중에서 가장 중요하고 가장 높은 대우를 받는 사람이 상객(上客)이었다. 이 상객이 고객이다. 고객은 귀하고 소중한 존재이므로 찾고, 보살피고, 돌보아야 하는 상객이다.

2. 고객 개념의 변화

현대사회에서 고객은 자사 상품의 구매자 또는 소비자로 인식된다. 시장에서 수요와 공급의 관계가 변화함에 따라 회사가 인식하는 고객의 개념은 다음과 같이 변화해 왔다.

〈경영철학과 고객개념의 변화〉

수요와 공급	고 객 개 념	경영철학의 발달단계
수요>공급	회사와 상품에 의존하는 사람	생산지향시대
수요=공급	상품를 골라 선택하는 구매자	제품지향시대
수요<공급	이익을 만들어 주는 사람	판매지향시대
수요창출	만족시켜야 할 대상	마케팅지향시대

1) 수요>공급

산업혁명 이후 많은 상품들이 쏟아져 나왔지만 넘쳐나는 수요에는 턱없이 부족한 공급상황이었으며, 물건은 항상 부족했다.

3) 사기열전 16권 평원군 우경열전 중.

그래서 이때의 고객은 뭔가 부족한 존재이다. 선택의 여지가 없고 상품이 꼭 필요한 존재이며 물건이 없으면 곤란을 겪을지도 모르는 존재이다. 따라서 고객은 회사나 상품에 의존하고 물건이 부족할 때에는 끝까지 기다려야 하고 오랜 시간 줄을 서서 자신의 차례가 돌아오기를 기다려야만 했다. 때때로 회사에게 고객은 귀찮은 존재이기도 했다.

2) 수요=공급

수요와 공급이 균형을 이루기 시작하면서 사람들은 많은 상품들을 접할 수 있게 되었고 여러 가지 상품들을 비교하기 시작했다. 같은 상품이라도 좋은 품질과 그렇지 않은 것들이 있다는 것을 알고, 좋은 상품을 선택하게 된 것이다. 회사는 고객에게 선택되기 위해서 상품의 품질을 높이려고 노력했다. 이제 고객은 여러 가지 상품을 비교할 줄 알며 우수한 상품을 골라낼 줄 아는 현명한 존재였다. 그리고 우수한 품질의 상품을 구매함으로써 회사의 품질향상 노력에 대한 혜택을 받는 수혜자였다.

3) 수요<공급

공급이 수요를 초과하면서 이미 고객은 많은 물건들을 소유하고 있다. 따라서 추가적으로 더 구입하는 물건에 대해서는 다양한 조건을 내세우게 되었다. 회사들은 상품을 생산할 때 경쟁사를 이기기 위해서 품질뿐만 아니라 다양성을 추구하여 고객에게 선택되려는 노력을 기울이게 되었다. 고객은 자신의 취향에 맞는 모양, 색깔, 기능, 크기 등을 내세워 제품을 고를 수 있는 선택권이 주어졌다. 더 나아가 기업은 고객의 마음을 움직여 제품을 사도록 하는데 온갖 노력을 기울이게 된다. 고객이 상품을 소비하고 재구매를 해 주어야 기업의 매출이 발생하고 이익이 창출되기 때문이다. 이제 고객은 상품구매를 통해 기업의 이익을 만들어 주는 존재가 된다.

4) 수요창출

공급의 포화상태에서는 판매노력만으로는 더 이상 상품이 팔리지 않자 기업은 수요를 만들어 내기에 이르렀다. 회사가 만들어낸 상품을 중심으로 어떻게 하면 많이 팔 수 있을까 생각하던 사고를 버리고 새 출발하게 된다. 즉 상품을 만들기 전에 고객의 욕구를 먼저 생각하고 이 욕구를 충족시킬 수 있는 새로운 상품을 만들어 제공함으로써 고객을 만족에 도달시키고 회사는 그 결과로 이익을 얻는 것이다. 이것이 마케팅이다.

마케팅시대가 도래하면서 이제 고객은 만족시켜야 할 대상이 되었고 고객만족을 위해 회사와 상품이 존재한다고 여겼다. 심지어 '고객은 왕'이라고도 한다. 마케팅시대는 고객을 중요시하는 발상에서 출발하여 회사들은 고객만족서비스, 고객지향시대, 고객감동서비스 등을 표방하게 되었고, 고객은 생산과 가치의 중심에 놓여 있다. 고객이 가치 있게 여기지 않는 것은 존재하지 않고 사라지기 때문에 고객의 생각은 모두가 옳은 것이 되었다.

3. 기업의 고객개념

고객이 없으면 회사도 상품도 서비스도 존재할 수 없다. 그렇지만 고객은 어떤 한 회사가 없어도 존재할 수 있다. 또 고객은 여러 회사와 여러 가지 서비스 중에서 선택할 수 있지만 회사는 고객을 선택할 수 없다. 만일 고객이 특정 회사의 서비스를 거부한다면 그 회사는 존재할 수 없게 된다. 이런 상황에서 고객은 기업에게 매우 중요한 의미를 갖고 있다.

하버드대학의 경영학 교수인 피터 드러커는 "고객은 왕"이라고 표현했으며, 미국의 IBM사는 "고객은 황제"라고 하였다. 일본의 소니사는 "고객은 신"이라고 하였다. 모두 고객은 절대자이며, 고객의 의견은 절대자의 명령처럼 거역할 수 없는 것이라는 의미이다. 미국의 광고업자인 데이비드 오길비는 "고객은 나의 아내다"라는 표현을 쓰기도 했다. 이혼율이 높은 미국에서 아내는 항상 가까이 있는 존재이지만 조금만 잘못하면 언제든지 곁을 떠날 수 있는데, 고객이 그와 같다는 의미이다.

고객은 회사의 존재이유이다. 그래서 고객은 회사의 영원한 동반자로 아내처럼 항상 가까이 있어야 하는 반면 매우 까다롭고, 항상 경쟁사와 비교하면서 조금만 잘못해도 언제든지 다른 상품이나 서비스로 옮겨가는 위험한 존재이기도 하다.

〈기업들의 고객 정의〉

기업의 고객 정의	해 당 기 업
고객은 황제다.	존 에이커 IBM회장
고객은 아내다.	데이비드 오길비
고객은 외국인이다.	토마스 피터스
고객은 신이다.	일본 SONY
고객은 왕이다.	피터 드러커
고객은 항상 정당하다.	Cesar Ritz
고객은 최종 결재권자이다.	LG사

4. 종사원의 고객 인식

고객은 가까이 해야 하지만 언제든지 가 버릴 수 있다. 이렇게 중요한 고객을 직접 대면하는 서비스 종사자는 고객을 어떻게 바라보아야 할까? 고객의 중요성 때문에 자칫 종사원이 하인이나 종으로서의 자세를 일관하게 될 때 서비스 종사자로서의 전문성은 실종될 위험이 있다. 서비스종사원은 한 개인에게 복종하는 하인이 아니다. 고객만족을 목표로 고객을 설득하고 이해시키면서 문제를 해결해 나감으로써 의도했던 고객만족에 도달시키는 전문가가 되어야 한다.

1) 고객은 언제나 고객이다

미국 코네티컷주 노워크시에 있는 스튜 레너드 슈퍼마켓은 규모가 아주 크고 이윤을 많이 내는 곳이다. 이 슈퍼마켓 정문 바로 바깥에는 2.5톤의 무게가 나가는 바위에 다음과 같은 글귀가 새겨져 있다.4)

우리의 방침
규칙 1 : 고객이 항상 옳다.
규칙 2 : 만약 고객이 옳지 않다고 생각되면 규칙 1을 다시 읽어라.

그러나 고객이 항상 옳은 것은 아니다. 실제로 워싱턴에 본사를 두고 있는 한 서비스연구회사의 연구를 보면 서비스나 제품에 대해서 고객들이 제기하는 문제의 3분의 1이 고객책임이라는 것을 발견했다. 고객이 항상 옳다고 맹목적으로 믿거나, 고객의 말대로 행동하면 오히려 서비스회사와 종사원에게 피해가 올 수도 있다는 것이다.

'고객이 항상 옳다'라는 생각은 서비스종사원을 고객보다 한 단계 낮은 수준으로 떨어뜨리게 된다. 고객이 항상 옳기 때문에 그저 종사원은 미소나 지으면서 고객이 시키는 대로만 하면 된다는 생각을 할 수 있다. 이렇게 되면 서비스가 곧 하인이 되는 것과 마찬가지로 인식하게 되는 결과를 초래하는 위험이 있다. 고객이 항상 옳다면, 어떤 일이 발생되었을 때 당연히 서비스종사원이 틀린 것으로 간주되고 잘못을 저지른 것이 되어 쩔쩔매게 된다. 그러나 그렇지 않다는 것을 스스로는 알고 있다.

4) 론 젬키, 크리스틴 앤더슨, 서비스달인의 비밀노트, 세종서적, 2002, p.77.

2) 고객은 서비스가 존재하는 이유이다

비록 고객이 항상 옳은 것은 아니지만 고객이 옳지 않았을 때조차 그 원인은 대개 서비스종사원이나 서비스기업이 제대로 알려주지 않았기 때문에 생긴다. 서비스종사원은 자신의 업무에 대해 아주 잘 알고 익숙해 있어서 무엇을 더 알아야 하는지 생각하지 않는 경향이 있다. 또 고객들을 도와서 무엇을 더 알려주어야 하는지도 잘 잊어버리게 된다. 고객은 골칫거리, 적, 또는 불편하고 해가 되는 존재가 아니다. 고객은 항상 고객일 수밖에 없는 것이다.

그래서 서비스종사원이 존재하는 이유는 서비스를 제공하기 위한 것이다. 서비스가 존재하기 위해서는 고객이 지속적으로 존재하여야 한다. 고객을 만족시켜야만 고객이 계속 찾아오는 서비스가 될 수 있다. 따라서 서비스 전문가로서 고객을 대하려면 다음과 같은 능력을 가져야 한다.

① 순발력 있는 재치가 있어야 한다.
② 자신의 업무와 서비스에 대해 고객들 보다 더욱 잘 알고 있어야 한다.
③ 고객이 틀린 경우 종사원은 고객을 바른길로 인도해야 한다.
④ ③의 경우 고객이 부끄러움을 느끼지 않도록 해야 하고 비난해서는 안 된다.

고객에 대한 다짐
1. 고객은 사업에 가장 중요한 사람이다.
2. 고객이 우리에게 의지하는 것이 아니라 우리가 고객에게 의지한다.
3. 고객은 우리 사업의 목적이지 방해꾼이 아니다.
4. 고객은 우리에게 항상 은혜를 베푸는 존재이다.
5. 고객은 냉정하지 않고 따뜻한 사람이다.
6. 고객은 논쟁의 대상도 속임수의 대상도 아니다.
7. 고객은 우리로부터 존경받을 권리가 있다.
8. 고객은 우리의 연봉을 지급하는 사람이다.

제 2 절 고객의 권리

1. 고객의 권리 등장

기업에게 고객이 욕구와 욕망을 충족시켜서 만족시켜야 할 대상이라면, 고객은 자신의 만족을 위해 요구할 권리를 가진 존재이다. 더 나아가 고객으로서의 권리, 특히 대가를 지급한 소비자로서의 권리는 현대사회에서는 소비자가 누릴 수 있는 기본권리로 보호받게 되었다.

고객의 권리는 1962년 미국 존 F. 케네디 대통령이 연방의회에 보낸 소비자보호 특별연두교서를 통해 ① 안전할 권리(The Right to Safety), ② 알 권리(The Right to be Informed), ③ 선택할 권리(The Right to Choice), ④ 의견을 반영할 권리(The Right to be Heard)를 4대 권리로 발표하면서 시작되었다.

1975년 경제협력개발기구(OECD)도 소비자보호와 정보에 관한 기본계획에서 소비자의 5대 권리를 선언하였다. 생명 · 건강을 침해당하지 않을 권리, 적정표시를 행하게 할 권리, 정보를 신속하게 제공받을 권리 등이다.

1980년에는 세계 각국의 소비자단체들의 협의기구인 국제소비자연맹(IOCU : International Organization of Consumers Unions)은 케네디 대통령의 4대 권리를 포함하여 7대 권리를 선언하였다. 즉 ① 안전할 권리, ② 알 권리, ③ 선택할 권리, ④ 의견을 반영할 권리, ⑤ 보상을 받을 권리 ⑥ 교육을 받을 권리 ⑦ 쾌적한 환경을 누릴 권리 등이다.

현재 고객의 권리는 세계 각국의 소비자운동의 목표로 이용되고 있다. 또 각국 정부의 소비자행정의 목표로 이용되고 있고, 기본권으로 인정받으며 보호받고 있다. 따라서 기업은 기업의 목표를 달성하기 위해서가 아니라 사회의 구성원으로서 존재하기 위해서도 반드시 지켜야 하는 규범이 되었다.

2. 한국의 소비자보호법

한국의 소비자보호법은 소비자의 8대 권리를 소비자보호법에 명문화하고 있어 소비자의 권리 침해가 있을 경우에는 소송 등을 통해 적극적인 권리로서 주장할 수 있다.

1) 안전할 권리

소비자는 모든 물품 및 용역(서비스)으로 인한 생명·신체 및 재산상의 위해로부터 보호받을 권리를 가진다. 이 권리는 사업자가 제공하는 물품이나 용역으로 인하여 인간의 생존권적 기본권이 침해되어서는 안 된다는 것을 말한다. 생명체로서의 인간의 생명, 건강의 안전, 생존을 위한 필수적 수단으로서 재산의 안전 등을 확보할 권리는 기업권익 등에 우선되는 것이고 가장 존중되어야 할 것이기 때문이다. 소비자의 안전권을 보장하기 위하여 국가와 사업자는 위해방지 의무를 진다.

2) 알 권리

소비자는 물품 및 용역을 선택함에 있어서 필요한 지식 및 정보를 제공받을 권리를 가진다. 소비자는 소비생활을 위하여 사용 또는 이용한 물품이나 용역을 가장 합리적으로 선택할 수 있어야 하며 사업자나 정부는 이에 필요한 지식이나 정보를 성실히 제공하여야 한다. 안전할 권리를 확보하기 위해서도 소비자는 상품의 내용과 사용방법 등을 정확하게 알 수 있어야 한다. 그러기 위해서 소비자는 상품표시의 정확성과 상품에 관한 자세한 정보를 요구할 수 있어야 한다. 법에서는 소비자의 알 권리를 확보하기 위하여 국가에 대하여는 표시기준의 제정의무를, 국가 및 지방자치단체에 대하여는 소비자에 대한 정보제공의무를, 사업자에 대하여는 적정표시의 의무를 부과하고 있다.

3) 선택할 권리

물품 및 용역을 사용 또는 이용함에 있어서 거래의 상대방, 구입장소, 가격, 거래조건 등을 자유로이 선택할 권리로 자유롭고 공정한 경쟁이 이루어지는 시장에서 보장될 수 있다. 특히 우리나라는 방문판매원들의 허위·기만행위 등으로부터 소비자의 선택할 권리를 보장하기 위해 1991년 할부거래에 관한 법률, 방문판매 등에 관한 법률을 제정하였다.

4) 의견을 반영할 권리

소비자는 소비생활에 영향을 주는 국가나 지방자치단체의 정책과 사업자의 사업활동에 대하여 의견을 반영시킬 권리가 있다. 소비자의 권익증진을 위한 소비자정책심의위원회에 소비자대표가 직접 참가하는 것을 비롯하여 소비자 관련기관이 사업자의 특정 행위를 조사한 결과를 토대로 관계 당국에 정책을 건의하고, 사업자에게 시정을 촉구하는 것도 의견을 반영할 권리를 행사하는 것이다. 법에서는 소비자의 의견 반영권을 위해서 소비자정책심의위원회에 소비자대표가 참가하여 소비자 정책에 의견을 반영할 수 있도록 하고 있다. 또한 동 심의위원회는 필요한 경우 소비자의 의견을 청취할 수 있도록 하고 있다.

5) 피해를 보상받을 권리

소비자는 물품이나 용역(서비스)의 사용이나 이용으로 인하여 입은 피해에 대하여 신속하고 공정한 절차에 의하여 적절한 보상을 받을 권리가 있다. 법에서는 소비자의 피해보상청구권 확보를 위하여 국가 및 지방자치단체에 대하여 소비자피해구제를 위하여 필요한 조치를 강구할 의무 등을 부과하고, 사업자에 대하여는 피해보상기구를 설치하여 적절한 피해보상을 이행할 의무를 부과하고 있다(소비자 피해보상 규정).

6) 교육 받을 권리

합리적인 소비생활을 영위하기 위하여 필요한 교육 받을 권리를 갖게 됨으로써 소비자의 자주적, 주체적 소비생활을 통해 소비자권익이 옹호되도록 하기 위한 것이다. 대체로 소비자교육은 어린이를 대상으로 하는 가정소비자교육과 학생을 대상으로 하는 체계적인 학교소비자교육, 그리고 성인을 대상으로 하는 소비자관련기관의 사회교육 및 계몽활동 등으로 구분된다. 법에서는 국가 및 지방자치단체로 하여금 소비자교육에 필요한 시책을 수립하고 이를 실시할 의무를 부과하고, 소비자단체들이 소비자교육을 실시할 수 있도록 필요한 지원을 할 의무를 부과하고 있다.

7) 단체를 조직·활동할 권리

소비자 스스로의 권익을 옹호하기 위하여 단체를 조직하고, 이를 통하여 활동할 수 있는 권리이다. 사회적 · 경제적으로 약자인 소비자는 단결된 힘으로써 사업자 또는 국가를 상대로 자신의 권리를 실현하기 위하여 활동할 수 있어야 한다는 것이다. 이를 위하여 국가 및 지방자치단체는 등록소비자단체에 보조금을 지급하는 등 소비자의 단체조직 및 활동권을 보장하여야 한다.

8) 안전하고 쾌적한 소비생활 환경에서 소비할 권리

소비자가 안전하고 쾌적한 생활환경 속에서 소비생활을 할 권리를 말한다.

3. 관광서비스의 소비자 피해보상규정

소비자 피해보상규정은 각종 물품의 사용이나 서비스를 이용하는 과정에서 제품의 하자, 부당거래, 계약불이행 등 다양한 피해를 입었을 경우 사업자로부터 적절한 보상을 받을 수 있도록 품목별·피해유형별로 보상기준을 마련해 놓은 것이 소비자피해보상규정이다. 1985년 12월 소비자보호법의 규정에 따라 제정되어 1986년 2월부터 시행되어 왔다.

피해보상의 청구는 사업자와 소비자 간에 보상합의가 이루어지지 않을 경우 당사자는 중앙행정기관의 장, 시·도지사 또는 한국소비자보호원장에게 그 피해구제를 청구할 수 있다. 이에 따라 기획재정부에서는 소비자피해보상규정에 적용되는 대상품목을 확대한다든지 또는 보상기준을 보다 합리적으로 조정할 필요가 있을 경우 사업자단체, 소비자단체, 관계 부처 등과의 협의를 거친 후 최종 확정, 발표하게 된다. 피해보상규정 중 관광과 관련하여 국내여행, 국외여행, 휴양콘도미니엄업 등이 있다.

1) 국내여행 피해보상규정과 사례

소비자보호원의 소비자 피해구제 사례를 중심으로 국내여행의 소비자 피해보상규정을 살펴보면 다음과 같다.

(1) 여행취소로 인한 피해

① 여행사(회사)의 귀책사유로 여행사가 취소하는 경우

피 해 유 형	보 상 기 준
<당일여행인 경우>	
▸여행개시 3일전까지 통보시	- 계약금 환급
▸여행개시 2일전까지 통보시	- 계약금환급 및 요금의 10% 배상
▸여행개시 1일전까지 통보시	- 계약금환급 및 요금의 20% 배상
▸여행당일 통보 및 통보가 없는 경우	- 계약금환급 및 요금의 30% 배상
<숙박여행인 경우>	
▸여행개시 5일전까지 통보시	- 계약금 환급
▸여행개시 2일전까지 통보시	- 계약금환급 및 요금의 10% 배상
▸여행개시 1일전까지 통보시	- 계약금환급 및 요금의 20% 배상
▸여행당일 통보 및 통보가 없는 경우	- 계약금환급 및 요금의 30% 배상

② 여행자(고객)의 귀책사유로 여행자가 취소하는 경우

피 해 유 형	보 상 기 준
<당일여행인 경우>	
▶ 여행개시 3일전까지 통보시	- 전액 환급
▶ 여행개시 2일전까지 통보시	- 요금의 10% 배상
▶ 여행개시 1일전까지 통보시	- 요금의 20% 배상
▶ 여행개시 당일 취소/ 연락 없이 불참할 경우	- 요금의 30% 배상
<숙박여행인 경우>	
▶ 여행개시 5일전까지 통보시	- 전액 환급
▶ 여행개시 2일전까지 통보시	- 요금의 10% 배상
▶ 여행개시 1일전까지 통보시	- 요금의 20% 배상
▶ 여행개시 당일 취소/ 연락 없이 불참할 경우	- 요금의 30% 배상

③ 여행사의 계약조건 위반으로 여행자가 여행계약을 해지하는 경우(여행전)

피 해 유 형	보 상 기 준
<당일여행인 경우>	
▶ 여행개시 3일전까지 계약조건 변경 통보시	- 계약금 환급
▶ 여행개시 2일전까지 계약조건 변경 통보시	- 계약금 환급 및 요금의 10% 배상
▶ 여행개시 1일전까지 계약조건 변경 통보시	- 계약금 환급 및 요금의 20% 배상
▶ 계약조건 변경통보 또는 통보가 없을 때	- 계약금 환급 및 요금의 30% 배상
<숙박여행인 경우>	
▶ 여행개시 5일전까지 계약조건 변경 통보시	- 계약금 환급
▶ 여행개시 2일전까지 계약조건 변경 통보시	- 계약금 환급 및 요금의 10% 배상
▶ 여행개시 1일전까지 계약조건 변경 통보시	- 계약금 환급 및 요금의 20% 배상
▶ 여행당일 계약조건 변경통보 또는 통보가 없을 때	- 계약금 환급 및 요금의 30% 배상

④ 여행참가자 수의 미달로 여행사가 여행을 취소하는 경우 (사전 통지기일 미 준수)

– 계약금 환급 및 계약금의 100%(위약금) 배상

(2) 여행사의 계약조건 위반으로 인한 피해(여행 후)

– 여행자가 입은 손해배상

(3) 여행사 또는 여행종사자의 고의 또는 과실로 인한 여행자의 피해

– 여행자가 입은 손해배상

(4) 여행 중 위탁수하물의 분실, 도난, 기타사고로 인한 피해

– 여행자가 입은 손해배상

(5) 여행사의 고의 또는 과실로 인해 여행일정의 지연 또는 운송 미완수

– 여행자가 입은 손해배상

〈사례〉 1. 여행출발 전 일정변경

가족이 2박 3일 간의 일정으로 제주도여행을 가기 위해 여행사와 계약을 하고 50만원을 여행비로 지급했습니다. 여행출발 이틀 전에 여행사에서 출발시간과 일정이 변경되었다고 통보를 해왔습니다. 그냥 여행경비만 돌려받기는 너무 억울한데 적정한 보상을 받을 수 있는지요?

➡ 소비자피해보상규정에 따르면 국내 숙박여행일 경우 여행사의 귀책사유로 여행사가 취소하는 경우 여행개시 2일 전에 취소 통보했다면 계약금 환급 및 요금의 10%를 배상하도록 되어 있다. 따라서 소비자는 이미 지급한 여행경비 50만원과 여행경비의 10%를 위약금으로 배상받을 수 있다.

〈사례〉 2. 여행 후 여행사가 계약조건을 위반한 경우(일정변경)

충주 수안보 등을 관광하는 여행을 계약하고 관광을 하였습니다. 그런데 돌아오는 길에 원래 계약과는 달리 안양까지 오지 않고 수원에서 내려주어 하는 수 없이 안양까지 택시를 타고 귀가하였습니다. 택시비를 배상받을 수 있는지요?

➡ 이 경우 택시요금 반환을 요구할 수 있다. 즉 소비자가 지급한 택시요금에 대한 배상을 여행사측에 요구할 수 있다. 소비자피해보상규정에 의하면 여행 출발 후 계약과 다른 일정변경이나 단축 시에는 여행객이 입은 손해를 배상토록 되어 있기 때문이다. 따라서 천재·지변에 의한 것이 아니라면 소비자가 지급한 교통비의 보상을 요구할 수 있다.

〈사례〉 3. 여행출발 후 여행사가 계약조건을 위반한 경우(숙박지 변경)

지난 5월 여행사를 통해 3박4일의 제주도 신혼여행을 계약하고 여행경비 650,000원을 지급했습니다. 계약할 때 현지의 숙소는 특급호텔이라고 했는데 막상 제주도에 도착하여서는 1급 호텔을 지정받아 투숙하게 되었습니다. 호텔비용의 차액을 돌려받을 수 있는지요?

➡ 소비자는 호텔비용의 차액을 환급받을 수 있다. 소비자피해보상규정에 의하면 여행 후 여행사가 계약조건을 위반하여 입은 소비자의 피해에 대해 손해배상을 하도록 규정되어 있다. 따라서 소비자는 현지 1급호텔과 특급호텔과의 요금 차액을 배상받을 수 있다.

〈사례〉 4. 여행출발 후 여행사가 계약조건을 위반한 경우(종사자 과실)

2박3일 일정으로 제주도 관광을 하려고 여행사와 계약을 체결했습니다. 계약내용에는 제주도에서의 숙박비 및 관광비용, 공항에서 거주지까지의 셔틀버스 운행은 여행사가 제공키로 되어 있었습니다. 여행일정에 따라 제주도에 도착을 하고 보니 도착 첫날 관광가이드가 없어서 문의를 했더니 관광계획이 취소되었다고 하고 별다른 조치를 취해주지 않아 운전기사에게 봉사료를 지급하고 박물관 등을 관람한 사실이 있습니다. 또한 관광을 마치고 공항에 도착하고 보니 여행사에서 제공키로 했던 셔틀버스도 운행을 하지 않아 여행객 각자가 교통편을 마련하여 귀가하였습니다. 어떤 보상이 가능한지요?

➡ 이 경우 소비자는 추가 경비 근거서류를 구비하여 피해보상을 요구할 수 있다. 여행자가 입은 손해를 배상받을 수 있는데 제주도에서 첫날 여행을 하면서 지급한 기사봉사료, 박물관 입장료, 차량 주차비, 중식비, 그리고 여행을 마치고 공항에서 거주지까지 셔틀버스를 운행하지 않음으로써 발생된 교통비 등을 보상받을 수 있다. 소비자피해보상

규정에 의하면 국내 숙박여행의 경우 여행사 또는 여행종사자(여행사 직원)의 고의 또는 과실로 인하여 여행자가 여행 중에 입은 피해에 관하여 손해를 배상해 주도록 하고 있다.

참고로 여행자가 종종 입는 피해로는 여행일정의 단축, 숙박시설(호텔)의 변경, 부분적인 여행일정의 취소나 여행가이드의 부재 등이 있다. 또한 여행 당시의 피해에 대한 적절한 보상을 위해서는 현지 여행 중 추가로 지급한 경비의 영수증을 보관하여야 하며, 기타 여행일정의 취소나 변경 등의 내용을 정확하게 기록해 두어야 한다.

〈사례〉 5. 여행 후 여행사가 계약조건을 위반한 경우(관련업체 과실)

신혼여행지에서 안내를 담당한 여행사 제주영업소장에게 사진촬영을 의뢰하고 30만원을 지급했다. 앨범은 수일 내로 보내주기로 했으나 배달이 되지 않았고 현재는 연락이 두절되었다. 계약을 체결한 여행사에서는 사진촬영을 담당한 직원이 프리랜서라며 책임을 회피하고 있다. 이 건의 경우 신혼여행 사진 분실에 따른 정신적 피해보상에 대해 합의가 되지 않아 소비자가 소액재판을 제기했다.

➡ 이 사항은 민법에 의하면, 타인을 고용해 어떠한 사무에 종사하게 한 자는 피용자가 그 사무집행에 관해 제3자에게 가한 손해를 배상하도록 책임을 규정하고 있다(민법 제756조 ; 사용자의 배상책임). 소비자계약은 대부분 종사원을 통해 이루어지기 때문에 사용자책임은 중요한 피해구제의 근거가 된다. 따라서 종사원의 계약이행이나 불법행위로 피해를 입은 경우 종사원에게 배상받지 못하더라도 사용자에게 손해배상을 청구할 수 있다.

2) 국외여행 피해보상규정과 사례

소비자보호원에 접수된 피해구제사례를 중심으로 국외여행의 소비자피해보상규정을 살펴보면 다음과 같다.

(1) 여행취소로 인한 피해

피 해 유 형	보 상 기 준
– 여행사의 귀책사유로 여행사가 취소하는 경우	
▶ 여행개시 20일전까지 통보시	– 계약금 환급
▶ 여행개시 10일전까지 통보시	– 여행경비의 5% 배상
▶ 여행개시 8일전까지 통보시	– 여행경비의 10% 배상
▶ 여행개시 1일전까지 통보시	– 여행경비의 20% 배상
▶ 여행출발 당일 통보시	– 여행경비의 50% 배상
– 여행자의 여행계약 해제 요청이 있는 경우	
▶ 여행출발일 20일전까지 통보시	– 계약금 환급
▶ 여행출발일 10일전까지 통보시	– 여행경비의 5% 배상
▶ 여행출발일 8일전까지 통보시	– 여행경비의 10% 배상
▶ 여행출발일 1일전까지 통보시	– 여행경비의 20% 배상
▶ 여행출발 당일 통보시	– 여행경비의 50% 배상
– 여행참가자 수의 미달로 여행개시 7일전까지 여행계약 해제 통지시	– 계약금 환급
– 여행참가자 수 미달로 인한 여행계약 해제 통지기일 미준수	
▶ 여행개시 1일전까지 통지시	– 여행경비의 20% 배상
▶ 여행출발 당일 통지시	– 여행경비의 50% 배상

(2) 여행사의 계약조건 위반으로 인한 피해(여행 후)

– 여행자가 입은 손해배상

(3) 여행계약의 이행에 있어 여행종사자의 고의 또는 과실로 여행자에게 손해를 끼쳤을 경우

– 여행자가 입은 손해배상

〈사례〉 1. 여행출발 전 여행사의 계약위반

지난 12월 20일 휴가차 가족들과 4박5일 일정으로 동남아여행을 가기로 하고 여행사에 1인당 80만원을 지급했습니다. 그런데 여행개시 7일전인 12월 26일 여행사 직원이 항공좌석을 미처 확보하지 못했으니 출발을 할 수 없다는 통보를 해왔습니다. 휴가기간에 맞춰서 계약을 했기 때문에 본인은 예정했던 여행을 할 수 없는 입장이어서 계약을 취소할 수밖에 없습니다. 이런 경우 여행사의 행위가 정당한 것인지요? 아니면 배상을 받을 수 있습니까?

➡ 이에 대한 소비자피해보상규정에 따르면 국외여행시 여행사의 귀책사유로 여행사가 취소하는 경우, 여행개시 7일 전에 취소 통보하였다면 요금의 20%를 배상하도록 되어 있다. 따라서 소비자는 여행경비 환급 및 추가로 여행경비의 20%인 160,000원을 배상받을 수 있다.

〈사례〉 2. 여행출발 후 여행사의 계약위반(추가요금)

신용카드사의 안내 팸플릿을 받고 "사랑의 허니문 축제"라는 여행상품을 계약했습니다. 출발 며칠 전 일정표와 금액을 확인하니 당초 안내 팸플릿과 동일하여 출발하였으나, 여행 후 청구된 금액은 여행경비 160만원보다 50만원이 많은 210만원이 청구되었습니다. 여행사에 항의하니 소비자가 여행한 기간은 성수기라서 추가요금을 청구한 것이라고 하는데 환급이 가능한지요?

➡ 이 경우 소비자는 추가요금 청구를 거절할 수 있고, 당초 여행경비만 지급하면 된다. 소비자에게 배달된 일정표와 요금은 비수기 요금이었고, 소비자의 실제 여행기간은 성수기였으므로 여행경비의 차이가 발생할 수 있다. 소비자피해보상규정에 의하면 여행계약의 이행에 있어 여행종사자의 고의 또는 과실로 여행자에게 손해를 끼쳤을 경우에 손해를 배상하게 되어 있다. 이 경우는 담당자의 업무 착오에 해당되므로 여행경비 중 50만원은 환급이 가능하다.

〈사례〉 3. 여행출발 후 여행사가 계약조건을 위반한 경우(입장료 징수)

여행사를 통해 유럽의 역사유적 7박8일간 관광을 다녀왔습니다. 여행기간 중 여행안내원이 박물관 입장료, 놀이시설 이용료 등을 여행 현지에서 내라고 하여 추가요금을 모두 지급하고 구경을 했는데, 귀국 후 당시 관광안내서를 확인하여 보니 이런 비용이 여행요금에 모두 포함되어 있었습니다.

➡ 이 경우 현지에서 추가로 지급한 경비 환급을 요구할 수 있다. 당초 계약과 달리 현지에서 지급한 박물관 입장료, 놀이시설 이용료 등

추가로 지급한 비용은 배상받을 수 있다. 소비자피해보상규정에 의하면 국외여행의 경우 여행사의 계약조건 위반으로 여행자가 입은 피해에 대하여 여행사는 그 손해를 배상하도록 되어 있다.

〈사례〉 4. 여행출발 후 여행사가 계약조건을 위반한 경우(식사내용 변경)

여행사를 통해 4박5일간 사이판 여행을 다녀왔습니다. 여행기간 중에 1일당 미화 80달러 상당의 식사를 제공받기로 되어 있었으나, 실제 제공된 식사는 이에 못 미치는 부실한 식사로 판단되고 서비스도 엉망인데 이런 경우는 어떻게 되는 건지요?

➡ 이 경우는 입증자료를 구비하여 피해보상을 요구할 수 있다. 당초 계약상의 식사비용과 실제 제공된 식사비용의 차액을 배상받을 수 있다. 소비자피해보상규정에 의하면 국외여행의 경우 여행사의 계약조건 위반으로 여행자가 입은 피해에 대하여 여행사가 그 손해를 배상하도록 하고 있다. 이런 경우 부실한 식사에 대한 입증자료를 준비하여야만 문제 해결에 도움이 될 수 있다.

〈사례〉 5. 여행계약 내용 미이행의 경우(여행조건 변경)

필리핀 4박5일 신혼여행 상품을 계약 후 여행대금 240만원을 지급했습니다. 계약당시 여행사에서 제공한 일정표에는 허니문 특전으로 과일바구니, 해상스포츠, 씨푸드 등을 무료로 제공한다고 기재되어 있었으나, 여행 출발 당일 교부한 일정표상에는 동력을 이용하는 것은 유료라고 표시되어 있었고 현지에서 특전 내용이 이행되지 않았습니다.

➡ 이 경우 소비자는 피해보상을 요구할 수 있다. 국외여행 표준약관 제13조(여행조건의 변경요건 및 요금 등의 정산)에 따르면, 여행조건은 ▲여행자의 안전과 보호를 위하여 여행자의 요청 또는 현지사정에 의하여 부득이하다고 쌍방이 합의한 경우, ▲천재·지변, 전란, 정부의 명령, 운송, 숙박기관 등의 파업 및 휴업 등으로 여행의 목적을 달성할 수 없는 경우에 한하여 변경될 수 있다고 규정되어 있다. 상기 사례의 경우에는 표준약관에서 정한 일정변경 조건에 해당하지 않으므로 소비자가 입은 피해를 보상받을 수 있다.

〈사례〉 6. 여행출발 후 소비자의 질병으로 계약 해지하는 경우

11박 12일 일정으로 스페인, 지중해여행을 출발하였습니다. 그런데 현지 도착 2일째부터 음식이 맞지 않아 설사를 하며 탈진상태에 이르러 병원에서 치료를 받은 후 자비로 귀국하였습니다. 귀국시 구입한 항공권과 잔여 여행기간의 경비환급을 받을 수 있는지요?

여행업체와 사전 협의를 거쳐 귀국한 경우라면 남은 일정 동안의 숙박료, 입장료, 식대 등에 대한 환급을 요구할 수 있다. 국외여행 표준약관 제13조(여행조건의 변경요건 및 요금 등의 정산) 4항에 의하면 여행자는 여행출발 후 자기의 사정으로 숙박, 식사, 관광 등 여행요금에 포함된 서비스를 제공받지 못한 경우 여행업자에게 그에 상응하는 요금의 환급을 청구할 수 없다고 되어 있다.

또한, 제16조(여행출발 후 계약해지) 2항에서는 여행 출발 후 부득이한 사유로 계약이 해지된 경우 여행업자는 여행자가 귀국하는데 필요한 사항을 협조하여야 하며, 이에 필요한 비용으로서 여행업자의 귀책사유에 의하지 아니한 것은 여행자가 부담하도록 정하고 있다. 그러나 막연히 여행자의 개인사정이라고 하더라도 소비자의 고의가 아닌 질환으로 인한 불참이므로 남은 일정동안의 식대, 숙박료, 입장료 등의 환급을 요구할 수 있다고 본다.

〈사례〉 7. 여행 출발 후 일정변경

신문광고를 보고 7박8일의 호주·뉴질랜드 여행을 계약하고 출발하였습니다. 신문에 게재된 광고내용과 여행사에서 배부한 여행일정표에는 호주 3박, 뉴질랜드 3박, 기내 1박으로 되어 있었으나, 현지에 도착하여 현지가이드가 안내한 일정에는 호주에서 2박, 뉴질랜드에서 4박으로 되어 있었습니다. 현지에서 즉시 항의했으나 시정되지 않았고, 여행을 마치고 돌아와 본사에 이에 대해 항의를 하고 보상을 요구했으나 아무런 답변이 없습니다. 적절한 보상을 받을 수 있습니까?

➡ 소비자피해보상규정에 의하면 여행 후 여행사의 계약조건 위반으로 인한 피해에 대해서 여행사는 여행자가 입은 손해에 대해 배상을 하도록 되어 있다. 즉 소비자는 호주의 숙박지와 뉴질랜드의 숙박지에서의 호텔경비에 대한 차이가 있다면 그에 대한 배상과 일정변경에 따른

적정한 금액의 배상을 요구할 수 있다.

〈사례〉 8. 여행 중 여행가이드 잘못으로 분실한 가방의 손해배상 가능 여부

중국의 북경·연길을 여행하던 중 가방을 분실했습니다. 여행사의 가이드에게 가방을 맡겼으나 분실된 것입니다. 가방에는 현금 1백만 원과 휴대폰 등이 들어 있었는데 현재까지 여행사와 항공사가 서로 책임전가를 하면서 배상을 거절하고 있습니다.

➡ 소비자는 여행사에 피해보상을 요구할 수 있다. 국외여행업 표준약관 제14조 4항에서는 "여행업자는 자기나 그 사용인이 여행자의 수하물 수령, 인도, 보관 등에 관하여 주의를 해태하지 아니하였음을 증명하지 아니하면 여행자의 수하물 멸실, 훼손 또는 연착으로 인한 손해를 배상할 책임을 면하지 못한다."라고 규정하고 있다. 소비자가 여행사 가이드에게 가방을 맡기고 가이드가 가방의 운송을 항공사에 의뢰했으므로 여행사에서 1차적인 배상을 하고 이후 여행사는 항공사에 구상권을 행사하는 방법을 취할 수 있다.

그러나 분실된 물품 중 현금이나 휴대폰은 통상 본인이 스스로 소지하는 경우가 많은 물품임을 감안할 때 당초 가이드에게 가방 안에 현금, 귀중품이 있다는 사실을 고지하지 않았다면 보상이 어려울 수 있다.

구상권이란 빚을 대신 갚아 준 사람이 원래 빚을 진 사람에게서 돈을 받아 내는 권리를 말한다. 예를 들어 은행에서 돈을 빌릴 때 보증인을 세우게 되는데, 은행은 돈을 빌린 사람(채무자)이 도망을 갔거나 사업이 망해 돈을 갚지 못하면 보증인한테서 돈을 받아낸다. 이때 보증인은 갚은 돈의 원금과 이자에 대해 원래 돈을 빌렸던 사람(채무자)에게서 받아낼 수 있는 권리인 구상권을 가지게 된다.

〈사례〉 9. 여행 중 가이드의 자질부족에 따른 손해배상 가능 여부

29일간 일정의 단체유럽캠핑투어를 1인당 219만원으로 계약하였습니다. 그런데 현지에 도착하여 여행을 하는 과정에서 가이드의 경험과 언어구사능력 부족으로 전혀 예상하지 않은 경비가 지출되는 등 정신적 고통이 많았습니다. 손해배상이 가능한지요?

➡ 이 경우 경비 지출에 대한 입증자료를 구비하여 피해보상을 요구할 수 있다. 소비자피해보상규정에 의하면 "여행계약의 이행에 있어 여

행종사자의 고의 또는 과실로 여행자에게 손해를 끼쳤을 경우" 여행사는 손해배상을 하여야 한다. 이러한 경우 실제로 금전적인 손해에 대하여 증빙자료를 제출하여야만 한다. 예를 들어 구간별 소요된 택시비, 버스비, 철도요금 등의 영수증, 식사비용, 입장료 등 추가로 지급된 경비의 입증자료를 준비하여야만 배상을 받는데 도움이 된다.

〈사례〉 10. 여행중 발생한 사고에 대한 손해배상 가능 여부

S씨는 방콕 파타야 신혼여행 상품을 계약했다. 여행 중 파타야의 산호섬에서 보트를 타던 중 현지인의 운전 잘못으로 보트가 전복되었다. 이 사고로 탑승자끼리 부딪쳐 이마가 찢어지는 등 사고가 발생했다. S씨는 성형수술이 필요한 상태이지만, 여행사에서는 여행자보험 한도 내에서만 보상해 주겠다고 버티고 있다.

➡ 이 건의 경우 여행사에게 여행사 보험금 외에 일정 금액의 추가보상을 하는 것으로 합의되었다.

여행업자는 여행계약의 부수의무로서 여행자의 생명, 신체, 재산 등의 안전 등을 보장해야 한다. 그러기 위해서는 여행목적지, 여행일정, 여행서비스기관의 선택 등에 관해 충분히 조사 검토하고 이와 관련해 발생할지 모르는 위험에 대해 제거할 수단을 미리 강구해야 한다. 또한 여행자에게는 그 뜻을 고지하여 스스로 그 위험을 수용할지 여부에 관해 선택의 기회를 주는 등 합리적인 조치를 취할 주의의무가 있다(대법원 판례, 98다 25061).

3) 휴양콘도미니엄업

① 제공된 용역이 계약내용과 다른 경우

- 계약 해제

② 이용예정일 경과 후 공사 완공으로 인한 이용 지연

- 이용예정일로부터 실제 이용 가능일까지 지연일수에 해당하는 지연보상금 배상

③ 부당한 이용료 징수

– 차액환급

4) 관광서비스관련 판결 및 기타 사례

(1) 관광서비스 관련 판결

다음의 사례는 관광서비스 현장에서 발생하는 문제의 해결이 원만치 못해 소송을 거친 사례들이다.

〈사례〉 1. 쇼핑관광 등 강요 여행사 위자료 지급 판결

해외여행 상품을 과장광고해 여행객을 모집, 현지 가이드를 통해 쇼핑관광 등을 강요했다면 위자료를 지급해야 한다는 판결이 내려졌다.[5)]

정모씨 등 여행객 16명은 작년 7월 신문에 게재된 '방콕, 파타야 3박 5일 48만8천원, 가이드 노팁'이라는 광고를 본 후 성수기임에도 불구하고 저렴하게 나온 여행상품이라고 판단, A여행사와 여행계약을 맺었다. 이들은 같은 달 25일 인천공항을 출발하는 외국 모 항공사의 비행기가 단종된 지 10년도 넘어 기내에 불쾌한 냄새가 나고 기체가 낡아 불안했지만 여행을 떠난다는 마음에 이해를 할 수 있었다. 그러나 관광지에서 이들을 기다리고 있는 것은 원치 않은 쇼핑관광과 자비가 들어가는 이른바 '옵션관광'코스였다. 귀국길에는 비행기가 기체결함으로 이륙이 지연되자 안전에 위협을 느낀 일부 여행객이 비행기에서 내리겠다고 항의했고, 실제로 이 비행기 기장은 승객 39명을 활주로 인근에 내려놓고 떠나버리는 기막힌 일까지 벌어졌다. 이들 승객은 결국 여행상품값보다 더 비싼 74만원씩을 별도로 내고 다음날 다른 항공편으로 인천공항으로 돌아와 서울지법에 여행사를 상대로 손해배상 청구소송을 냈다.

서울지법 민사5단독 최광휴 판사는 최근 "여행지에서 원고들이 여행을 통해 느끼려는 즐거움을 침해한 잘못이 인정된다"며 "A여행사는 성인인 원고에게는 20만원씩, 미성년자는 10만원씩 위자료를 지급하라"며 원고 일부승소 판결했다. 최 판사는 "여행사가 과장광고를 게재한 사실과 여행도중 현지 가이드들을 통해 옵션관광을 강요하고 현지 상인들을 통해 수수료를 지급받아온 사실, 옵션관광문제로 여행객들에게 불쾌감

---

5) 연합뉴스, 2002. 07. 12일자.

을 준 사실, 비행기가 낡아 안전에 위협을 느낄 정도인데도 전혀 문제가 없는 새 비행기인양 상담한 사실 등이 인정된다"고 밝혔다. 최 판사는 그러나 "여행객들로서도 여행일정이 태국, 파타야 등에서 5일에 걸쳐 있다는 사실을 알고 있었고 그에 대한 여행경비가 통상의 비행기 운임도 되지 않은 사실을 충분히 알 수 있었던 사실을 인정할 수 있는 점에 비춰보면 여행객들에게도 옵션관광에 이르게 된 점에 대한 잘못이 일부 있다"고 덧붙였다.

〈사례〉 2. 신혼여행 사진 분실에 "여행비 절반 배상" 지급 결정[6)]

한씨는 지난해 10월 유씨가 근무하는 청담동 J스튜디오에 인도네시아 발리섬에서 찍은 신혼여행 사진 필름 5통의 현상을 맡겼으나 유씨가 필름을 분실하자 신혼여행 자체를 망쳤다며 여행경비 전액인 600만원을 요구하는 소송을 냈다.

신혼부부가 신혼여행을 다녀온 뒤 맡긴 필름을 사진사가 분실했다면 서울지법 민사4단독 김성대 판사는 30일 한모 씨가 "신혼여행 사진을 잃어버린 사진사는 여행경비 600만원을 전부 배상해야 한다"며 사진사 유모 씨를 상대로 낸 손해배상 청구소송에서 "유씨는 여행경비의 절반인 300만원을 지급하라"는 강제조정 결정을 내렸다. 양측은 이 결정에 모두 동의, 조정결정은 그대로 확정됐다.

재판부는 "사진사는 한씨 부부가 사진을 보며 신혼여행의 추억을 떠올릴 행복의 기회를 박탈한 점이 인정된다"며 "신혼여행 사진의 가치는 여행 자체에 대한 반추의 개념으로서 여행경비의 절반가량이 적당하다"고 밝혔다.

(2) 관광서비스 관련 피해사례

여행업계에 따르면 성수기 태국 3박5일(1박 기내체류) 관광상품의 적정 원가는 70만 원선이다. 하지만 국내 모집 여행사 중 상당수가 숙식까지 해결된다는 여행상품을 30만~40만 원대에 팔고 있다. 현지의 한국인 여행업자(랜드)와 가이드들은 국내 여행사로부터는 돈을 받지 않거나 심한 경우 1인당 1만~2만원의

---

6) 한국일보, 2003. 05. 31일자.

돈을 거꾸로 지급하고 관광객을 유치해 이들을 한인 토산품점, 선물의 집, 안마, 누드쇼, 한약방 등 이미 '약속'이 돼 있는 장소로 끌고 다니며 여행객이 지출한 돈의 30~40%를 커미션으로 챙긴다는 것이다.[7)]

〈사례〉 1. 서비스종사원 과실

지난 6월 태국으로 신혼여행을 갔다 온 백모(32)씨 부부는 '동남아 관광상품' 광고만 보면 울화가 치민다고 했다. 출발비행기 안에서부터 여행사측이 서로 뚝 떨어진 좌석티켓을 주어 신혼부부를 이산가족으로 만들어 놓았는가 하면, 가는 곳마다 현지 가이드들에게 당했기 때문이다. 모든 비용이 포함돼 있다는 설명과는 달리 현지 가이드는 갖은 명목의 '돈'을 요구했고, 그 단가가 평균 미화 100달러였다.

〈사례〉 2. 선택관광 횡포

지난 6월 3박4일 패키지상품으로 필리핀 관광에 나섰던 김모(30)씨 일행은 현지 가이드의 '선택(옵션)관광' 강요에 불응했다가 곤욕을 치렀다. 아침식사 때 다른 여행객들이 뷔페를 즐기는 동안 그들에게는 빵 한쪽, 소시지 하나, 죽 한 그릇이 달랑 제공됐다. 또 관광버스 안에서 가이드가 거친 말과 행동으로 살벌한 '안내'를 했고, 결국 굴복했다고 한다. 그는 "왕복 항공요금보다 싼 여행사 상품에 현혹됐는데 오히려 돈이 더 들었다"고 말했다.

〈사례〉 3. 항공노선 변경

지난달 29일 캄푸치아항공 여객기 내에서 이륙 지연 등에 항의하다가 활주로 부근에 내려진 한국인 승객 39명은 '48만 원짜리 방콕 패키지'를 마친 뒤 방콕~캄보디아 프놈펜~인천으로 길게 돌아오는 비행기 노선 등 여러 면에서 불만이 쌓인 상태였다고 한다.

〈사례〉 4. 여행 취소

태국 4박5일 여행상품을 계약하고 카드로 돈을 낸 ○씨 일행은 출발

7) 조선일보, 2001. 08. 01일자, 26면(사회).

닷새 전 여행사로부터 하루 연기됐다는 통보를 받았다. 그럴 수 있으려니 하고 다시 준비를 했으나 이번에는 출발 하루 전에 갑자기 항공권이 없어 여행이 취소됐다는 황당한 얘기가 날아왔다. 모처럼 잡은 해외여행계획이 여행사 때문에 완전히 망쳐진 것이다[8]

➡ 소비자피해보상규정에 따라 ㅇ씨는 여행사에서 여행경비의 20%를 배상받았다. 그러나 규정이 없어 휴가 차질에 따른 정신적 피해는 감수해야 했다.

〈사례〉 5. 일정 변경

싱가포르를 여행했던 ㅇ씨는 출발 당일 여행사로부터 호텔이 바뀌었다는 얘기를 들었다. 여행사 말로는 초특급이라고 했지만 그 바뀐 호텔은 모기 때문에 밤잠을 설칠 정도로 시설이 엉망이었다. ㅇ씨의 항의에 여행사는 오리발을 내밀었다.

➡ 여행사는 ㅇ씨에게 취소료에 해당되는 보상을 해야 한다. 표준약관에 따르면 여행자의 안전과 보호를 위해 여행자가 요청하거나 현지사정으로 여행자와 여행사가 모두 합의할 경우, 천재・지변, 정부의 명령, 운송. 숙박기관의 파업 등으로 여행이 힘들 때에 한해 여행일정을 바꿀 수 있도록 규정하고 있다.

〈사례〉 6. 미사용한 항공권 환급

10월 여행사를 통하여 서울-로마 왕복항공권을 특별 할인된 금액인 한화 140만원(정상 편도요금 120만원)에 구입하여 출국하였습니다. 그런데 귀국하는 날짜가 변경되어 부득이하게 로마-서울 귀국편은 다른 항공사편을 이용하여 귀국하였고 이후 항공사에 사용하지 않은 편도항공요금 70만 원 환급을 요구하였습니다. 그러나 항공사에서는 17만 원밖에 돌려줄 수 없다고 하면서 거절을 하였다.

➡ 소비자피해보상규정에 의하면 항공권 일부 미사용시에는 "항공권 구입금액에서 사용구간 적용운임, 적용서비스 요금 및 통신비를 공제한 차액환급"을 하도록 규정되어 있다. 이 경우 소비자는 특별할인 요금을 적용받아 지급한 왕복요금에서 정상편도 요금을 공제하게 되므로 항공

8) 경향신문, 2000. 06. 27, 39면(생활/여성).

권 구입대금의 반액을 환급받을 수 있는 것은 아니다. 항공사에 미사용 항공권의 환급내역서를 요청해서 상세히 검토해야 한다.

4. 소비자보호단체

소비자보호단체에는 한국소비자연맹, 한국소비자보호원, 녹색소비자연대, 대한주부클럽연합회 등 수많은 단체가 활동하고 있다.

1) 한국소비자연맹

한국소비자연맹은 1970년 한국 최초의 소비자운동 전문민간단체로 설립됐다. 당시 미국 소비자연맹의 회장이었던 Colston E. Warn 박사의 방한을 계기로 한국 내 소비자운동단체의 설립이 추진되었다. 이후 소비자고발센터의 운영을 통한 직접적인 피해구제는 물론 소비자피해보상규정의 확립과 소비자보호법 제정 등에 기여를 했다. 또한 상품테스트, 시장조사, 각종 모니터링 등 각 분야의 운동방법개발 및 체계화, 소비자대학 등의 정기적인 소비자교육 프로그램을 통해 많은 소비자 모니터를 배출해 내고 있다. 한국소비자연맹의 주요활동 내용은 다음과 같다.

(1) 소비자정보센터 운영

각종 제품의 품질과 서비스에 대한 소비자의 불만을 접수하고 기업과 당국에 이의 시정을 촉구하여 피해구제활동을 한다. 또 제기된 문제 중 소비자의 안전을 위해 필요한 경우 해당 기관과 행정당국에 건의하여 시정을 요구한다. 고발센터를 찾을 수 없는 소외된 지역민과 장애자 등 소외계층을 위해 연중 지속적으로 현장을 찾아가 불만을 접수하는 이동고발센터를 운영한다.

(2) 소비자교육

일반 소비자교육과 함께 소비자운동전문가, 상담원, 모니터 등을 길러내기 위해 소비자문제 전반에 관한 교육을 실시한다. 또

1979년 9월 1일부터 매주 목요일 소비자연맹회원과 일반 시민들을 대상으로 소비자대학을 운영하고 있으며 소비자교육을 원하는 단체나 기업 등에게 소비자교육 프로그램을 제공한다.

(3) 상품테스트·실험실 운영

각종 제품의 품질, 성능 등에 대한 소비자들의 정보요구에 부응하여 시중에 유통되는 제품을 수시로 수거, 전문검사기관에 테스트를 의뢰하거나 전문가와 소비자 입회하에 과학적인 사용검사를 실시한다. 또한 공산품 식품의 위해 여부, 수질검사, 실량검사도 실시한다.

(4) 시장조사 및 소비자 의식조사

수시로 재래시장과 백화점, 가격할인점 등 대형 유통업체와 사이버시장을 대상으로 가격과 품질 등을 모니터링하고, 제품의 보관상태, 계량의 정확성 여부 등을 지속적으로 감시한다. 소비생활 전반에 걸쳐 다양한 실태조사 의식조사를 실시, 이를 통해 소비자의 의견을 정확하게 파악, 소비자정책 등에 반영한다.

(5) 환경운동·에너지절약의 생활화

대기오염의 주범인 자동차 매연감시활동과 이를 미연에 방지하기 위한 매연캠페인을 실시하고 시민연대 의식의 강화와 소비절약을 위한 캠페인, 에너지절약의 생활화를 위한 정기적인 교육과 캠페인, 녹색조명운동에 적극 참가하고 있다.

(6) 인쇄매체 · TV 광고 모니터링 실시

신문, 잡지 등에 게재되는 각종 광고와 TV 광고를 집중 모니터링, 소비자를 오도하거나 허위, 과장, 과대표현 등의 문제광고를 걸러낸다. 또한 광고주뿐만 아니라 광고매체에 대해 사회적 책임을 요구하는 소비자운동도 펼친다.

(7) 4자합의 토론회 등 소비자토론회 정례화

소비자 이익에 반하는 제도와 관련, 사회변화에 따라 발생하는 제반 소비자문제에 대해 사안별로 즉각적인 대처를 위해 관계자, 전문가들이 참가하는 간담회나 토론회 등으로 정책적인 대안을 찾아낸다. 특히 소비자, 학계, 업계, 행정당국 대표들이 참가하는 토론회를 정기적으로 개최, 각종 소비자정책에 대한 제안을 한다.

2) 한국소비자보호원

1986년 개정(제2차)된 소비자보호법에 의해 1987년 7월 1일에 설립된 기획재정부 산하 특수공익법인으로서, 소비자의 기본권익을 보호하고 소비생활의 합리화를 도모하며 나아가 국민경제의 건전한 발전에 기여토록 하는 목적을 갖고 있다. 주요 활동내용은 다음과 같다.

① 소비자상담 및 분쟁조정
② 각종 제도와 정책연구 및 건의
③ 안전정보의 수집 및 평가
④ 상품시험 검사 등
⑤ 거래제도 개선
⑥ 교육 및 연수
⑦ 출판 및 정보제공

3) 녹색소비자연대

녹색소비자연대(Green Consumer Network in Korea)는 소비자들이 참가하는 시민단체로서 비영리, 비정부, 비정당 기구이다. 주로 회원들의 자발적이고 주동적인 힘에 의해 조직되고 운영되는 회원운동체이며 시민 자원활동단체의 성격을 갖는다.

그 취지는 지구촌경제시대를 맞아 갈수록 심화되고 있는 지구환경위기를 극복하기 위해 소비자들이 함께 환경적인 새로운 생활양식을 확립해 가는 운동이다. 동시에 소비자들의 권리와 이익을 보호하는 소비자 행동망이다.

따라서 소비자보호와 고객우선주의를 앞세우며 개발되는 수많은 제품과 서비스, 몰려드는 지구시장 상품들 속에서 소비자들의 안전할 권리, 알 권리, 보상받을 권리, 선택할 권리, 조직할 권리, 교육을 받을 권리, 의사가 반영될 권리, 쾌적한 환경에 살 권리 등 8대 권리를 지키기 위해 노력하고 있다.

4) 대한주부클럽연합회

1964년 2월 김활란 박사를 중심으로 10여명의 여성지도자들이 모여 화요클럽을 결성하고, 1966년 7월 20일 주부클럽 창립총회를 개최한 여성, 사회, 환경, 소비자, 민간단체이다.

그 목적은 가정주부로 하여금 주부의 가치관을 정립시키고 숨겨진 자질과 능력을 향상시켜 건전하고 바람직한 가정을 유지, 발전시킬 수 있도록 하여 사회기능의 담당자로서 지역사회 발전과 국가발전에 이바지함을 목적으로 한다.

따라서 주로 주부들을 위한 각종 교재발간, 좌담회, 세미나, 바자회 등의 활동을 통해 여성, 소비자운동에 앞장서고 있다. 98년에는 각종 소비자관련 조사연구활동 및 고발상담 등 사회 전반에 걸친 문제와 시민들의 의견을 수렴하는 데 적극 나서고 있다. 2010년 현재, 미국 LA지회를 비롯한 64개 전국 지방조직과 30만 회원을 갖고 있는 단체이다.

제3절 내부고객과 직장생활

1. 내부고객의 뜻과 사례

1) 내부고객의 뜻

내부고객이란 회사(서비스시스템)의 내부에 존재하며, 나의 서비스를 제공받는 모든 사람들이다. 서비스를 생산하고 제공하며 이를 이용하는 일련의 과정, 즉 서비스시스템 내에서 관계되는 자기 이외의 모든 사람이 여기에 해당한다.

구체적으로는 나를 중심으로 해서 회사 내의 상사, 부하, 동료는 물론 서비스가 고객에게 제공되는 과정에서 관련되는 관련업체직원, 시설관리직원, 청소원, 주차, 안전요원, 임시사원 등을 포함하여 회사의 내·외부에서 고객에게 상품이나 서비스 즉 가치를 제공하는 모든 일에 관련된 사람들이다. 이들은 서비스시스템의 내부에서 일을 하는 사람들이기 때문에 내부고객이라고 한다.

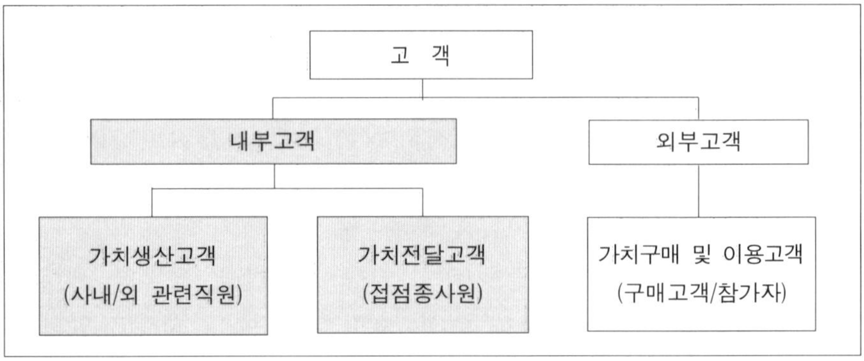

내부고객은 가치생산고객과 가치전달고객으로 나눌 수 있다. 가치생산고객은 서비스시스템의 내·외부에서 서비스를 생산하지만 고객과 직접 만나거나 상호작용을 하지 않는 직원이 해당된다. 가치전달고객이란 고객에게 서비스를 전달하는 직원으로 직접 고객을 만나고 상호작용을 하는 직원이다.

훌륭한 서비스란 서비스 담당자가 구매자이거나 소비자인 고객과 직접 얼굴을 마주치는 곳에서만 이루어지는 것이 아니다. 즉 회사가 제공하는 상품과 서비스를 최종적으로 구매 소비하는 고객을 직접 대면하지 않는다고 해서 서비스 책임이 없는 것이 아니다. 모든 사람은 언제라도 고객이 될 수 있고 또 누구에게라도 고객은 있을 수 있다. 같은 건물에서 일을 하건, 다른 나라에 있건, 아니면 부서의 바로 옆자리에 앉아 있건 간에, 자신들의 일을 수행하고 고객들에게 서비스하는데 있어서 의지를 하고 있다면 그들은 모두 내부고객이다.

2) 내부고객 발견사례

1980년대에 당시 서른아홉 살의 얀 칼슨(Jan Carlzon)이 스칸디나비아 항공사(SAS ; Scandinavian Airlines System)를 800만 달러 적자상태에서 7,100만 달러 흑자상태로 끌어올림으로써 극적으로 회생시켰다. 그 방법은 모든 고객에게 집중하자는 생각을 회사 전체에 고취시킴으로써 가능했다.

여기서 모든 고객이란 외부고객뿐만 아니라 서비스시스템 내에서 서비스를 생산하는데 기여하는 직원들도 포함되어 있었다. 즉 항공사 내부의 직원들이 서로를 대하는 방식을 바꾸는 일도 포함되었다. 우선 회사의 목표는 스칸디나비아항공사(SAS)를 모든 비즈니스 여행자들이 가장 선호하는 항공사로 만들려고 했다. 그렇게 하기 위해서는 비즈니스 여행자에게 훌륭한 서비스를 제공하는 항공사로 인식되도록 해야 했다.

모든 직원은 이 목표를 위해 집중하고 교육을 받은 결과 고객서비스에 초점을 맞추려고 노력했다. 그렇지만 직원 모두가 외부고객인 비행기 탑승객들을 직접 대하는 것은 아니었다. 오히려 많은 사람들은 외부에서 오는 고객들과 접촉하지 않고 내부고객들에게만 서비스하고 있었다. 정비사, 기내식 담당자, 관리자 등이 그 예이다.

정비사는 지상요원들과 조종사들이 비행기를 제 시간에 이륙시킬 수 있도록 하고 안전한 비행을 돕고 있었다. 기내식 담당자는 기내 승무원들이 탑승객에게 질 좋은 식사와 편안함을 제공할 수 있도록 기내의 음식물 조달을 원활히 한다. 또한 항공사의 관리자들은 일선 직원들이 탑승객들에게 좋은 서비스를 제공할 수 있도록 그들을 도와주는 일을 한다.

따라서 모든 직원이 고객서비스에 초점을 맞추기 위해서는 가장 먼저 자신이 어떤 위치에 있어야 하는지 확실히 알 수 있도록 했다. 이를 위해서 발표한 직무규정은 "만약 당신이 고객에게 직접 서비스하는 일을 하고 있지 않다면, 당신의 직무는 고객에게 서비스하는 그 누군가에게 서비스하는 것이다"였다.

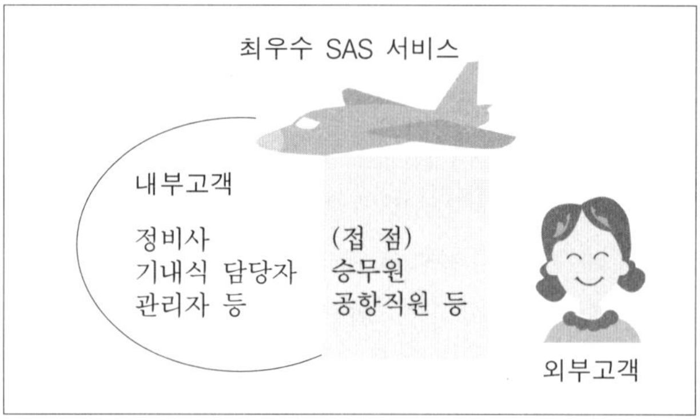

서비스기업은 말단직원에서부터 관리자나 경영층에 이르기까지 조직 전체가 고객을 위해 일하고 그 역할을 수행할 수 있도록 모두 함께 일해야만 회사가 살아남을 수 있다. 외부에서 오는 고객을 직접 대하지 않더라도 회사의 모든 사람들이 자신들의 노력을 고객서비스에 쏟아야 함을 아는 것은 매우 중요하다.

2. 내부고객의 발견

1) 내부고객 발견의 곤란성

많은 사람들은 회사 내부에서 누가 나의 고객인지 알기가 어렵다. 그 이유는 다음과 같다.

① 회사에서 내부고객은 나와 얼굴을 직접 대하고 있지 않을 수도 있다.

② 자신의 일이 자신에게서 떠난 후에 어떻게 진행이 되는지 잘 모를 수 있다.

③ 내가 서비스를 제공하는 사람이 내게 서비스를 제공할 수도 있다.

④ 회사에서 서비스 제공자와 내부고객의 관계는 매일, 매순간 변할 수 있다.

2) 내부고객 발견의 기준

내부고객을 발견하기 위해서는 회사 또는 서비스시스템 내에서 다음의 두 항목을 적용하여 해당하는 사람들을 모두 내부고객으로 인식할 수 있다.

① 자신이 하는 일로부터 도움을 받는 사람들

② 자신이 일이 잘못되었을 때 곤란을 겪는 사람들

가령 호텔의 예약부서에서 고객의 주문을 받는 일을 하고 있다면, 그 사람은 분명히 외부고객들에게 직접 서비스하는 일을 맡고 있는 것이다. 하지만 내부고객들도 있다. 외부고객들에게서 예약주문을 받으면 그 주문은 누가 처리하는가, 주문을 받을 때 필요한 정보들을 빠뜨리거나 틀리게 입력했을 경우 어떤 일이 발생하는가? 이 경우 예약부서의 서비스종사원은 외부고객에게도 서비스를 하고 있으며, 동시에 호텔 내부에서 주문을 처리하는 직원은 내부고객이 된다. 또, 주문을 처리하는 직원이 주문을 제대로 처리하지 않았을 때 그의 내부고객인 예약부서의 종사원은 제대로 서비스를 제공받지 못한 것이 된다.

그 사람이 한 일의 결과는 외부고객들과 내부고객들 모두에게 일정한 영향을 주고 있다. 외부고객들은 예약한 객실이나 연회를 이용하지 못할 수도 있으며, 그렇게 되면 객실부나 연회부의 담당자, 프론트 등에서 일하는 내부고객들은 서비스를 이용하지 못하게 된 외부고객들로부터 항의를 받을 것이다.

3. 내부고객관리와 직장생활

1) 내부고객관리의 중요성

내부고객은 훌륭한 서비스와 매우 밀접한 관련을 갖고 있고 성공적인 직장생활의 매우 중요한 존재이다. 그래서 내부고객과의 원만한 관계를 유지하고 내부고객을 만족시키는 것은 회사와 서비스를 발전시킬 뿐만 아니라 원만한 직장생활을 통해 개인적인 성공을 도모할 수 있다.

내부고객이 회사 내에서 어떻게 대우를 받고 있느냐 하는 것과 외부고객이 그 회사의 서비스 질을 어떻게 평가하느냐 하는 것과는 밀접한 관련이 있는 것으로 나타났다. 메릴랜드 대학의 벤저민 슈나이더(Benjamin Schneider)는 내부고객에 대한 서비스노력이 외부고객에게도 그대로 전달된다는 연구결과를 보여주었다. 회사가 내부고객들에게 훌륭한 서비스를 제공하지 못하면, 외부고객에 대해서 훌륭한 서비스를 제공하는 것은 거의 불가능하다. 회사 내에서 소홀히 대접받고 불만에 가득 찬 종사원은 외부고객에 대해서 훌륭한 서비스를 할 수 없기 때문이다. 내부고객은 훌륭한 서비스를 제공하는데 다음과 같은 점에서 매우 중요하다.

① 내부고객은 서비스 담당자의 전문성을 높여줄 수 있다.
② 회사의 서비스 질을 향상시킬 수 있다.
③ 외부고객의 서비스 질에 대한 평가와 밀접하다.

2) 내부고객 관리방법

① 내부고객과의 대화를 통한 정보 습득

내부고객과의 대화를 통해서 자신의 서비스에 대해 내부고객이 어떻게 평가하고 장단점은 무엇인지 알아본다. 이런 대화는 자신의 서비스를 돌아보게 하고 더욱 발전시킬 수 있다. 동료, 상사와 부하와의 대화에서 모두 가능하다. 업무 중에도 이루어질 수 있고, 업무 후의 개인적인 자리에서도 대화가 오갈 수 있으며 회사의 주말 행사 등에서도 나타날 수 있다. 따라서 회사의 직원들과의 어울림은 나의 서비스에 관한 많은 정보를 발견하고, 발전시킬 수 있는 좋은 기회가 되기 때문에 자주 참석하는 것이 바람직하다.

② 내부고객을 통해 내가 '무엇'을 '어떻게' 해야 할지를 발견한다.

회사의 안팎 어디에나 있는 내부고객과 대화를 할 때에는 서비스를 향상시키기 위해 내부고객이 나에게서 무엇을(what) 필요로 하는가, 내가 그 일들을 내부고객들에게 어떻게(how) 해주어야 하는 것인가에 초점을 맞추고 적극적인 대화를 통해 발견하도록 해야 한다. 내부고객은 나의 서비스를 필요로 하고 서비스가 잘못되었을 때 곤란해지기 때문에 서비스에 대해 요구하는 사항이 있을 것이다.

③ 팀워크와 협동정신이 투철해야 한다.

훌륭한 서비스는 서비스시스템 내에 있는 여러 사람들의 팀워크와 협동정신의 결과로 만들어진다. 서비스는 단 한 사람만으로나 단 한 가지만으로는 이루어지지 않기 때문이다. 서비스는 혼자의 지식과 능력만으로 이루어지는 것이 아니며, 서비스시스템 내의 인간 활동과 접촉의 과정, 행위 등이 어우러져 결과를 나타낸다. 따라서 훌륭한 서비스 전문가는 내부고객과 외부고객과의 접촉에서 모두 성공적인 결과를 얻어내야 한다.

3) 성공적 대화의 습관

내부고객과의 대화를 할 때 자칫 자기 버릇으로 인해 실수를 범하게 되면 대화에 방해가 되고 산만해지고, 심하면 상대방은 대화를 중단하고 만다. 대화가 중단된다면 아무리 내부고객과 함께 하는 시간을 갖더라도 훌륭한 서비스전문가가 되기 위한 정보는 더 이상 얻을 수 없게 된다. 따라서 다음과 같은 항목에 대한 자신의 습관을 점검하는 것이 필요하다.

(1) 자기습관 점검

① 말하면서 또는 들으면서 물건을 만지지 않는가?( )
② 앉았을 때 발을 흔드는가?( )
③ 말을 들을 때 상대방의 얼굴을 보는가?( )

④ 허락도 없이 남의 책이나 서류 등을 만지거나 보는가?( )
⑤ 끝까지 듣지 않고 말하는 도중에 가로막는가?( )
⑥ 이야기하는 데 갑자기 끼어드는가?( )
⑦ 남의 얼굴을 곁눈질로 또는 힐끗힐끗 쳐다보는가?( )
⑧ 남의 말을 적당히 듣고 나중에 다시 되묻는가?( )
⑨ 자신이 실수한 경우 자꾸 핑계나 이유만을 대는가?( )
⑩ 지나치게 자주 반복적으로 사용하는 말버릇이 있는가?( )
⑪ 속어를 사용하는가?( )
⑫ 다른 사람의 비방이나 비평을 하는가?( )
⑬ 자기 의견을 다른 사람에게 강요하는가?( )
⑭ 마음에 들지 않으면 화를 내거나 토라지는가?( )
⑮ 별 뜻 없이 자주 히죽거리며 웃는가?( )
⑯ 서넛이 있는 자리에서 두 사람만의 귓속말을 하는가?( )
⑰ 말하면서 불안하게 주변을 둘러보는가?( )
⑱ 말을 할 때 문장의 뒷부분을 생략하는가?( )
⑲ 유행어를 자주 쓰는가?( )
⑳ 팔짱을 끼고 이야기를 하는가?( )

4) 직장생활의 기본매너

내부고객과 함께 생활하는 직장에서 기본매너를 지키는 것은 자칫 소홀하기 쉬운 습관으로 인해 부정적인 결과를 초래하는 것을 막을 수 있는 좋은 방법이다.

(1) 직장 내 인사

직장 내에서의 인사는 가능하면 적극적으로 하는 것이 바람직하지만 상황에 따라서 하는 센스도 갖추어야 한다.

① 상사나 동료를 자주 만날 때의 인사

같은 회사 내에서 자주 만난다고 해서 인사를 안 하고 지나가면 어색해 버리고 분위기가 나빠질 수 있다. 처음 만날 때에는 정중하고 밝게 인사하고, 다시 또 만나게 될 때에는 밝은 표정으로 가볍게 목례를 하는 정도가 좋다.

② 작업 중일 때의 인사

일하는 도중 상사나 손님을 대하게 될 때 일에 여유가 있으면 가볍게 목례를 하는 정도로 인사를 해도 상관이 없다. 도저히 인사를 할 수 없는 급박한 상황이라면 일의 안정성을 유지하기 위해서 일에만 몰두하는 것이 상대를 더 편하게 한다.

③ 모르는 사람이 인사를 할 때

먼저 인사를 받으면 답례의 인사를 하는 것이 좋다. 모른다고 그냥 지나가면 상대가 민망해 한다. 우선 인사를 한 후 누구인지를 파악하고 다음 번에는 먼저 인사하도록 한다.

④ 출·퇴근시의 인사

인사는 습관이 되도록 한다. 아침 출근길에는 밝고 명랑한 인사를 하고, 먼저 퇴근할 때도 남아 있는 동료에게 인사를 하고 가도록 한다. 출퇴근 인사는 반드시 인사말을 곁들이는 것이 좋다.

(2) 근무예절

내부고객과의 대화를 원만하게 진행하기 위해서는 대화 이전에 바른 태도로 좋은 인상을 심어 줄 수 있어야 한다.

① 출근할 때

우선 근무를 위해 출근할 때에는 단정하게 차려 입는 것이 좋다. 언제나 깨끗하고 단정하게 하는 것이 전문적으로 보인다. 지나치게 유행을 앞서가면 전문성이 약해 보인다. 출근시간은 약간 빠른 것이 좋다. 정시에 아슬아슬하게 서두는 모습을 보이거나 지각을 자주 하게 되면 신뢰가 떨어진다.

② 자리를 뜰 경우

근무시간에는 자리를 비우지 않는 것이 좋다. 잠시 비울 때도 동료에게 행선지, 용건, 돌아올 시간 등을 미리 알려놓는 것이 좋다. 그리고 공적으로 외출할 경우라도 중간연락을 취하고 돌아오면 반드시 결과를 보고한다.

③ **복도나 계단통행**

언제나 좌측통행을 하고 외부손님이나 상사를 앞질러 가지 않는다. 또 긴 이야기나 큰소리로 떠들지 않도록 하고 담배나 껌을 씹는 것도 좋지 않다.

④ **퇴근할 때**

퇴근준비는 근무시간이 지난 후부터 한다. 오늘 한 일과 내일 할 일을 점검하고 상사나 동료에게 퇴근인사를 한다.

⑤ **회식자리**

회식은 근무의 연장으로 생각해야 한다. 예의바르게 행동하고 특히 술자리에서 동료나 상사의 험담을 하지 않는다.

(3) 직장생활을 위한 기본 자세 점검표

① 아침에 출근하면 누구에게라도 "안녕하십니까" 하고 인사를 합니까?( )

② 부득이하게 결근할 경우 영업 개시 전까지 상사에게 연락합니까?( )

③ 블라우스, 와이셔츠, 유니폼의 칼라 또는 소매는 청결합니까?( )

④ 입 냄새, 체취는 나지 않습니까(식후 양치질 등)?( )

⑤ 상사, 동료의 주의나 충고에 냉정히 귀를 기울입니까?( )

⑥ 업무에 공사를 엄격히 구분합니까?( )

⑦ 휴가를 갈 때 가능한 한 빨리 신고하고 업무 인계를 완전히 합니까?( )

⑧ 싫은 업무라도 꼭 해야 하면 스스로 합니까?( )

⑨ 직장 내에서 호칭을 정확히 사용합니까?( )

⑩ 직장 밖에서 직장의 기밀사항이나 중요사항을 퍼뜨리지 않습니까?( )

⑪ 책상에 걸터앉는다든지 턱을 괴고 있지 않습니까?( )

⑫ 다리를 꼬고 앉아 있거나 쭉 뻗고 있지 않습니까?( )

⑬ 업무 중에 잡담을 하거나 소란스럽게 웃지 않습니까?( )

⑭ 발랄하고 경쾌하게 행동합니까?( )

⑮ 누군가 부르면 '예' 하고 자신 있는 목소리로 대답하고 일어납니까?( )

⑯ 업무 중 이석할 때 행선지, 용건, 시간을 알려놓습니까?( )

⑰ 이석할 때 현금, 도장, 수표, 서류 등을 책상에서 잘 치워놓습니까?( )

⑱ 이석할 때 의자를 반듯하게 제 위치에 놓습니까?( )

⑲ 카운터, 응접실 등의 정리에 신경을 씁니까?( )

⑳ 쓰레기나 휴지가 떨어져 있으면 줍곤 합니까?( )

㉑ 통로에서 고객이나 연장자를 만나면 목례를 합니까?( )

㉒ 서서 긴 이야기를 하거나 사적인 이야기를 하지 않습니까?( )

㉓ 점심시간에 교대를 잘 합니까?( )

㉔ 고객용 선물을 사적으로 사용하지는 않습니까?( )

㉕ 퇴근할 때 인사를 잘 하고 나갑니까?( )

제5장

서비스참가자와 종사원

제5장 서비스참가자와 종사원

제1절 관광서비스 참가자

1. 관광서비스 참가와 참가자

1) 관광서비스 참가

관광서비스 참가는 고객이 관광서비스 시스템으로 이동해서 관광체험활동을 함으로써 관광서비스의 생산과 소비에 참여하는 것을 말한다. 체험활동을 위해서 관광상품을 구매하거나 예약한 고객이 비로소 서비스 환경 내로 이동하여 서비스시스템과 상호작용을 하게 된다. 이때 참가는 신체적 참가와 함께 정신적 참가가 모두 이루어진다.

(1) 신체적 참가

관광서비스는 고객이 신체적으로 이동하여 서비스 현장에 참가한다. 시설을 중심으로 하는 서비스 현장은 서비스시스템이 통제 가능한 범위에 있기 때문에 비교적 고객의 기대에 잘 부응할 수 있다. 외부의 관광현장으로 고객과 서비스시스템이 함께 이동하는 경우에는 외부관광현장은 통제 불가능한 범위에 있다. 이때

전자의 경우와는 다른 서비스시스템을 가지고 있어야 한다.

(2) 정신적 참가

관광서비스는 고객의 정신에 대한 자극을 처리하는 무형적 행위를 수반하는 서비스이다. 따라서 고객은 정신적으로도 관광서비스에 참가해야 한다.

정신적 참가의 정도에 따라 결과는 달라진다. 교육서비스의 경우도 반드시 피교육자가 정신적으로 참가를 해야 하고 그 참가의 정도에 따라 성적과 실력은 달라진다. 마찬가지로 관광서비스에서도 고객 참가의 태도와 정도에 따라 결과가 달라진다. 고객이 여행을 통해 삶의 빛을 보고 감동과 깨달음을 얻는 정도는 고객의 정신적 참가에 따라 달라진다. 관광서비스에 참가하는 고객은 긍정적이고 적극적인 자세로 관광에 임해야 한다. 또 관광의 자세인 높은 가치를 지향하고, 넓은 마음으로 보아야 한다.

2) 관광서비스 참가자

좁은 의미의 참가자는 관광체험활동에 참가하는 사람을 말한다. 관광종사원과 체험활동 참가자는 관광서비스 환경 내에 존재하며, 관광서비스를 생산하고 소비하는 과정에서 관광체험을 공유하는 사람들이다.

넓은 의미로 보면, 관광서비스 참가자는 관광서비스를 생산하고 소비하는 과정에 참가하는 모든 사람이 포함된다. 여기에는 관광상품의 구매자, 관광체험활동 참가자, 그리고 고객과 상호작용을 하는 접객종사원 뿐만 아니라 서비스를 생산하는데 관계된 모든 종사원이 해당된다.

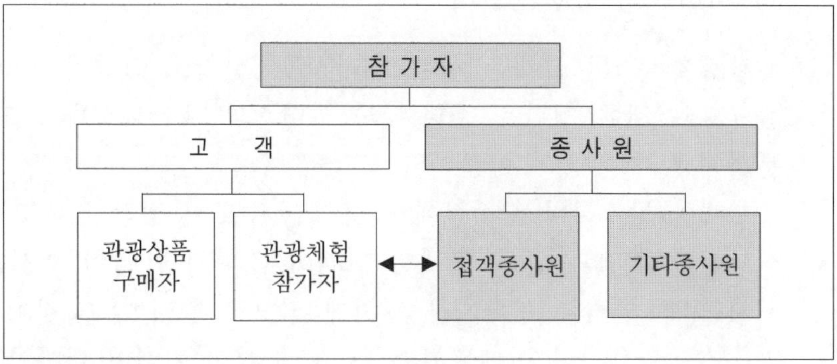

협의의 참가자는 신체적으로 관광시설 또는 관광현장으로 이동하여 서비스 생산과정에 관광서비스 생산자인 동시에 소비자로서 참가한다. 또 고객은 정신적으로 관광체험활동에 참가하여 만족과 감동을 얻게 된다. 이 체험과정에서 관광서비스 종사원과 고객과의 강한 상호작용이 발생하게 되는데 이 상호작용의 과정이 관광서비스의 질과 내용에 영향을 준다.

관광서비스 참가는 신체적 참가와 정신적 참가를 의미하기 때문에 참가자들은 서비스제공자와 고객이라는 관계 이상의 인간적 상호작용을 하게 된다. 특히 서비스시스템이 통제할 수 없는 외부 관광현장에서 종사원과 고객이 함께 일정시간 상호작용을 하고, 경험을 공유하면서 인간적 친밀감이 형성되기도 한다. 이 친밀감은 관광서비스의 품질을 향상시킬 수도 있지만, 오히려 쉽게 불만을 갖도록 하는 원인이 되기도 하므로 주의해야 한다. 고객은 영원한 고객이기 때문이다.

2. 참가자로서 고객의 역할

1) 서비스의 공동생산자

관광서비스의 고객은 서비스의 공동생산자로 관광서비스의 생산규모와 질에 영향을 준다. 관광서비스의 생산과정에서 고객을 분리해낼 수가 없기 때문이다.

고객참가는 서비스 생산에 긍정적일 수도 부정적일 수도 있다. 식당이나 호텔과 같은 곳에서 고객이 지나치게 많이 와서 줄을 서게 되면 안락한 분위기를 해치게 되므로 좋지 않는 것이 되지만, 스포츠 행사나 이벤트 행사 같은 곳에선 관객이 많아야 분위기가 살고 열기가 느껴질수록 좋은 영향을 준다.

고객은 서비스 생산에 참가함으로써 종사원과 공동생산자로써 상호의존성을 갖는다. 양자 간의 관계가 협동적이기도 하지만 갈등도 많다. 협동적인 관계를 형성하는 경우에는 관광활동은 매우 즐겁고 의미 있는 시간이 되며, 관광의 정신적 가치를 얻을 수 있고 서비스의 질을 한층 높일 수 있다.

그러나 종사원과 고객이 갈등이 생길 경우에는 서비스의 질에 부정적인 영향을 끼치게 된다. 부정적인 영향은 서비스계약이 불명확할 때, 역할이 종속적이고 의존적일 경우에 많이 발생하게 된다. 예를 들어 여행서비스와 같이 고객이 맡은 역할이 TC나 가이드와 같은 종사원의 역할에 비해 훨씬 종속적이고 의존적일 경우 고객이 갈등을 느낄 소지가 생길 수 있다. 호텔서비스의 경우에는 종사원이 맡은 역할이 고객의 역할에 비해 훨씬 종속적이고 의존적이기 때문에 종사원이 갈등을 느낄 소지가 더 많다.

그 밖에도 지식과 정보의 차이, 상황판단의 차이 등에 의해서도 갈등이 발생한다. 서비스종사원이 전문지식을 많이 갖고 있는데, 고객은 거기에 대해 전혀 무지한 경우도 양자간의 관계가 불균형을 이뤄 갈등의 소지가 생긴다. 또, 고객과 서비스 제공자간의 상황에 대한 판단 차이에서 오는 갈등도 많다. 예를 들어 난기류에 의한 비행기의 불안한 운항에 대해 항공사에서는 일상적인 일로 보는데, 고객은 생명의 위협을 느끼는 긴박한 상황으로 인식하는 경우 갈등이 발생한다.

2) 서비스이용자 및 평가자

고객은 서비스의 이용자이다. 여행상품을 이용하는 고객 중 약 70%의 고객이 2개 이상의 여행사와 상담을 실시할 정도로 고객은 관광서비스를 이용하기 전에 서비스를 탐색한다.[1] 그리고 그 이용의 결과에 대해 평가를 하게 된다.

관광서비스 이용자로서 고객은 여러 가지 욕구를 가지고 있다. 이 욕구의 어떤 속성은 명백하고 어떤 것은 모호하지만 관광서비스는 고객의 욕구를 찾아내고 기대에 부합하는 감동을 제공해야 한다. 서비스를 이용한 후 고객은 서비스에 대해 평가를 하게 된다. 평가요소에는 신뢰성, 반응성, 확실성, 공감성, 유형성 등이 있다. 서비스를 선택하는데 큰 영향을 미치는 우세한 속성이 있는 반면 최소한의 영향만 미치는 속성도 있다. 서비스의 이용자로서 고객은 여러 속성 중 우세한 속성을 우선하고 중요시하여 여러 대안을 평가한 후 그것을 서열화한다.

3) 다른 고객에 대한 영향

관광서비스 참가자로서 고객은 다른 사람에게 강력한 영향을 주는 영향자이다. 관광서비스는 종사원과 고객과의 상호작용뿐만 아니라 고객 간의 상호작용도 서비스에 크게 영향을 준다. 한국소비자보호원의 연구에 따르면 외국여행 경험자의 74.9%가 여행자들의 행위로 불쾌한 느낌을 경험하고 있는데, 그 내용으로는 에티켓 부족, 과다한 쇼핑, 공중도덕 무시, 과다한 음주, 보신혐오식품구입, 현지인 희롱과 비하, 퇴폐업소 출입 및 도박 등으로

---

1) 한국소비자보호원, 해외여행상품 이용 및 서비스 실태조사, 2000.

나타나고 있다. 다른 고객에 대한 영향으로는 다음과 같은 것이 있다.

(1) 정보원천으로 영향

이런 영향은 구매 전 혹은 구매 후 단계에서 일어난다. 관광서비스는 경험하기 전에는 알 수 없으며 비교적 고가이기 때문에 많은 탐색을 한다. 고객은 사람들에게 인기가 있거나 많은 사람들이 긍정적인 반응을 보이는 선택을 함으로써 실패를 줄이려는 경향이 있다. 또 타인의 관광경험은 매우 주관적인 감정에 의한 결과임에도 불구하고 경험자에 의한 구전정보는 매우 강력한 영향을 발휘한다. 실제로 여행사와 여행상품의 선택요인의 23.6%가 주위의 조언 때문인 것으로 나타나고 있다. 또한 여행 중에도 고객들은 함께 관광을 하며 관광과 관련한 다양한 정보를 주고받게 되는데, 이때 많은 정보를 가진 고객이 있을 경우 관광은 더욱 값진 것이 된다.

(2) 서비스 수행과정에 영향

관광서비스의 수행 중 혹은 관광과정에서 고객들 사이에 일어나는 상호작용은 서비스에 영향을 끼친다. 식당에서 식사를 할 때 다른 고객들의 행동에 따라서 그날 기분이 달라질 수 있고, 단체여행에서 일행의 행동이 전체 여행의 기분을 좌우하게 되기도 한다. 이와 같이 고객은 다른 고객에 의해서도 영향을 받기 때문에 서비스기업은 고객들 간의 바람직한 상호작용이 일어날 수 있도록 통제하기도 한다. 식당에서 정장을 하지 않은 손님을 받지 않는다거나, 단체여행에서 구성원의 인적사항이나 특성 등을 고려하여 가능하면 어울릴 수 있는 사람들로 단체를 구성하는 것도 한 예이다. 또한 고급을 지향하는 호텔에서 품위 있는 분위기를 위해 단체고객을 받지 않는 경우도 있다.

(3) 불만족의 전파

불만 고객 1명은 최소 8명에게 그 불만을 전파한다. 고객의 서비스경험 중에 특히 불만족한 경험에 대해서는 강력하게 표현하며, 서비스를 구매하려는 고객도 구매의 위험에서 피하기 위해 긍정적인 내용의 구전보다는 부정적인 내용에 훨씬 잘 반응한다. 관광서비스는 비교적 긴 관광과정이 있으며 이 과정에서 고객과 종사원, 고객간, 고객과 외부환경과의 상호작용에서도 만족과 불만족이 일어난다. 따라서 관광서비스 종사원은 고객들의 상호작용에서 일어나는 반응에 신속하게 대처해야 한다.

3. 참가자로서 종사원의 역할

1) 서비스의 최종생산자

관광서비스의 종사원은 관광서비스 생산활동에 참가하여 고객과 함께 관광서비스를 생산한다. 이때 직접 고객을 대하는 접객종사원(contact personnel)이든 지원부서의 직원(support personnel)이든 간에 모두 관광서비스를 생산하며 훌륭한 서비스를 만들어낸다. 종사원들은 고객들과 대면하고 있건 않건 상관없이 항상 고객을 향한 일관된 태도를 유지해야 한다.

특히 접객종사원은 훌륭한 서비스를 최종 생산하는 역할을 수행한다. 공동생산자인 고객과의 상호작용과정에서 고객의 욕구와 서비스환경에 맞추어 관광서비스에 유연성을 발휘하고 성공적인 서비스를 생산하는 최종의사 결정자이기도 하다. 고객마다 다르고 상황마다 다른 서비스 생산요소들은 종사원의 판단에 의해 고객만족을 이끌어 낼 수 있도록 최종 결합된다.

접객종사원은 고객만족에 직접적인 영향을 주며, 종사원들의 만족은 곧 고객만족을 이끌게 되고, 또 만족한 고객들은 종사원들에게 자신들의 직무에 대한 만족감을 다시 준다. 종사원이 자신의 직무에 만족해하지 않게 되면, 고객만족은 결코 달성될 수 없다.[2] 그러므로 서비스의 최종 생산자로서 종사원이 자신들의

2) Schlesinger, L. A., and J. L. Heskett(1991), “The Service-driven Service

직무에 만족할 수 있도록 해야만 서비스의 공동생산자인 고객과 바람직한 상호작용을 하고 고객만족을 이끌어낼 수 있다.

2) 서비스 구성요소로서의 종사원

관광서비스 종사원은 관광서비스의 구성요소이다. 접객종사원은 경쟁기업의 서비스와 차별화된 서비스를 생산하는데 아주 중요하다. 서비스기업을 대표하고, 서비스의 유형적 단서가 되며, 기업과 서비스의 이미지에 결정적인 영향을 준다. 또한 고객은 접객종사원과의 접촉에서 종사원이 잘못을 저지르는 경우 지금까지 서비스에 갖고 있던 좋은 기억을 모두 지워버리게 된다. 반면에 훌륭한 서비스를 받는 경우 지금까지 갖고 있던 불쾌한 감정이 모두 지워질 수도 있다.

고객과 대면하는 접객요원, 현장서비스 종사원은 외부 고객 및 외부 환경과 조직의 내부 운영활동 사이의 연결고리 역할을 한다. 이들은 외부 환경으로부터 정보를 수집해서 이를 다시 조직에 피드백해 주고, 조직을 대표해서 환경과 상호작용을 하기 때문이다.

3) 서비스의 대표자

종사원은 서비스의 대표자이다. 특히 고객들의 눈에는 회사 그 자체이다. 고객들은 종사원과 회사를 구분하려 하지 않으며 또 구별해야 할 이유도 없다. 고객들은 '직원외 출입금지'라고 쓰여진 영역에서 일어나는 일에 대해서는 전혀 알지 못하고 알려고도 하지 않는다. 서비스종사원이 맡고 있는 책임의 한계라든가 업무의 범위에 대해서도 알려고 하지 않는다. 그리고 서비스종사원이 서비스 전체를 수행하지 않더라도 여전히 고객의 눈에는 회사의 상징으로 보인다. 고객은 종사원이 개인적으로 무엇을 해줄 수 있고, 또 무엇을 해 줄 수 없는지에 대해서 알려고 하지

Company," Harvard Business Review, September/October, pp.71~81.

않는다. 그러한 것들은 회사 내에서나 중요하지 고객의 입장에서는 전혀 중요하지 않은 것이다. 서비스기업의 모든 종사원은 자신이 회사를 대표하며 자신의 모든 언행은 고객이 서비스와 회사를 인식하는데 영향을 준다는 것을 늘 염두에 두어야 한다.

4. 참가자 갈등

1) 갈등의 뜻

관광서비스에 참가하는 고객과 종사원은 서비스의 생산과정에서 자신의 역할을 수행하게 되는데, 이때 심리적 부조화인 갈등을 경험하게 된다. 예측하지 못했던 역할을 수행해야 할 경우, 부적절하거나 원치 않는 역할을 수행해야 하는 경우에 갈등이 발생하게 된다. 갈등은 고객뿐만 아니라 현장종사원들도 경험하게 되며 갈등은 스트레스를 초래하고 불만족의 원인이 되기도 한다.

관광서비스에서 고객의 갈등으로는 새로운 공간에 대한 적응문제로 발생하는 갈등, 공간을 공유하는 다른 고객이나 종사원과의 상호작용에서 발생하는 갈등, 예측하지 못한 상황적 변화에 따른 가치기준과 상충되는 갈등, 정보의 부족으로 인한 갈등 등이 있다.

종사원은 고객에게 회사와 서비스를 대표해야 되고 수많은 고객들을 동시에 관리해야 하는 전문가이지만, 보수를 받는 직업인으로서 그리고 인간으로서의 자의식 등으로 인해 어쩔 수 없이 여러 형태의 갈등에 직면하게 된다.

2) 갈등의 유형

갈등에는 고객이 겪는 갈등과 종사원이 겪는 갈등이 있지만 모두 다음과 같은 형태의 갈등을 갖는다.

(1) 개인/역할 갈등

개인/역할 갈등은 서비스생산에 참가한 고객과 종사원의 역할이 각 개인이 스스로 지각하는 내용과 일치하지 않는 것을 가리킨다. 이러한 갈등은 개인적 요소를 중요하게 여길 때 더욱 커지게 된다.

단체여행을 떠난 고객이 단체와 함께 움직이기 위해 항상 기다려야 하거나, 타인에게 명령하던 사람이 타인의 통솔에 따라야만 할 때 고객은 자신이 서비스에 참가함으로써 맡은 변화된 역할에 대해 갈등하게 된다. 호텔의 고객은 호텔의 분위기에 맞는 복장을 하거나 언행을 해야 하는 것도 역할 중의 하나이다. 음식을 제공받을 때에는 종사원이 제공하는 접시를 함부로 잡거나 나서지 말아야 한다. 단체여행 중에는 단체의 행사에 방해되지 않도록 행동해야 하며, 인솔자의 통솔에 잘 따라야 하는 역할 등이 주어진다.

종사원도 고유의 역할이 주어진다. 호텔의 종사원은 정해진 유니폼을 입어야 하며 고객보다 화려한 복장을 하지 않도록 요구된다. 아무리 바빠도 뛰어다녀서도 안되고 소리를 높여서도 안된다. 이때 자신의 개성이나 지향하는 바와 일치하지 않는 요구를 받게 되는 경우 갈등이 발생하게 된다. 호텔종사원이 개인적으로 머리를 염색하고 싶다거나 손톱을 기르고 싶다는 생각은 서비스에서의 역할과 갈등을 일으킨다.

(2) 조직/고객 갈등

회사와 서비스의 대표로서 서비스를 제공하는 접객종사원은 조직과 고객 사이에서 갈등하게 된다. 이것은 대부분의 현장종사원들에게 나타나는 갈등 중 가장 두드러진 유형으로 특히 고객들이 회사규정에 위배되는 것을 요구할 때 발생한다.

서비스종사원은 고객만족을 이끌어내야 하는 최일선에 있으며 회사를 대표하고 있다. 그리고 고객을 만족시키기 위해 고객의 요구가 있을 경우 최대한 이 요구를 수용해야만 한다. 그렇지만 고객의 요구가 회사의 규정에 어긋날 경우 종사원은 갈등을 경험하게 된다.

특히 고객의 재량권이 높은 서비스의 경우나 환경변화에 따른 서비스의 불확실성이 높은 경우 종사원은 회사의 입장과 고객의 입장 사이에서 갈등을 갖는다. 더욱이 종사원이 고객이 주는 팁이나 수수료에 자신의 수입을 의존하는 경우에는 고객에게 서비스를 잘해야 많은 수익을 올릴 수 있기 때문에 보다 큰 갈등에 처하게 된다.

(3) 고객 간 갈등

고객들은 각기 상이한 욕구를 가지고 있기 때문에 고객 자신의 역할, 접객종사원의 역할 및 서비스에 참가하고 있는 다른 고객들의 역할에 대해 서로 다른 기대를 하게 된다. 호텔에 투숙하기 위해 한꺼번에 도착한 여러 명의 고객들이 체크인을 위해 줄을 서거나 여행사에서 일시에 많은 상담고객이 있을 때가 있다. 종사원은 차례에 따라 서비스를 제공하겠지만, 고객을 만족시키기 위해서는 현재 상담을 진행하고 있는 고객에게 더 많은 시간을 들여 자세한 설명을 해야 하고 고객의 요구를 차분히 들어주어야 하고, 고객의 욕구에 부합하기 위해 보다 유연하게 대하려고 한다.

그렇지만 그동안 서비스를 기다리고 있는 고객들은 자신들의 욕구가 제 시간에 제대로 반영되지 않기 때문에 불만족하게 되며 기다리는 시간이 길어질수록 불만족이 커지게 된다.

단체여행에서 인솔자나 가이드는 고객 개개인에게 관심을 기울이며 여정 동안 세심한 배려를 하기 위해 노력한다. 특히 몸이 불편한 고객이 있을 경우 더욱 많은 보살핌을 주어야 한다. 그러나 그러한 역할이 일행 중의 다른 고객은 자신은 잘 보살펴 주지 않는다는 생각을 갖게 할 수도 있다.

제2절 관광서비스 종사원의 개념

1. 관광서비스 종사원의 뜻

관광서비스종사원이란 관광서비스에 종사하는 사람을 말한다. 좁은 의미로는 「관광진흥법」에 규정된 관광업무에 종사하는 사람을 말하는데, 여행업에는 관광통역안내사, 국내여행안내사가 있고, 관광숙박업에는 호텔경영사(호텔지배인), 호텔관리사 및 호텔서비스사 등이 있으며, 그 밖에 유원시설업 종사자 등이 여기에 해당한다. 그러나 넓은 의미로는 관광과 관련하여 서비스를 제공하는 업무에 종사하는 사람이 모두 포함된다.

2. 관광서비스 종사원의 의의

1) 회사의 대표

고객은 서비스종사원을 상대하는 것이 아니라 회사를 상대로 말하고 행동하기 때문에 서비스종사원은 회사의 대표이다. 종사원이 회사의 대표가 되기 위해서는 다음과 같은 사항이 지켜져야 한다.

(1) 주인의식이 있는 용어를 사용한다

고객과 대화를 할 때에는 회사나 서비스 또는 동료를 말할 때 '그 사람들'이라고 해서는 안 된다. 또 되도록이면 '우리'라는 용어 대신에 항상 '저(자신)'라는 용어를 사용한다. 고객에게 종사원은 서비스의 시작이자 끝이기 때문이다. '제가 도와 드리겠습니다'라고 말하는 것이 '우리 회사가 도와 드리겠습니다'라고 하는 것 보다 좋다. 종사원이 회사를 대신해서 모든 것을 책임지고 해결하려는 자세가 되어 있다는 느낌을 줄 수 있는 것이다.

(2) 스스로를 회사의 대표로 인식한다

고객/조직 간의 갈등은 스스로 대표자가 아닌 종사원으로 인식할 때 더 잘 생긴다. 고객의 요구가 조직의 규정에 어긋났을 때 고객에게 절대로 '규정상 어렵습니다'라고 해서는 안 된다. 그렇게 말한다면 스스로를 고객에게 단순한 말단직원에 지나지 않으며 하찮은 일을 하는 사람이라고 하는 것과 같다.

(3) 업무의 영역을 폭넓게 파악한다

고객은 종사원이 사장이 아닌 것을 알고 있다. 그럼에도 고객은 종사원을 회사의 대표자로 인식한다. 그것은 종사원이 회사와 서비스의 큰 그림을 이해하고 있어서, 질문에 올바로 대답해 주고, 문제를 해결해 주며 일을 좀더 정확하게 처리할 수 있는 담당자를 바로 연결해 주기를 기대하기 때문이다.

(4) 도전적이고 자신있게 고객을 대한다

종사원이 스스로 회사를 대표하는 자세를 가지게 되면 스스로 자신의 일에 도전적이고 보람을 갖게 된다. 회사를 대표하는 자세로 도전적이고 자신 있게 고객을 대하게 되면 고객과의 접촉에서 신뢰감을 얻을 수 있고 성공적인 서비스를 만들어 내게 된다. 고객만족이 전적으로 자신에게 달려 있다는 것을 의식할 때 업무의 성취감과 보람이 더욱 커지게 된다.

2) 서비스 전문가

관광서비스 종사원은 관광서비스 전문가로서의 자세를 가져야 한다. 그리고 항상 전문가다움을 유지해야 한다. 관광서비스는 고객의 참가와 높은 접촉으로 고객과의 친밀한 관계를 형성한다. 친밀한 관계는 고객만족에 크게 도움을 줄 수 있지만 불만의 원인이 될 수도 있다. 위험을 피하는 방법은 친밀함과 동시에 전문가적인 자세를 유지하는 것이다.

긴 대기선에서 차례를 기다리고 서 있는 사람이 볼 때 고객과 잡담이나 친분을 나누며 시간을 끄는 종사원의 모습은 불만스럽다. 이 경우 실제로는 오래 기다리지 않더라도 종사원의 불필요하게 보이는 대화가 없다면 자기 일이 더 빨리 처리될 거라고 생각하기 때문에 기다리는 것이 더 지루하게 느껴진다. 또 상사나 동료가 이 광경을 볼 때도 특정 고객에게 과다한 대우를 해준다고 생각하게 될 수도 있는 것이다. 서비스전문가는 자신의 업무나 분야의 전문가로서의 역할을 눈으로 볼 수 있게 하는 것이 좋다.

전문가	비전문가
- 역할을 외적으로 표현해 낸다. - 옷차림, 태도, 자세가 단정하다. - 확신에 찬 어투를 사용한다. - 편안한 미소로 차분하게 대화한다. - 열심히 도우려고 한다.	- 사적인 관계를 우선한다. - 편안한 자세로 전화나 잡담을 한다. - 한숨을 많이 쉰다. - 시선을 산만하게 돌리며 대화한다. - 껌이나 음식을 먹으며 대화한다.

(1) 전문가다움을 외적으로 나타낸다

서비스전문가는 자신이 전문가인 것을 외적으로 표현해 내야 한다. 외적인 모습이란 옷차림, 태도, 자세 등이다. 고객과 친밀하기 위해서 인간적인 모습을 보이겠다는 생각에 편안한 자세와 태도로 개인적이고 사적인 모습을 모두 보이게 되면 고객은 서비스종사원의 전문성을 의심하게 된다. 고객은 자신이 원하는 서비스를 제대로 제공해 줄 수 있는 전문가를 원하기 때문이다. 고객이 감탄할 수 있는 전문성을 갖추고 이것을 고객에게 보여줄 수 있어야 한다.

(2) 확신에 찬 어투를 사용한다

전문성을 갖추고 있다면 확신에 찬 어투를 사용할 수 있다. 전문성이 부족하고 지식이 부족한 경우 고객과의 대화에서 자신감이 없어지게 되어 목소리가 작아지고 불확실하고 애매한 단어를 사용하게 된다. 만일 많은 지식을 가지고 있는데도 본래 목소리가 작고 자신감이 없다면 확신에 찬 어투를 사용하도록 노력해야 한다. 고객은 종사원에게서 완전한 서비스를 기대하고 있기 때문이다.

(3) 고객이 미소 짓도록 한다

흔히 서비스종사원은 고객에게 친절하게 하기 위해 열심히 미소지으며 인사하는 것을 훈련받는다. 그렇지만 서비스전문가는 미소만으로 서비스하지는 않는다. 훌륭한 서비스종사원은 안면근육이 아프도록 고객에게 미소짓는 것이 아니라, 고객이 서비스전문가에게 미소짓도록 만드는 것이 되어야 한다.

(4) 고객을 돕고 싶어하는 마음을 표시한다

고객은 서비스를 제공받으려고 종사원과 대면하고 있는 것이다. 따라서 종사원은 자신의 능력을 최대한 발휘하여 기꺼이 고객을 도와 줄 수 있다는 마음가짐을 고객에게 보여 주어야 한다. 만일 껌을 씹고 있거나 음식을 먹으며 대화를 한다면 고객은 그 종사원이 고객의 문제나 서비스에 대해 하찮게 여기거나 귀찮게 생각하는 것으로 여기게 되기 때문이다.

(5) 자신과 자신의 일을 구분한다

서비스전문가는 자기 자신과 자기 자신이 하는 일을 구분할 수 있어야 한다. 항상 전문가다운 자세를 보이기 위해 긴장된 생활을 하게 되면 지극히 인간적인 감정을 갖고 있는 자신의 본래 모습과 갈등하게 된다. 따라서 업무에서 벗어났을 때는 자신의 자유로운 모습으로 돌아와서 감정을 발산할 수 있어야 갈등을 줄일 수 있다. 철저한 프로정신은 업무에 임했을 때 새롭게 태어날 수 있는 것을 의미한다. 모든 사람이 자신의 인간성이나 본성을 버리고 긴장된 삶을 살 수는 없기 때문이다.

3) 평생 학습자

똑같은 관광은 없다. 같은 관광지를 가더라도 다른 고객과 가게 되고, 다른 환경이 있다. 관광분야는 매우 빠르게 변화하는 분야이기 때문에 관광서비스 전문가는 항상 배워야 한다. 고객에 대해, 관광에 대해, 그리고 서비스와 정보, 시설, 기술, 지리, 역사, 문화 등 다양한 분야에 대한 지식을 지속적으로 넓혀가야 한다.

실습생들은 항상 배우려는 열기로 가득 차 있고 호기심이 많으며 잘하려는 욕심이 아주 높다. 그리고 하루 빨리 실습생에서 벗어나고 싶어한다. 그렇지만 관광서비스 전문가는 평생 배우려는 자세를 가져야만 한다.

관광은 언제나 고객에게 새로운 정신세계를 추구하는 서비스이기 때문에 똑같은 과정의 서비스를 제공하더라도 종사원의 가치와 태도에 따라 전혀 다른 느낌과 가치를 줄 수 있다. 그래서 관광서비스의 전문가는 기본적으로 다섯 가지 분야에 대한 학습을 지속해야 한다. 전문지식에 관한 학습, 대인관계에 관한 학습, 상품과 서비스에 대한 학습, 고객에 대한 학습, 그리고 개인적인 학습이 그것이다. 다음의 질문에 대답해 보자.

(1) 전문지식에 관한 학습

- 회사의 전화 및 팩스, 복사기 등의 장비를 다룰 수 있습니까?(　)
- 컴퓨터와 회사에서 사용하는 프로그램을 다룰 수 있습니까?(　)
- 고객에게 서비스하는 조직체계와 절차에 대해 압니까?(　)
- 장비와 시스템을 사용할 때 필요한 지원을 요청할 수 있습니까?(　)
- 업무에 필요한 서류의 내용을 알고 작업을 수행할 수 있습니까?(　)

(2) 대인관계에 관한 기술

- 고객들이 '훌륭한 서비스종사원이시네요'라고 하도록 합니까?( )
- 화가 난 고객을 진정시킬 수 있습니까?( )
- 각기 다른 고객의 관점을 제대로 파악할 수 있습니까?( )
- 자신의 스타일을 알고 다양한 고객의 스타일에 반응할 수 있습니까?( )
- 고객 및 동료들과 원만하게 잘 협력할 수 있습니까?( )

(3) 상품 및 서비스에 관한 지식

- 상품과 서비스의 특성을 알고 정확하게 고객에게 제공할 수 있습니까?( )
- 자사 상품을 경쟁사의 것과 정확하게 비교할 수 있습니까?( )
- 새로운 관광상품이나 새로운 서비스에 대해 잘 압니까?( )
- 기술적인 용어와 전문용어를 잘 알고 쉽게 설명할 수 있습니까?( )
- 고객들이 자주 물어보는 질문들을 알고 거기에 대답할 수 있습니까?( )

(4) 고객에 관한 지식

- 고객들의 불만사항과 칭찬사항이 무엇인지 알고 있습니까?( )
- 경쟁사에 비해 고객이 우리의 서비스를 선호하는 이유를 압니까?( )
- 가장 중요한 고객들의 리스트와 인적사항에 대해 알고 있습니까?( )
- 자신의 서비스가 고객의 서비스평가에 어떤 영향을 주는지 압니까?( )
- 고객만족을 위한 서비스가 무엇인지 잘 찾아낼 수 있습니

까?( )

(5) 개인적인 기술

- 자신의 스트레스를 잘 관리할 수 있습니까?( )
- 고객만족을 위한 새로운 도전과제를 찾고 있습니까?( )
- 해야 할 일을 정하고 그 일의 순서를 잘 정할 수 있습니까?( )
- 고객의 짜증이나 분노를 개인적인 것으로 받아들이지 않을 수 있습니까?( )
- 현재 자신의 일을 인생의 장기적인 목표의 과정으로 생각하고 있습니까?( )

3. 관광서비스 전문가의 자세

관광서비스 종사원으로 오랜 시간을 일하고 스스로 많은 전문지식과 고객경험을 가지고 있다고 자부하게 되면 스스로는 관광서비스와 고객에 대해 매우 잘 알고 있다고 여기게 된다. 그래서 전문지식을 갖지 못한 고객을 쉽게 생각하고 무시하기도 하며, 고객을 한 눈에 보고 판단해 버리기도 한다. 그렇지만 관광서비스를 잘하기 위해서는 아무리 경험이 많더라도 절대로 하지 말아야 하는 행동들이 있다.

어떤 고객도 종사원에게 무시당하거나 외면당하면서 그 서비스를 계속 이용하려고 하지는 않는다. 어떤 상황에서도 서비스종사원은 자신의 존재, 자신의 입장 또는 자신의 지식, 기분, 지위 등을 내세우거나 드러내서는 안 된다. 서비스종사원이 아무리 전문적 지식과 경험이 오래 쌓이더라도 고객은 영원한 고객이기 때문이다.

1) 일에 대한 관심과 자부심

관광서비스 종사원은 고객에게 서비스를 제공하지만 서비스의 전달자일 뿐만 아니라, 서비스 그 자체이다. 따라서 고객은 제공받는 서비스에 대해서 종사원이 아주 잘 알고 있기를 기대한다. 그리고 고객들은 종사원이 고객을 위해 서비스를 하는 일을 높은 관심과 자부심을 갖고 일하기를 바란다. 그래야 그 종사원에게 서비스를 받는 것이 잘한 일이라는 확신을 가질 수 있기 때문이다.

그러므로 서비스종사원은 항상 전문지식을 쌓도록 해야 한다. 시시각각으로 변하는 관광의 상황에 맞는 지식을 습득하는 일에 게을리하지 말아야 한다. 여행사에 근무할 경우에는 외국어습득, 여권 및 비자관련 규정의 변화, 세계 각국의 출입국 정보, 새로 나온 여행상품에 대한 정보, 새로운 교통수단의 등장, 휴양지 정보, 기상이변, 세계정세 등 다양한 방면의 정보에 관심을 가지고 지식을 습득하는데 게을리하지 않아야 한다. 근무시간 중에 잠시 틈이 생겼을 때 옆 직원과 잡담이나 하면서 보낸다면 전문가로서의 올바른 자세가 아니다.

호텔종사원의 경우 외국어습득, 호텔에 투숙하는 고객들에 대한 정보, 신기술 및 기기에 대한 정보, 새로 나온 상품에 대한 정보, 각 업장의 상태와 정보, 주변 관광지 정보, 주변 교통정보 등 호텔에 투숙하는 고객들에게 필요한 정보들을 모으고 습득하는 일을 게을리해서는 안 된다.

고객을 대하는 태도나 대화 자세 또는 모습에서 '이 귀찮은 일이 빨리 끝났으면' 하는 낌새를 내보여서는 안 된다. '난 몰라요'라는 말을 사용하거나 '난 관심 없어요' 하는 태도를 보인다면 고객은 다시는 오지 말아야겠다고 생각한다. 따라서 만약 고객의 질문에 제대로 답을 할 수 없다면, "제가 알아보도록 하겠습니다"라고 분명한 말로 대신함으로써 일에 대한 관심과 열정 그리고 자부심을 보여준다.

2) 고객은 감사한 존재

서비스는 고객이 존재할 때 생산된다. 따라서 서비스종사원에게 고객의 존재는 자칫 일거리로 느껴질 때가 있다. 특히 신입사원일 때에는 업무를 배우는 기쁨으로 고객을 반갑게 여기지만, 차츰 자신의 업무에 익숙해지고 지식이 쌓여가게 되면 배움의 기쁨이 줄어들고 이제 고객을 다른 시각으로 보게 된다. 고객이 없었으면 하지 않아도 될 일을 고객이 존재함으로써 일을 해야만 한다고 생각할 때 고객을 귀찮게 여기고, 싫어하게 된다.

그런데 이런 생각을 말하지 않더라도 태도는 말보다 많은 것을 보여 준다. 고객보다 동료와의 사적인 대화나 전화통화를 우선시하는 것은 고객이 자신의 전화를 방해하는 귀찮은 존재라고 말하고 있는 것과 같다.

고객은 '이 성가신 손님이 제발 없어져 주었으면' 하는 종사원의 생각을 태도를 통해 민감하게 알아차린다. 공개적으로 또는 은근히 적대시하는 사람과의 만남을 좋아하는 사람은 없다. 종사원의 행동이 불쾌할수록 고객은 더욱 나쁜 이미지를 갖게 된다.

고객을 일거리로 여기게 되면 고객을 선별함으로써 적은 일로 많은 성과를 얻으려고 하게 된다. 종종 사람들은 외모, 키, 나이, 교육수준, 국적 등을 기준으로 선입견을 가질 수 있다. 그러나 고객들은 개인적 특성과 관계없이 모두가 좋은 서비스를 받기를 원하고 또 그럴 자격이 있다. 고객을 선별하게 되면 청바지에 티셔츠를 입은 고객보다 양복을 입은 고객에게 더 정중하거나 나이든 고객은 말을 잘 못 알아듣는다고 생각하거나, 젊은 고객은 건방지다고 가정하게 되고 업무에 불편을 주는 고객에 대해서는 '오지 않았으면 좋겠다', '다시는 오지 마세요' 등의 태도를 보이게 된다.

서비스의 목적은 고객이 계속 찾아오게 하는 것이다. 고객이 귀찮은 존재라는 생각을 갖게 되면 말이나 행동으로 나타나게 되고 정말로 고객은 다시는 오지 않는다.

3) 겸 손

관광서비스 종사원은 관광서비스에 대해 가장 잘 알고 있다. 고객도 종사원이 서비스에 대해 잘 알고 있기를 바라고 믿으며 실제로 대개의 서비스 종사원은 그 분야의 전문가들이다.

그렇지만 종사원이 서비스에 대해 아무리 잘 알고 있더라도, 고객이 문제를 말하거나 질문을 마치기도 전에 말을 가로채면서 먼저 말해버리면 고객은 부담을 느낀다. 또는 내가 다 알고 있으니 이제 어서 계약을 마치라고 압력을 가하는 것도 마찬가지이다. 서비스 전문지식은 고객에게 보다 훌륭한 서비스를 제공하기 위한 도구이지 고객을 항복시키는 무기는 아니다.

또 전문지식이 없는 고객에게 아무것도 모른다고 무례하게 하거나 무시해서는 안 된다. 가끔 고객들은 자신이 원하는 것이 무엇인지, 무엇을 도와 달라고 해야 하는지, 또는 종사원이 무엇을 해 줄 수 있는지를 혼동하거나 잘 모를 때가 있다. 이 경우 종사원이 무례하거나 무심하게 말을 가로채고 말을 막거나 무시를 하면 고객은 다음번에는 반드시 다른 회사로 갈 것이다.

고객과 종사원의 의견이 다를 때 특히 서비스의 전문지식을 갖고 있는 종사원의 입장에서 아무런 지식이 없는 고객의 요구가 잘못된 것이 명백할 때 '내가 옳고 당신은 틀리다'는 생각을 갖게 된다. 이런 생각은 종사원이 개인적인 자존심이나 악감정을 내세울 때 고객과 언쟁을 벌이는 일이 발생할 수 있다. 물론 고객들이 언제나 옳은 것은 아니다. 하지만 고객에게 양보를 한다고 해서 서비스종사원이 손해 볼 일은 거의 없다.

고객을 무시하는 마음이 생길 때 서비스종사원은 업무를 처리하기 위해 고객에게 명령을 하거나 재촉하게 된다. 서비스종사원은 고객을 위한 업무를 하고 있는데도 불구하고 자칫 종사원의 신속한 업무를 위해 고객이 재촉을 당하거나, 종사원의 업무를 방해하지 않기 위해 조용히 기다려야 하는 경우가 생긴다. 서비스는 고객을 위한 활동이다. 따라서 서비스종사원은 고객의 시간을 존중해 주고 고객에게 맞추어서 서비스를 제공해야 한다. 고객의 시간을 존중해 주면 그 보답으로 고객도 종사원을 존중할 것이다.

4) 철저한 자기관리

(1) 감정노동의 어려움

관광서비스는 복합행위의 서비스이다. 고객의 신체에 대해서 도움을 주는 서비스와 함께 고객의 정신에 감동을 주는 서비스이다. 이러한 복합서비스는 스트레스가 많은 감정노동이기 때문에 자기관리가 철저해야 한다.

감정노동이란 다른 사람의 감정을 위해 자신의 감정을 규제하는 행위인 것이다. 감정노동은 고객의 다양한 요구를 처리하는 직종일수록, 또 고객과 접촉빈도가 높은 직업일수록 강도가 높다. 예컨대 손님을 직접 대면하는 창구업무 종사자, 영업직, 서비스직, 객실담당자 등의 스트레스가 높다.

자기보다 어린 고객이 반말을 한다거나 하인을 부리는 듯한 언행에도 불구하고 매일 친절할 것을 강요받는다. 특히 한국 사회에선 계층간 격차, 학벌, 성별에 의한 인식 등으로 감정노동 종사자들은 고객들과 겪는 정서적 충돌이 스트레스를 가중시킨다.

감정노동이 과중해지면서 가장 먼저 약자에게 공격성을 드러내게 된다. 하급 직원이나 나이든 부모에게 짜증을 부리고, 아이들에게 화풀이를 한다. 겉으로는 웃으면서 마음은 침체의 늪에 빠지는 가면우울증, 내가 남이 된 것 같은 현상도 겪는다. 자신이 못나 이런데서 일한다는 자기비하를 하거나, 자기존중심이 사라진다. 심한 경우 감정불감증 상태에 이르기도 한다. 궁극에는 자신의 억눌린 감정을 풀지 못해 나타나는 일종의 화병에 시달리게 된다. 의욕상실로 심신의 피로를 호소하는가 하면 소화불량, 불면증, 생리불순, 과민성 대장증후군과 같은 질환을 호소하기도 한다.

자동차 정비라는 단순 기술직에 종사해왔던 김모 씨는 3년 전 사무관리직인 고객만족팀장으로 승진한 것이 그에게는 오히려 불행의 첫 단추였다. 어느 날 회식 도중 가슴이 답답하고, 숨을 쉬지 못할 것 같은 과호흡 증상을 보이며 의식을 잃은 뒤 공황장애로 병원을 전전하게 된 것이다. 최근 그는 고객의 다양한 불만 처리와 대인관계 책임에 따른 감정노동이 직무 스트레스를 일으켰다는 사실을 인정받아 산업재해 요양판정을 받았다.[3)]

(2) 스트레스 해소 노력

기업과 개인차원에서 감정노동을 이해하고, 이에 대한 대처방안을 마련하는 것은 매우 중요하다. 개인 차원의 대처기법은 적응하기, 일과 개인의 존재와의 분리, 혼잣말하기, 분노조절훈련, 생각 멈추기 등이 유용하다.

회사는 근무강도를 조절해주면서 '당신은 우리 회사의 소중한 사람'이라는 인격존중의 분위기를 조성해나감으로써 직원 만족을 중시해야 한다. 특히 서비스의 질을 점검하는 감시체계는 평가기준이 매우 주관적이고, 근로자가 처해 있는 입장과 상황이 고려되지 않아 감정노동의 강도만 악화시킬 수 있다.

상급자나 동료의 상호 지지와 배려도 필요하다. 같은 입장에서 불만을 토로하거거나 위로하다 보면 감정노동의 부담이 경감될 수 있다.

3) 중앙일보, 2002년 08월 20일.

제3절 관광서비스 종사원의 조건

1. 관광서비스의 성격과 일치

관광종사원의 모든 자질은 관광서비스의 성격과 일치되어야 한다. 이것은 처음으로 관광분야에 취업하려는 사람에게도 적용되며, 관광분야에 종사하고 있는 종사원들에게도 적용된다. 뿐만 아니라 경영자도 관광서비스의 성격을 정확하게 파악하고 여기에 일치되는 종사원을 선발해야 하고 훈련 및 개발프로그램을 운영해야 한다.

1) 여행서비스의 성격

여행업 분야는 대체로 적극적이고 활동적이며 능동적인 성격이 요구된다. 가장 우선적인 조건은 여행을 사랑하고 관광이 삶에 주는 가치와 기쁨으로 삶의 질이 달라지는 것을 알아야 한다. 그리고 이 가치를 고객이 체험할 수 있도록 전해주기 위해 노력하는 것을 즐겁게 여겨야 한다. 따라서 기회가 생길 때마다 스스로 여행을 많이 하고, 여행이 여행으로 끝나지 않고 관광에 도달하여 깊이 있는 정신세계를 탐구할 줄 알아야 한다.

여행서비스는 종사원의 외모, 나이, 성별 등으로 서비스의 질을 나타내지 않는다. 여행서비스의 질은 서비스종사원의 전문성으로 표현된다. 따라서 여행업에 종사하기 위해서는 여행과 관련한 전문지식을 갖추어야 하고 항상 새로운 정보를 습득하고 익히는데 노력을 기울여야 한다. 가보지 못한 곳이라도 많은 자료를 통해서 정보를 습득하면 고객과의 상담도 충분히 가능하다. 이러한 정보의 습득을 자연스럽게 그리고 즐길 수 있는 성격이 유리하다.

여행업에서는 업무기술서에 의해 기계적으로 움직이기보다는 상황에 따라서 적절히 판단하고 창의적이고 독특한 성향을 발휘하는 것이 더 가치 있게 여겨지고 있다. 여행을 하려는 고객들은 다양한 가치를 체험하려고 하지만 개인적인 욕구가 다르고 여행에 대한 기대는 온통 추상적이다. 고객이 올바른 관광을 통해서 깨달음과 감동을 얻도록 하려면 개별고객의 욕구를 잘 파악해야 하고 외부 상황에 적절히 대처하면서 고객을 감동시켜야 한다. 이를 위해서는 관광의 가치를 체험할 수 있도록 하는 특별한 “끼”를 갖는 것이 매우 필요하다. 스스로 가치 있게 생각하지 않는 것에 대해 타인으로 하여금 가치 있게 여기도록 하는 것을 거의 불가능하기 때문이다.

여행업에서 대인관계는 중요하다. 원만해야 할 뿐만 아니라 때로는 보호자, 지도자, 안내자, 관리자, 친구 등의 역할도 수행해야 한다. 여행지식이 없는 고객에게는 지도자로서 여행에 대한 전문지식을 갖추어야 하고, 결정을 망설이는 고객에게 단호하고 확실한 조언을 하려면 신뢰를 주는 인상이어야 한다. 그리고 많은 시간을 고객과 지내야 하기 때문에 풍부한 상식과 유머가 있을 경우 유리하다.

2) 호텔서비스의 성격

호텔업 분야는 매우 체계적이고 조직적인 운영을 한다. 세계의 호텔 대부분이 서양식의 주거양식에서 발전한 통일된 매뉴얼을 가지고 있고 특히 외국계 체인호텔의 경우 더욱 엄격하다. 호텔서비스 분야에 종사하고자 하는 사람은 정확히 매뉴얼을 숙지하고 매뉴얼에 제시된 바를 벗어나지 않도록 하는 것이 중요하다. 또 매뉴얼에 제시된 행동요령이 생활습관과 다를 때 익숙해지도록 연습하는 노력이 수반되어야 한다. 호텔의 매뉴얼의 행동요령이 익숙해지면 좀더 세련된 매너와 태도를 지니는데 도움이 된다.

호텔종사원의 외모와 태도는 곧 호텔서비스를 대표하고 서비스의 유형적 단서가 된다. 따라서 호텔서비스를 위해서는 일정한 신체적 조건이 요구되는 경우가 있다. 호감을 주는 인상, 깔끔한 인상, 부드럽고 조용한 인상이 선호된다. 목소리는 크지 않고 차분한 것이 좋고, 키는 너무 커도 좋지 않다. 표준의 키가 바람직하고 건강하면서도 균형잡힌 신체조건이 선호되는 경향이 있다.

호텔서비스에서 주어진 역할과 제시된 틀 속에서 움직이기 위해서는 참을성, 인내심, 자기통제력이 우선되어야 한다. 자신의 개성을 발휘해서는 안 되고 자신을 서비스의 틀 속에 철저하게 넣을 수 있어야 한다. 따라서 걸음걸이, 인사법 등의 행동상의 제약, 복장의 제약, 용모나 표정상의 제약, 태도와 업무상의 규칙이 매우 자세하고 엄격하다. 이 규칙을 숙지하고 잘 준수해야 하고 훈련을 통해 기계적으로 몸에 익숙하도록 익혀야 한다. 어떤 상황에서도 흔들리지 않고 자연스럽게 표출되도록 하여야 호텔서비스의 질을 유지할 수 있다.

호텔서비스는 고객의 재량권이 많기 때문에 철저하고 고객의 요구에 맞추어진다. 따라서 규칙을 준수하면서도 규칙의 노예가 되지 않도록 노력해야 한다. 고객을 우선하는 고객중심의 사고에 기준을 두고 규칙을 운용해야 하는 것이다. 호텔을 이용한 경험이 많은 고객일수록 다양한 욕구를 표현하게 된다. 이때 종사원은 엄격한 규칙의 틀 속에서는 고객의 욕구를 충족시키기 위한 유연성을 발휘할 수 있어야 한다.

3) 성격에 따른 면접과 훈련 및 자기계발

(1) 면 접

관광서비스의 성격의 차이는 종사원을 선발하는 데 있어서도 다른 성격을 요구하고 있다. 채용을 위한 면접에서 자신의 성격 중 업무에 맞는 성격을 강조하고 드러내는 것이 좋다. 여행사에 면접을 받는 사람은 자신감을 보여주어야 한다. 자신 있는 목소리, 자세, 태도를 갖는 것이 유리하다. 잘 모르는 경우라도 자신감 있게 큰 소리로 대답하고, 자신의 논리와 여행에 대한 열정을 보여야 한다. 또 자신의 개성과 매력, 적극성, 활발함 등을 보여서 능동적인 측면을 부각시키는 것이 좋다. 다소곳하고 얌전한 인상은 오히려 자신감이 없어 보이기 때문에 불리하다. 어떠한 곤란한 상황도 헤쳐 나갈 수 있는 용기와 기질을 보이는 것이 매우 유리하게 작용한다.

호텔에 면접을 하는 경우에는 특히 단정함, 침착함, 성실함과 참을성, 그리고 예의바르고 조용한 면을 부각시켜 나타내는 것이 더욱 유리하다. 걸음걸이도 다소 여유 있게 하고, 인사를 할 때도 약간 천천히 하는 등 몸의 움직임에 여유를 두는 것이 차분한 인상을 준다. 외모는 깔끔하고 단정해야 하고 화려한 색깔보다는 차분한 색의 옷을 입는 것도 좋은 방법이다. 목소리는 너무 크지 않게 대답하고, 조심스럽고 예의를 갖추는 모습을 내보이는 것이 좋다.

(2) 훈 련

관광서비스의 훈련에서도 여행업과 호텔업은 서로 다르다. 두 분야가 모두 어학의 중요성은 아무리 강조해도 지나치지 않다. 그 밖의 훈련으로 여행업은 업무의 전문성과 활동적인 성품을 키워주기 위해 노력한다. 따라서 직원의 교육과 훈련은 업무와 관련한 기술로 CRS나 사내 시스템을 습득하거나 항공권 및 여행관련 서류를 익히는데 많은 시간을 들인다. 또 관련업체로 항공사, 호텔, 랜드사 등과 관련한 지식을 습득해야 한다. 그리고 관광정보의 습득을 위한 훈련으로 일정지역의 '스페셜리스트'가 되기 위한 교육이 있다. 또 외국의 관광지를 직접 여행하는 것도 중요한 훈련 중의 하나이다. 따라서 여행사에서는 팸 투어, 직원 연수 등을 이용해 여행의 기회를 많이 제공한다.

호텔의 경우 어학교육과 호텔서비스를 위한 태도와 행동요령 교육을 주요 내용으로 한다. 어학교육은 영어와 일어를 중심으로 하는데, 호텔을 많이 이용하는 외국인 고객에게 서비스를 제공할 수 있을 정도의 어학실력이 필요하다. 외국인이 많은 호텔의 경우는 외국문화에 대한 교육이 함께 실시되기도 한다. 그 밖에 친절한 마음을 갖도록 하는 정신교육, 표정교육, 태도 및 행동과 관련한 내용이 주를 이룬다. 인사하는 법, 걸음걸이 법, 고객의 불평을 다루는 법 등이 그것이다.

(3) 자기계발

관광서비스의 성격에 따라 관광종사원의 자기계발 방향도 다르게 나타난다. 자신의 분야에 맞는 능력을 키우고 발전시키기 위한 노력을 기울여야 하는 것이다. 어느 분야이든 어학은 든든한 밑받침이 되어 줄 것이지만, 성격에 맞는 업무를 선택하는 것은 인생의 행복과도 직결되는 것이다. 그런 후 자기계발을 위해, 관광서비스의 분야에 맞는 능력을 발전시키기 위해 끊임없는 노력이 지속되어야 한다.

여행업 분야에서는 전문가가 되도록 해야 하고, 항상 창의력과 적극성을 가지고 업무에 임해야 한다. 또한 고객과의 성공적인 인간관계를 형성하는 능력은 무형의 상품을 다루는 여행업계에서 선두적인 존재가 될 수 있는 가장 빠른 길이다. 업무에서의 보상은 보수만으로 이루어지는 것은 아니다. 업무를 통해 얻는 전문성과 성취 그리고 만족은 보수를 뛰어넘는 훌륭한 보상이다. 자기계발을 통해 여행의 전문가가 되면 독립하여 자기사업을 할 수도 있다.

호텔업의 자기계발은 호텔조직에 적응하는 능력뿐 아니라 호텔조직과 고객을 다루는 능력까지를 포함한다. 호텔을 방문하는 다양한 계층과 분야의 사회 인사들에 대한 자연스러운 접객능력은 호텔 내에서 자신의 존재를 가치 있게 인식시킬 수 있다. 호텔은 대규모의 자본이 필요한 분야이기 때문에 자본능력이 요구되는 창업은 별개의 문제이지만, 자기계발을 통해 호텔리어로서의 전문성과 경영능력을 습득함으로써 호텔조직 내에서 독보적인 존재로 인정받고, 사회에서 전문가로서 지위를 확보할 수 있다.

2. 관광서비스 종사원의 조건

1) 철저한 관광의 정신

관광서비스만의 특별한 전문성을 갖기 위해서는 투철한 관광마인드를 가져야 하고, 관광과 관련한 전문지식이 있어야 한다. 관광마인드란 관광의 가치와 정신을 알고 이를 추구하는 것으로 고객에게 관광서비스를 통해 관광으로의 깨달음과 감동을 얻도록 하는 것이다.

고객의 깨달음과 감동을 이끌어 내기 위한 전문서비스는 관광서비스의 특성을 잘 활용하여야 한다. 무형성, 동시성, 소멸성, 변동성과 함께 관광서비스만의 특성인 복합행위, 참여, 고접촉, 재량권, 감동적 요소들을 잘 활용하여 고객의 만족과 감동을 이끌어 내는 전문가가 되어야 한다.

철저한 관광정신은 관광이 삶을 향상시키도록 올바른 관광의 자세를 확산시키는데 노력해야 한다. 일시적인 이익을 쫓지 말고 고객이 올바른 관광을 하고 삶의 질이 향상되도록 함으로써 관광을 확대시키고 회사와 서비스를 발전시키며 관광전문가로서의 지위를 확실히 하려는 노력을 기울여야 한다.

2) 접객능력과 인간관계능력

(1) 접객능력

관광종사원은 고객의 관광을 돕는 활동을 주요 업무내용으로 한다. 여행사에서 근무하는 경우에는 고객의 여행을 돕는 업무를 하게 되는데, 고객과의 전화상담, 직접상담, 고객의 여행서류처리, 일정관리, 고객의 여행인솔과 안내 등이 주요 내용이 된다. 여행사에 근무하면서 고객을 전혀 만나지 않는 직원은 거의 없을 정도이다. 일부 대규모 여행사의 경우 총무부를 따로 설치하여 별도의 사무실을 주는 경우는 고객을 마주하지 않고 사무를 볼 수 있다. 이 경우를 제외하고는 모든 여행사의 직원은 고객과 한 사무실에서 대면하게 되고 고객을 직·간접적으로 만나게 된다.

호텔에서 근무하는 경우 호텔조직과 규모의 방대함으로 인해 고객을 직접 대하지 않는 종사원의 범위가 좀더 넓어지게 된다. 그러나 관광종사원은 관광객을 직접 대면하는 종사원을 주된 대상으로 한다. 호텔의 사장 비서라든가, 호텔의 인사부나 회계부서에 근무하는 경우 직접적으로 고객을 대면하지 않고 있으며 업무의 성격도 관광종사원이라고 볼 수 없기 때문에 일반적으로 비서, 또는 회계원이라고 불린다. 그렇다고 하더라도 호텔에 근무하는 종사원은 어느 부서를 막론하고 관광종사원으로서의 인식을 가지고 관광종사원의 가장 주된 업무가 고객을 직접 대면하여 서비스를 제공하는 접객종사원이라는 것을 함께 인식해야 한다.

(2) 인간관계 능력

관광서비스가 대상으로 하는 사람과의 바람직한 관계를 형성하는 능력이 요구된다. 관광서비스 종사원은 관광객과 함께 관광현장에 존재하고 관광객의 관광경험에 일부가 된다. 따라서 정해진 매뉴얼대로 서비스를 제공하는 종사원으로서가 아니라 때로는 친구로서, 때로는 현지인으로서, 또 때로는 보호자로서의 역할이 요구되기 때문에 다양한 인간심리에 대한 이해와 지식을 바탕으로 하는 인간 상호관계에 대한 사고와 교육훈련이 중요하다.

친밀감을 형성함과 동시에 전문가의 자세를 잃지 않는 것도 매우 중요하기 때문에, 인간관계는 단지 주변 사람들과 친해지는 능력만 가지는 것을 말하지 않는다. 자신의 행동에 대한 절제와 행동이 가져올 결과에 대한 넓은 이해와 안목의 자세가 요구된다.

3) 관광전문지식

전문가적 서비스를 위해서 관광서비스에 필요한 전문적 기술의 훈련은 필수적이다. 여행업무의 경우, 여행상품에 대한 지식, 여행지에 대한 지식, 항공을 포함한 교통 관련지식, 출입국관련 지식, 여행요령에 관한 지식 등이 요구된다. 또한 수배 및 예약을 위한 영문서류에 관한 지식, 항공여행관련 항공예약과 발권지식, 인터넷 및 인트라넷 사용을 위한 컴퓨터관련 지식, 프로그램관련 지식, 정산서의 처리와 관련한 지식, 기타 필요한 서류의 처리를 위한 지식과 능력이 필요하다. 호텔업무에서는 객실 및 부대시설과 관련한 전문지식, HIS지식, 식음료상품과 관련한 이론적 지식, 사용하는 기물의 관리를 위한 지식 등이 요구된다.

4) 상황대처능력

관광서비스는 다양한 고객의 다양한 욕구를 대상으로 하며, 다양한 관광환경에서 이루어진다. 관광은 인간의 삶의 질이 향상함에 따라 등장한 고차원적인 욕구에 해당한다. 사람들은 관광을 통해 문제를 해결하려 하지 않고 삶의 질을 향상시키고자 한다. 따라서 관광은 주로 생활수준이 높은 나라를 중심으로 확산되고 있는 것이다. 따라서 관광서비스 종사원은 규칙의 노예가 되어서는 안 되고 선입견을 가지고 고객을 대해서도 안 된다. 관광서비스 종사원에게 필요한 상황대처능력에는 다음과 같은 것이 있다.

(1) 융통성과 적응성

다양한 체험을 통해 만족을 얻고자 하는 고객에게 필요한 것은 관광서비스 종사원이 고객과 상황에 맞는 융통성과 적응성을 갖는 일이다. 특히 관광서비스 종사원은 조직과 고객 사이의 접점에 있기 때문에 고객만족을 달성하기 위해 융통성과 적응성을 발휘하는 것은 필수적이다. 더욱이 고객의 욕구와 조직의 요구가 상호 일치되지 않을 때 접점의 상황에서 접객종사원에서 최종선택권이 있는 경우가 대부분이기 때문에 융통성과 적응은 더욱 빛을 발할 수 있다.

(2) 불확실한 사안의 처리능력

관광환경은 계획되고 통제할 수 있는 환경이 아니다. 고객은 이동을 해야 하고 다른 고객과 함께 존재해야 한다. 따라서 종사원은 환경의 변화나 다른 고객에 의해 발생되는 불확실한 사안에 대한 처리능력을 가져야 한다.

(3) 돌발상황 대처능력

관광활동이 통제할 수 없는 상황에서 비교적 장시간 지속되기 때문에 예기치 못한 돌발상황은 언제든지 발생할 수 있다. 따라서 종사원은 이러한 상황을 예측할 수 있어야 하고 이에 대처하는 능력을 가져야 한다. 절대로 고객에게 당황하는 기색을 보여서는 안 되며, 차분하게 처리하는 것이 중요하다.

3. 관광종사원 신조의 예

R호텔은 호텔종사원의 자세로 “R인의 신조”를 지키고 있다. 고객의 편안함과 고객에 대한 정성어린 배려를 위하여 최선을 다하는 것을 가장 중요한 임무로 삼고 고객이 친절하고 품위 있는 분위기를 느낄 수 있도록 최선의 개별 서비스와 시설을 제공할 것을 다짐하고 있다. 또한 고객이 새로운 느낌과 만족감을 경험할 수 있도록 하며, 고객이 표현하지 않은 기대와 요구까지도 충족시키고자 하려는 마음이 다음에 담겨 있다.

“We Are Ladies and Gentlemen Serving Ladies and Gentlemen”

(1) 서비스의 3단계

① 따뜻하고 진실된 마음으로 고객을 맞이하며, 되도록 고객의 성함을 사용한다.

② 고객의 원하는 바를 미리 예측하고 부응한다.

③ 따뜻한 작별 인사로 고객에게 감사를 드리며, 되도록 고객의 성함을 사용한다.

(2) R인의 기본수칙

① 모든 직원은 R인의 신조를 숙지하고 자신의 것으로 만들어 행동한다.

② 우리의 사훈은 "We Are Ladies and Gentlemen Serving Ladies and Gentlemen"이다. 팀워크와 동료애로 활기찬 근무 분위기를 조성한다.

③ 모든 직원은 "서비스의 3단계"를 실천한다.

④ 모든 직원은 R의 기준에 따라서 자신의 업무를 이행하기 위한 소정의 교육과정을 성공적으로 이수하여야 한다.

⑤ 모든 직원은 자신의 업무영역은 물론 단계별로 설정된 호텔의 목표를 숙지한다.

⑥ 모든 직원은 호텔 내·외부 고객의 요구사항을 파악하여 고객이 원하는 상품 및 서비스를 제공하도록 한다. 고객이 원하는 특정한 요구사항을 기록하기 위하여 고객기호카드를 사용한다.

⑦ 모든 직원은 호텔 전반에 관한 문제점을 지속적으로 규명하도록 한다.

⑧ 고객의 불편사항을 접수한 직원은 그 불편사항을 직접 책임지고 해결한다.

⑨ 고객의 문제는 즉시 해결되어야 함을 명심하고, 문제를 해결하기 위해 신속히 조치한다. 고객이 만족할 정도로 문제가 해결되었는지 20분내에 전화로 확인한다. 고객을 잃지 않도록 가능한 모든 방법을 강구한다.

⑩ 모든 고객불편사항은 보고서에 기록하고 그것에 대한 의견을 교환하도록 한다. 모든 직원은 문제해결과 재발방지를 위한 권한을 부여받는다.
⑪ 절대 청결은 모든 직원의 책임이다.
⑫ "미소를 짓는다. – 우리는 지금 무대 위에 있다." 항상 부드러운 눈빛을 유지하고 고객에게 친절한 언어를 사용한다. ("Good Morning", "Certainly", "I'll be happy to", "My pleasure"와 같은 언어를 사용한다)
⑬ 호텔 안팎에서는 R을 대표한다는 생각으로 행동한다. 언제나 긍정적으로 말하며 부정적인 언어를 삼간다.
⑭ 고객이 원하는 곳은 방향만 알려드리지 않고 직접 안내한다.
⑮ 호텔의 제반 안내사항을 충분히 숙지하고 고객의 문의에 답한다. 외부시설을 안내하기에 앞서 호텔내의 상점 및 식음료 부대시설 이용을 권유한다.
⑯ 올바른 전화예절을 갖춘다. 벨이 세 번 울리기 전에 수화기를 들고 친절하게 응답한다. 필요한 경우 "May I place you on hold?"(잠깐 기다려 주시겠습니까?)라고 말한다. 상대방의 성함을 묻지 않으며 가능하면 고객의 전화를 다른 부서로 돌리지 않고 해결한다.
⑰ 유니폼은 단정하며 청결해야 한다. 규정에 따른 안전한 신발을 신고(깨끗하고 윤이 날 것) 올바른 명찰을 부착한다. 자신의 외모에 관심을 쏟고 자신감을 갖는다. (제반수칙을 지키는 단정한 차림을 한다)
⑱ 비상시 각자의 역할을 숙지하고 화재 및 안전사고 대처방안을 명심한다.
⑲ 위험요소 및 부상의 발생. 필요한 장비나 지원요청 사항이 있을 때 상사에게 즉시 보고한다. 에너지 절약을 실천하고 호텔의 재산과 장비를 적절히 관리하고 보수한다.
⑳ R호텔의 자산을 보호하는 것은 모든 직원의 책임이다.

제6장
관광서비스의 고객만족과 감동

관광서비스의 고객만족과 감동

제1절 고객만족의 개념

1. 고객만족의 의미

1) 고객만족의 유래와 뜻

고객만족(CS : Customer Satisfaction)이란 고객(Customer)이 만족(Satisfaction)한다는 뜻이다. '만족'이라는 단어의 유래를 살펴보면 satis(충분)와 facere(만들다 혹은 하다 : to do or make)라는 라틴어에서 유래했다.[1] 이에 따르면 만족은 '성취하거나 무엇을 채우는 것'을 의미한다. 이렇게 볼 때 고객만족은 고객이 바라던 것을 성취하는 것이며 고객이 기대한 것을 채우는 것이 된다.

---

1) Oliver R. L. (1989), "Processing of the Satisfaction Response in Consumption ; A suggested Framework and Research Propositions," Journal of Consumer Satisfaction, Dissatisfaction, and Complaining Behavior, Vol. 2, pp.1∼16.

2) 기대와 고객만족

고객은 서비스를 제공받음으로써 고객이 바라던 것을 성취하고 기대한 수준을 채우게 되면 만족에 도달한다. 그러나 서비스를 제공받기 전에 가졌던 기대치가 충족되지 않았을 때에는 '불만족'이 된다. 고객이 기대했던 것을 훨씬 뛰어넘어서 더 많이 충족되었을 때도 역시 만족이라고 하는데, 이 경우 만족을 넘어선 '감동'이라고도 한다. 서비스가 고객을 만족에 도달시키기 위해서는 우선, 고객의 기대수준을 알아야 하고, 실제 제공되는 서비스가 고객의 기대에 일치되도록 해야 한다.

고객들의 기대수준은 고객마다 다르다. 따라서 고객 개개인의 마음속에 정해진 기대수준과 비교되는 실제 서비스는 낮은 품질로도 고객을 만족시킬 수도 있고, 높은 품질로도 만족을 주지 못할 수도 있다. 즉 똑같은 품질의 서비스에 대해 기대가 낮은 고객은 만족을 얻는 반면, 기대가 높은 고객은 만족을 얻지 못하는 결과로 나타난다.

3) 감정에 의한 만족

고객만족은 전체 서비스의 최종 판단의 결과로 얻어지는 것이 아니라, 서비스과정 중에 만족을 경험하게 된다. 고객은 서비스 경험과정 중에 여러 요인들에 의해 영향을 받는다. 특히 기분, 날씨, 분위기 등의 감정적 요소에 의해 크게 영향을 받는다. 따라서 동일한 서비스라고 하더라도 고객만족은 고객들의 감정에 따라 다르게 나타나며, 같은 고객에 대해서도 상황과 시간에 따라 감정이 다르기 때문에 똑같은 서비스에 대해 다른 결과를 나타낼 수 있다. 고객이 바라는 것을 채우는 고객만족은 다음과 같이 요약된다.

① 고객만족은 고객의 기대가 충족되는 것이다.
② 만족은 미리 정해진 고객의 주관적인 기대수준에 의해 결정된다.
③ 만족은 감정에 강하게 영향을 받는다.

2. 고객만족의 여러 정의

고객만족에 대한 학자들의 정의를 살펴보면 매우 다양하지만, 이를 크게 나누면 다음과 같은 두 가지의 관점으로 생각할 수 있다.[2)]

① 소비경험에서 "얻어진 결과"를 강조하는 것
② 소비하는 "과정에 대한 평가"를 강조하는 것

1) 기대-불일치 이론

기대-불일치의 이론에 의한 만족의 정의는 고객만족을 일치 또는 불일치의 패러다임을 기본으로 하고 있다. 기대(예측적 기대)에 대한 긍정적 불일치를 고객이 경험할 때 만족을 느끼게 되며 부정적 불일치를 경험할 때 불만을 갖게 된다. 이때 기대는 경험하지 않은 고객이 단순하게 예측한 것이다.

고객이 사전에 미리 예상하고 기대하고 있던 수준에 대해서 결과가 똑같은 경우는 만족이라기보다는 생각했던 대로의 결과이기 때문에 적당하는 생각을 하고 대체로 만족이라고 생각한다.

---

2) Yi, Youjae(1990), "Critical Review of Consumer Satisfaction," in Review of Marketing, Zeithaml B. A. eds., Chicago, Ⅱ : American Marketing Association, pp.68~123.

그보다는 사전에 예상했던 기대보다 결과가 더 훌륭하고 커지는 긍정적 불일치를 경험한 경우에는 큰 만족을 느끼게 될 것이다. 그 반대로 예상했던 기대보다 못한 결과를 얻게 될 때에는 부정적 불일치를 경험하게 되어 불만을 갖게 될 것이다.

2) 비교기준이론

고객만족의 비교기준이론을 발전시킨 Latour와 Peat(1979)는 고객이 기대를 결정하게 되는 요소로서 다음과 같은 세 가지 요소를 들고 있다.

① 비슷한 제품에 대한 소비자의 사전 경험
② 제조업자의 광고나 소매상들의 촉진노력에 의해 생성된 상황적 기대
③ 다른 소비자들의 경험

고객은 기대를 할 때 유사한 제품에 대한 사전의 경험을 바탕으로 해서 일정 수준의 서비스를 기대하게 된다. 많은 광고나 촉진노력에 의해 의도적으로 만들어진 이미지나 가치 등을 형성하여 상품에 대한 기대를 하게 된다. 또 주변에 영향을 주는 사람들이 경험한 이야기를 듣게 됨으로써 서비스에 대한 기대를 하게 되는 것이다.

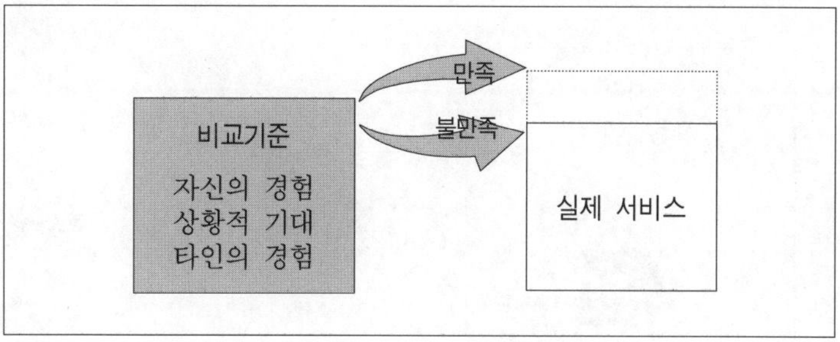

3) 투입-산출비율의 공정성 이론

투입-산출비율의 공정성 이론은 고객이 얻게 되는 순이득과 서비스 판매자가 얻게 되는 순이득을 비교해서 고객 자신의 투입-산출비율이 공정하다고 인식될 때 만족한다는 공정성에 기초한 정의(Fisk, Young, 1985)이다.

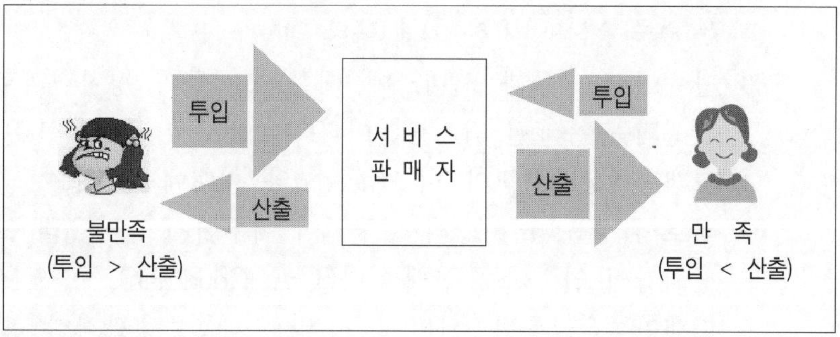

4) 가치-지각 부동성 이론

가치-지각 부동성(Value-percept Disparity Theory)이론은 기대-불일치의 정의가 고객이 제품을 구매하기 전에 형성된 기대인데 반하여, 기대가 전혀 존재하지 않은 상태에서 제품을 구매해서 사용해 본 후에 고객이 만족할 수도 불만족할 수도 있다는 것이다(Value-percept Disparity Theory, Westbrook, Reilly, 1983).

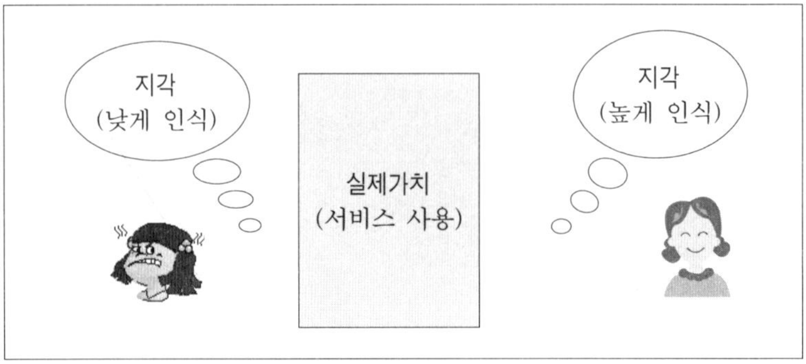

5) 기타 이론

① 만족이란 고객이 실제로 구매한 후 소비경험과 소비자로서의 동기를 만족시킬 수 있는 잠재능력에 대한 기대가 어느 정도 일치되느냐에 따라 결정된다(Howard, Sheth, 1979).

② 만족이란 제품구매 후 소비경험과 관련하여 흔히 있게 되는 놀라움(불일치한 기대)이다(Oliver, 1981).

③ 만족이란 상품과 서비스에 대한 고객들의 평가결과로부터 발생되는 유쾌한 감정상태이다(Westbrook, Reilly, 1883).

④ 고객만족은 '고객의 니즈(needs)와 기대에 부응하여 그 결과로서 상품, 서비스의 재구입이 이루어지고 아울러 고객의 신뢰감이 연속되는 상태'이다(J. A. Goodman).

⑤ 고객만족은 특정 서비스 사건에 대한 총괄적인 인지적(cognitive)이고 감성적(affective)인 반응이며, 때로는 장기적인 서비스관계에 대한 반응이기도 하다. 그리고 만족, 혹은 불만족은 서비스품질의 접촉을 경험하고 기대했던 것과 접촉한 것을 비교함으로써 생겨나는 것이다(Rust와 Oliver).

3. 고객만족 경영

1) 고객만족 경영의 뜻

고객만족 경영이란 회사경영의 최고 목표를 "고객만족에 두고 이것을 실현하기 위해서 경영자 주도하에 고객만족도를 정량적으로 측정해서 미흡한 부분을 개선 또는 개혁해 나감으로써 그 결과 단골고객의 유지는 물론 새로운 고객을 창출하는 일련의 경영활동을 말한다.

다시 말하면 고객이 무엇을 원하고 있으며 무엇에 불만을 갖게 되는지를 알아내어 고객이 만족할 만한 양질의 상품과 최상의 서비스를 제공하고 고객(시장)을 창조하는 경영을 말한다. 고객만족 경영은 무엇보다도 나 이외의 모든 사람을 고객으로 모시는 경영환경과 고객만족을 회사의 중요한 자산으로 여기는 경영환경 그리고 고객만족을 통하여 새로운 수요를 창출하는 경영환경이 필수적이다.

2) 고객만족 경영의 발전과정

(1) 등장배경

고객만족 경영의 등장은 시장환경의 변화에 따라서 기업의 경영을 보는 관점이나 사고의 틀인 경영패러다임(Paradigm)이 변화했기 때문이다. 과거에는 수요가 매우 큰 반면에 상품의 공급이 수요를 따라가지 못하였기 때문에 기업이 새로운 상품을 만들어 시장에 내놓기만 하면 시장에서 높은 인기를 누렸다. 그러나 차츰 경쟁이 등장하였고 기업은 경쟁에서 이기기 위해 상품의 품질을 최우선으로 하여 경쟁자에 비해 우수한 품질로 시장의 주도권을 기업이 잡았다. 이때까지만 해도 기업은 고객을 선택할 수 있었으며 가장 중요한 것은 기업이익이었다.

상품과 서비스의 공급이 수요를 초과하면서 기업은 기존의 방식으로 더 이상 이익을 내거나 경쟁에서 이길 수 없었다. 모든 기업이 우수한 품질의 상품을 생산하고 있기 때문이다. 따라서 기업은 기존의 가치인 상품에 대한 사고를 버리고, 기업이익과 매출의 근본은 고객의 욕구를 충족시킴으로써 자연스럽게 얻게 되는 것이라는 인식으로 변화하게 되었다.

현대 기업경영에서 가장 중요한 개념은 고객만족이 되었다. 고객이 시장의 주도권을 잡게 되었다. 사회가 발전할수록 고객의 요구는 더욱 다양해졌고 경쟁도 더욱 치열해지고 있으며, 경쟁의 범위는 국내시장 뿐 만이 아니라 외국의 상품 및 서비스와도 경쟁해야 하는 국제경쟁에 돌입하게 되었다. 그럴수록 기업의 모든 관심은 고객에게 집중되고, 고객의 문제해결에 초점을 맞추고, 고객에게 편익을 주고, 고객이 자부심을 느낄 수 있도록 해서 고객만족에 도달하게 해야 하는 환경이 되었다.

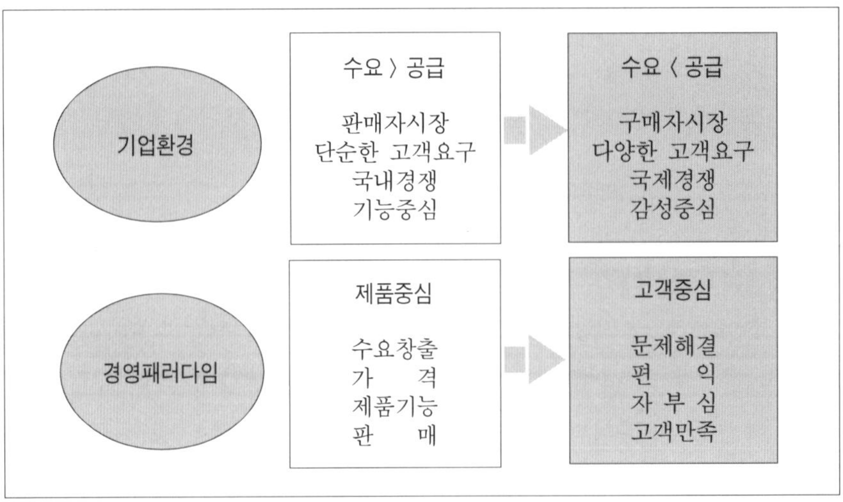

(2) 고객만족 경영의 도입

고객만족 개념을 기업의 경영에 도입한 것은 1977년 미국의 J · D 파워사가 고객만족지수(CSI : Customer Satisfaction Index)에 의해 자동차회사를 랭킹화하면서이다. 이 개념은 1980년대 초 스웨덴의 SAS(Scandinavian Airlines System)사가 도입하여 획기적인 성공을 거둠으로써 앞 다투어 기업의 경영에 고객만족의 개념이 도입함으로써 종래 생산성을 중시하던 풍토가 고객에 대한 서비스의 품질경쟁으로 바뀌게 되었다.

고객만족 경영개념은 곧바로 미국으로 건너가 IBM, HP, 모토롤라 등과 같은 세계적 기업에서 경영의 중심사상으로 정착하였다. 특히 1987년 레이건 대통령의 국가품질개선명령에 따라 당시의 상무장관이던 말콤 볼드리지(Malcolm Baldrige)의 이름을 딴 고객만족 개념을 품질관리와 접합시킨 말콤 볼드리지 경영대상을 제정하고 매년 우수기업에 수여하게 됨으로써 더욱 확산하게 되었다.

일본에서는 품질관리면에서 상당한 성과를 거둔 후 이를 좀더 발전시킨 새로운 경영기법을 모색하던 중 도요타, 니산, 소니 등이 1989년 고객만족을 경영이념으로 채택하면서 점점 다른 기업들도 경영활동에서 고객만족을 중시하게 되었다.

우리나라는 1992년 이후 많은 기업들이 고객만족을 경영의 이념이나 방침으로 도입하고 있다. 한국생산성본부, 한국능률협회, 매일경제신문사 등에서 고객서비스 우수기업에 상을 수여하는 제도로 현재 시행되고 있다.

3) 고객만족 경영의 3원칙

고객만족 경영의 본질은 종사원, 고객, 회사라는 3개의 축을 모두 다 만족시키는 것이다. 최 일선에서 근무하며 직접 고객을 마주치는 종사원이 상품과 서비스로 고객을 만족시키면 고객은 회사에 정보와 이익을 가져다주게 되고 회사는 종사원에게 좀더 많은 급여와 개인의 성장을 제공하기 때문이다. 그러나 이 중에서 가장 중요시해야 할 축은 외부 고객만족이다. 따라서 고객만족 경영의 실현에 필수적인 세 가지 원칙은 다음과 같다.

(1) 고객접점 우선

고객은 최 일선에서 일하면서 고객과 가장 접촉이 많은 종사원을 만났을 때 그들로부터 서비스를 받게 되고 바로 그들에게 자기의 의견(정보)을 이야기하게 된다. 그러므로 회사의 조직이나 프로세스를 최일선에서 근무하는 접객종사원을 지원하는 체제로 전환해야 한다. 접객종사원은 고객에게 최상의 서비스를 제공하고 고객으로부터 전해 받은 소중한 정보들을 곧바로 관리자에게 피드백할 수 있도록 하여야 한다.

(2) 고객만족도 측정

자기회사의 서비스를 포함하여 고객만족에 관한 모든 요소들을 숫자적(정량적)으로 파악하여 정기적으로 조사를 실시하고 그 내용을 분석, 비교할 수 있는 시스템을 갖추어야 한다. 이 때에 특히 주의할 점은 고객이 중요하게 여기는 부분에 대한 조사를 빠뜨려서는 안 된다.

(3) 경영자 주도

고객만족 경영에 경영자의 관심과 의지가 없다면 성공하기 어렵다. 고객만족에 투자한 만큼 회사의 성장과 발전이 이루어질 수 있다는 확고한 신념으로 경영자가 부하직원들을 이끌어 나가는 한편, 정기적 고객만족도 조사결과를 직접 검토하여 만족도가 낮은 부분의 개선, 개혁을 지도해 나가야 한다.

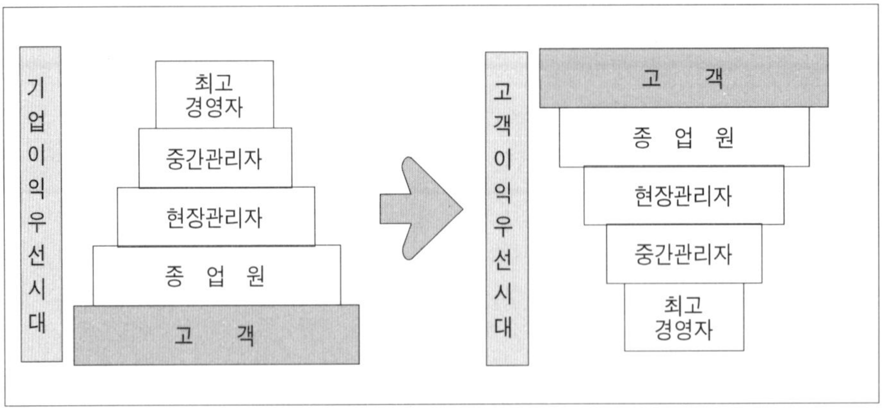

제2절 관광서비스 제공과 감동

1. 관광서비스의 제공시스템

관광서비스는 제공시점에 따라 크게 관광상품의 구매와 관련해서 제공되는 서비스와 관광체험활동 참여와 관련해서 제공되는 서비스로 나눌 수 있다. 이 중에서 특히 고객이 여행을 통해 관광에 도달할 수 있도록 하는 관광서비스의 목표를 달성하는데 기여하는 서비스는 관광체험활동의 참여와 관련한 서비스이다. 고객은 관광상품을 구매할 때 관광서비스의 전달로 발생하게 되는 일종의 경험을 구매하는 것이다.

관광서비스 경험은 해당고객(참여자, 관광객)을 위한 관광서비스의 제반 편익 묶음(Package)을 고객에게 전달함으로써 형성된다.[3] 관광서비스는 여러 가지 경로를 통해 제반 관련 편익을 얻게 되는데 관광 참여자의 경험에 영향을 미치는 제반요인들의 영향력에 따라 편익은 다르게 나타난다.

1) 여행서비스의 제공시스템

여행서비스는 관광서비스와 참여자가 모두 관광지로 이동하여 신체적 체험활동을 하며 관광서비스가 생산되고 소비되는데, 이 때 서비스가 제공하는 편익과 고객이 느끼는 정신적 지각은 매우 다르게 나타난다.

(1) 여행상품 편익

여행상품 편익이란 여행상품을 통해 고객이 구매하는 제반편익과 회사가 제공해 줄 수 있는 서비스로 구성되어 있다. 이런

3) Bateson, J. E. G. (1992), Managing Services Marketing, 2nd eds., Fort Worth, TX : The Dryden Press, pp. 8~11.

요소로는 관광지방문, 식사, 숙박, 교통과 안내여부 등인데, 방문지의 이름, 교통의 형태, 숙박과 음식의 내용 등이 포함된다. 그리고 인솔자의 동반여부와 현지 안내원의 안내여부가 여행경험을 위한 제반 편익의 묶음(package)을 형성한다. 객관적인 여행상품 편익의 내용은 고객이 사전에 탐색하고 확인할 수 있다. 상품의 매력도, 교통의 안락함이나 편리함, 숙박의 쾌적함, 음식의 질과 구체적 내용 등에 대해서 완전하게 파악할 수는 없지만, 고객은 일반적인 기대의 수준에 준하여 서비스를 기대하게 된다.

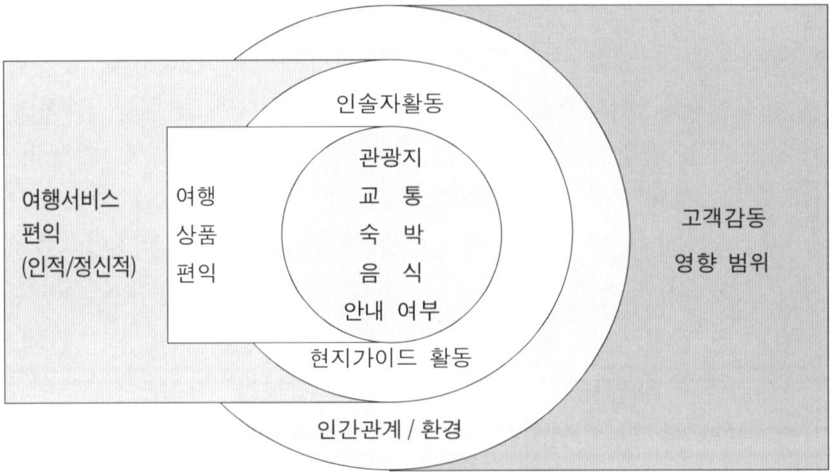

(2) 여행서비스 편익

여행서비스 편익은 관광지의 체험활동 과정에서 서비스를 제공하는 인솔자와 현지 가이드에 의해 크게 영향을 받는다. 고객은 여행상품이 제시하는 요소들의 정확한 수행을 원하지만, 그것만으로 만족에 도달하지는 않는다. 관광에서 깨달음과 감동은 관광활동에 함께 참여하여 상호작용을 하는 인솔자와 현지안내원의 활동에 따라 크게 달라진다. 고객이 구매한 것은 여행경험과 감동이며, 감동은 환경 속에서 고객과 서비스종사원의 상호작용 과정에서 나타나는 정신적 활동이기 때문이다.

(3) 고객감동의 영향범위

고객만족은 여행상품과 여행서비스가 주는 편익만으로 결정되지 않는다. 고객은 여행의 체험활동에 참여하는 다른 고객들과의 인간관계, 인솔자(TC)와 현지안내원(local guide)과의 상호작용, 관광지 현지에서 현지인, 관광종사원 등과의 접촉으로 경험하는 인간관계 등에 영향을 받는다. 뿐만 아니라 현지의 날씨, 행사, 분위기, 교통체증, 이벤트 체험 등 통제 불가능한 다양한 요소들이 고객만족에 영향을 준다.

2) 호텔서비스 제공시스템

호텔서비스는 고객이 서비스가 있는 시설의 내부로 이동한다. 호텔이라는 설비를 기반으로 해서 종사원의 서비스를 구성하기 때문에 고객은 반드시 호텔을 방문해야 한다. 고객의 관점에서 볼 때 호텔서비스는 고객에게 보이는 전방부분과 고객에게는 보이지 않는 후방부분으로 구분된다. 후방부분은 호텔서비스의 투입물이 처리되고 서비스상품의 요소가 만들어지는 생산시스템이 위치한다. 전방부분은 생산요소들을 결합해서 고객에게 전달하는 호텔서비스전달시스템이 위치한다.

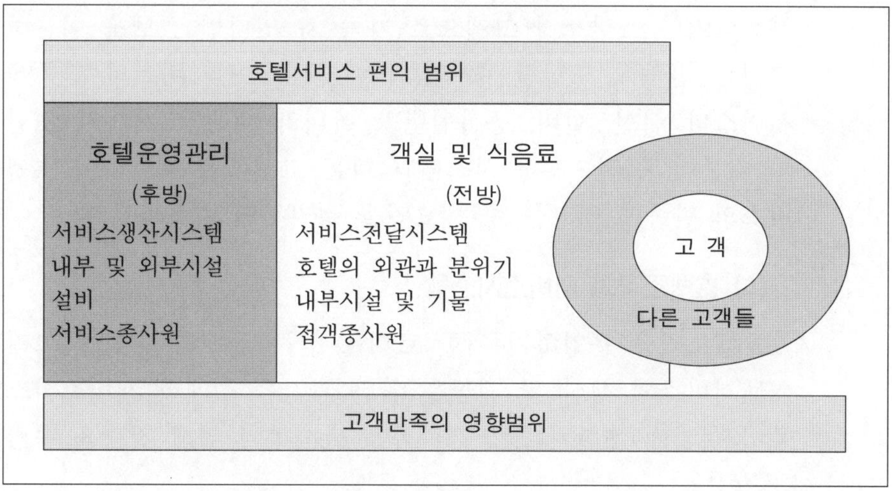

고객은 보이지 않는 호텔의 생산서비스에 대해서 별로 관심은 없지만 그렇다고 후방부서에서 업무를 제대로 수행해 주지 않으면 서비스의 질이 크게 저하된다. 예를 들어 고객이 식당의 주방은 보지 못하지만 주방에서 음식을 제대로 조리하지 않는 경우 그 식당의 서비스에 대해 크게 실망한다. 또한 호텔의 룸 메이드의 업무를 직접 보지는 않지만 객실이 제대로 정돈되어 있지 못하면 불만족하게 된다.

고객에게 보여지는 부분인 전방에는 서비스전달시스템, 물리적 환경요소와 접객종사원이 있다. 서비스전달시스템은 서비스를 고객에게 제공하는 장소, 시간 및 방법에 관련된 것으로서 물리적 환경요소와 접객종사원의 활동에 대한 계획이 포함된다. 물리적 환경요소에는 객실의 경우에는 객실의 크기, 벽지, 가구, 카펫, 액자 등 객실을 구성하고 있는 물적 요소들이 해당된다. 식당의 경우 테이블이나 좌석, 식음료서비스에 사용되는 기물, 실내장식 등이 해당된다. 접객종사원은 고객에게 직접 서비스를 제공하는 종사원을 말한다. 고객을 대면하고 객실의 이용과 식음료서비스의 이용경험과 서비스의 질에 직접 영향을 주며, 동시에 고객의 경험내용의 일부를 구성한다.

호텔의 식음료서비스가 훌륭한 시스템과 시설, 종사원의 서비스로 구성되어 있더라도 시장에서 먹는 식사와 같이 번잡하고 붐빈다거나 소란스런 고객으로 가득 차 있다면 호텔을 이용하는 고객은 만족에 도달할 수 없다. 이것은 호텔서비스의 만족에는 서비스의 시설, 설비, 종사원뿐만 아니라 다른 고객까지 포함되기 때문이다. 전·후방 시스템과 다른 고객들을 포함하여 호텔서비스의 만족에 영향을 주는 요인을 정리하면 다음과 같다.

(1) 호텔조직과 서비스시스템

호텔조직을 운영하기 위한 토대로 삼는 규정과 규칙들 그리고 호텔서비스의 생산 및 제공을 위한 과정을 설계한 서비스시스템 등이 여기에 포함된다. 고객만족을 달성하기 위해 전략을 수립하고 이에 따라 조직과 서비스시스템을 설계하고, 운영하며, 고객이 이용하게 될 정보의 형태, 특정 시점에 근무하게 될 종사원의 숫자 및 호텔이 수용할 수 있는 고객의 숫자 등에 대한 결정이 따른다. 이때 호텔서비스의 전체시스템에서 고객도 호텔서비스 전달과정의 일부분이 될 수 있기 때문에 반드시 고려되어야 한다.

(2) 물리적 환경(시설/설비/분위기)

물리적 환경은 고객이 서비스를 경험하는 동안 서비스의 무형적인 특징으로 인해 서비스의 존재나 질을 정확하게 인식하지 못하기 때문에 이를 극복하기 위해 제공된다. 여기에 사용되는 요소로는 건물의 외양, 가구, 그림, 조명, 음악, 향기와 같은 것을 들 수 있는데, 제공되는 서비스가 어떤 것인지에 따라 그 내용과 구성이 달라질 수 있다. 예를 들어 고급스러운 그림, 최고급의 원목가구, 유명건축가에 의해 설계된 건물 등을 통해 서비스가 매우 고급스럽고 질이 우수하다고 인식시키는 것과 같다.

(3) 종사원

종사원은 고객을 직접 대면하는 업무를 하는 접객종사원과 고객과 직접 대면하지는 않지만 호텔의 운영관리업무에 종사하는 직원으로 나눌 수 있다. 여기서 접객종사원은 고객과 상호작용하는 핵심적인 업무를 담당하며 고객만족에 직접적인 영향을 끼치며 호텔서비스의 전방에 위치하여 업무를 수행한다. 호텔서비스의 후방에 위치하는 서비스종사원으로는 룸 메이드, 주차장 관리인, 설비담당직원, 회계담당직원, 인사부 직원 등이 해당한다.

종사원의 업무가 전방이든 후방이든 또는 고객에게 직접 서비스를 전달하든 간접적으로 서비스를 제공하든지 관계없이 고객의 호텔 서비스 경험에 영향을 끼친다.

(4) 다른 고객들

호텔서비스를 제공받을 때 다른 고객은 호텔서비스경험의 일부가 되어 직·간접적으로 영향을 미친다. 호텔의 식당에서 식사를 할 때 술에 취해서 주정을 하는 고객이 있다면 그는 호텔식당 안의 다른 고객에게 직접적인 영향을 미치게 된다. 호텔로서는 통제가 불가능한 것이라고 할지라도 이미 다른 고객이 경험하는 호텔서비스의 질에 영향을 미치게 되고 또한 향후 구매의지를 저하시킬 수도 있다. 또 식당을 예약한 고객이 예약시간에 늦게 나타나서 다른 고객들이 빈자리를 쳐다보면서 기다려야 할 때 서비스에 불만을 갖는다.

2. 관광서비스의 만족과 감동

관광서비스의 만족은 고객이 관광서비스를 경험하기 전에 가진 기대를 충족시킴으로써 달성할 수 있다. 그런데 관광서비스는 이동의 체험을 통해 깨달음과 감동이라는 정신적인 가치를 얻도록 하는 것이다.

관광체험 활동에 참여하는 고객(관광객)은 여행체험활동의 과정이 계약한 대로 이행되었을 때 만족에 도달하는 것이 아니라 정신적 감동을 얻는 관광을 함으로써 만족에 도달한다. 그러므로 관광서비스는 고객이 여행에서 보고, 체험하는 것들을 통해 느끼고, 알게 함으로써 감동에 도달시킬 수 있어야 한다.

그런데 여행체험활동의 과정이 계약한 대로 이루어지지 않았을 때 고객은 심하게 불만을 갖게 된다. 따라서 관광서비스는 고객만족을 이끌어내기 위해서는 반드시 사전에 계획된 서비스를 충실하게 이행해야 하고, 고객의 기대를 뛰어넘어 뜻밖의 경험과 독특한 느낌을 전달함으로써 깨달음과 감동을 이끌어 내야 한다. 관광서비스의 만족을 위한 중요한 요인은 다음과 같다.

1) 관광서비스의 기대

(1) 관광기대의 불명확

관광에 대한 기대는 구체적이거나 객관적이지 않으며 그 실제를 알지 못하는 경우도 많다. 관광서비스에 대한 기대가 막연하고 추상적인 것은 관광이 여행의 체험과정에서 겪는 경험을 통해서만 깨달을 수 있는 가치이기 때문이다.

고객의 어떤 요구사항을 분명하게 들어주기를 기대하는 경우는 그 요구사항을 들어주면 만족에 도달한다. 예를 들어 '음식을 빨리 주세요', '스푼을 더 가져다주세요' 등이다. 그런데 관광에 대한 기대는 '그 곳에 가면 좋은 일이 생길까요?', '영화 속의 주인공이 되고 싶어요', '정말 꿈의 휴양지인가요?', '숨쉬는 역사를 만날 수 있나요?' 등이다.

고객이 기대하는 것은 구체적인 가치체험과 관련한 것이 아니라 현실적인 안전한 여행, 계약대로 이행되는 여행이거나 좋은 여행, 즐거운 여행, 보람된 여행이 될 것이라는 막연한 기대이다. 이 기대의 일부는 달성이 될 수도 있고 일부는 이루어질 수 없을 수도 있다. 그리고 여행에서 전혀 예상하지 못한 깨달음과 감동을 얻을 수도 있다. 즉 보람된 여행이었지만 즐겁지는 않았을 수도 있고, 즐거운 여행이었지만 보람된 시간은 아니었을 수도 있다. 그리고 예상하지 못했던 감정이나 매력적인 분위기에 사로잡히는 영화 속 주인공이 되는 추억을 얻음으로써 풍부한 감정을 경험할 수도 있다. 고객은 전혀 기대하지 않았던 경험에 의해서 감동에 도달할 수 있는데, 관광서비스가 갖는 불확실성이 이러한 경험의 확률을 높여준다. 이때 관광서비스 종사원의 능력이 매우 중요하게 작용한다.

(2) 관광기대의 관리

관광서비스에 대한 기대는 매우 추상적이지만 고객만족에 영향을 끼치고 있으며, 기대의 크기에 따라서 고객은 만족하기도 하고 불만족의 원인이 될 수도 있다. 그러므로 기대는 적절히 관리되어야 한다.

관광상품을 구매하기 전에 추상적이고 감상적인 관광에 대한 기대는 자극되고 장려되어야 한다. 가보지 못한 곳에 대한 동경, 영화 속의 주인공이 되고자 하는 기대, 귀족적인 생활에 대한 기대, 아름다운 추억을 만들 수 있을 거라는 막연한 기대 등 관광과 관련하여 상상이 가능한 모든 기대를 불러일으키는 것이 관광상품 구매에 도움이 된다.

그러나 관광상품을 구매한 후 관광체험활동에 참가하기 전까지는 관광에 대해 갖고 있던 기대를 현실성 있는 것으로 바꾸어 주어야 한다. 관광이 여행을 통해 정신적 가치를 얻는 것이지 꿈을 실현시키는 것이 아니기 때문이다. 또한 지나친 기대는 불만족의 원인이 되기 때문에 관광서비스에는 기대관리가 반드시 포함되어야 한다.

고객이 기대하는 동화의 나라, 영화 속의 그 장소는 평범한 사람들이 살고 있고, 관광객을 상대로 생업을 이어나가는 사람들로 가득 차 있을 뿐이다. 관광서비스는 고객의 기대가 현실성을 잃지 않도록 해야 한다. 관광서비스는 현실 속에서 깨달음과 감동이라는 정신적 가치를 제공하는 것이기 때문이다.

2) 서비스 연결고리

관광서비스는 비교적 긴 여행의 기간 동안 여러 가지의 서비스가 연속성을 가지고 제공된다. 구매뿐 아니라 구매 후 일정기간이 지난 후 체험의 과정이 뒤따른다. 그래서 관광서비스의 만족은 장기간의 연결고리를 가지게 된다. 고객이 관광하고자 하는 욕구를 가지고 서비스와 접촉하는 순간부터 관광의 체험과정이 모두 끝날 때까지 그리고 그 후에 추억을 회상할 때조차 모든 서비스의 연결고리에서 고객은 만족을 느낄 수도 있고 불만족을 느낄 수도 있다.

그런데 고객은 관광의 체험활동의 각 부분별 점수를 종합하거나 평균하여 판단하는 것은 아니다. 고객이 관광활동의 종료 후에 나타내는 결과는 기억과 기분에 의지하는 경우가 많다.

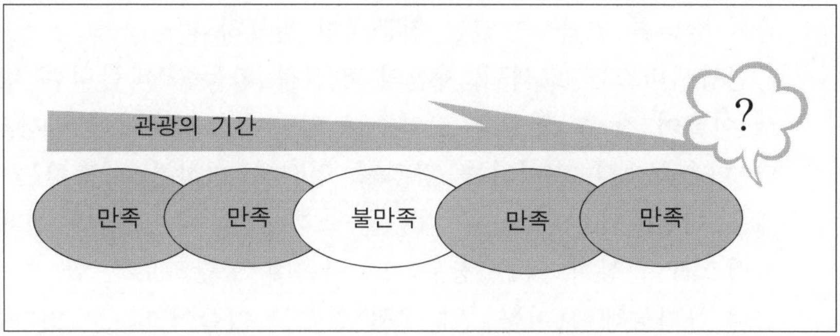

서비스 연결고리의 한 순간이 끊어지면 서비스는 손상을 받게 되고 손상된 서비스가 된다. 한 번의 불쾌한 기억이 모든 훌륭한 서비스를 모두 잊어버리게 할 수 있다. 사람들은 좋은 서비스에 대해서는 당연하게 여기고 불쾌한 서비스에 대해서는 분노하고 절대로 잊지 않으며 다른 사람에게까지 퍼트려서 동정과 공감을 받음으로써 위로 받으려 하기 때문이다. 그러므로 고객만족의 관광서비스를 위해서는 연결고리에 손상이 가지 않도록 전 과정에서 만족을 이끌어 낼 수 있도록 노력해야 한다.

3) 정신적 만족

관광서비스는 고객의 이동과 체재라는 신체적 활동에 대한 서비스를 제공할 뿐만 아니라 관광체험활동을 통해 깨달음과 감동을 얻도록 하는 정신적 서비스를 제공한다. 여기서 신체활동에 대한 서비스는 고객이 당연한 것으로 받아들이고 있으며 만일 약속된 서비스에 문제가 생겼을 때는 강한 불만을 표시한다. 그러나 정신적 서비스는 고객의 관심, 성격, 가치기준, 생활방식 등의 개인적 요소에 따라 차이가 매우 심하다.

따라서 고객을 둘러싸고 있는 다양한 개인적·사회적 환경요인에 대한 이해가 많을수록 만족에 도달시킬 가능성이 높다. 또 관광체험은 그 과정이 시간적으로 매우 길고 장시간의 참여와 상호작용을 필요로 하기 때문에 시시각각으로 변하는 고객의 욕구와 욕망을 파악하고, 환경변화에 대처하도록 유연해야 하고 인간의 심리를 읽을 수 있는 전문성이 필요하다.

관광서비스는 고객이 자신의 정신적 활동을 바람직한 방향으로 이끌어 갈 수 있도록 도와주는 역할이 포함되어야 한다. 고객의 마음속에서 일어나는 감정과 정신의 변화를 예측하는 것은 매우 어렵지만, 깨달음과 감동을 느끼게 할 수 있다면 신체활동 서비스의 손상이 있는 경우라도 만족에 도달하도록 할 수 있다. 전혀 불가능해 보이는 부분에서 만족을 이끌어 낼 수 있다는 것이 관광서비스의 가장 큰 매력이다.

제 3 절 감동서비스

1. 감동서비스의 의미

1) 감동서비스의 뜻

감동서비스(Moving Service)란 미처 기대하지 못했던 세심한 배려를 받았을 때의 서비스를 말한다. 그것은 때로는 결코 크거나 대단한 일이 아닐 수도 있다. 아주 작은 일로도 감동은 전달될 수 있다.

감동서비스로 고객에게 좋은 서비스를 제공해서 고객의 기분을 좋게 했다면, 서비스를 제공한 사람도 기분이 좋아진다. 그리고 이런 좋은 상태는 사회 전반에 퍼지게 된다. 욕구를 충족시켜 만족에 도달하는 공식이 아니더라도 마음을 움직여 사로잡는 감동은 평생고객으로 이어진다.

2) 관광서비스의 감동

관광서비스의 감동은 여행을 통한 깨달음과 감동을 갖는 것을 말한다. 감동은 '아!'하고 감탄하고 배우고 느끼는 모든 것들이 포함된다. 여행에서 푸른 바다와 아름다운 경치, 다른 모습으로 살아가는 착한 사람들의 모습은 우리에게 감동을 준다. 그렇지만 무심코 바라본 연초록의 새싹이나 바위 끝의 풀 한 포기도 세상의 이치와 생명의 소중함을 일깨워 주는 감동이다. 이렇게 감동은 아주 작은 것으로도 이루어 낼 수 있다. 중요한 것은 마음으로 느끼고 움직여지는 것이다. 관광서비스는 고객의 마음이 움직여질 수 있도록 해야 한다. 감동을 만들어서 주기도 하지만, 가장 먼저 고객이 마음으로 세상을 볼 수 있도록 도와주어야 감동에 도달할 수 있다.

2. 감동서비스의 기본원칙

1) 고객을 위한 규칙적용

규칙은 고객서비스를 잘하기 위해 존재하는 것이다. 그러므로 좋은 서비스를 생각하지 않고 규칙의 노예가 되어서는 안 된다. 규칙은 우리 사회 어디에나 있는데, 여기에는 공식적인 규칙과 비공식적인 규칙이 있다. 공식적인 규칙은 반드시 지켜야 하는 법규나 약관 등과 같은 것을 말하고 비공식적인 규칙은 그 사회의 관습이나 경험에서 나온 것들이다.

공식적이든 비공식적이든 모든 규칙의 목적은 사회의 질서를 잡아서 인간의 삶을 더 유연하고 효율적으로 만들기 위한 것이다. 이런 목적을 법의 정신이라고 하는데, 규칙들이 언제나 이 목적을 달성하는 것은 아니다.

우리는 규칙에 너무 익숙해져서 해답을 모르거나 스스로 결정을 내리는데 자신이 없을 경우 그런 공백을 메울 규칙을 만든다.

또 긴급한 경우에는 현 상황에 맞을 것처럼 보이는 규칙을 끌어다가 함부로 적용하기도 한다. 고객을 위해서는 항상 고객의 욕구에 대해 거절해도 될 근거가 되어주는 규칙이 있을 거라고 가정하지 말고 어떻게 하면 고객의 요구를 들어줄 수 있는지를 생각해야 한다. 서비스종사원은 규칙에 대해 다음과 같은 자세를 가져야 한다.

(1) 절대규칙과 상대규칙을 잘 구분한다

규칙에는 절대규칙과 상대규칙이 있다. 공공의 안전을 보호해주는 규칙, 그것을 지키지 않으면 끔찍한 결과가 일어나는 아주 중요한 규칙들은 절대규칙이라고 한다. 그러나 단순히 운영상의 편리를 위한 규칙은 상대규칙이라고 하는데, 상대규칙은 상황에 따라서 지키지 않을 수도 있다.

절대규칙은 법으로 정해져 있거나 회사가 만든 것들이지만, 상대규칙은 부서의 정책이나 과거 경험에서 생겨난 것이 대부분이다. 따라서 우선 규칙들이 어디에서 나왔고 왜 생겨났는지를 이해해야 한다. 적용하는 규칙이 왜 그래야 하는지 고객들이 이해할 수 있도록 설명할 수 있어야 하기 때문이다.

(2) 자신의 권한의 한계를 안다

서비스규칙을 올바르게 적용하기 위해서는 먼저 자신이 갖고 있는 권한의 한계를 알아야 한다. 예외를 적용해야 할 상황인데, 마음대로 해도 되는지 확신이 서지 않으면 경험이 많은 동료, 관리자, 상관에게 물어보아야 한다.

(3) 종사원은 훌륭한 판단력을 활용한다

올바른 판단을 위해서는 매우 신중해야 하며 그 결과에 대해 책임을 질 수 있어야 한다. 그래서 판단을 내리기 전에는 반드시 다음을 고려해야 한다.

① 절대규칙의 위반인지 상대규칙의 완화인지를 구분하고 절대규칙과 관련된 것이라면 절대로 해서는 안 된다.

② 상대규칙을 완화하거나 깨뜨림으로써 고객들에게 보다 좋은 서비스를 제공하는 것인지 확인한다.

③ 최종 의사결정권자가 누구인지를 확인한다. 대개의 경우 그것은 접객서비스 종사원일 것이다. 그렇지만 특별히 위험이나 추가비용이 발생될 것으로 예상될 때는 매니저나 관리자의 개입이 필요하다. 그래도 첫째와 둘째를 확인함으로써 상사에게 사려 깊은 의견이나 실행계획을 제시할 수 있다.

2) 즐거운 감동서비스

감동서비스는 고객만을 위한 것이 아니다. 감동서비스는 고객을 감동시키고, 고객을 미소짓게 함으로써 서비스종사원을 즐겁게 하고 그가 속한 조직과 사회의 삶의 질을 높여 준다. 감동서비스에서 일방적 희생의 강요는 있을 수 없다. 감동서비스는 쌍방의 만족개념이며 베푸는 것이 받는 것보다 더 행복하다는 평범한 진리를 깨닫게 해 준다.

습관적인 행동의 틀을 깨고 마음을 담으면 마음이 오고가는 감동을 주고받을 수 있다. '안녕하세요, 감사합니다. 어서 오십시오' 등 상투적인 인사에서 벗어나 마음을 담는다면 고객은 마음이 담긴 인사와 형식적인 인사를 반드시 구분하고 마음을 담아 돌려줄 것이다. 이와 같이 감동은 작은 것에서도 발견할 수 있고 주고받는다.

3) 감동서비스의 연출

감동서비스는 연출될 수 있다. 그래서 관광은 영화나 연극처럼 고객에게 감동을 파는 영역이다[4]라고 할 정도로 관광의 만족에서 감동은 매우 중요한 요소이다. 특히 관광에서의 감동은 종사원이 제공하는 인적 서비스 단 한 가지 요소에 의해서도 그 질이 엄청나게 달라질 수 있다. 거금이 들어 있는 지갑을 택시에

---

4) 지금은 관광연출시대, 송정일, 백산출판사, pp.154~157.

두고 내린 승객을 찾아 돈을 되돌려준 운전기사의 이야기, 민박 주인의 친절한 손님맞이 이야기가 미담으로 신문지면을 오르내리는 것을 보면, 관광에서 사람이 주는 감동이 얼마나 큰 요인으로 작용하고 있는지 짐작할 수 있다. 관광서비스는 관광지의 역사성이나 가치 그리고 훌륭한 시설 못지 않게 사람이 연출하는 감동을 빼놓을 수 없다.

3. 감동을 주는 관광서비스 사례

1) 순수함의 전달5)

벌써 몇 년이 지난 얘기입니다. 어머니와 나는 연말 연시에 있었던 <블루 트레인으로 가는 ○○지방 5박 6일 여행>이라는 행사에 참가했었습니다. 나는 지금까지 여러 차례 가족들과 단체여행을 다녀온 적이 있지만, 국내 여행을 5박 6일이라는 일정으로 다녀오긴 처음이었습니다. 참가한 여행객은 노부부팀, 가족동반팀, 남자단체팀, 여자단체팀 등으로 다양해서 처음에는 누가 누군지 알 수 없었습니다.

하루가 지나 이튿날부터는 서로가 얼굴을 알게 되어 자기 팀끼리만 어울리던 분위기가 차츰 저녁 연회석에서 함께 어울리는 분위기로 변했습니다. 여행을 한 지 나흘째 되는 날부터는 버스 안에서 노래자랑을 열 정도로 친숙한 분위기가 되었습니다. 이 행사의 가이드는 K라고 하는 스물 한두 살 정도의 젊은 여성이었는데, 아직 여행안내 경험이 많지 않은지 항상 여행일정표를 손에 꼭 쥐고 다니며 열심히 행사를 진행했습니다. 버스 안이나 관광지에서도 혼자 있는 손님에게 말을 붙이거나 사진을 찍어주는 등 되도록 즐거운 여행을 만들기 위해 많이 노력했습니다. K씨는 일을 마무리짓는 게 바빠서 항상 우리의 저녁식사가 반쯤

5) 일본경제신문사(마부찌 사토시. 난쬬 메구미) 지음, 이기애 옮김, 손님은 가게에서 감동을 받고 싶어한다. 아카데미북, 1999, pp.157~160.

끝나갈 때쯤에야 식사를 시작하곤 했습니다. 그런 모습이 안쓰러워 가족동반의 한 아주머니나 아저씨가 맥주 한 잔을 권하거나 위로를 해 줄 때면 그녀는 어린아이처럼 기뻐했습니다.

5박6일의 일정도 거의 끝났습니다. 마지막 관광지를 뒤로 하고는 버스는 공항에 도착했습니다. 올 때는 블루 트레인을 이용한 침대열차였는데 돌아갈 때에는 비행기였습니다. 이 단체여행은 공항에 도착하는 것이 일정의 끝이기 때문에 그 뒤의 모든 일은 손님 개인의 행동으로 도쿄에 돌아오는 것이었습니다. K씨는 공항 로비에 모인 손님들에게 마지막 주의사항을 전달했습니다. 그리고 홍조 띤 얼굴로 마지막 인사를 했습니다.

“여러분, 이번 저희 행사에 참가해 주셔서 정말 감사드립니다. 블루 트레인으로 가는 ○○지방 5박6일 여행은 여기까지의 일정으로 해산하겠습니다. 아무쪼록 올 한 해도 여러 분 모두에게 좋은 일이 많이 생기길 빌며, 여러분들이 건강하시길 바랍니다….”

행사가 끝이 나서 그 동안 쌓였던 긴장이 한꺼번에 풀렸는지도 모릅니다. K씨의 눈이 점점 젖어가더니 갑자기 굵은 눈물이 주르르 흐르고 말았습니다. 옆에 있던 한 아주머니가 그의 어깨를 두드리며, “K씨 왜 그래요? 울지 말아요. 우리들까지 다 눈물이 나려고 하네…”

단체여행을 많이 다녀 본 듯한 그 아주머니에게도 이런 일은 처음인 것 같았습니다. 애써 밝은 얼굴로 K씨를 위로하면서도 당황하는 기색이 역력했습니다. K씨는 마치 어린아이처럼 훌쩍거렸습니다.

“저, 5박 6일이나 되는 이런 큰 행사는 처음이에요. 지금까지 2박3일, 3박 4일 정도는 많이 해 봤지만, 죄송합니다. 저도 모르게 그만… 정말 죄송합니다.”

그녀는 눈물을 닦고 억지로 웃었습니다. 그 모습에 우리들도 코끝이 찡해지고 말았습니다. 그 때 이번 여행의 리더 역할을 했던 듬직한 아저씨가 큰 소리로 말했습니다.

“저희야말로 K씨 덕분에 즐거운 여행을 할 수 있었습니다. 어떻습니까, 여러분, 모두들 즐거우셨죠?"

누가 먼저라고 할 것도 없이 모두가 K씨에게 박수를 보냈습니다. 아직 능숙하지 않았지만 그는 나름대로 부족한 부분을 커버하기 위해 많이 노력했습니다. 손님 중에는 K씨보다 더 많이 여행을 한 손님도 있었지만, 베테랑 가이드들에게서 볼 수 없는 K씨만의 서비스에 충분히 만족하고 있었습니다. 그리고 마지막으로 헤어지는 자리에서 울음을 터뜨린 K씨에게 마음으로부터의 박수를 보내 준 것입니다.

그로부터 몇 년이 지난 지금, 그 여행지의 풍경이나 아름다움은 잊었지만 그 때 눈물을 흘리던 K씨는 아직도 기억에 남아 있습니다. K씨가 만약 아직도 그 일을 하고 있다면 이미 능숙한 베테랑이 되어 있겠지만, 언제까지나 그런 신선한 기분을 잊지 말고 만나는 모든 손님에게 멋진 감동을 주었으면 합니다.

2) 고객을 생각하는 행동

온천으로 유명한 관광지 한 여관의 큰 홀에서 강연했을 때의 일입니다. 그 곳은 상당히 큰 여관이었는데도 방마다 시중드는 종사원이 딸린, 옛스러운 서비스를 하는 곳이었습니다. 대기실 같은 곳에서 시중을 들어 주던 종사원은 첫 느낌이 참 좋은 사람이었습니다. 능숙한 베테랑이었는데 시원시원하게 일을 처리하는 것하며, 자연스러워 보이는 상냥한 미소는 매우 생기 있어 보였고, 상당히 오랫동안 접객을 해온 것 같은, 뭐랄까… 한 마디로 사람을 끄는 매력이 있는 여성이었습니다.

강연 후 우리 일행은 다른 스케줄 때문에 그날 밤 집으로 돌아가야만 했고 늦어도 8시 기차를 타야만 했습니다. 종사원은 강연회가 끝나자 우리에게로 다가와, "8시 기차를 타시려면, 길이 막힐 수도 있으니 최소한 7시 15분에는 여기서 나서야 하실 것입니다. 시간이 되면 제가 알려 드릴 테니 마음 놓고 계세요" 하고 말해 주었습니다. 우리는 길도 자세히 모르는 터라 출발시간과 차편은 그 종사원에게 맡기기로 했습니다. 그러고 나서 우리가 밖으로 나온 것은 7시 22분이었습니다. 종사원이 걱정스러운 얼굴로 기다리고 있었습니다.

"선생님! 짐은 이게 전부인가요?", 종사원은 벌써 운반용 수레에 짐을 옮겨 놓았습니다. "서두르지 않으시면 열차를 놓칠지도 몰라요, 밖에 차를 대기시켜 놨으니, 조금 서두르세요." 종사원은 수레를 밀며 뛰기 시작했습니다. "어서요. 빨리, 조금만 더 힘을 내세요". 상당히 큰 여관이라 거리가 조금 멀었습니다. 그 때 한 손님이 느긋한 목소리로 종사원에게 "저기요. 도대체 내 방이 어딘지 모르겠는데, 어디로 가야 합니까?"

"아, 아, 방을 못 찾으시는군요…."

베테랑 종사원도 그 때만큼은 당황했습니다. 1초라도 빨리 우리를 정문 현관까지 데려다 줘야 하는데, 그렇다고 그 손님을 모른 체할 수도 없었습니다. "네, 길을 잃으셨군요, 안내해 드릴 테니 저를 따라 이쪽으로 오세요" 하며 그 손님을 엘리베이터에 함께 태워주었습니다. 1층에 도착하자 그녀는 다른 객실 직원에게 그 손님을 부탁하고 다시 현관을 향해 뛰기 시작했다. 우리는 겨우 현관에 도착했고 그 때 늦게 도착한 주최측 손님을 만나 인사를 잠깐 나누는 사이 그 종사원은 기념품 가게에서 사탕 한 봉지를 사 들고 왔습니다.

"이거 열차 안에서 드세요. 아마 시간은 충분하실 겁니다. 다음에 꼭 한번 시간 있으실 때 놀러오세요. 그 때도 제가 모실 수 있었으면 좋겠네요."

3) 즐거운 고객만족

도로변에는 그를 기다리는 택시가 있었다. 택시는 깨끗하다 못해 번쩍번쩍 광이 났다. 바로 그때 택시 운전사가 문을 열고 재빨리 나왔다. 하얀 셔츠에 검은 넥타이를 매고 잘 다려진 회색 바지를 입은 중년의 남자였다.

"안녕하십니까?" 그는 차 문을 열면서 말했다. "제 이름은 데니스입니다. 모셔다 드리겠습니다."

차 안도 먼지 하나 없이 깨끗했다. “에어컨을 켰는데 온도가 적당한가요?” “라디오를 듣고 싶으시면 말씀해 주세요. 손님께서 원하시는 채널을 틀어드리겠습니다.” 너무나 뜻밖이라 그는 어떤 말을 해야 할지 몰랐다.

“손님 앞에 있는 주머니에는 여러 가지 잡지와 오늘자 신문들이 있습니다. 음료수를 원하시면 말씀하십시오. 주스와 콜라가 준비되어 있습니다. 모두 무료입니다. 그리고 커피도 보온병에 준비해 두고 있습니다.”

“종교나 정치에 관한 것만 빼고, 대화를 나누고 싶으시면 기꺼이 응해 드리겠습니다. 만약 편안히 쉬기를 원하신다면 말씀하십시오. 전 조용히 있겠습니다.”

“이런 고객서비스를 하신 지 얼마나 되셨죠?”

“아주 새롭게 눈을 뜬 후부터죠.”

“무슨 말인가요?”

“승강장에서 승객을 기다리며 라디오를 듣고 있을 때였어요. 모든 것이 다 끔찍하다고 투덜대며, 라디오에서 흘러나오는 음악을 듣고 있었어요. 그때 라디오 진행자는 웨인 다이어라는 작가와 인터뷰를 하고 있었어요. 웨인은 『당신이 믿음을 가질 때만이 볼 수 있다』라는 책의 저자였죠. 그 작가가 이렇게 말하더군요. ‘불평을 멈추세요! 당신의 경쟁자와는 뭔가 달라야 해요. 오리가 되지 말고 독수리가 되십시오. 오리는 꽥꽥 불평만 늘어놓지만 독수리는 사람들 위에서 높이 날아오르죠’라고요.”

“저는 뒤통수를 얻어맞은 듯한 기분이었어요. 바로 제 얘기를 하고 있는 듯했거든요. 전 항상 불평만 해왔어요. ‘꽥! 꽥! 꽥!’ 하고 말이에요. 저는 그때부터 독수리가 되기로 결심했지요. 주위에 있는 택시와 택시 운전사들을 둘러보았어요. 대부분의 택시들은 너무도 더러웠고 운전사들은 불친절했어요. 그래서 승객들은 항상 언짢아했고요. 저는 변화를 주기로 결심했지요.”

“무척 힘들었겠죠?”

“저는 잘못된 것을 바로 잡기로 결심했고 즐겁게 실행에 옮겼

죠. 하나씩 하나씩 바꿔 갔어요. 차를 깨끗이 닦고 전화기를 설치하고 멋지게 명함을 인쇄하고, 고객을 최우선으로 생각하기로 했어요."

"성과가 있었나요?"

"물론이죠, 이제 더 이상 승강장에서 손님을 기다릴 필요가 없어졌어요. 예약을 끊임없이 받고 있거든요."

4) 연출된 감동

단체여행 중에 투숙한 호텔은 시설도 좋고 깨끗하며 종사원들도 정중했지만 그렇다고 특별히 인상에 남는 것도 없었습니다. 그렇지만 다음 날 아침 호텔주인을 비롯한 종사원 십여명이 나와 우리가 탄 버스를 배웅해 줄 때에는 따뜻한 정을 느낄 수 있었습니다.

종사원들은 모두 환하게 웃는 얼굴로 손을 흔들며, "조심히 가세요, 또 오세요" 하는 인사로 우리를 배웅했습니다.

그러나 전날 연회석에서 종사원들과 즐겁게 놀며 흥겨웠던 한 할아버지가, "그래요, 또 놀러 올게요"라고 큰 소리로 대답을 하자 버스 안은 한바탕 웃음바다가 되었습니다.

여행이 거의 끝나 간다는 생각에 그랬는지 어머니와 나도 잠깐 동안의 인연이었는데도 헤어지는 것이 아쉬워 힘없이 손을 흔들어 보였습니다.

버스가 출발했고, 호텔도, 손을 흔들어 주던 종사원들도 점점 시야에서 멀어져 갔습니다. 우리는 아쉬워하며 얼마간 계속 손을 흔들었지만, 버스가 모퉁이를 돌아 호텔이 보이지 않자 '이제 출발하는구나' 하는 섭섭하기도 하고 설레기도 하는 기분이었습니다.

얼마 후, 버스는 완전히 호텔에서 멀어져 산중턱 고갯마루로 접어들었고, '오늘 일정은 어디지?'하는 새로운 생각으로 마음이 돌아섰습니다.

그 때였습니다. 버스 안에 함께 타고 있던 가이드의 목소리가 들렸습니다. "여기서 보시면 어제 여러분들께서 묵으셨던 곳이 한 눈에 들어옵니다."

그 말에 우리는 일제히 창 밖으로 고객을 돌렸습니다. 마치 나무숲을 갈라놓은 것처럼 호텔이 한 눈에 들어왔습니다. 그리고 아까 우리를 배웅해 주던 그 종사원들이 열심히 손을 흔들고 있는 모습이 보였습니다.

"저것 봐! 아직도 손을 흔들고 있어!" "어디, 어디? 어머 진짜! 저기 좀 봐요."

버스 안이 약간 술렁거렸습니다. 한참 전에 우리를 배웅해 주던 그들은 이 버스가 고갯마루를 지나갈 것을 미리 알고 지금까지 손을 흔들며 기다렸던 것입니다. 종사원들의 "조심해 가세요, 또 오세요" 하는 소리가 들려 오는 것만 같았습니다.

"나도 참 주책이야…." 어머니는 손수건으로 눈가를 닦으며 손을 흔들어 보이셨습니다. 나도 가슴이 뭉클했지만, 한편으로는 '이건 호텔과 가이드가 짜고 하는 각본에 불과한 거야, 가이드가 말을 하지 않았다면 아무도 몰랐을 거잖아.'

며칠 후 여행에서 돌아와서 아는 편집자에게 이 말을 해 주었더니 그는 망설이지도 않고 "그야 뻔하죠"라고 말했습니다. 내가 그런 생각을 했던 것처럼 그 때 버스 안에서 나와 같은 생각을 했던 사람도 있었을 것이지만 이상하게도 버스 안은 알 수 없는 감동에 휩싸여 있었습니다. 비록 연출된 행동이라고 하더라도 호텔 직원들의 그 행동이 감사를 표하는 진정한 마음에서 나온 답례로 보였던 것입니다. 그래서 그 때의 감동이 각본대로의 연출에 불과한 것이라고 냉정히 생각하려 해도 쉽게 잊혀지지 않는 것입니다.

"잘 있어요. 여러분! 아름다운 추억을 주셔서 고마워요!" 나는 버스 안에서 이렇게 말했습니다.

5) 마음을 담은 정성

취재차 여러 차례 일본의 여러 지역을 방문했던 필자에게 지금껏 가장 소중한 기억으로 남는 것은 구마모토현 한 어촌마을

미나마따에 있는 민박집 주인 할머니의 여유 있고 충실한 손님맞이 모습이다.

이 민박집이 있는 마을은 바다를 끼고 50여 가구가 옹기종기 모여 앉아 촌락을 형성하고 있었다. 겨울에 찾아서 그런지 몰라도 관광지라고 전혀 느끼지 못할 정도로 한적한 분위기에 을씨년스럽기까지 한 마을이었다. 온천이라는 것 빼고는 제대로 볼 것 하나 없는 곳이어서 민박집의 주된 고객은 온천을 찾는 사람들일 텐데, 그나마 추운 날씨 탓인지 온천손님마저 거의 없었다.

민박과 식당을 겸하고 있는 민박집의 주인 할머니는 60살이 넘어 보였다. 그 주인 할머니가 손님을 맞는 정성은 친절을 넘어서서 수준 높은 인격자를 대하는 듯 품위가 있어 보였다. 주인 할머니는 온천 목욕실로 가는 일행에게 깨끗하게 접은 목욕가운을 머리 숙여 고맙다는 말과 함께 일일이 나누어주었다. 가슴 깊은 곳에서 우러나오는 친절임을 느낄 수 있었음은 물론이다. 저녁식사 때는 우리 일행들에게 일본식으로 가운으로 갈아입게 하고 주인 할머니는 기모노를 단정하게 차려입고 식탁 한켠에 무릎을 꿇고 앉아 식사가 끝날 때까지 서빙해 주었다. 식사는 그 지역에서 잡아 올린 바닷고기를 요리한 풍성하고 정갈한 일본요리였다.

민박집의 정성과 친절은 하루를 묵고 다음날 아침 일찍 민박집을 나서는 배웅의 시간까지 변함없이 이어졌다. 가족 모두가 기모노를 차려입고 나와 떠나는 취재진들이 시야에서 벗어날 때까지 연신 손을 흔들어댔던 것이다.

만나는 순간부터 헤어지는 순간까지 친절과 정성을 놓지 않는 그들의 모습은 진정 마음에서 우러나오는 환대였음을 절로 느끼게 했다. 친절이라는 것은 교육수준이나 연령과 관계가 없다는 것을 새삼 깨닫게 된 시간이기도 했다. 별로 교육을 받을 기회도 없을 듯한 촌부나, 취재차 만났던 도쿄대학 노 교수나 그 인격수준이 별반 차이가 없었던 것이다. 관광지의 그 어떤 아름다운 풍광이나 감동적인 메시지도 이보다 더 진한 매력을 창출할 수는 없을 것이다.

제4절 종사원의 감동서비스

1. 감동을 주는 자세

감동은 마음으로 느껴야 하므로 고객에게 감동을 주기 위해서는 진심을 담아야 한다. 종사원의 진심이 고객에게 잘 전달되도록 하기 위해서는 다음의 사항[6]들을 염두에 두어야 하고, 이런 사항은 상황에 따라서 종사원의 판단에 의해 적절하게 사용되어야 한다.

1) 약간 오래 끈다

① 이별의 연출은 조금 길게 하는 것이 '아쉬움'과 '배려'를 보여준다.
② 안내를 한 후에는 반드시 고객이 가는 길을 지켜본다.
③ 곤경에 처한 손님에게는 원칙보다 유연성과 융통성을 발휘한다.
④ 마음을 담은 환송은 조금 길게 고객이 안보일 때까지 오래 한다.
⑤ 고객의 사정에 따라서는 짧은 접객의 내용도 길게 한다.
⑥ 어떤 상품이라도 정성을 다해 전해준다.
⑦ 고객의 마음을 움직이기 위해서는 조금 더 오래 노력하는 모습을 보여 주어야 안심이나 납득시킬 수 있다.
⑧ 고객이 상품을 구매하지 않더라도 천천히 보여준다.
⑨ 초행길의 고객에게는 조금 더 신경을 쓴다.

---

6) 일본경제신문사(마부찌 사토시. 난죠 메구미) 지음, 이기애 옮김, 손님은 가게에서 감동을 받고 싶어한다. 아카데미북, 1999, pp.217~219.

2) 재빠른 동작

① 고객의 예정된 시간에 맞추기 위해 고객을 재촉하면 감동을 준다.
② 잘못을 지적 받으면 재빠르게 사과하고 수정한다.
③ 고객의 질문에 대답하지 못할 때에는 즉시 알 만한 사람을 찾는다.
④ 고객이 부르면 재빨리 일단 대응한다.
⑤ 고객의 실수는 빨리 만회하도록 한다.
⑥ 고객이 찾는 물건이나 서비스 상태를 서둘러 파악한다.
⑦ 동료의 실수는 발견한 사람이 즉시 처리한다.
⑧ 큰 실수를 했을 때에는 가능한 한 빨리 사과하고 대처한다.
⑨ 식후 서비스는 정확하게 때를 맞춘다.

3) 조금 많이 반복

① 기다리는 고객에게는 되도록 자주 상황을 알려주어야 안심한다.
② 고객의 보관품은 바로 건네줄 수 있게 자주 신경 쓰고 준비한다.
③ 고객이 원하는 상품이 없거나 예약이 완료되었을 때 다른 회사를 안내한다.
④ 고객이 주변 사람에 불편을 끼친 경우 고객을 대신해서 사과한다.
⑤ 여러 번 불평을 들을수록 보다 좋은 서비스를 제공할 수 있으므로 감사한 마음을 갖는다.
⑥ 보이지 않는 곳에서 반복되는 서비스도 있다.

4) 행동에 조금 힘 주기(신뢰감)

① 고객의 실수를 덮어 줄 때는 그 내용을 확실히 한다.
② 약속을 지키지 못했을 때는 정중히 사과하고 적극적으로 대처한다.

③ 대답은 힘 있게 하는 것이 고객의 불안감을 없애고 신뢰감을 준다.
④ 어려운 손님을 도울 때는 눈치 보지 말고 힘 있고 자신 있게 행동한다.

5) 행동에 조금 힘 빼기(공감성)

① 고객의 사소한 실수는 가능하면 덮어주는 것이 좋다.
② 특별한 서비스는 생색내지 말고 살짝 한다.
③ 고객이 이익을 보았다고 느끼는 서비스는 조용히 한다.
④ 고객에게 친절을 베풀 때 대가를 바라지 않는다.
⑤ 기쁨이나 슬픔은 솔직하게 표현해도 좋다.
⑥ 잘못을 지적해주는 고객에게 겸허하게 귀 기울인다.
⑦ 자신의 재량으로 할 수 있는 서비스는 최대한 활용한다.

6) 무관심 가장(편안함)

① 자주 오는 손님에겐 처음 오는 손님처럼 대해야 자유스러워 한다.
② 풍부한 상품지식은 손님이 원할 때 제공해도 늦지 않다.
③ 충분한 관심이 있어야 무관심을 위장할 수 있다.
④ 무관심한 체하다가 고객이 필요로 할 때 특별한 서비스를 한다.
⑤ 못 본 체하는 것도 서비스의 하나가 될 수 있다.
⑥ 손님이 말을 걸어 올 때까지 편안한 분위기로 하던 일을 계속한다.

2. 고객감동을 위한 인사법

1) 손 흔들기

이별을 하면서 손을 흔드는 이유는 헤어지는 사람과의 이별을 아쉬워하고 만남을 소중히 여긴다는 의미를 전달하는 것이다. 따라서 이러한 마음이 충분히 전달되도록 하기 위해서는 다음과 같이 해야 한다.

(1) 크게 손을 흔든다

손을 크게 흔들면서 인사를 하면 이별을 아쉬워하는 마음이 바로 전달된다. 그러나 만일 작게 손을 흔든다면 가족이나 친한 사람에게는 괜찮으나 일반 손님에게는 예의 없고 놀리는 듯한 느낌을 갖게 하여 실례가 된다.

(2) 시선은 고객에게 둔다

다른 곳을 보며 손을 흔들면 손만 흔들고 있을 뿐 마음은 딴 곳에 있다는 뜻이다. 고객에게 시선을 두더라도 손을 건성으로 흔든다면 마치 배웅하는 것을 귀찮아하는 것으로 보인다.

(3) 오래 흔든다

손을 흔드는 시간이 너무 짧으면 이별에 별 관심이 없다는 듯이 보인다. 상대방이 멀어져서 보이지 않을 때까지 충분히 오래 흔들어야 한다.

2) 인사하기

인사는 상대에 대한 존중과 함께 상대를 만난 반가움 또는 감사를 표시하기 위해 하는 것이다. 따라서 이런 의미를 전달하기 위해서는 다음과 같이 한다.

(1) 천천히 머리를 숙이고 든다

천천히 머리를 숙여야 감사와 존경심이 전달된다. 숙이는 정도가 깊지 않고 가벼울 때에도 비교적 천천히 해야 하는데 가볍게 하는 경우는 천천히 고개를 숙이는 인사의 간단한 방법이다. 머리를 들 때에도 이와 같이 천천히 해야 한다. 갑자기 머리를 드는 경우 인사를 건성으로 한다는 느낌을 주기 쉽고 또는 천천히 숙였다가 갑자기 드는 인사의 경우는 너무 강한 느낌을 주어 불편하다.

(2) 적당한 깊이로 머리를 숙인다

인사에서 존경의 정도에 따라 깊이가 달라지지만 형식에 따라서도 달라진다. 엉덩이를 쑥 빼고 지나치게 깊이 인사를 해서 형식에 어긋나면 오히려 무책임하고 불신감을 느끼게 하여 불쾌감을 줄 수 있다. 반면에 머리만 까딱하는 인사는 책임감 없이 대충 인사하는 것으로 보인다.

3. 고객감동을 주는 응대법

1) 방향 안내방법

① 시선은 가리키는 방향을 본다.

손짓뿐만 아니라 시선으로도 안내하는 것이기 때문에 손이 가리키는 방향에 시선을 두고 말한다. 만일 가리키는 방향을 보지 않으면 고객은 안내하는 장소를 제대로 알 수가 없고 놓치기 쉽다. 이렇게 가리키는 방향이 불확실하면 안내하는 사람도 잘 모르는 것처럼 보이기 때문에 고객은 잘 모르면서 아는 체한다고 생각하기 때문에 불쾌해진다. 방향을 가리킬 때 턱으로 가리키는 것은 기본이 안 되어 있는 태도이다. 반드시 손과 시선을 사용한다.

② 방향을 가리키는 시간은 고객이 이해할 때까지 충분히 한다.

만일 재빨리 손과 시선을 거두면 고객은 안내하는 장소를 알기 어렵기 때문에 당황하게 되고 다시 질문하게 된다.

③ 앞서서 안내를 할 때에는 손님의 보행속도를 살피며 반 발짝 정도 유지한다.

만일 혼자 앞서 가버리면 손님을 전혀 배려하지 않는 태도이다.

2) 물건 제시방법

① 천천히 보여 주어야 한다.

물건을 천천히 보여 주어야 충분하고 정확하게 내용을 알릴 수 있다. 대충 보여주고 만다면 전혀 물건을 팔고 싶지 않다고 말하는 것과 똑같다. 또는 보여주고는 바로 거두어 넣어버리면 무척 거만한 인상을 주게 되고 마치 물건이 소중해서 당신에게 보여줄 수조차 없다는 듯한 인상을 주게 된다.

② 물건을 확인할 때에는 손으로 확실히 가리키고 그 방향을 본다.

손과 시선을 모두 사용하여야 확인하려는 내용이 확실하다. 아무것도 가리키지 않고 이야기를 하면 말의 내용을 잘 알 수 없기 때문이다. 그리고 손으로 확실하게 지적하지 않는다거나 상관없는 곳을 가리킨다면 무엇을 확인하고 있는지 전혀 알 수가 없다.

③ 손과 시선을 사용할 때에는 고객이 알 때까지 충분히 지속한다.

만일 가리켰던 손가락을 금새 뺀다면 확인한 내용을 알기 힘들며 손님은 불안해지기 때문이다. 그리고 가리킨 손가락으로 자꾸 상품을 건드리지 않아야 한다. 마치 손님에게 불만이 있는 듯한 인상을 준다.

④ 물건을 건넬 때는 몸을 앞으로 숙이고 천천히 내민다.

몸을 앞으로 숙이고 천천히 건네면 정중하고 친절한 느낌을 준다. 그런데 찌르듯이 불쑥 내민다면 난폭하고 건방져 보여서 불쾌감을 주게 된다. 또는 몸을 뒤로 빼면서 내민다. 마치 고객이 만지는 것조차 꺼리는 것처럼 보여서 주기 싫은 것을 억지로 주는 것 같다.

3) 고객감동으로 다가서는 방법

① 천천히 다가가야 한다.

천천히 움직이는 것이 우호적인 인상을 주기 때문에 상대를 안심시키고 편안하게 한다. 갑자기 돌진하는 경우는 상대를 놀라게 한다. 물론 거리가 멀 때에는 빨리 다가가는 것이 좋지만, 고객과 가까워졌을 때에는 천천히 다가가는 것이 좋다. 반대로 어슬렁어슬렁 다가간다면 별로 다가가고 싶지 않고 상대하고 싶지 않는데 억지도 하는 것과 같이 의욕이 없어 보인다.

② 일을 위해 고객에게서 잠시 돌아갈 때에는 재빨리 물러난다.

'금방 보고 오겠습니다'라는 말과 함께 재빨리 물러선다면 싹싹하게 신경을 쓴다는 느낌이 든다. 그러나 물러설 때 우물쭈물 물러난다면 마치 '그럼 제가 보고 올까요?' 또는 '꼭 보고 와야 할까요?' 등의 인상을 주게 되어 일을 하고 싶지 않아 보인다.

4) 감동으로 음식 서빙하기

① 살짝 손님 앞에 제대로 놓아야 한다.

그래야 정중하고 친절한 느낌이 든다. 던지듯 놓는 것은 기본이 안 되어 있는 태도다.

② 음식이 들어 있는 부분과 입을 대야 할 부분에 손이 닿지 않도록 한다.

4. 감동적인 마음 표현법

1) 부탁할 때

① 천천히 한다.

천천히 다가가서, 천천히 고개를 숙였다가 천천히 고개를 들어야 한다. 그래야 온 몸으로 부탁의 정중함이 우러나서 부탁하고 있는 뜻과 마음이 충분히 전달되며 호감을 준다.

다가가지는 않고 머리만 숙인다면 진심으로 부탁한다는 느낌이 전달되지 않는다. 갑자기 다가가 난폭하게 고개를 숙이면 우선 고객은 놀라게 되고 놀라움은 불쾌감으로 이어지기 쉽다.

② 고개를 반드시 숙인다.

고개를 전혀 숙이지 않으면 오히려 명령하는 듯한 느낌을 주기 때문에 꼭 고개를 숙여야 한다. 고개를 천천히 숙이지 않고 고개만 까딱하면 전혀 정중함이 없고 부탁을 하찮게 여기는 것으로 보이기 때문에 부탁을 들어주지 않아도 된다고 생각하게 한다.

2) 감사의 인사를 할 때

① 천천히 고개를 숙였다가 천천히 고개를 든다.

그래야 마음으로부터 감사하는 뜻이 전달된다. 그렇지만 약간의 힘과 절제가 보여야 한다. 오히려 온몸의 힘을 빼고 허탈한 듯 인사하면 억지로 하는 인사라는 느낌을 준다.

② 큰소리로 감사의 인사를 하고 가볍게 고개를 숙인다.

의욕 있고 건강해 보이며 순수한 느낌이 든다. 작은 목소리로 감사의 인사를 하면 진심으로 마음속 깊이 감사의 뜻을 전달하고 있다는 느낌이 안 든다.

③ 상대와 시선을 나눈다.

상대를 보지 않고 인사를 하면 인사를 받거나 말거나 인사만 하면 된다는 느낌을 준다. 또 상대가 기분 좋게 인사를 받으려고 시선을 주었을 때는 형식적인 인사에 마음을 썼다는 생각이 들어 무시당한 느낌이 들기도 한다. 그렇지만 필요 이상으로 쳐다보며 인사를 해서는 안 된다. 마치 대답을 요구하는 듯하여 손님을 당황하게 만들 수 있다.

3) 경청이나 동의를 표시할 때

① 앞을 향해 힘을 주고 끄덕이는 것이 좋다.

책임감과 자신감이 있어 보이고 신뢰감을 전해줄 수 있기 때문이다. 그런데 밑을 향해 힘을 빼고 끄덕이면 억지로 인정하는 듯한 느낌을 주기 때문에 주의해야 한다.

② 주의할 행동

약간 위를 향해 부드럽게 끄덕이면 친절하고 협조적인 느낌을 줄 수 있다. 그렇지만 위로 향해 힘을 주고 끄덕인다면 건방지고 독단적인 느낌을 준다. 또 지나치게 여러 번 찔끔찔끔 끄덕이면 듣는 척은 하지만 사실은 듣지 않고 있다는 느낌을 준다. 반대로 고개는 끄덕이지 않고 대답만 하면 대꾸하는 말은 신용할 수 없다.

4) 사과할 때

① 힘을 빼고 머리를 숙인다.

그래야 진심으로 반성하는 모습이 전달되어 손님의 불만도 누그러진다. 그런데 힘을 주어 머리를 숙이면 분명히 사과하고 있다는 것은 알지만 무례한 느낌을 준다.

② 고개를 들 때도 힘을 뺀다.

힘을 주어 고개를 든다면 반성하는 것처럼 보이지 않고 사과를 하면 할수록 손님을 화나게 만든다. 또한 전혀 머리를 숙이지 않는다면 반성하고 있다고 생각하기 어렵다.

5) 겸손을 표현할 때

① 부드럽게 권하고 힘을 빼고 내민다.

부드럽게 권해야 손님에게 협조하고 있는 느낌을 준다. 또 물건을 전할 때처럼 힘을 빼고 내밀어야 조심스러운 느낌을 준다. 서비스를 제공할 때야말로 겸손해야 좋다. 힘을 주어 권한다면 자신을 낮추는 느낌을 전혀 느낄 수 없다. 또 불쑥 내민다면 물건을 주면서 뽐내는 느낌이 든다.

② 반복해서 권하지 않는다.

반복해서 권하면 신중하지 못하고 경박한 느낌을 주기 때문이다. 또 고개를 들고 뻣뻣하게 내민다면 잘난 체하는 느낌이 들기 때문에 주의를 요한다.

5. 고객을 매장으로 끌기

1) 고객에게 편한 서비스

① 매장에 고객이 들어오면 장소를 옮긴다.

이것으로 자유롭게 상품을 보라는 뜻이 전달되어 편안한 마음을 갖게 한다.

② 아무렇지도 않게 하던 일을 계속한다.

다른 손님을 대하고 있거나 다른 일을 계속하고 있다는 것은 관심이 없는 것이 아니라 고객이 편안하게 상품을 살필 수 있게 할 수 있기 때문에 손님의 마음이 편해진다.

③ 주의해야 할 행동

- 가만히 서 있는 경우 : 가만히 서서 손님을 쳐다보고 있으면 매장의 분위기가 어색해지기 때문에 고객은 곧 나가고 싶어진다.
- 슬쩍슬쩍 봐가며 작업을 한다 : 고객은 감시당하는 듯한 느낌이 들어 불쾌감이 쌓이게 된다.
- 고객이 모르는 사이에 고객의 옆에 다가간다 : 이 경우 고객은 감시당하는 느낌이 든다.
- 고객과 시선이 마주치면 의식하고 눈을 피한다 : 마치 고객을 경계하듯이 어색하게 행동하기 때문에 매우 부자연스럽다. 따라서 고객은 호의적이지 않은 매장을 떠나고 싶어진다.

2) 단골손님

① "늘 하시는 거 맞죠? 라고 하지 않는다.

이렇게 아는 체하면 손님의 메뉴 선택권을 빼앗는 결과를 낳게 한다.

② "또 오셨군요"라고 한다.

친밀감을 표시하는 것 같지만 손님은 부담을 느낀다. 언제나 반갑고 감사함을 표시하도록 해야 한다.

3) 고객을 쫓는 3가지 태도

① 잽싸게 손님을 잡는다.

매장으로 들어온 고객을 잽싸게 잡으면 고객은 갑자기 부담을 느껴서 나가고 싶어진다. 누구도 행동을 강요받으면 벗어나고 싶어지기 때문이다.

② 매장 안에 한 가운데 버티고 서 있는다.

매장 안에서 바깥을 보고 서 있고 들여다보는 고객을 구경하고 있다면, 고객은 전혀 들어오고 싶어지지 않는다. 마치 남의 집에 들어가야 하는 것처럼 부담스럽기 때문이다.

③ 매장 입구에 버티고 서 있는다.

입구를 온통 가로막고 특히 팔짱을 끼고 서있는 경우 '절대 들어오지 마시오'라고 말하는 것과 똑같다.

제7장

고객의 기대

고객의 기대

제1절 기대의 개념

1. 기대의 뜻

고객의 기대(Customer Expectation)란 어떤 고객이 그 서비스를 제공받기 전에 그 서비스의 성과에 대해 마음속에 가지고 있는 일종의 신념이다. 기대는 서비스의 성과(service performance)를 비교하고 평가하는데 표준(standard)이나 판단의 기준인 준거(reference)가 된다.

2. 기대의 구분

고객이 서비스에 대해서 갖게 되는 기대의 수준을 알기 위해서 우선 희망서비스와 적정서비스로 나누어 볼 수 있다. 이 외에도 가장 이상적인 수준인 이상적 서비스(ideal service)가 있다. 그러나 고객들이 기대하는 서비스는 희망서비스와 적정서비스 사이의 일정 수준에 해당하는 서비스를 기대하게 된다. 따라서 고객만족을 위해 회사가 제공할 수 있는 서비스의 허용영역은 희망서비스와 적정서비스 사이에 존재한다.

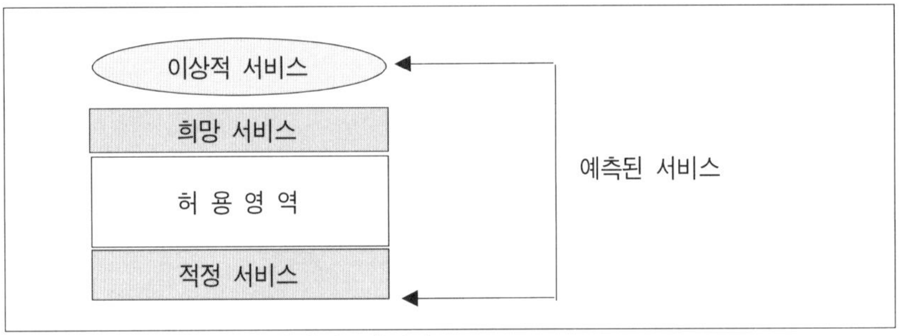

재인용 : 이유재, 서비스마케팅, 학현사, 2001, p.473.

자료원 : Valerie A. Zeithaml & Mary Jo Bitner(1966), Service Marketing 및 David L. Kurz & Kenneth E. Clow(1998), Service Marketing으로부터 수정 인용

1) 이상적 서비스

고객이 기대할 수 있는 최상의 서비스이다. 고객의 입장에서 가장 바람직한 수준의 서비스이다. 고객이 더 이상 바랄 것이 없는 서비스이지만, 모든 상황을 무시하고 고객의 욕구에만 의존할 때 나타날 수 있는 서비스이다. 고객 스스로도 이상적 서비스가 반드시 달성될 것이라고는 생각하지 않지만, 고객의 입장에서 최고로 바람직한 서비스를 말한다.

예를 들어 어떤 사람이 일정기간 적금을 들어 비용을 마련하고 휴가를 어렵게 내서 가족과 함께 외국여행을 했다고 하자. 그런데 이 가족은 예정된 관광지 중 한 곳은 입장시간이 지나서 방문할 수 없었다는 것이다. 여행에서 돌아와서는 여행사에 불만을 토로했다. 이 가족은 빠뜨린 관광지를 방문하기를 소망할 것이다. 이 수준이 바로 "이상적 서비스 수준(Ideal Service)"이다.

이 수준의 서비스는 회사의 입장을 전혀 고려하지 않고 또 상황적 요소도 무시한 채, 고객의 입장만을 생각한 수준이다. 따라서 현실적으로 기대하기 힘들기 때문에 일반적으로 고객의 기대는 희망서비스 수준에 맞추어진다.

2) 희망서비스

희망서비스(Desired Service)란 고객이 서비스에 대해서 제공받았으면 하고 희망하는 수준이다. 즉 고객의 바람(wants)이나 소망(hopes)을 말한다. 비록 가장 바람직한 수준인 이상적 서비스는 아니지만 그래도 이루어지면 좋겠다고 생각하는 서비스 수준이다. 따라서 만약에 제공받은 서비스가 희망하던 수준 이상이라면 고객은 기뻐하게 될 것이다.

위의 예에서 이 가족이 빠뜨린 관광지를 방문하고 싶지만 현실적으로 다시 왕복 항공료를 부담해서 그 관광지만을 추가로 관광할 수는 어렵다는 것을 알기 때문에 다른 형태의 보상을 받아들일 마음의 준비가 되어 있을 것이다. 이 수준을 희망서비스라고 한다. 만일 귀환하기 전의 상태라면 빠뜨린 관광지를 대신한 다른 관광지를 방문함으로써 이상적 서비스수준과 거의 일치시킬 수 있다. 그러나 이미 귀국한 상태라면 이 사람은 가능한 많은 보상을 원할 뿐 반드시 그 관광지를 방문하려고 하지 않을 것이다. 따라서 희망서비스 수준은 일반적으로 이상적 서비스 수준보다 낮은 게 보통이다.

3) 적정서비스

적정서비스(Adequate Service)란 회사의 입장에서도 무리가 없고 고객도 불만 없이 받아들일 만한 서비스수준을 말한다. 적정서비스는 고객이 수용할 수 있는 성과의 최하위 수준이기 때문에 최저서비스 수준이라고도 말한다. 고객은 희망서비스 수준이면 좋겠지만, 희망서비스 수준은 어렵더라도 최소한 “이 정도”는 되어야 한다고 생각하는 수준이 적정서비스이다.

만일 제공된 서비스가 적정서비스 수준 이하라면 고객은 서비스를 수용하지 않으려 하고 서비스에 대한 만족도 감소할 것이다. 위의 예에서 고객은 입장료의 환급과 함께 보상을 받고 싶었는데 현금보상은 액수가 클수록 좋았다. 그러나 여행사는 입장료의 환급과 다음 여행을 할 때 10%의 할인혜택을 주는 것으로 제안을 했다. 비록 현금보상은 아니지만 입장료 환급 이외의 보상에 대해 고객이 수용한다면 이 수준이 적정(최저)서비스 수준이 된다. 적정서비스 수준은 상황적 요인에 의해 상하 양방향으로 움직이는 경향이 있는데, 예측된 서비스수준에 영향을 받는다.

4) 예상서비스

예측된 서비스(Predicted Service)는 과거의 경험을 바탕으로 해서 현재 상황에서 받을 수도 있을 것이라고 기대하는 수준이다. 앞으로 다가올 거래나 서비스 접점에서 일어날 것으로 예측되는 모든 추정치가 여기에 해당한다.

위의 예에서 고객은 해당 여행사가 대형 여행사이고 지명도가 높은 여행사라면 좋은 서비스를 예상하고 소형의 여행사라면 예상하는 서비스는 훨씬 낮아진다. 또 고가의 여행상품이라면 많은 보상을 기대하고 저가의 상품이라면 보상에 대한 기대가 적어진다.

손님과 차를 마시려고 생각하는 사람은 특급호텔에 가면 동네의 찻집보다 훨씬 더 많은 종류의 차가 있고 좌석이 훨씬 더 안락할 거라고 생각한다. 이것은 예측된 서비스 수준이다. 또 비수기에 여행사를 이용하는 사람은 상담을 위해 기다리는 시간에 대해 적정서비스 수준이 이상적 서비스 수준이나 희망서비스 수준과 가까울 것이다.

그러나 성수기에는 희망서비스 수준과 적정서비스 수준간의 간격이 넓어져 허용영역이 커지고 예측된 서비스 수준도 낮아질 것이다. 왜냐하면, 성수기에 여행사는 평상시보다 손님이 많아서 상담을 위해 기다리는 시간이 더 길어질 것이라는 걸 경험을 통해 예측할 수 있기 때문이다.

5) 허용영역

허용영역(Zone of Tolerance)이란 희망서비스와 적정서비스 사이에 있으며 고객이 수용할 수 있는 수준의 서비스 영역이다. 고객은 이 간격에 해당하는 수준으로 제공된 서비스는 받아들이기 때문에 고객이 다소 서비스에 실망하더라도 잘 드러나지 않는다. 이러한 의미에서 미(未)발각지대(No Notice Zone)라고도 한다.

희망서비스 수준은 잘 변하지 않지만, 적정서비스 수준은 상황적 요인에 따라 변할 수 있기 때문에 허용영역은 상당히 신축적이다. 예를 들어, 어떤 가족이 놀이공원에 놀러 갈 경우 주중에 갈 때보다 주말에 갈 때 3배 이상 더 붐빌 것으로 예측한다면, 인기 있는 놀이기구를 타기 위해 줄을 서서 기다릴 때 그 대기시간에 대한 허용영역이 주중보다는 주말에 훨씬 더 넓어질 것이다.

고가의 여행상품이라면 많은 보상을 기대하기 때문에 희망서비스와 적정서비스의 간격이 좁아지고, 저가의 상품이라면 보상에 대한 기대가 적어져서 허용영역의 간격은 넓어진다. 이렇게 적정서비스 수준은 상품의 가격이 높다거나 해당 서비스에 대한 경험이 쌓일수록 허용영역은 줄어드는 경향이 있다.

3. 기대에 영향을 미치는 요인

희망서비스와 적정서비스 사이의 허용영역 내에서 형성되는 기대에 영향을 미치는 요인에는 내적 요인, 외적 요인, 상황적 요인, 기업요인 등이 있다.[1]

1) Kurtz, David L. and Kenneth E. Clow(1998), Services Marketing, New York : John Wiley & Sons.

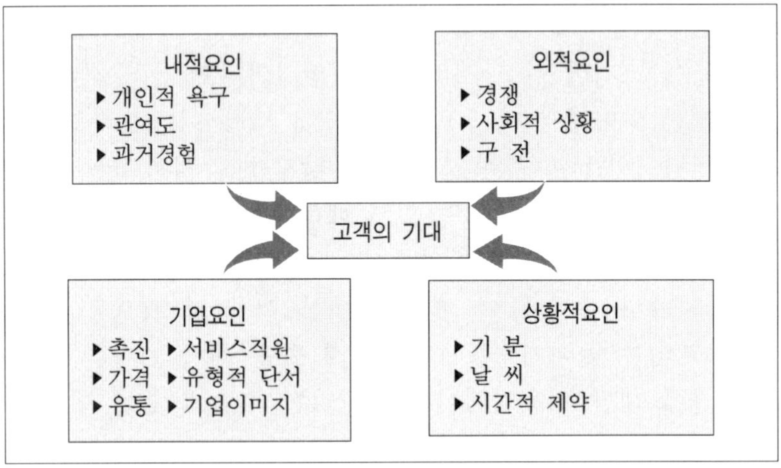

고객의 서비스 기대수준에 영향을 주는 요인을 잘 알고 이것을 통제함으로써 기대의 수준을 조절할 수 있다면 고객의 서비스 기대를 관리하는 데 매우 유용할 것이다.

1) 내적 요인

내적 요인이란 고객이 마음속에 가지고 있는 요인들이다. 개인적 욕구, 관여수준, 과거의 경험이 여기에 해당되며 이러한 내적 요인에 의해 서비스에 대한 기대수준이 영향을 받는다.

(1) 개인적 욕구

개인적 욕구는 인간의 기본욕구로서 개인에 따라 다르게 나타나는 욕구를 말한다. 의식주에 대한 욕구인 생리적 욕구, 물리적인 위험에서 보호받고자 하는 안전에 대한 욕구, 가족 및 다른 사회 구성원들에게 받아들여지고 싶어하는 사회적 욕구, 타인들로부터 존경받는 사회적 신분을 추구하려는 욕구, 자기실현의 욕구 등은 개인에 따라 그 단계가 서로 다르다.

(2) 관여도

고객이 해당 서비스가 얼마나 중요한지 또 자신이 서비스에 어느 정도 관련되어 있다고 느끼는지에 따라 기대가 영향을 받는다. 관여도는 두 가지 측면에서 기대에 영향을 미친다. 첫째, 관여도가 증가할수록 이상적 서비스수준과 희망서비스 수준 사이의 간격이 좁아지게 된다. 둘째, 관여도가 높아질수록 허용영역이 좁아지게 된다. 반면 관여도가 낮은 경우 이상적 서비스수준과 희망서비스 수준, 그리고 적정서비스 수준이 서로 멀리 떨어져 있으므로 허용영역이 매우 넓은 경향이 있다.

(3) 과거의 경험

과거 서비스경험은 특정의 서비스기업에 대한 경험, 동일한 서비스를 제공하는 다른 서비스기업에 대한 경험 또는 관련된 유사한 서비스에 대한 경험 등이 포함된다. 그리고 일반적으로 경험이 풍부할수록 기대가 높아지는 경향이 있다.

2) 외적 요인

소비자의 서비스에 대한 기대에 영향을 미치는 외적 요인에는 경쟁적 대안들, 사회적 상황, 구전효과가 있다. 외적요인들은 희망서비스수준 및 적정서비스수준에 모두 영향을 미칠 수 있는데, 그 중 경험에 의해 형성되는 적정서비스 기대수준에 크게 영향을 준다.

(1) 경 쟁

서비스기업에게 기대하는 수준은 그 소비자가 이용할 수 있는 다른 대안들에 의해 영향을 받는다. 즉 다른 경쟁적 대안이 고객의 기대에 영향을 미치는 것이다. Avis는 “We are No. 2. So, We try harder(우리는 2위입니다. 그래서 우리는 더 열심히 합니다)”라는 광고캠페인을 벌였는데 이 캠페인의 주된 공략은 Avis를 자동차 렌탈업계의 최고였던 Hertz와 비교시켜, Avis에 대한 기대수준을 끌어올리기 위한 것이었다. 기대수준을 끌어올림으로써 Avis는 Hertz가 점령하고 있던 시장에서 시장점유율을 증가시킬 수 있었다.

(2) 사회적 상황

일반적으로 사람들은 다른 사람과 함께 있을 때, 희망 기대수준이 더 올라간다. 특히 자신에게 중요한 사람들과 함께 있을 때 더욱 기대수준이 올라가는 경향이 있다. 예를 들어 특별한 날에 특별한 사람을 축하하기 위해 레스토랑을 예약하려는 사람은 이왕이면 서비스가 더 좋은 식당을 고르려고 고심할 것이다. 또 평소보다 허용영역이 더 좁아져 약간의 실수에도 민감하게 반응할 것이다. 그 이유는 사람은 누구나 탁월한 선택에 대해 칭찬받기를 원하며 자신의 선택능력을 인정받고 싶어하기 때문이다.

(3) 구 전

고객이 서비스에 대한 기대를 형성하는데 강력한 원천이 되는 것이 바로 구전 커뮤니케이션이다. 사람들은 보통 어떤 서비스를 구매하기 전에 다른 사람에게 물어보거나 조언을 구한다. 이렇게 사람들에 의해 입에서 입으로 전해지는 것을 구전이라고 한다. 구전으로부터 얻어진 정보는 고객의 예측된 기대를 형성하거나 또는 강화하는 역할을 한다. 특히 지식이나 경험이 부족할 경우 구전은 이상적 서비스수준 또는 희망서비스 수준을 형성할 수도 있다. 구전에는 개인적 원천, 전문가 원천, 파생된 원천의 3가지 원천이 있다.

3) 상황적 요인

상황적 요인은 정상상태에 대한 일시적인 변화를 갖게 하는 것으로 기분, 날씨, 시간적 제약 등이 있다.

(1) 사람 기분

기분상태가 기대에 영향을 미친다. 일반적으로 사람들은 기분이 좋을 때 서비스종사원에게 더욱 관대해진다. 이때는 허용영역이 넓어지고 적정서비스 기대수준이 낮아진다.

여행 중에 일정에 문제가 발생할 경우 문제가 드러날 때까지의 시간동안 참가자들의 기분을 살피다가 최고로 기분이 좋을 때 "○○고궁이 일요일이라 문을 열지 않아서 ○○○○공원을 먼저 보는 것으로 일정을 바꾸어야 할 것 같습니다" 등으로 알리면 허용영역이 넓어지기 때문에 긍정적으로 수용할 가능성이 크다.

호텔이나 식당에서도 아름다운 실내장식과 좋은 향기, 친절하고 단정한 직원 등으로써 고객들의 기분을 상승시키려고 한다. 어떤 음식점에서는 기다리는 손님들을 즐겁게 해주기 위해 대기 공간에 뮤직비디오와 푹신한 소파, 잡지 등을 설치해 둠으로써 오래 기다린 손님이라도 그다지 불쾌하지 않도록 해준다.

(2) 날 씨

날씨는 일시적인 상황요인으로서 고객들의 기대수준을 변화시키는 역할을 한다. 예를 들어, 비행기 승객들이 정시에 도착하기를 희망한다 할지라도 밖의 날씨가 안 좋다는 걸 알면 도착이 지연될 수도 있다는 걸 깨닫게 된다. 그러면 희망서비스 기대수준은 그대로 남아 있더라도 예측된 서비스 기대수준은 낮아지게 된다. 특히 날씨는 기업의 통제영역 밖에 있는 경우이므로 고객들은 이에 따라 서비스 기대수준을 비교적 쉽게 낮추는 경향이 있다.

(3) 시간적 제약

시간이 제한되어 있을 때 고객들은 서비스에 대한 예측된 기대수준을 낮추는 경향이 있다. 기업이 충분한 서비스를 제공할 만한 시간이 없다고 생각하기 때문이다. 그러나 응급환자가 생겨 앰뷸런스를 불렀다거나, 일시 주차해 놓은 자동차의 차안에 키를 두고 나왔다가 기동서비스를 부를 때 등 고객의 시간이 제약되어 있을 때에는 허용영역이 좁아지는 경향이 있다. 서비스요원이 내 앞에 나보다 더욱 심각한 사태가 발생한 사람의 일을 처리하고 있다면 허용영역이 더 넓어질 것이다.

4) 기업요인

기업측의 약속은 기업이 고객들에게 약속을 보장하기 위해 광고, 인적판매, 가격설정 등의 마케팅활동을 함으로써 고객의 기대수준에 영향을 미칠 수 있는 요소들이다.

(1) 촉 진

기업측의 약속은 고객의 서비스기대에 직·간접적으로 영향을 준다. 따라서 지키지 못할 과대약속은 금물이다. 기업이 고객에게 전달하는 광고, 안내책자 등에서 주장하는 메시지는 그 서비스에 대한 고객의 희망수준에 영향을 미친다. 예를 들어 "때와 장소를 가리지 않는 스피드 011"이라는 광고메시지를 들은 고객들은 '011' 서비스를 이용할 때 그러한 기업측의 약속이 이루어지기를 희망하게 된다.

(2) 가 격

일반적으로 높은 가격은 고객의 서비스 기대수준을 높이고, 허용영역을 좁히는 역할을 한다. 그런데 가격은 경쟁상황에 매우 민감하게 반응하게 되는 요인이므로, 서비스품질보다는 저렴한 가격에 더 끌리는 고객과 반대로 더 많은 돈을 주고라도 고품질의 서비스를 원하는 고객들은 쉽게 분리된다. 높은 가격을 주고 구매한 서비스가 적정서비스 수준 이하이면 고객은 실망할 것이고 불만도 클 것이다. 따라서 기업은 적당한 가격설정으로 고객들의 예측된 기대수준을 높여 서비스 구매를 증가시키되, 그에 준하는 서비스품질을 달성해야만 단골고객을 유지할 수가 있다.

(3) 유 통

체인점을 운영하는 프랜차이즈 업체의 경우 체인점이 많을수록 소비자들의 이용을 증가시킬 수 있다. 그러나 업체가 증가할수록 이에 대한 소비자들의 예측된 기대수준은 점차 강화된다. 어느 체인점에 가든지 동일한 수준의 서비스를 받을 수 있을 것이라는 기대를 하게 되는 것이다. 은행이나 주유소의 경우도 마찬가지이다. 지점이 많은 경우 이용이 편리성과 균일한 서비스 때문에 사용하는 소비자들이 점차 증가하게 된다.

(4) 서비스 직원

서비스 직원이 용모, 말씨, 태도, 설명력 등이 소비자의 서비스 기대수준을 변화시킬 수 있다. 유니폼 하나도 고객들의 예측된 기대수준에 영향을 미친다. 예를 들어, 택시를 탔을 때 운전기사가 깔끔하게 유니폼을 입고 있는 경우와 T-셔츠를 아무렇게나 입고 있는 경우 승객의 기대가 달라진다.

싱가포르항공사의 스튜어디스 유니폼과 MK택시 기사들의 유니폼은 최고의 디자이너에게 의뢰하여 디자인한 옷이라고 한다. 이는 기업을 대변하여 고객과 직접 접하고 있는 서비스 직원들에게 기업의 이미지를 투영하여 고객들의 기대를 관리하고자 하는 의도에서 비롯된 전략으로 해석할 수 있다.

(5) 유형적 단서

고객은 제공받게 될 서비스에 대한 정보를 여러 가지 단서들을 통해 간접적으로 추론하게 된다. 이때 가장 큰 역할을 하는 것은 바로 서비스의 유형적 단서들이다. 예를 들어 가격이나 물리적 외양 등은 서비스와 관련된 품질의 단서로서 그 서비스가 어떨 것이며 또 어떠해야 하는지를 추론하게 해 주는 기업측의 약속이라 할 수 있다. 허름한 호프집과 화려하고 세련된 호텔 바에 대한 서비스 기대수준은 다를 수밖에 없는 것이다. 값비싼 장식재로 치장한 호텔을 방문한 고객이 그에 준하는 서비스를 기대하는 것은 당연한 일이다.

(6) 기업이미지

이미지가 좋은 기업의 경우, 고객들의 기대는 상승한다. 기업이미지가 높으면 예측된 서비스의 기대수준이 희망서비스 수준 또는 이상적 서비스수준과 매우 가까워지는 경향이 있다. 반면,

이미지가 별로 안 좋을 경우 예측된 서비스 기대수준은 적정서비스 수준과 더 가까워질 것이다. 기업이미지는 허용영역에도 영향을 미친다. 고객이 어떤 서비스기업에 대해 낮은 이미지를 갖고 있을 때보다 높은 이미지를 갖고 있을 때 서비스 실패에 대해 보다 관대할 수 있기 때문에 허용영역은 커진다.

제2절 관광서비스의 기대관리

1. 기대관리의 뜻과 조사

1) 기대관리의 뜻

판매만을 목적으로 한다면, 기대가 높을수록 구매확률이 커진다. 그렇지만 고객의 만족을 고려한다면, 기대가 너무 높으면 그만큼 실망도 크고 불만족할 확률이 커진다. 따라서 서비스기업은 고객의 기대를 높일 것인지 낮출 것인지를 결정해야만 한다.

기업은 광고 등과 같은 촉진활동을 강화해서 고객들의 기대를 높이기도 하고 고객만족을 높이기 위해 비록 구매가능성이 낮아지는 위험을 감수하고라도 낮은 기대를 갖도록 하기도 한다. 서비스기업의 이상적인 기대관리 전략은 고객에게 받게 될 서비스를 정확하게 알리고, 이것을 고객이 원하는 서비스 수준에 정확히 맞추는 것이다. 고객만족 수준을 높이기 위해서도 고객에게 가장 영향을 많이 미치는 영역에서 기대를 충족시키는 것이 중요하다.

2) 고객기대 조사

고객의 기대를 이해하기 위해서는 조사를 통해서 구매 전에 고객의 기대가 무엇이며 어떠한 것인지를 이해하는 것이 중요하다. 또한 구매 당시나 구매 후에도 계속적인 조사가 필요하다.

조사에는 크게 조사기관이나 조사부서에 의뢰하여 고객들로부터 정보를 구하는 외부 마케팅조사와 VOC(Voice of Customer)시스템을 구축하여 경영자가 직접 고객의 목소리를 듣거나 중간 고객인 딜러나 유통업자 또는 내부고객인 종사원들을 통해 정보를 구하는 내부마케팅 조사의 두 가지가 있다.

(1) 외부마케팅 조사

외부마케팅 조사는 외부의 전문적인 조사기관이나 또는 회사 내의 조사담당 부서를 두고 이들에게 의뢰하여 고객의 기대를 직접 조사하는 방법이다. 외부마케팅 조사는 직접적으로 고객의 기대를 조사할 수 있지만 시간과 비용이 많이 든다.

(2) 내부마케팅 조사

내부마케팅 조사는 상향적 커뮤니케이션을 위한 것이다. 내부마케팅 조사의 목표는 고객과 경영층과의 의사소통 효과의 향상 및 종사원과 경영층의 의사소통 효과의 향상에 있다. 내부마케팅 조사기법으로는 경영자가 직접 고객을 방문, 경영층의 VOC 청취, 중간고객에 대한 조사, 종사원에 대한 조사, 경영층이 종사원의 소리를 청취, 종사원 제안제도 등이 있다.

(3) 서비스 착각지수

동일한 서비스에 대한 평가가 서로 다르게 나타날 수 있는데, 서비스착각지수란 소비자의 평가와 종사원의 평가결과가 다르게 나타나는 경우 이 차이를 말한다. 이와 같이 내부마케팅 조사의 결과와 외부의 소비자조사 간에는 차이가 발생할 수 있다. "서비스산업의 현황과 서비스품질(이유재 · 김주영 · 김재일, 1996)에 관한 연구에서 조사한 바와 같이 통신서비스에 대한 소비자와 종사원이 다음과 같이 각각 평가하였다. 최신의 시설 및 장비항목과 즉각적인 서비스 제공 항목에서 소비자의 평가가 종사원의 평가에 비해 나은 것으로 나타났고, 자발적인 자세나 직원의 단정한 용모, 고객문제의 해결, 고객 개개인에 대한 관심 같은 항목에서는 종사원의 자체평가가 소비자의 평가를 웃돌아 인식상의 갭이 있음을 보여주고 있다.

3) 고객기대의 사례

샌프란시스코에 있는 쉐라톤 펠리스 호텔은 1억 8천만달러를 들여 실내장식을 고쳐 마침내 그들의 역사적이고 거대한 출입구를 드러냈다. 이전의 낡은 모습은 매우 멋있는 객실과 근사한 호텔 입구로 바뀌었다. 바로크 음악, 이국적 식물들, 스테인드 글라스로 장식된 창문들, 유명한 조각가들의 작품들이 평화로운 당대 최고의 분위기를 연출해 냈다. 이전의 5년 동안 샌프란시스코에 세워진 많은 호텔들은 대부분 최고급 건축물이었기 때문에 사람들은 이 호텔이 이러한 건축물들 중 하나일 것이라고 생각했다.

그러나 고객들은 새로 지어진 쉐라톤 펠리스 호텔에서 걸어보기도 하고 앉아보기도 하고, 커피를 주문해 보기도 하면서 점차 이 호텔의 서비스는 별 3개 짜리 음식점 수준에 불과하다는 것을 알게 되었다. 성급하고 말쑥하지 못한 복장의 호텔직원들은 늘 너무 바쁜 사람처럼 보였다. 호텔의 오프닝 행사에 들인 노력은 초기에는 이 호텔을 인기 있는 곳으로 만들어 많은 여행자, 관광객, 고객들이 모두 이 새롭게 단장된 역사적 기념물을 경험해 보고 싶어했다. 그러나 시간이 지나면서 고정고객들만 남게 되자 형편없는 서비스가 두드러져 보이기 시작했다. 호텔입구와 로비의 우아함에 비해 서비스는 별 5개 짜리 수준에 훨씬 못 미치는 것이었기 때문이었다. 쉐라톤호텔 측은 호텔을 일급으로 만들려는 의도가 없었다. 손님들은 근처 특급호텔에서 보다 낮은 요금을 내고 그곳에서 숙박할 수 있었다. 그러므로 경영자들은 로비와 레스토랑의 서비스를 주변의 특급호텔과 비슷한 수준으로 격상시켜야 했던 것이다. 그러나 호텔의 멋진 외관 때문에 고객들은 이 호텔에서 최고의 서비스를 기대할 것이다. 고객의 기대는 이처럼 강력한 것이다(Jonathan D. Barsky, 세계최고의 고객만족, 시그마프레스, 1988).

2. 고객기대관리의 단계

1) 관광상품 구매 전 단계

(1) 고객기대의 파악

관광서비스기업은 고객을 만족시킬 수 있는 서비스를 제공하기 위해서 서비스를 계획하기 이전에 기업이 목표로 하는 시장에서 고객들이 어떠한 욕구를 갖고 있으며 또한 기존의 관광서비스들에 대해서 어떤 불평을 가지고 있는지를 철저하게 조사해야 한다.

고객과 직접 접촉하는 종사원을 통해서 고객들의 기대를 알 수 있는데 관광상품 판매요원, 상담요원, 접객요원, 고객서비스요원 등이 해당한다. 또한 각 서비스기업의 홈페이지 자유게시판을 통해 고객의 불평사항이나 칭찬 및 감동 등을 파악할 수도 있다. 경우에 따라서는 직접 시장조사를 통해서 보다 깊이 있게 고객의 기대를 예측할 수도 있다.

(2) 관광서비스에 대한 기대제공

관광서비스는 무형의 서비스일 뿐만 아니라 고객이 아무런 정보도 갖고 있지 못하는 경우 전혀 기대가 형성되지 못할 수도 있다. 관광서비스기업은 고객들이 관광서비스에서 기대할 수 있는 것들을 고객들에게 알려야 한다.

여행경험자의 설명회, 관광전시회, 광고, 판매원, 서비스 요원, 유형적 단서(사진, 비디오, 행복한 모델, 아름다운 자연, 고급스런 시설 내부 사진 등), 구매시점 전시, 판매촉진 등이 주요 수단으로 사용되고 있다.

그러나 관광상품의 판매에만 치우쳐 사실과 다르게 과장된 전달로 이어지는 경우가 있다. 경험하기 전에 확인할 수 없는 관광상품의 특성으로 인해 고객은 많은 세부적인 사항들에 대해 상담의 과정을 통해 질문을 하고 확인하지만 그 내용 전부를 기록하거나 계약사항으로 표시하지는 않는다. 직원의 실수로 또는 고객의 오해로 인해 관광상품의 내용과 질이 사실과 다르게 기대되는 경우가 나타나지 않도록 해야 한다.

(3) 일관된 서비스의 제공

고객기대를 관리하기 위한 구매 전 단계에서의 마지막 활동은 일관성 있는 서비스의 제공이다. 고객은 관광서비스에 대한 기대를 형성해 나가면서 많은 영향요인의 작용을 경험하게 된다. 탐색의 과정에서 많은 질문을 하게 되고, 의문사항을 확인하게 된다. 그 때마다 직원과 대화하거나 새로운 직원에게 자신의 기대를 다시 설명하기보다는 자신의 기대를 잘 이해하고 있는 직원과 지속적으로 의사소통을 유지하고 싶어하는 것이다.

그러므로 되도록이면 한 직원에 의해 일관성 있는 서비스를 제공해야 고객들은 안정감을 갖게 되고 현실에 가까운 기대를 형성해 나가게 되며, 그 서비스와 서비스기업 대해서 신뢰하게 된다.

2) 관광상품 구매 후 단계

관광서비스를 구매하거나 구매를 약속하는 예약의 단계 후 실제 관광경험을 시작하기까지 상당한 시간적 간격이 생긴다. 이때 고객은 긴 시간 동안 전혀 서비스와 접촉이 없을 경우 불안감을 느끼게 된다. 자신의 결정에 대해 확인하고 싶어하고, 구매 전까지 기대하지 않았던 새로운 기대를 형성하기도 하며, 구체적으로 요구하기도 한다. 관광서비스를 경험하기 전까지 끊임없이 기대는 변화를 겪게 된다.

관광상품은 구매나 예약을 한 후에도 관광서비스의 경험을 시작하기 전까지는 환급되거나 예약이 취소될 수 있기 때문에 이 시기의 기대관리는 판매와도 깊은 관련을 갖고 있다. 또한 관광경험이 시작되기 직전까지 형성된 기대가 곧 만족의 기준이 되기 때문에 이 단계의 기대관리는 관광서비스 만족에도 매우 중요하다.

(1) 고객과 안정적인 접촉

관광서비스는 고객과 고객의 기대를 잘 이해하고 있는 담당자와의 안정적이고 지속적인 커뮤니케이션을 유지해야 한다. 구체적인 방법으로는 예약의 확인, 고객의 기대사항에 대한 관심, 관광경험에 대한 사전 정보제공 및 준비사항 확인 등을 통해 고객의 기대 충족에 대한 관심을 보여 준다.

(2) 고객의 기대충족을 위한 노력의 표시

현재 제공되고 있는 서비스가 고객이 기대하는 서비스와 부합되고 있다는 점을 인지시키기 위한 노력을 고객에게 알려야 한다. 고객의 기대를 회사가 잘 이해하고 있으며 고객의 관광경험과 기대충족을 위해 어떻게 준비하고 있는지를 고객에게 알려야 한다.

(3) 현실성과 유연성 부여

관광에 대한 기대가 지나치게 추상적이거나 환상적인 체험으로 그려지는 경우 고객은 관광경험 후 불만족을 느낄 위험이 커진다. 특히 구매 전 단계에서 관광서비스기업에 의해 의도적으로 형성된 기대에 대해 고객은 불만이 폭발되어 항의하거나 불평을 퍼트릴 위험이 높다. 따라서 구매 전 과정에서 잘못 전달되었거나 오해가 있는 사실들은 이 시기에 바로 잡아주어야 한다.

비현실적인 기대에 대해서는 현실성을 부여해 주어야 하고, 현재의 상황요인에 대한 자세한 정보를 제공함으로써 유연성을 가질 수 있도록 기대를 관리해 주어야 한다. 고객의 내부요인과 외부요인들에 대해 관심을 갖고 이를 바탕으로 실제로 제공될 서비스에 비추어 부적절하다고 판단되는 기대는 낮추어 주어야 한다. 이 단계에서는 다른 서비스와 비교되는 핵심적 서비스를 제외하고는 가능하면 기대를 낮추는 것이 만족에 도달하는 데 긍정적인 결과를 얻을 수 있다.

3) 관광활동 단계

이 단계는 관광서비스를 경험하며 고객과 계획된 서비스와의 상호작용이 일어나게 된다. 고객은 관광현장으로 이동하고 관광체험 활동에 참여하게 되어 외부환경의 영향을 받게 되며, 다른 고객과의 상호작용도 발생하게 된다. 이 단계에서 관광서비스는 재량권이 가장 활발하게 발휘되며 서비스제공자는 고객의 기대에 부응하기 위해서 서비스를 변경시킬 수 있다.

고객의 기대수준에도 맞추어야 하고, 통제가 불가능한 외부 환경을 고려하여 고객의 기대를 충족시키기 위한 목적에서 서비스의 유연성을 발휘하게 된다. 만일 통제 불가능한 환경적 요인으로 고객의 기대에 불충분하도록 서비스를 변경해야 하거나, 반대로 환경적 요인으로 인해 고객의 기대를 충족시키는 서비스로 변경할 수 없는 경우에는 그 사항에 대해서 고객이 이해할 수 있도록 충분히 설명되어야 한다.

4) 관광 후 단계

관광서비스의 제공이 완료되었다고 고객기대에 대한 관리가 끝나는 것이 아니다. 관광체험활동 후 단계에서 고객의 기대를 관리하기 위해서 서비스기업이 취할 전략은 크게 세 가지로 나눌 수 있다.

① 고객이 기대에 충족했는지 여부를 확인한다.
② 사후 관리프로그램을 개발하여야 한다.
③ 불만족 고객들을 위한 프로그램을 개발해야 한다.

구매 후 단계에서 고객 기대관리의 목표는 관광서비스의 목적인 만족에 도달했는지의 여부를 확인함으로써 서비스의 질적 향상을 도모하고자 하는 것이 가장 우선적이다. 그리고 관광체험활동 후 고객과의 접촉은 기대가 충족했는지 확인하고 긍정적인 추억을 회상하게 함으로써 감동을 불러일으키고 그 결과 긍정적인 구전의 확산과 재구매 의도를 높이게 된다.

관광서비스의 최종 만족은 감동에 의한 정신적 충족감이기 때문에 관광체험활동이 끝난 후에도 감동이 형성될 수 있다. 추억과 회상을 통해 관광체험과정의 긍정적인 만족요소들을 강화시킴으로써 부정적인 불만족 요소들의 존재에도 불구하고 전체적으로 만족으로 이끌 수 있다. 지속적인 커뮤니케이션을 유지하기 위해서는 메일교환, 서신교환, 모임의 조직, 정기적인 만남, 정보의 교환 등 우호적인 교류를 지속함으로써 복잡한 기대를 이해하는 믿을 수 있는 관광서비스가 될 수 있다.

만약 고객의 기대가 충족되지 못해서 불평하는 고객들에 대해서는 적절한 조치를 취할 수 있도록 해야 한다. 고객들의 불평은 대부분 타당하며 서비스의 질적 향상을 위해 소중한 지침이 될 수 있기 때문이다. 감사한 마음으로 불평을 받아들이고 사전에 불평의 가능성을 예방할 수 있는 방안이 마련되어야 한다.

3. 종사원의 고객기대관리 자세

1) 완벽한 관광서비스 지향[2)]

종사원 자신이 원하는 완벽한 관광서비스를 상상해야 한다. 완벽한 관광서비스란 고객이 관광활동에 참여하고 감동을 얻을 수 있도록 하는 것을 말한다. 이때 종사원은 관광이 무엇이고, 관광객은 어떠한 기대를 가지고 관광을 시작했으며, 현재 무엇을 바라고 얻고자 하고 또 관광을 통해 궁극적으로 무엇을 얻게 되는지 등에 대해 알 수 있어야 한다. 종사원 스스로가 고객이 되었을 때 생각할 수 있는 가장 완벽한 서비스를 생각할 수 있다면 자신이 바라는 것을 기꺼이 제공할 수 있다.

---

2) 열광하는 팬, 켄 블랜차드 · 셸든 보울즈 지음, 조천제 외 옮김, 21세기 북스, 2002.

관광의 만족이 구체적이고 정형적화되지 않았지만 많은 사람들은 여행과 관광을 찬미하고 있다. “여행이란 인간에게 본질적인 의미를 지니는 행위이다. 인간이 개인이라는 좁은 범주를 벗어나 세계를 경험하는 행위이고 이 행위를 통해 인간은 자아를 확대, 고양시켜 높은 경지의 인격을 완성시킬 수 있기 때문이다. 세계의 신화에서 영웅은 언제나 여행을 경험한다.”3) 비록 관광이 정형화될 수 없지만 관광종사원은 적극적으로 관광에 참여하고 고객과의 만남을 통해 가장 완벽한 관광서비스를 찾아낼 수 있는 것이다.

2) 개별고객의 기대발견

관광서비스 종사원이 관광서비스에 대한 올바른 인식과 통찰력을 가지고 있을 때에는 고객이 원하는 것과 자신의 생각을 일치시켜 나가거나 자신의 역할 범위를 적절하게 정할 수 있다. 고객이 원하는 것을 알아낼 때에는 여러 가지 방법이 있을 수 있지만 다음의 내용에 특히 주의해야 한다.

(1) 고객의 말은 속마음과 다르다

사람들은 자신이 정말 원하는 것에 대해서는 직접적으로 표현하지 않는다. 극히 일부분만 표현하거나 전혀 다른 말을 하기도 한다. 특히 관광과 같이 추상적이고 정신적 가치를 담는 부분에서는 좀더 수준 있어 보이는 가치를 내세우기도 한다.

(2) ‘좋아요’와 ‘침묵’

고객은 불만족한 서비스에 대해 서비스종사원의 직접적인 질문을 받았을 때 ‘좋았어요’라고 종종 말한다. 문제를 일으키고 싶지 않고 자신의 생각을 알리는 것조차 귀찮다는 뜻일 수 있다. 따라서 항상 고객에게 귀를 기울여야 한다. ‘좋아요’라고 할 때나 침묵에 대해 좋아하고 안심해서는 안 된다.

3) 한국일보, 2002년 07월 31일.

3) 일관성으로 신뢰감 부여

고객의 기대를 한 번에 충족시키는 것도 중요하지만, 일관성을 가지고 고객의 기대치를 충족시켜 나가는 것이 더 중요하다. 일상적 서비스에 일관성을 유지하면서 하나를 더 전달하면 감동에 도달할 확률이 높아진다. 즉 처음에는 특별히 신경을 써야 하는 서비스의 수를 제한하는 것이 좋다. 그래야 일관성을 유지할 수 있기 때문이다. 모든 서비스를 한꺼번에 훌륭하게 해내기는 힘들다. 만일 어떤 때는 고객의 기대를 충족시켰다가, 어떤 때는 충족시키기 못한다면 오히려 불만의 요인을 제공하게 된다. 충분히 잘할 수 있고 항상 잘할 수 있는 것을 일관성 있게 제공하면서 어느 순간에 하나를 더 전달하는 것이 감동을 일으키는데 효과적이다. 감동서비스란 기대하지 않았던 것을 제공받았을 때 생기는 것이다.

4) 고객의 대기시간 관리

대기는 고객이 서비스를 받을 준비가 되어 있는 시간부터 서비스가 개시되기까지의 시간을 의미한다. 대기는 어쩔 수 없이 발생하는 것이지만, 모든 고객들이 이런 상황을 이해하고 당연한 것으로 받아들이는 것은 아니다. 많은 사람들은 서비스를 받기 위해서 기다리는 것을 부정적인 경험으로 인식하고 있다. 따라서 고객들이 서비스를 받기 위해서 보내는 대기시간을 효과적으로 관리하는 것은 고객에게 만족을 제공할 수 있고 서비스를 재구매하려는 고객에게 큰 영향을 줄 수 있다.

기업은 예약, 편지나 전화서비스, 자동화기기, 인터넷을 이용하도록 유도하거나 사전에 미리 수요의 집중시기를 알려서 분산되도록 하기도 한다. 만일 기다리게 할 경우 공정한 대기시스템을 구축해야 한다. 고객의 대기시간을 효과적으로 관리하여 고객에게 만족을 주기 위해서는 다음과 같이 관리되어야 한다(Maister, 1985).

(1) 체감대기시간 관리

실제 대기시간을 줄이는 것이 가장 좋다. 그러나 어쩔 수 없이 줄을 서서 대기해야 하는 경우 기다리는 시간에 대한 지각(체감대기시간)을 개선하는 것이 실제로 기다리는 시간(실제 대기시간)을 줄이는 것과 마찬가지 효과를 나타낸다. 디즈니 경영진은 대기경험을 덜 지루하게 만들기 위해 테마파크의 대기선을 계속 움직여 주었다. 비록 일련의 대기공간으로 고객을 이끄는 것에 불과하지만, 기다리는 사람은 계속 움직이기 때문에 지루한 줄 모르고 기다릴 수 있다. 또 앞으로 기다려야 할 시간에 대해 다소 여유 있게 안내판에 적어 놓음으로써 고객들이 조금이라도 빨리 서비스를 받게 되었다고 느끼게 한다. 예를 들어 예상 대기시간이 50분이라고 했을 때 45분만에 서비스를 제공받게 되면 예상했던 것보다 5분이나 빨리 서비스를 받게 되었다고 느끼는 것이다. 이들의 이러한 노력으로 디즈니 테마파크의 대기선은 매년 길어지고 있지만, 여론조사에서 나타난 고객만족은 오히려 높아지고 있다.

(2) 서비스의 시작관리

서비스제공 이전의 대기가 서비스 제공과정 중의 대기보다 더 길게 느껴지기 때문에 기업은 고객에게 서비스가 시작되었다는 느낌을 주는 것이 필요하다. 마냥 우두커니 앉아서 기다리는 것이 뭔가를 하는 것보다 더 지루하므로 간단한 읽을거리나 TV, 비디오 등의 볼거리를 제공하는 것이 필요하다. 특히 서비스의 내용과 관련이 있는 시청각 자료는 훨씬 더 고객의 만족에 영향을 주는 것으로 나타났다. 예를 들어 여행사에서 기다리는 동안 여행지의 비디오나 여행잡지, 여행지 사진 등을 보여주거나 비치해 놓는 것이 그 예이다.

(3) 총 대기시간과 이유

총 대기시간과 기다리는 이유를 알게 되면 고객은 서비스에 대한 근심이 줄어든다. 근심을 가지면 대기시간이 더 길게 느껴지기 때문이다. 또한 총 대기시간보다 더 일찍 서비스를 받게 된다면 서비스에 대한 신뢰와 확신을 높일 수도 있다.

전화를 기다리게 하는 경우 "잠깐 기다리세요" 하는 대신 "죄송하지만 앞에 전화한 분이 계시니 1분만 기다려주십시오"라는 응답을 한다면 훨씬 짜증이 줄어들게 된다. 고객들은 자기가 기다려야 할 시간이 얼마인지 알고 나면 무작정 기다리는 것보다 참을성이 커진다. 전화를 건 고객에게 예상대기시간과 기다리는 이유를 알려주면 전화를 끊고 나중에 전화를 하건, 기다리게 하건 고객은 심리적 계약으로 인식하게 되어 참을성이 커지는 것이다.

(4) 서비스가치와 공정성

고객은 기다릴만한 가치가 있는 서비스라고 생각해야 더 오래 참을 수 있다. 그리고 자신이 꼭 기다려야만 하는 정당한 이유가 있을 거라고 생각한다. 만일 부당한 이유로 기다린다고 생각하면 잠시도 참기가 힘들어진다. 대기는 공정해야 하고 서비스가 한가하다는 인상을 주지 않아야 한다. 고객들은 창구 직원이 열심히 일하고 있을 때에는 아무리 오래 기다려도 그 기다림에 대해 크게 신경을 쓰지 않는다. 그러나 직원이 자리를 비운 창구를 보거나 직원이 있지만 일하지 않고 있는 것을 볼 때 화를 내는 경향이 있다. 이러한 지각을 처리하기 위해서는 다음과 같은 원칙을 지켜야 한다.

① 일하지 않고 있는 직원은 보이지 않게 한다.

고객이 기다려야 하는 경우 직원이 놀면서도 도와주지 않는다고 생각하기 때문에 불만이 생길 수 있다.

② 고객과 상호작용하지 않는 활동은 고객이 볼 수 없는 곳에서 수행한다.

불필요하게 모든 종사원의 활동을 고객에게 보임으로써 고객의 평가영역을 넓히게 되고 불만의 요소가 될 수 있다.

③ 사용되지 않는 물리적 시설을 보이지 않게 한다.

사용되지 않는 물리적 시설은 환경을 복잡하게 보이고 정돈되지 않은 것으로 보인다.

④ 공정한 대기

공정한 대기시스템은 먼저 온 사람이 먼저 서비스를 받을 수 있는 원칙이 지켜지는 것을 말한다. 식사하기 20~30분간 음식을 기다릴 수는 있지만, 나보다 더 늦게 온 손님이 먼저 식사를 하게 되면 그 다음 단 5분을 기다리더라도 분노하게 된다. 따라서 반드시 대기의 원칙이 지켜져야 한다. 그러나 예약과 도착순서 중 어느 것을 우선해야 하는지와 방문한 고객과 전화방문 고객 중 누구를 우선해야 하는지에 대한 원칙도 정해져야 한다. 만일 원칙이 없다면 고객에게 이러한 상황에 대한 설명을 반드시 해야만 한다.

제8장

관광서비스의 품질

제8장 관광서비스의 품질

제1절 서비스품질의 결정

1. 서비스품질과 품질결정

1) 서비스품질의 뜻

서비스품질이란 서비스가 갖고 있는 질적 요소들이 우수한가를 말하는 것이다. 그러나 서비스품질이란 서비스를 실행한 후에 결과나 성과로 나타내는 것이기 때문에 사전에 미리 품질의 기준을 설정하는 것이 어렵다. 표준규격을 설정하거나, 서비스를 판매하기 전에 테스트를 거쳐 합격증을 부착할 수도 없다. 또 서비스품질은 다음과 같이 네 단계에서 복합적으로 발생하기 때문에 그 품질의 기준을 설정하는 것은 더욱 곤란하다. 서비스의 품질결정에 영향을 주는 단계는 다음과 같다.

① 고객이 서비스를 받기 전 지니고 있는 기대감
② 서비스를 받는 동안 고객이 느끼는 경험
③ 서비스를 받은 후 고객이 느끼는 서비스의 품질
④ 문제가 발생하였을 때 고객이 겪는 경험

2) 서비스품질 결정

서비스품질이나 고객만족은 고객의 개인적인 느낌과 경험에 의존하기 때문에 이것을 정확하게 측정하는 것은 쉽지가 않다. 서비스는 사람마다 느낌이 모두 다르고 고객에게 지각된 서비스 품질이란 서비스의 우월함과 관련된 전반적인 판단(Judgement) 혹은 태도(Attitude)[1]이기 때문에 서비스 품질의 결정은 다음의 특징을 갖는다.

① 고객들이 평가하는데 제품품질보다 어렵다.
② 서비스품질의 지각은 고객의 기대와 비교한 후 결정된다.
③ 품질의 평가는 서비스 결과와 서비스 전달과정이 함께 포함된다.

따라서 좋은 서비스 또는 우수한 서비스에 대한 절대 기준이 없다. 싱가포르 항공사는 탁월한 기내서비스로, 페덱스(FedEx)는 신속한 택배로, 도미노 피자는 30분이 넘는 경우 무료로 피자를 제공하는 30분 이내 배달로 유명하다.

좋은 서비스라고 할 때에는 서비스의 질적 요소들이 다른 서비스에 비해 좋고 우수해서 고객만족을 이끌어 냈다는 것을 의미하고 고객이 감동에 도달했다는 것을 말한다. 우수한 서비스는 단순히 미소 띤 얼굴만으로는 부족하며 불만족요소를 제거하려는 노력이 수반되어야 한다.

3) 서비스품질 결정의 곤란성

서비스품질은 고객의 판단에 의해 결정된다. 좋은 품질의 서비스를 위해서는 고객기대와 서비스실행과의 차이를 좁혀야 하지만, 고객의 기대와 서비스를 경험한 후 지각하는 편익과 효용은

---

1) Parasuraman A., V. A. Zeithaml. and L. L. Berry(1985), "A Conceptual Model of Service Quality and Its Implications for Future Research," *Journal of Marketing*, Vol. 49, Fall, pp.41~50.

고객의 주관적인 판단에 의존한다.

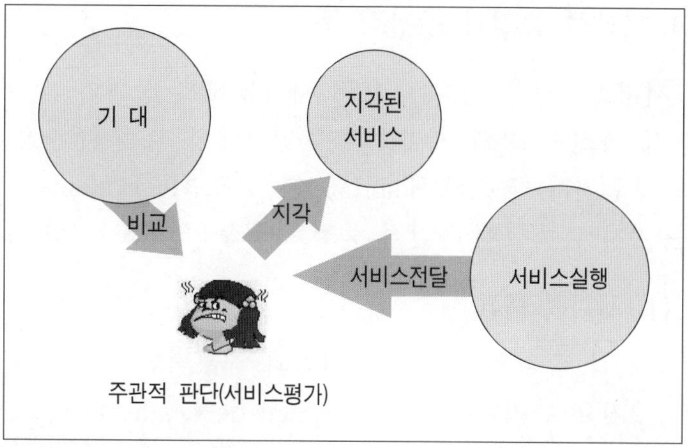

고객의 기대는 일정하지 않다. 항상 과거에 경험했던 서비스보다 더 나은 서비스를 제공받으려고 하며, 계속 더 나은 서비스를 제공받고 있기 때문에 가장 좋은 서비스에 대해 지금은 만족하지만 곧 익숙해져서 더 나은 서비스를 기대하게 된다. 그러므로 양질의 서비스란 고객의 기대에 어긋나지 않도록 지속적으로 고객의 기대에 순응해 나가는 것이다. 또 접객종사원의 서비스 능력과 태도가 서로 다르다. 그래서 서비스의 품질을 유지하는 데 많은 어려움이 따른다.

2. 서비스 품질의 지각

우수한 품질의 서비스를 인식하는 데는 여러 각도에서의 고찰이 필요하다. 서비스의 품질은 여러 가지 질적 요소들로 구성되지만, 각각의 질적 요소들은 인식의 방향에 따라서 다르게 이해될 수 있다. 서비스품질을 인식하는 데는 주관적 품질과 객관적 품질, 결과품질과 과정품질이 있다.[2] 그리고 서비스품질은 기대

---

2) Zeitham. Valarie A. and Mary Jo Bitner(1996), *Services Marketing*, New York : McGraw-Hill Co.

와 성과의 차이로 결정된다.

1) 객관적 품질과 주관적 품질

서비스품질의 정의는 모든 사람들에게 증거가 될 수 있는 객관적 품질과 함께 개별고객의 입장에서 보는 주관적 품질이 함께 포함된다. 홀브룩(Holbrook)과 코프만(Corfman)은 서비스품질을 기계적 품질과 인간적 품질로 구분[3]하기도 하였다.

(1) 객관적 품질

객관적 품질은 사물이나 사건의 객관적인 면이나 특징을 포함하는 것으로 기계적 품질(Mechanistic Quality)이라고도 한다. 서비스를 제공받은 당사자뿐만 아니라 누구에게나 보여질 수 있는 것으로 유형의 것과 무형의 것이 모두 포함된다. 호텔의 시설이나 항공기 내에서의 식음료서비스 순서, 여행상품의 일정표, 음식의 수준 등이 해당한다. 또한 서비스종사원의 용모와 태도 등의 무형의 부분이라도 객관적으로 모든 사람에게 확인될 수 있는 품질이 여기에 해당한다.

(2) 주관적 품질

주관적 품질은 직접 서비스를 제공받은 고객에게 지각된 품질을 말하며 인간적 품질(Humanistic Quality)이라고도 한다. 주관적 품질은 서비스에 대한 사람들의 주관적인 반응을 포함하기 때문에 개인차가 매우 크다. 예를 들어 연인과 단둘이 조용한 데이트를 원하는 커플이 식사를 하러 식당에 왔을 때 우수한 서비스를 내세우며 훌륭한 음식과 종사원의 친절한 서비스를 제공하기 위해 빈번한 관심을 보이는 서비스는 호젓한 데이트를 원하는 고객의 입장에서는 번거롭고 방해처럼 느껴질 수 있다.

---

3) Holbrook, M. B., and K. P. Corfman(1985), “Quality and Value in the Consumption Experience : Phaldrus Rides Again,” in Perceived Quality, J. Jacoby and J. Olson(eds.,), Lexington, Massachusetts : Lexington Books, pp.31~57.

2) 결과품질과 과정품질

좋은 서비스는 기술적 차원에서 우수한 능력을 갖고 서비스의 제공과정에서 기능적 차원의 품질을 고객이 지각할 수 있도록 해야 한다.

(1) 결과품질

결과품질은 고객이 제공된 서비스의 결과를 인식하고 그 결과에 따라 서비스의 품질을 판단하는 것이다. 이것은 기술적 차원의 품질로써 고객이 서비스 제공자와의 상호작용 후에 그 결과로 무엇(What)을 받느냐 하는 것을 말한다.

의료서비스의 경우 병의 치료라는 결과를 얻게 되고, 법률서비스의 경우에는 재판에서의 승소라는 결과를 가지듯이 호텔서비스는 안락한 숙박이나 멋진 식사라는 결과를, 여행서비스는 관광지 방문이라는 결과를 얻는다. 결과는 기술적 능력으로 나타나기 때문에, Grönroos(1983)는 기술품질이라고 했다.

기술적 차원의 우위는 곧 모방되어 다른 회사의 서비스와 뚜렷한 구분이 어려워진다. 반면에 서비스가 매우 복잡한 경우에는 뚜렷한 결과가 확인되기 어려워지므로 고객들이 결과를 쉽게 판단할 수가 없거나 심지어는 고객들은 제공된 서비스가 제대로 수행된 것인지조차 모르는 경우가 있다.

(2) 과정품질

과정(Process)품질은 기능적 차원의 품질로써 서비스 제공과정에서 고객이 서비스를 어떻게(How) 제공받고 서비스과정을 어떻게 경험하는가와 관련된 품질이다. 서비스가 고객에게 어떻게 제공되고 기능하는가에 대한 품질이므로 기능품질이라고도 한다.

고객은 자격이나 기술 이외에도 서비스제공자가 서비스의 제공과정에서도 공감성이나 훌륭한 태도 등을 발휘해 주기를 바란다. 스튜어디스의 용모가 단정하고 행동이 친절했는가, 종사원들이 고객을 배려하면서 일을 수행하는가, 관광가이드는 친절하고 성의 있게 행동하는가 등이 여기에 해당한다. 이 품질은 고객에게 주관적으로 인식되는데 서비스가 제공되는 과정에서 전체 서비스의 품질에 대한 고객의 인식을 바꿀 수도 있다. 과정품질이 낮다고 인식하면 기술적 서비스는 평가절하 되거나 아무 효력을 발휘하지 못한다. 반면에 과정품질을 통해서 고객에게 현저한 서비스품질의 차이를 인식시킬 수도 있다.

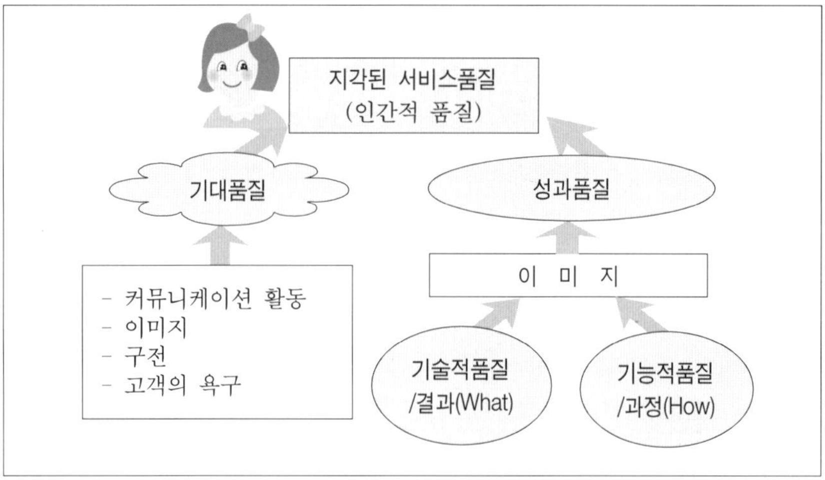

자료 : Grönroos, C.(1988), *Service Quality : The Six Criteria of Good Service Quality, Review of Business*, No. 3(New York : St. John's University Press), p.12.

3) 기대품질과 성과품질

서비스품질은 고객의 기대와 서비스경험 후의 성과로 결정되는데 양자 사이의 불일치 정도로 나타낸다. 서비스를 통해 받을 것이라고 생각하는 기대와 실제 서비스를 경험한 후 고객의 인식(성과)을 비교해서 기대감이 충족되면 만족하고, 기대감이 충족되지 못하면 불만족한다. 그러나 고객의 기대와 서비스성과는 모두 눈에 보이는 것이 아니고, 고객의 마음속에서 만들어지는데 사람마다 모두 다르다. 고객의 기대감은 커뮤니케이션, 구전, 기업의 이미지 그리고 고객의 욕구 등에 영향을 받는다. 서비스품질을 경험한 고객들이 서비스의 성과를 인식하는 데는 서비스의 기술적인 품질과 기능적인 품질이 중요한 영향을 끼친다.

3. 서비스품질의 결정요소

1) 10가지 차원의 결정요소

서비스는 때와 장소, 서비스 제공자, 서비스를 받는 사람에 따라서 일정하지 않기 때문에 서비스의 품질을 결정하는 요소를 찾는 것이 매우 어렵다. 따라서 서비스는 단일차원의 개념이 아니고 다중요인들(Multiple Factors)에 의해 품질이 평가된다. Parasuraman, Zeithaml, Berry 등은 서비스품질과 관련하여 고객들에 대한 표적집단면접과 탐색조사를 거쳐 고객들이 서비스 품질을 평가하는데 영향을 주는 결정요인으로 서비스품질 평가 10가지 차원을 도출하였다.[4]

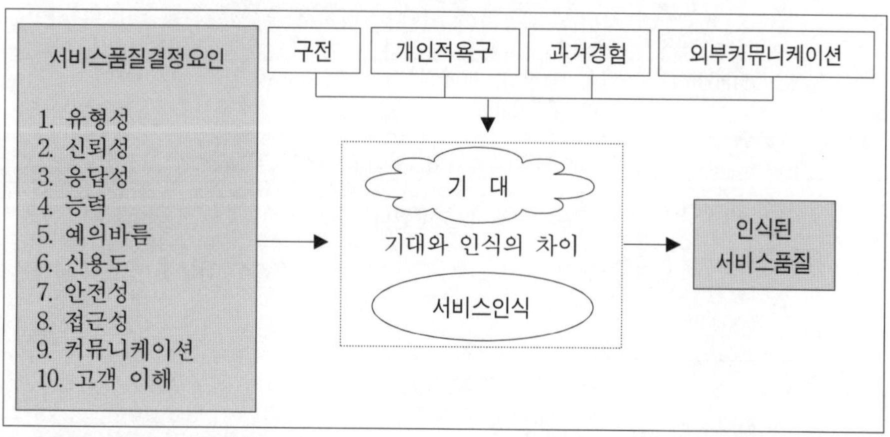

4) Parasuraman A., Valarie A. Zeithaml, and Leonard L. Berry(1985), "A Conceptual Model of Service Quality and Its Implication the Future", *Journal of Marketing*, Fall. pp.45~50.

품질 차원	뜻과 사례
1. 유형성 (Tangibles)	고객이 서비스를 제공받을 때 형태를 가지고 있어서 눈으로 확인할 수 있는 것들을 말한다. 물리적 시설, 설비나 장비, 종사원의 외모, 의사소통 도구의 외형 등 외형적 단서, 서비스시설 내의 다른 고객 등이 포함된다.
2. 신뢰성 (Reliabilities)	약속된 서비스를 정확하게 수행하는 능력이다. 서비스 수행의 철저함, 청구서 정확도, 정확한 기록, 약속시간 엄수 등이 해당한다.
3. 응답성 (Responsiveness)	고객에게 즉각적으로 반응하는 정도를 말한다. 고객을 돕고 즉각적인 서비스를 제공하려는 의지를 가지고 있어야 하며, 서비스의 적시성, 고객의 문의나 요구에 즉시 응답, 신속한 서비스의 제공 등으로 나타난다.
4. 능 력 (Competence)	실제 서비스를 수행하는데 필요한 기술과 지식을 가지고 있는 정도이다. 담당직원 뿐만 아니라 회사가 가지고 있는 지식과 기술의 정도 등이 해당한다. 특히 고객이 가진 문제를 해결해 주는데 막힘이 없어야 하고, 고객의 질문에 대해 막힘없이 정보를 제공할 수 있는 지식이 필요하다.
5. 예의바름 (Courtesy)	고객과 접촉하는 종사원의 친절과 배려, 공손함을 말한다. 대면하는 순간의 태도만이 아니라 서비스를 제공하는 전 과정에서 고객의 재산과 시간에 대한 배려, 담당 종사원의 정중한 태도 등이 충분히 표현되어야 한다.
6. 신용도 (Creditability)	서비스 제공자의 진실성, 정직성 등 고객에게 최대의 이익을 제공하려는 자세를 말한다. 여기에는 기업 평판, 기업의 이름, 종사원의 정직성, 강매의 정도, 접촉하고 있는 종사원의 개인적 특성 등이 포함된다.
7. 안전성 (Security)	서비스에 대한 위험, 의심으로부터 자유를 말한다. 신체적 안전을 포함하는 물리적 안전, 경제적 손실이 없도록 하는 금전적 안전, 비밀 보장 등이 포함된다.
8. 접근가능성 (Access)	고객이 서비스를 제공받기 위해 접근이 가능한 정도와 쉬운 접촉을 말한다. 즉 전화예약, 대기시간의 정도, 서비스 제공시간 및 장소의 편리성 등이 해당된다.
9. 의사소통 (Communication)	고객의 말에 귀를 기울이고, 고객에게 쉬운 말로 알리는 것을 말한다. 회사가 고객에게 서비스에 대한 설명을 해주고, 서비스 비용에 대한 자세한 설명을 해 주며, 문제해결에 대한 보증을 하고, 고객에게 제공되는 서비스와 고객이 지급하는 비용 사이의 상쇄관계에 대한 설명 등이 여기에 포함된다.
10.고객이해 (Understanding the Customer)	고객과 그들의 욕구를 알려는 노력을 말한다. 기업이 고객의 구체적 요구사항을 파악하고, 고객에게 개별적인 관심을 제공하며, 특히 정규고객의 파악과 그들에 대한 인정 등이 포함된다.

그러나 10개 차원들은 상호간에 중복되는 부분이 있어서 그 내용을 명확하게 구별할 수 없었다. 그래서 1988년 서비스품질을 '특정 서비스의 우수성에 관한 개인의 전반적 판단 혹은 태도'로 정의하고 상호 중복되는 차원들을 통합하고 10개 차원을 5개로 축소하였다.

2) 5개 차원의 SERVQUAL

Parasuraman과 Zeithaml, Berry(1988)는 서비스품질을 결정하는 10가지 요소에 대한 실증적 연구를 통해 5개 차원의 22개 항목으로 압축하여 서비스 품질평가의 결정변수를 도출하였다. 이 SERVQUAL은 서비스품질 측정방법으로 서비스산업에 폭넓게 이용되고 있다. 이 다섯 가지의 서비스차원의 상대적 중요도는 신뢰성, 반응성, 확신성, 공감성, 유형성의 순으로 나타났다.

구 분	신뢰성	반응성	확신성	공감성	유형성
백분율(%)	32%	22%	19%	16%	11%

자료 : 이유재

(1) 신뢰성(Reliability)

믿을 수 있고 정확한 임무수행을 하는 것이다. 특히 약속된 서비스를 정확하게 수행하는 능력을 말한다(ability to perform the promised service dependably and accurately). 5개의 서비스품질 차원들 중에서 고객들의 인식을 결정하는데 가장 중요한 요소로 고객들은 서비스의 속성에 대한 약속을 정확하게 이행하기를 바란다.

(2) 반응성(Responsiveness)

즉각적이고 도움이 되는 것을 말한다. 고객을 돕고 신속한 서비스를 제공하겠다는 의지를 나타낸다(willingness to help customers and provide prompt service). 고객들의 요구, 질문, 불평 및 문제를 처리하는 데 있어 항상 고객에게 관심을 보이고 관심이 있는 것을 확인시켜 주어야 한다. 보통 반응성은 응답성이라고도 하여 고객의 질문이나 요청에 대해 도움을 받는 데 걸리는 시간으로 인식된다. 무엇보다 중요한 것은 고객들의 관점에서 지속적으로 고객에게 반응을 나타내 주는 것이다.

(3) 확신성(Assurance)

능력, 공손함, 믿음직함 그리고 안전성이 해당되는데 직원의 지식과 친절, 신뢰와 믿음 등의 확실한 정도를 말한다(employee's knowledge and courtesy and their ability to inspire trust and confidence). 서비스종사원이 뛰어난 지식과 예의를 가지고 있어서 고객을 위한 서비스를 제공해 줄 것이라는 확신을 갖게 되는 것을 말한다. 고객은 자신이 지급한 서비스의 대가에 대해 항상 불안하게 생각한다. 서비스의 결과에 대해 기대를 할 수는 있지만 확신을 하기는 어렵기 때문이다.

(4) 공감성(Empathy)

쉽게 접근할 수 있고, 의사소통이 잘되며 고객을 잘 이해하는 것으로 고객에 대해 사려 깊은 개별적인 관심을 보이는 것을 말한다(caring individualized attention given to customers including easy access and good communication).

공감성은 고객에게 개인화된 맞춤 서비스를 제공함으로써 독특하고 특별한 서비스를 제공할 수 있다.

(5) 유형성(Tangibles)

서비스에서 보여지는 물적 요소들의 겉모습이다. 물적 시설, 장비, 서비스 직원의 외모, 태도 등이다(appearance of physical elements). 이러한 요소들은 고객들이 서비스의 품질을 평가할 때 가장 먼저 사용하는 단서가 된다. 특히 호텔, 레스토랑, 소매점 등과 같이 고객이 시설을 직접 방문하여 서비스를 제공받는 시설을 기반으로 하는 서비스의 경우에 중요하게 강조되고 있다.

3) SERVQUAL 설문지의 예

이상의 다섯 가지 항목으로 구성된 SERVQUAL 설문지의 문항은 다음과 같다. 여기서 각 문항은 7점 척도로, 각 극단에 '전혀 그렇지 않다'와 '매우 그렇다'로 측정된다. 서비스 성과의 지각에 대한 문항 역시 동일한 방법으로 측정된다.

항목	구분	문 항
유형성	기대	· 우수한 기업은 최신장비를 갖추고 있을 것이다. · 우수한 기업의 시설은 시각적으로 보기에 좋을 것이다. · 우수한 기업의 직원은 옷차림과 용모가 단정할 것이다. · 우수한 기업은 업무에 적합한 시설과 분위기를 갖출 것이다.
	지각	· ___기업은 최신장비를 갖추고 있다. · ___기업의 시설은 시각적으로 보기에 좋다. · ___기업의 직원은 옷차림과 용모가 단정하다. · ___기업은 업무에 적합한 시설과 분위기를 갖추었다.
신뢰성	기대	· 우수한 기업은 정해진 시간 안에 업무처리를 약속했다면 반드시 지킬 것이다. · 고객에게 문제가 생겼을 때 우수한 기업은 관심을 보이고 해결해 줄 것이다. · 우수한 기업은 믿고 의지할 수 있을 것이다. · 우수한 기업은 약속한 시간에 서비스를 제공할 것이다. · 우수한 기업은 업무기록을 정확하게 유지할 것이다.
	지각	· ___기업은 정해진 시간 안에 업무처리를 약속했다면 반드시 지킨다. · 고객에게 문제가 생겼을 때 ___기업은 관심을 보이고 해결해 준다. · ___기업은 믿고 의지할 수 있다. · ___기업은 약속한 시간에 서비스를 제공한다. · ___기업은 업무기록을 정확하게 유지한다.
반응성	기대	· 우수한 기업은 고객들에게 언제 업무를 처리해 줄 것인지 말해 줄 것이다. · 우수한 기업의 직원들은 고객에게 즉각적인 서비스를 제공할 것이다. · 우수한 기업의 직원들은 항상 자발적으로 고객을 도울 것이다. · 우수한 기업의 직원들은 아주 바쁠 때에도 고객의 요구에 신속하게 대응해야 할 것이다.
	지각	· ___기업은 고객들에게 언제 업무를 처리해 줄 것인지 말해 준다. · ___기업의 직원들은 고객에게 즉각적인 서비스를 제공한다. · ___기업의 직원들은 항상 자발적으로 고객을 돕는다. · ___기업의 직원들은 아주 바쁠 때에도 고객의 요구에 신속하게 대응한다.

확실성	기대	· 고객은 우수한 기업의 직원을 신뢰할 수 있을 것이다. · 우수한 기업은 고객이 안심하고 거래하기 위한 안전을 확보할 것이다. · 우수한 기업의 직원들은 예의가 바르고 공손할 것이다. · 우수한 기업의 직원들은 고객의 질문에 답변할 충분한 지식을 가지고 있을 것이다.
	지각	· 고객은 ____기업의 직원을 신뢰할 수 있을 것이다. · ____기업은 고객이 안심하고 거래하기 위한 안전을 확보할 것이다. · ____기업의 직원들은 예의가 바르고 공손할 것이다. · ____기업의 직원들은 고객의 질문에 답변할 충분한 지식을 가지고 있을 것이다.
공감성	기대	· 우수한 기업은 고객에게 개별적인 관심을 기울일 것이다. · 우수한 기업은 고객이 편리하게 이용할 수 있게 영업시간을 맞출 것이다. · 우수한 기업의 직원들은 고객에게 개인적으로 관심을 기울일 것이다. · 우수한 기업은 고객의 이익을 진심으로 생각해 줄 것이다. · 우수한 기업의 직원은 고객의 필요를 이해할 것이다.
	지각	· ____기업은 고객에게 개별적인 관심을 기울인다. · ____기업은 고객이 편리하게 이용할 수 있게 영업시간을 맞춘다. · ____기업의 직원들은 고객에게 개인적으로 관심을 가진다. · ____기업은 고객의 이익을 진심으로 생각한다. · ____기업의 직원은 고객의 필요를 이해한다.

제2절 서비스품질 모형

1. 서비스품질 모형의 뜻

서비스품질은 서비스가 고객이 기대한 품질과 서비스를 제공받은 후에 지각하는 품질을 일치시켜 만족에 도달하도록 하기 위해서는 적절하게 관리되어야 한다. 서비스의 품질관리는 다음과 같은 과정을 통해서 이루어진다.

① 고객기대를 정확하게 인식한다.

② 기대에 적합한 서비스를 계획한다.

③ 고객에게 올바르게 제공한다.

그런데 이 과정에는 여러 가지 차이(GAP)가 발생한다. 이런 차이들의 존재에 대해서 Zeithaml, Berry and Parasuraman은 서비스 조직 내에는 4가지 갭(GAP I, II, III, IV)이 존재하는 것을 확인했으며, 이러한 4가지 차이들이 고객의 기대와 고객이 실제로 받은 것 사이의 갭(GAP V)을 만든다[5]고 했다.

서비스의 품질을 개선하기 위해서는 각 4가지 갭의 원인들을 밝혀내고 그 갭을 줄일 수 있는 전략을 개발해야 최종으로 고객 기대와 실제서비스와의 차이인 GAP V를 줄여서 만족에 도달할 수 있다. 이를 그림으로 나타내면 다음과 같다.

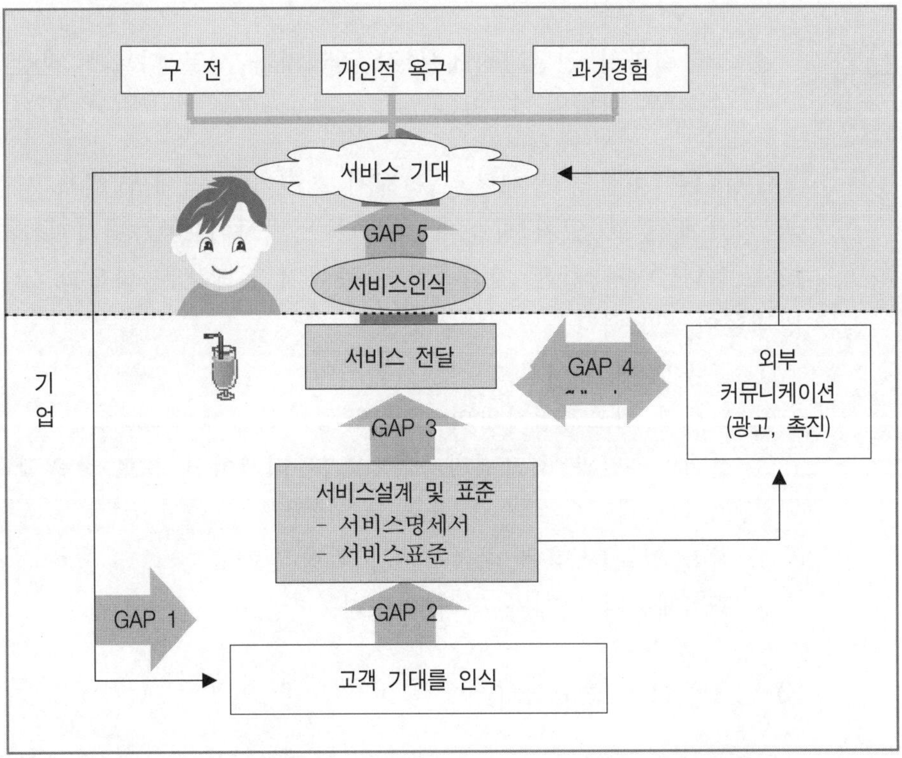

5) Zeithaml. B. A., L. L. Berry, and A. Parasuraman(1988), "Communication and Control Processes in the Delivery of Service Quality," *Journal of Marketing*, April. pp.35~48.

1) GAP Ⅰ : 지식격차

GAP Ⅰ은 회사가 고객의 기대를 제대로 알지 못했을 경우이다. 회사는 고객이 서비스에 대해서 갖고 있는 기대를 알기 위해 시장조사, 표적 집단조사 등을 한다. 그러나 조사를 하는 과정에서 다음과 같은 문제가 발생할 수 있다.

① 조사과정에 문제가 있어서 잘못된 조사결과가 나올 수도 있다.
② 표적집단의 기대가 실제 고객들의 기대와 다를 수 있다.
③ 고객의 기대를 조사한 결과가 회사의 내부에서 잘못 전달될 수 있다.
④ 조사결과의 전달과정에서 각 관리자가 서로 다르게 지각하고 잘못 판단할 수 있다.

GAP Ⅰ은 이상의 문제들로 인해서 회사가 고객에 대해서 사실과 다르게 알고 있기 때문에 나타나는 격차이므로 '지식격차'라고도 한다. 이와 같은 지식격차를 줄이기 위해서는 다음과 같은 방법들이 필요하다.

① 고객에 대한 시장조사를 강화하여야 한다.
② 고객과 최고경영자와의 대화가 증가하여야 한다.
③ 접객종사원과 최고경영자와의 커뮤니케이션 통로가 원활하여야 한다.
④ 직접 얼굴을 맞댄 대화창구가 바람직하다.
⑤ 조직계층의 단계가 적어야 한다.

2) GAP Ⅱ : 표준격차

GAP Ⅱ는 회사가 고객의 기대를 제대로 잘 알고 있으면서도 이를 바탕으로 서비스품질 기준을 만들 때 고객의 기대를 제대로 반영하지 못하는 경우에 발생한다. 이 격차는 서비스표준을 만들어 내는 과정에서 고객의 서비스에 대한 기대와 일치시키지 못하기 때문에 나타나는 격차이기 때문에 표준격차라고 한다.

표준격차가 발생하는 이유는 회사의 인적자원의 부족, 자금의 부족, 시장상황과의 불일치, 또는 구성원의 부정적인 반대견해 등이다. 서비스표준이란 가장 이상적인 서비스를 정해놓고 그 서비스에 도달하고자 하는 현실적이고 구체적인 서비스지침이다. 그래서 서비스표준을 만들 때는 다음과 같은 점에 유의해야 한다.

① 고객이 편하고 호감을 느끼는 서비스가 되도록 한다.
② 종사원이 스스로가 개선 가능한 내용을 설정한다.
③ 현실과 시대적 성향을 포함한다.
④ 누가 해도 정확한 판단이 나올 수 있도록 구체적으로 명시한다.
⑤ 표준결정은 현장담당자, 모니터링 전문가, 경영자가 공동으로 참여한다.

3) GAP III : 전달격차

GAP Ⅲ는 종사원의 서비스가 서비스표준과 다를 때 발생한다. 즉 종사원에 의해서 서비스가 실제로 수행되었는데 그 결과가 서비스표준이 기록된 서비스명세서와 일치하지 않을 때를 말한다. 서비스명세서는 서비스직원이 서비스를 제대로 수행할 수 있도록 자세한 행동요령을 기술한 것인데, 서비스직원에 의해 제대로 수행되어야 한다. 그렇지만 서비스직원이 서비스명세서와 다르게 행동한다면 제공된 서비스는 서비스표준과는 다른 서비스가 되기 때문에 고객의 기대와 일치하지 않는 다른 결과가 나타난다. 서비스종사원은 서비스를 전달하는 과정에서 다음과 같은 문제가 발생할 수 있다.

① 직원이 명세서를 정확하게 숙지하지 못했을 때
② 직원이 능력이 부족해서 제대로 서비스를 수행할 수 없을 때
③ 직원이 서비스명세서 대로 수행하기를 거부할 때
④ 직원이 업무에 대해 태만할 때 등

이것은 잘 만들어진 서비스가 서비스직원에 의해 고객에게 전달되는 과정에서 차이가 발생하기 때문에 '전달격차'라고 한다. 여기서는 서비스직원의 행동이 가장 중요하다. 전달격차를 줄이기 위한 방법은 다음과 같다.

① 팀워크가 좋아야 한다.
② 서비스종사원들에게 서비스에 대한 충분한 교육과 훈련이 필요하다.
③ 서비스를 수행할 수 있는 충분한 기술을 제공하여야 한다.
④ 서비스를 제공하는 종사원에게 어느 정도 통제력을 부여하여야 한다.
⑤ 개인의 목표와 조직의 목표가 서로 일치하도록 하여야 한다.
⑥ 종사원이 수행하는 직무를 분명하게 규정하여야 한다.

4) GAP IV : 커뮤니케이션 격차

GAP Ⅳ는 서비스종사원에 의해 제공되는 서비스와 외부커뮤니케이션에 의해 전달된 서비스가 서로 다를 때 나타나는 격차이다. 회사는 서비스에 대한 우수성을 외부에 알리고 좋은 이미지를 형성하기 위해 광고나 홍보활동 등을 하는데 이런 활동은 고객에게 영향을 끼치게 된다. 고객은 광고, 홍보, 구전 등에 의해 회사와 서비스에 대한 이미지를 형성하게 되는데, 이러한 이미지는 고객의 기대뿐만 아니라 제공받은 서비스를 지각할 때에도 영향을 끼친다.

예를 들어 과대광고를 하는 경우 고객이 서비스에 대해서 갖는 기대를 크게 할 수는 있다. 그러나 동시에 서비스명세서 대로 서비스를 잘 전달한 서비스종사원의 서비스에 대해서 전달받은 고객은 자신이 제공받은 서비스를 지각할 때 수준에 미달하는 것으로 지각하게 할 수도 있다.

이것은 고객에게 서비스를 알리는 과정에서 잘못 알리게 되어 나타나는 격차이므로 커뮤니케이션 격차라고 한다. 커뮤니케이션

격차를 줄이기 위한 방법은 다음과 같다.

① 부서간의 수평적 커뮤니케이션을 원활하게 하여야 한다.

② 과대광고를 하지 말아야 한다.

5) GAP V : 기대와 인식의 차이

고객은 실제 서비스를 제공받은 후에는 사전에 서비스에 대해 갖고 있던 기대와 비교하게 된다. 회사가 고객의 기대를 잘 파악하고 기대에 맞는 서비스표준을 정하고 이를 명세서로 만들어 서비스종사원이 훌륭하게 전달하며 외부커뮤니케이션을 통해 이러한 서비스에 대해 올바르게 알렸다면 고객의 기대와 인식의 차이는 줄어들어 만족에 도달할 가능성이 크다.

그렇지만 GAP I에서 GAP Ⅳ까지의 격차가 커질수록 고객이 기대했던 서비스와 서비스를 제공받은 후 인식된 서비스가 일치하지 않을 때 GAP V가 발생한다. GAP V는 고객의 기대와 실제 제공된 서비스에 대한 인식의 차이를 보여준다. 따라서 GAP V를 줄여서 고객만족에 도달하기 위해서는 GAP I에서 GAP Ⅳ까지의 격차를 줄이는데 노력을 기울여야 한다.

2. 서비스품질관리 프로그램

고객이 기대하는 서비스를 생산하고 제공했을 때 이것을 고객이 인식하는 과정에서 여러 가지 갭이 발생할 수 있기 때문에 서비스품질은 관리되어야 한다. 그뢴루스(Grönroos, C.)가 제시한 서비스품질 관리프로그램은 서비스컨셉트 개발, 고객기대관리, 서비스 성과관리, 물리적 환경관리, 고객 참여관리 등 크게 다섯 가지의 하위 프로그램으로 구성되어 있다.[6]

---

6) Grönroos, C. (1986), *Developing Service Quality : Some Managerial Implications*, In Möller, K. & Paltschik, M., eds., Contemporary Research in Marketing, Vol. 2, The X Ⅶth Annual Conference of the European Marketing Academy, Helsinki. Finland.

1) 서비스컨셉트 개발

서비스컨셉트(Concept)는 서비스가 고객에게 반드시 전해주어야 하는 주요 핵심가치이다. 서비스컨셉트는 업무의 성격과 내용, 고객의 유형 그리고 회사의 경영가치 등이 고려되어 설정되는데 이에 따라 종사원의 서비스지침인 서비스표준이 만들어진다. 따라서 배낭여행 전문여행사와 허니문 전문여행사의 서비스컨셉트는 서로 다르고, 비즈니스호텔과 휴양지 리조트호텔의 서비스컨셉트는 서로 다르다. '가족 같은 서비스', '귀족적인 서비스', '품격을 지켜주는 서비스', '저렴하고 신속한 서비스' 등과 같은 내용이 될 수 있다.

고객만족을 위해서는 회사 내의 모든 구성원은 고객지향적인 서비스컨셉트를 구축해야 한다. 고객이 기대하는 서비스를 찾아내고 이것을 제공하는 과정에는 모든 구성원이 자신의 역할을 다해야 하는데, 이 과정에서 고객지향적인 서비스컨셉트를 구축하지 못하면 여러 가지 갭이 발생하게 된다. 서비스컨셉트는 회사의 여러 자원을 관리하고 여러 가지 서비스활동을 통제하는 기준이 될 수 있다.

〈사례〉 외식업계 서비스컨셉트 개발경쟁[7)]

외식업계가 외식산업 급팽창과 이에 따른 경쟁심화에 따라 차별화한 브랜드 컨셉트로 승부를 걸고 있다. 15일 업계에 따르면 푸드스타에서 운영하는 T.G.I. FRIDAY'S는 '고객 환상체험 레스토랑'이라는 슬로건 아래 고객만족을 위한 최상의 서비스 제공을 브랜드 컨셉트로 정했다. 이를 위해 지난 92년 오픈과 동시에 시작한 주문시 손님과 눈높이를 맞춘 '퍼피독(Puppy Dog) 서비스'시스템을 한층 강화했다.

푸드빌의 중저가 패밀리레스토랑 '스카이락'은 가족동반 고객을 주요 타깃으로 영업을 펼치고 있다. 또 이 회사의 테이크&샐러드 레스토랑 '빕스'는 불고기 양념을 이용한 한국풍 스테이크를 개발, 경쟁업체와 차별화했다.

---

7) 파이낸셜, 2002. 04. 15일자.

순수 국내브랜드의 집합체 '썬앳푸드'는 전문성을 지닌 레스토랑을 강조한다. 대표 브랜드인 '토니로마스'는 '국내 유일의 바비큐 립 전문점'을 슬로건으로 맛의 차별화를, 순수 국내 파스타 전문점 '스파게띠아'는 이미 자리잡은 파스타전문점들과의 경쟁을 위해 국내 최초로 넉넉한 양의 볼 서비스를 실시해 나눠먹는 스파게티 개념을 대중화시켰다.

패스트푸드 전문점 맥도날드는 '가족을 위한 공간'이 브랜드 컨셉트다. 이에 따라 맥도날드는 고객들이 편하고 즐거운 시간을 보내고 있는지 보살피는 '호스티스' 제도를 운영하고 있다. 또 패밀리레스토랑 마르쉐는 유기농 식자재 사용을 널리 알리기 위해 유기농 요리대회, 고객 유기농 체험행사 등을 실시하고 있다.

이외에도 테마파크형 복합 엔터테인먼트 공간 '스누피플레이스'는 만화 '피너츠'의 캐릭터 스누피와 찰리 브라운 등 주요 캐릭터들을 테마로 레스토랑을 구성해 식사와 쇼핑 · 엔터테인먼트를 함께 즐길 수 있도록 했다.

2) 고객 기대관리

관광서비스에 대한 고객의 기대는 서비스의 품질을 인식하는데 중요한 역할을 수행하기 때문에 바람직한 결과를 위해서는 관리되어야 한다.

(1) 과대한 약속은 피한다

과대한 약속은 높은 수준의 기대를 갖게 하지만 실제서비스가 이에 따르지 못하면 고객이 서비스의 결과를 인식하는 데 부정적인 영향을 끼칠 수 있다. 따라서 서비스에 대한 과대한 약속의 유혹에서 벗어나서 정확한 서비스정보를 제공하는 것이 회사의 좋은 품질 이미지를 달성하는데 도움이 된다.

(2) 고객에게 서비스의 올바른 이용과 관련한 정보를 제공한다

고객에게 서비스 이용의 적절한 시기, 고객 자신의 욕구를 충촉시킬 수 있는 방법 또는 서비스가 수행되는 과정을 설명해 줌으로써 고객의 이해와 지식을 증대시키고 잘못된 기대를 갖지 않게 할 수 있다. 서비스에 대한 지식을 갖게 되면 고객은 욕구를 충족시킬 수 있는 바람직한 의사결정을 할 수 있으며 이것은 만족과 직결된다.

(3) 변화하는 고객의 기대에 대응한다

고객의 기대는 시간과 상황에 따라 끊임없이 변화한다. 그리고 경제적 상황, 기술발전, 유행이나 가치의 변화 등에 영향을 받는다. 예를 들어 여행에서 철도나 항공기 등 운송수단은 장소의 이동을 해결하는 수단이었다. 따라서 얼마나 빨리 가느냐 하는 문제가 중요했고 빨리 가는 열차에 대해 더 많은 요금을 지급하였다. 그러나 경제와 기술의 발달로 고객의 기대수준이 향상되는 것과 더불어 기대의 관점도 변하고 있다. 열차의 속도가 아니라 어떤 편의시설을 갖추고 있는지, 좌석은 안락한지, 승무원은 친절한지 하는 요소들이 매우 중요하게 대두되었다. 따라서 서비스 기업은 고객의 기대변화를 예측해서 변화에 대응해야 한다. 이를 위해서는 서비스품질관리 프로그램에 외부 커뮤니케이션 활동의 비중을 확대해야 한다.

3) 서비스성과 관리

서비스성과란 고객이 서비스를 통해서 얻게 되는 전체 서비스 경험을 말한다. 여기에는 기술적 품질과 기능적 품질이 모두 해당한다. 기술적 품질은 물적 활동이나 서비스시스템 등이다. 기능적 품질은 서비스종사원과 고객과의 상호작용 과정에 의한 결과물이다. 서비스종사원이 고객과의 상호작용을 성공적으로 이루어냄으로써 고객이 바람직한 서비스성과를 얻을 수 있도록 해야 한다. 따라서 서비스는 고객의 욕구에 맞춰 개발된 서비스 컨셉트에 따라서 개발되어야 할 뿐만 아니라, 서비스가 의도한 대로의 결과를 얻어냈는지를 관리해야 한다. 성과의 관리를 위해서 기술적으로 자동화가 가능한 영역은 자동화시스템으로 대체함으로써 서비스직원의 잘못을 줄일 수 있으며, 서비스성과를 일정하게 유지할 수 있다.

4) 물리적 환경관리

물리적 환경은 서비스 제공과 관련된 유형적 요소들이다. 고객의 기대를 관리하는 것은 서비스 제공 이전의 기대를 보증하는 것이며, 물리적 환경의 관리는 서비스 제공 중 또는 제공 후의 인식형성과 관련이 있다. 고객은 물리적 환경에 쉽게 접근할 수 있으며 평가하기도 쉬우므로 이러한 측면의 관리는 제공되는 서비스의 품질에 대한 전체적인 인상을 통제할 수 있다.

5) 고객참여관리

관광서비스의 특성상 서비스생산에 고객의 참여가 필연적이기 때문에, 가급적이면 고객들에게 서비스 공급자와 상호작용과정에서 어떻게 행동해야 하는지에 대해 조언해 줌으로써 자기 스스로 결정적 순간(Moment of Truth)에 긍정적인 영향을 미치도록 할 필요가 있다. 고객들이 어떻게 해야 할지를 잘 모른다거나 공급자의 기대와는 다르게 행동하게 될 경우 서비스 품질이 악화될 수도 있기 때문이다. 그렇게 되면 다른 고객들을 오래 기다리게 한다거나 분위기를 어색하게 하는 등 전반적인 서비스의 품질을 저하시킬 수도 있다. 이 때문에 서비스 품질관리에서 고객참여는 적절히 관리할 필요가 있다.

3. 품질향상을 위한 종사원 자세

서비스기업이 서비스를 계획할 때나, 서비스종사원들이 고객들에게 서비스를 제공할 때에는 고객들이 서비스품질을 평가하는 다섯 가지의 결정변수를 고려해야 한다. 고객들은 서비스에 대해 보기 좋고, 민첩하며, 예절과 능력을 통해 정확성을 보여주고, 이해심이 많고, 무엇보다도 신뢰할 수 있기를 바란다. 그 중에서도 서비스기업이 또는 서비스제공자가 '하겠다'고 말했다면 그것은 반드시 해야 한다. 서비스에 대한 약속은 가장 우선적으로 반드시 지켜져야 한다. 고객을 직접 대해야 하는 접객종사자들이 다섯 가지 요인들을 실천할 수 있는 자세를 살펴보면 다음과 같다.

1) 신뢰감 주기

신뢰성이란 서비스에 대한 약속을 지키는 것이다. 즉 회사나 직원이 고객을 위해 하겠다고 한 약속을 반드시 지키고 수행하는 것이다. 고객 입장에서 볼 때 서비스에서 주는 약속은 세 가지 차원이 있다. 회사 차원의 약속, 일반적 기대, 개인적인 약속이다.

모든 차원 약속은 고객의 입장에서는 동일한 가치를 갖는 것이기 때문에 약속이 철저히 지켜지도록 관리되어야 한다. 만일 약속을 지킬 수 없을 경우 가장 먼저 해야 할 일은 사과하는 것이다. 회사나 다른 직원을 비난하면서 책임을 전가하기보다는 진심 어린 사과를 재빨리 하는 것이 회사와 서비스 그리고 직원 자신을 위해서도 바람직하다. 무엇보다도 사과만이 깨질 뻔한 신뢰감을 회복할 수 있는 기회가 된다.

(1) 회사 차원의 약속

회사 차원의 약속이란 회사가 광고나 계약서 등을 통해 고객과 한 약속들이다. 여행상품을 구입할 때에는 계약서와 약관에 의한 약속을 하게 되고 광고를 통해서도 여러 가지 문구로 약속을 하게 된다.

(2) 일반적 기대

일반적 기대란 고객이 경험에 근거해서 당연히 받을 수 있다고 추측하는 서비스들이다. 예를 들어 많은 호텔의 식당들은 “외투 보관소에 맡긴 물품에 대해서 분실책임을 지지 않습니다”라고 경고를 붙이지만, 고객들은 외투를 안내원에게 건넬 때에는 그 외투는 안전할 것이라고 생각한다.

(3) 개인적인 약속

개인적인 약속은 서비스종사원이 고객과 직접 한 약속이다. 비록 구두상 약속이더라도 직원과 고객의 약속은 곧 회사와 고객의 약속과 동일한 효과를 갖는다. 따라서 약속한 것은 반드시 지키고 지킬 수 있는 약속만 하는 것이 신뢰감을 주는 최선의 길이다.

2) 민첩한 인상

고객의 인내심은 그리 길지 않다. 고객이 서비스를 받는데 인내하면서까지 기다려야 할 필요가 없기 때문이다. 고객은 언제라도 먼저 욕구를 충족시켜 주는 서비스를 찾아간다. 이렇게 예민한 고객을 만족시키기 위해서 빠른 서비스를 내세우고 있으며 도미노피자의 경우는 30분 내에 배달이 안 될 경우 할인을 보장한다.

(1) 심리적 시간

고객들의 시간개념은 심리적 측면이 강하기 때문에 실제로 재빠르게 움직이거나 서두르는 것보다 더 중요한 것은 고객에게 즉시 응답하고 반응을 보임으로써 고객의 시간을 소중하게 여기고 민첩하기 위해 노력한다는 인상을 주는 것이다. 고객이 막연히 기다려야 하는 짜증나는 경험을 줄이고 늦어질지도 모른다는 부담을 없애려면 약간 여유를 둔 시간을 제시한 후 약속한 시간을 지킴으로써 민첩성을 얻고 더불어 신뢰성도 얻어낼 수 있다.

(2) 지속적인 관심과 반응전달

만일 고객을 기다리게 했을 경우에는 기다리는 시간 동안 고객에게 관심을 주어야 한다. 고객이 느끼는 기다림의 불쾌함은 물리적 시간이 아니라 심리적 시간에 더 크게 작용하므로 반드시 기다리는 고객에게 고객을 잊지 않고 있다는 인상을 주기 위해 계속적인 관심을 주고 고객에게 반응을 나타냄으로써 빠른 처리를 위해 노력하고 있다는 느낌을 전달해 주어야 한다.

3) 확실하다는 인식

친절, 훌륭한 매너, 정중한 태도 등은 중요하지만 이것만으로 좋은 서비스가 되는 것은 아니다. 반가운 인사와 판에 박은 듯한 밝은 미소도 좋지만 전문가다운 노련함을 보여 주는 것이 고객을 더 안심시킨다. 특히 고가의 서비스일수록 잘 훈련된 노련한 서비스 전문가를 기대한다.

서비스종사원은 적절한 상품지식과 유능한 서비스제공기술을 갖도록 잘 훈련되어야 한다. 고객은 접객종사원이 고객이 구매하는 상품에 대한 완전한 지식, 회사를 대표할 만큼의 회사에 대한 지식을 가지고 고객의 말을 들어주고 고객의 문제를 해결해 주기를 바란다.

그러므로 서비스종사원은 자신의 일에 능력과 자신감을 보여주어야 한다. 특히 현대의 고객들은 제품이나 서비스에 대해 많은 정보를 가지고 있으며, 오히려 서비스직원보다도 더 많은 정보를 가지는 경우도 많다. 서비스 제공자가 서투르게 아는 체할 경우 확신성을 잃고 신뢰성까지 잃게 된다. 훌륭한 서비스직원은 언제나 일을 처리하는 데 전문가로 보이도록 해야 한다.

(1) 자신감 있는 인상

고객이 안심하도록 자신감 있는 인상을 심어주는 것은 첫인상부터이다. 고객을 대하는 순간 서비스직원의 모든 인상이 그대로 고객에게 서비스에 대한 인상으로 심어진다. 복장, 걸음걸이, 몸짓, 가만히 앉아 있는 모습, 말하는 태도, 시선, 응대태도, 다른 고객을 대하는 태도 등을 한꺼번에 받아들이게 된다. 고객은 다음의 예와 같이 지적이고 친절한 사람이 신속하고 자신감 있게 제공해주는 믿음직스러운 서비스를 받고 싶어한다.

〈사례〉

며칠 전 아내와 백화점에 갔다. 둘째 처남의 생일이 다가와 운동화 선물을 하기 위해서였다. 첫번째 들른 유명 스포츠브랜드의 매장에는 손님이 많았다. 잘 알려진 브랜드라 장사도 잘 되는 것 같았다. 나와 아내는 그곳에서 한참을 고르고 있었지만 종사원들은 내게 눈길도 주지 않았다. 간신히 눈을 마주친 종사원에게 조깅용 운동화는 어디에 있는지 물어볼 수 있었다. 거기서 마음에 드는 디자인의 사이즈를 말했다. 하지만 내가 원하는 사이즈는 품절이란다.

할 수 없이 그곳에서 나와 다른 매장으로 들어갔다. 젊은 청년이 활짝 웃으며 씩씩하게 인사했다. 그의 미소에 마음이 편해져 조깅용 운동화를 찾는다고 하니 청년이 씩 웃으며 “솔직히 농구화는 모 회사가 잘 만듭니다. 하지만 조깅화는 우리 회사 제품이 최고이기 때문에 자신 있게 추천드릴 수 있습니다”고 말하며 우리를 안내했다.

결론부터 말하면 나는 청년의 태도에 감동돼 가장 비싼 운동화를 내 것까지 두 켤레나 구입했다. 사실 집에 운동화가 몇 켤레나 있었지만 말이다. 그런 직원을 고용하고 있는 메이커에 대한 신뢰까지 저절로 들 정도였다. 고객을 감동시켰을 뿐 아니라 조깅화는 그 청년의 회사 제품이 제일 좋다는 생각을 내 머리 속에 심어놓은 것이다.[8]

(2) 업무에 대한 해박한 지식

고객은 관광서비스 종사원이 관광과 관련한 완전한 지식을 가지고 있기를 바란다. 그래서 고객이 궁금한 사항에 대해 종사원이 즉각 설명을 해 줄 수 있어야 한다. 고객에 따라서는 관광과 관련하여 많은 경험을 가지고 있고 해박한 지식을 갖추고 있는 사람도 있다. 그러므로 관광서비스 종사원은 항상 전문지식을 향상시키려는 노력을 기울여야 한다. 관광분야는 매우 광범위한 지식영역을 포함한다. 특히 역사, 지리, 문화, 교통 등과 관련한 정보와 지식을 갖추도록 해야 한다. 고객은 종사원이 해박한 지식을 가지고 있다는 것을 확인할 때 안심할 수 있다.

여행사 직원은 여행상품 뿐만 아니라 여행지와 관련한 정보, 비자업무, 여권업무, 여행사보험 관련업무, 항공스케줄 등 관련업무 등 막힘 없이 대화할 수 있고 처리할 수 있는 능력을 갖추어야 한다. 이런 능력으로는 다음과 같은 것이 있다.

① 직원은 말로써 명확하게 관광상품을 제시할 수 있다.
② 직원은 솜씨 있게 상품을 홍보하고 선전할 수 있다.
③ 직원은 고객에게 상품을 추천하고 전문적 조언을 할 수 있다.
④ 전문적인 자세로 고객의 요청에 응할 수 있는 능력을 가지고 있다.
⑤ 상품에 대한 정확한 정보를 줄 수 있다.

---

8) 파이낸셜, 2002년 05월 16일자.

(3) 회사에 관한 지식을 갖추고 있어야 한다

고객은 욕구를 충족시키기 위해 서비스를 찾는다. 종사원이 욕구를 해결해 주기를 바라지만, 고객은 서비스종사원과의 접점에서 접객종사원이 회사의 대표가 아니라는 사실을 잘 안다. 그렇지만 최소한 종사원이 회사조직을 잘 알고 있어서 회사 내에서 그 방법을 찾아주기를 바란다.

고객들은 한 사람의 직원이 자신의 욕구를 충족시켜 주기를 바라기 때문에 서비스종사원은 자신의 업무뿐만 아니라 다른 업무에 대해서도 관심을 기울이고 있어야 한다. 만일 고객의 요청이 권한을 넘어선 일이라면 적어도 회사 내에서 그 문제를 해결해 줄 만한 사람에게 고객을 안내하고 특별한 배려를 보여주어야 하기 때문이다.

(4) 경청과 문제해결 기술

① 경청의 기술

고객들은 자신들의 욕구를 직원에게 설명할 때 자신의 말에 직원이 귀 기울여 주고 이해해 주면서 잘 대응해 주기를 바란다. 따라서 직원은 고객이 필요로 하는 것들을 잘 알아차려야 하고, 잘 모를 때에는 고객이 원하는 방향의 질문을 해서 알도록 한다. 이렇게 하는 것은 고객에게 깊은 관심을 가지고 있다는 것을 보여주게 되고 고객의 말을 주의 깊게 듣고 일을 수행함으로써 고객의 욕구를 충족시켜 줄 수 있다.

② 문제해결 기술

고객들은 일이 잘못되었을 때 발생된 문제를 직원이 먼저 나서서 해결해 주기를 바라고 문제가 신속하게 해결되기를 바란다. 따라서 직원은 고객의 문제에 관심을 가지고 고객의 입장에서 서둘러 일을 처리할 수 있어야 한다. 고객이 보는 앞에서 곤란한 표정을 짓거나 고객에게 내부의 허점이나 문제가 있었음을 드러내서는 안 된다. 다만, 고객을 배려하는데 최선을 다하고 있다는 것을 충분히 보이도록 하고 고객의 문제가 신속하게 해결되는데 최선을 다해야 한다.

4) 이해심 보여주기

(1) 고객을 특별한 한 사람으로 인식하기

고객들은 단지 서비스가 필요한 똑같은 고객집단 중의 한 사람으로서가 아니라 특별한 한 개인으로 소중하게 여겨지는 서비스를 제공받기를 원한다. 따라서 서비스에서는 고객에게 고객을 이해하고 있다는 것을 반드시 알려주어야 한다. 개별고객을 이해하고 고객에게 알맞는 효과적이고 전문적인 서비스를 제공하는 방법을 찾는 것은 직접 고객에게 서비스를 제공하는 직원이 해야 할 일이다.

호텔 연회부의 예약담당 직원이 다음 두 명의 고객을 어떻게 응대할 것인지 생각해 보자. 한 사람은 처음으로 중요한 연회를 기획하기 때문에 매우 긴장되고 두려움에 차 있는 사람이고, 또 한 사람은 여러 번 성공적인 연회를 기획했기 때문에 자신감이 넘치고 오히려 필요한 사항을 적극적으로 요구하려는 태도가 역력하다. 이 두 고객에 대한 응대는 어떻게 해야 할까? 우선 전자의 경우는 고객이 긴장을 풀고 대화할 수 있도록 하고 일이 잘 처리될 수 있다는 느낌을 주어 두려움을 없애도록 해야 할 것이다. 그러나 후자의 고객에게는 똑같은 방식으로 접근하면 짜증을 낼 것이다. 이 경우는 고객의 능숙함을 칭찬하고 인정해 주면서 동반자로서 도움을 제공하고자 하는 모습으로 응대해야 한다.

(2) 이해심 있는 반응하기

중요한 것은 고객에 대한 인간적 이해이다. 고객의 마음을 이해하되, 고객의 감정에 휩싸여 함께 흥분하는 등 휘말리는 일이 없어야 한다. 화가 난 고객에게 "저도 화가 납니다"라고 하기보다는 "얼마나 화가 나시는지 이해할 수 있습니다"라고 하는 것이 이해심 있는 반응인 것이다. 이해심을 가지고 고객을 대하면 차분한 마음으로 상황을 통제할 수 있기 때문이다. 이해를 받은 고객은 자신이 중요한 사람으로 대접받고 있으며 자신의 감정이나 태도가 위로받고 있다고 생각한다.

5) 실제로 보여주기

서비스는 그 존재를 알기 어렵다. 서비스와 관련한 것들이 매우 복잡하게 서술되는 이유 중 하나가 서비스가 눈에 보이지 않고 알 수 없다는 것이다. 그러나 서비스에도 눈에 보이는 측면이 있고 이것들은 서비스를 제공하는데 눈에 보이지 않는 면들의 가치를 전달해 주는 중요한 통로이다.

(1) 시설과 장비

회사가 갖추고 있는 최신의 장비와 시설들이 시각적으로도 우수해 보여야 하고 보기 좋게 배열되어 있어야 한다. 식당서비스의 경우 식당에 들어가기 전의 광고, 주차 여부, 주차장의 청결함, 건물 주변의 위생상태, 겉모습, 간판의 모양 등을 보고 그 식당의 서비스를 예측하고 평가한다. 식당 문을 열고 들어가서 좌석에 앉기까지 종사원의 첫인상, 태도, 내부의 청결함, 향기, 테이블과 좌석의 상태, 화장실, 실내장식 등을 보고 그 식당의 서비스를 예측하고 평가한다. 식사를 주문하고 먹는 동안은 메뉴판, 식기류, 세팅의 방식, 음식의 모양, 맛 등을 평가한다. 식사 후에는 나올 때가지 계산서의 상태, 계산하는 태도, 배웅하는 태도 등을 평가한다.

(2) 용모와 복장

서비스종사원의 복장은 맡은 일과 고객의 기대 그리고 고객에게 전달하고자 하는 내용에 따라 달라진다. 청결함과 단정함은 반드시 지켜져야 하는데 겉모습은 능력과도 연결되기 때문이다. 그래서 복장은 고객에 대한 존중을 표시할 뿐만 아니라 전문성을 보여야 한다. 장신구나 개성을 드러내는 일은 자제해야 하는데 화려한 장신구는 전문성을 약하게 할 수 있다.

① 용모·복장 체크 리스트(여성)

항 목	체크 포인트	YES	NO
1. 머리	· 어깨에 닿는 길이는 묶고 있는가?		
	· 앞머리는 눈썹에 닿지 않는가?		
	· 머리색은 자연색인가?		
	· 일하기 좋은 머리모양인가?		
	· 고무줄, 리본, 핀 등은 검정/감색/고동색을 사용하는가?		
2. 화장	· 화장은 내추럴한 화장을 하고 있나?		
	· 마스카라, 아이라인을 하는 경우는 엷게 하고 있는가?		
	· 볼터치는 엷은가?		
	· 립스틱은 붉은 계열을 하고 있는가?		
3. 유니폼	· 단추는 확실히 달려 있는가?		
	· 튿어짐, 얼룩, 주름은 없는가?		
	· 어깨에 비듬은 떨어져 있지 않는가?		
	· 주머니에 물건을 많이 넣지는 않았는가?		
4. 손	· 손톱은 항상 청결하고, 길지 않은가?		
	· 매니큐어는 투명하거나 엷은가?(식당은 바르지 않는다)		
5. 장식	· 결혼반지 이외의 액세서리를 착용하지 않았는가?		
6. 양말	· 스타킹은 업장의 규정에 맞는 색을 착용하고 있는가?		
7. 구두	· 지정된 구두를 착용하고 있는가?		
	· 잘 닦여져 있는가?		
	· 뒷축은 닳지 않았는가?		
	· 발 Size에 맞는 신발을 신고 있는가?		
8. 시계	· 지나치게 화려하거나 크지는 않나?		

② 용모·복장 체크리스트(남성편)

항 목	체크 포인트	YES	NO
1. 머리	· 머리의 길이는 드레스셔츠 깃에 닿지 않는 길이인가?		
	· 앞머리는 눈썹에 닿지 않는가?		
	· 머리색은 자연색인가?		
	· 퍼머는 하지 않았는가?		
	· 정발용 제품은 냄새가 강하지 않은가?		
	· 빗질은 자주 하고 있는가?		
2. 얼굴	· 수염은 깨끗이 면도했는가?		
	· 입냄새가 나지 않는가?		
	· 눈은 충혈되지 않았는가? 안경은 깨끗이 닦았는가?		
3. 셔츠	· 깃과 소매끝은 깨끗한가?		
	· 색상과 무늬는 각 업장규정에 맞는가?		
4. 넥타이	· 얼룩, 구김은 없는가?		
	· 타이는 올바르게 매어져 있는가? 길이는 적당한가?		
5. 유니폼	· 단추는 떨어지지 않았는가?		
	· 얼룩, 구김, 틀어짐은 없는가?		
	· 어깨에 비듬은 떨어져 있지 않는가?		
	· 바지의 다림질은 잘 되어 있는가?		
6. 손	· 항상 깨끗이 하고 있는가?		
	· 손톱은 청결하고 길지 않은가?		
7. 장신구	· 반지를 끼지 않고 있는가?(결혼반지 제외)		
8. 양말	· 청결한가?		
	· 검정색이나 짙은 청색 양말을 신고 있는가?		
9. 구두	· 근무화를 신고 있는가?		
	· 잘 닦여져 있는가?		
	· 뒷축은 닳지 않았는가?		
10. 시계	· 지나치게 화려하거나 크지는 않나?		

제9장

관광서비스의 접점관리

제9장 관광서비스의 접점관리

제1절 고객접점의 개념

1. 고객접점의 뜻과 개념

1) 고객접점의 뜻

고객접점이란 회사가 고객과 접촉하는 순간을 말한다. 넓은 의미의 고객접점은 회사의 상품, 이미지, 광고, 전화, 팩스, 인터넷, 직원 등 모든 수단을 포함하여 고객이 회사의 서비스를 접하는 모든 순간을 말한다. 그러나 좁은 의미의 고객접점이란 서비스를 제공하는 직원이 고객과 대면하는 순간을 말한다.

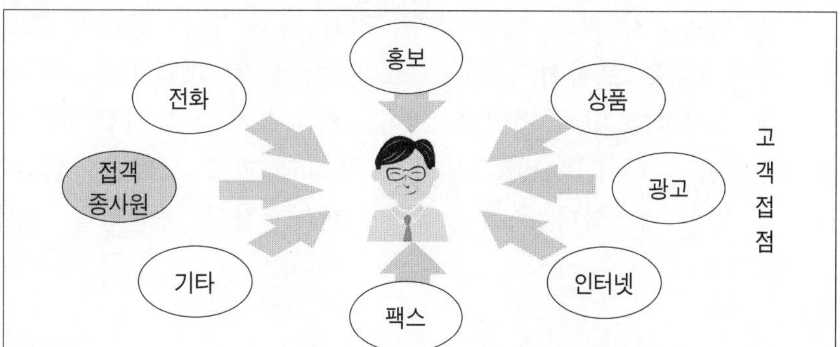

2) 서비스접점의 개념

고객과 서비스가 만나는 접점의 개념을 정의하는 데 학자에 따라서 다르게 나타나고 있다. 서비스의 접점은 상호작용, 제공기간, 결정적 순간 등으로 정의되고 있다.

(1) 상호작용

슈페트낭과 솔로몬(Surprenant and Solomon)은 서비스접점이란 고객과 서비스 제공자 간의 상호작용으로 정의하고 서비스접점을 고객이 직접 서비스를 받는 동안의 시간인 점을 강조하였다. 따라서 상호작용 측면에서 서비스접점이란 서비스가 제공되는 상황에서 일어나는 서비스 제공자와 고객간의 일대일 상호작용이다. 이것은 서비스접점에 관한 최초의 정의이며, 서비스접점이 서비스환경에서 일어나는 인간 상호간의 직접적인 상호작용의 시점으로 정의하였다.

(2) 서비스 제공기간

이것은 특정한 서비스가 제공되는 기간 동안 고객이 상호작용을 하게 되는 서비스기업의 모든 측면을 포함한 개념이다. 그리고 서비스접점이란 서비스 제공기간이고 소비자와 서비스가 직접적으로 작용하는 기간으로 정의하였다. 여기에는 직원, 물리적 시설 및 기타 유형적인 요소들이 포괄적으로 포함된다.

이 개념은 서비스 제공자와 고객 사이에 일어나는 상호작용만을 의미하지 않고 다른 직원, 시설 등과 같은 물리적 요소와의 상호작용을 포함하고 있으므로 좀더 넓은 개념으로 서비스접점을 인식하고 있는 것이다. 서비스접점이 사실상 사람과의 상호작용뿐만 아니라, 주변의 분위기, 물리적 환경 등에 더 많은 영향을 받을 수 있다는 측면에서 서비스접점의 중요성을 제시하고 있다.

(3) 결정적 순간

결정적 순간(Moment of Truth)은 '기업과 고객이 접촉하는 순간을 관리해야 한다'는 것으로 투우와 투우사의 관계처럼 고객과 기업이 얼굴을 마주친 후 가장 강렬하게 기억에 남는 사건과 그 사건을 일으킨 결정적 순간이 있다는 개념이다.

결정적 순간은 광고, 전화, 얼굴을 맞댄 대화서비스를 이용할 때, 청구서를 받았을 때, 불만을 토로할 때 등 여러 경우에서 시간과 장소에 구애됨이 없이 발생하며, 고객은 결정적 순간에 기업이 제공하는 서비스의 품질과 함께 심지어 재방문 또는 재구매 여부까지도 판단해 버린다는 점이다. 따라서 효과적인 서비스를 제공하기 위해서는 개개의 결정적 순간이 전체 서비스품질에 미치는 영향을 파악하여 그 영향력을 크기 순서로 구분할 필요가 있다.

이러한 영향력은 서비스전략을 수립하고 실행 시스템을 설계하는 데 필요한 자원의 분배와 보완에 필수적 요소로 작용한다. 고객과 접촉하는 15초의 시간, 이 시간 동안에 기업은 모든 서비스의 품질이 평가되기 때문에 이 짧은 "결정적 순간"이야 말로 기업이 성공적으로 존립할 것이냐 아니냐를 판가름하는 순간들이며, 동시에 고객이 자신의 선택이 최선이었다는 것을 판단할 수 있는 시간이 된다.

2. 서비스접점의 형태

1) 접점대상에 따른 구분

서비스회사가 고객과 접하는 접점은 인간 대 사물의 접점과 인간 대 인간의 접점으로 나눌 수 있다. 인간 대 사물의 접점은 고객과 회사의 물적자원이 접촉하는 것으로 회사의 겉모습, 내부의 청결상태, 실내장식, 상품의 진열상태, 시설, 안내표지판, 휴식공간 등이다. 인간 대 인간의 접점은 주차안내원, 화장실 청소부, 판매사원 등 고객과 서비스종사원이 대면하는 접점을 말한다.

고객에게는 두 가지 접점은 모두 중요하다. 고객은 매 접점의 순간마다 만족과 불만족을 느끼고 있기 때문이다. 회사의 입장에서는 인간 대 인간의 접점이 중요한데, 그것은 인간 대 인간의 접점에서 훌륭한 서비스로 만족을 이끌어냈을 때는 인간 대 사물의 접점에서 나타나는 불만족을 회복할 수 있지만, 반대로 인간 대 인간의 접점에서 불만족을 일으켰다면 인간 대 사물의 접점에서 보인 만족은 사라지기 때문이다.

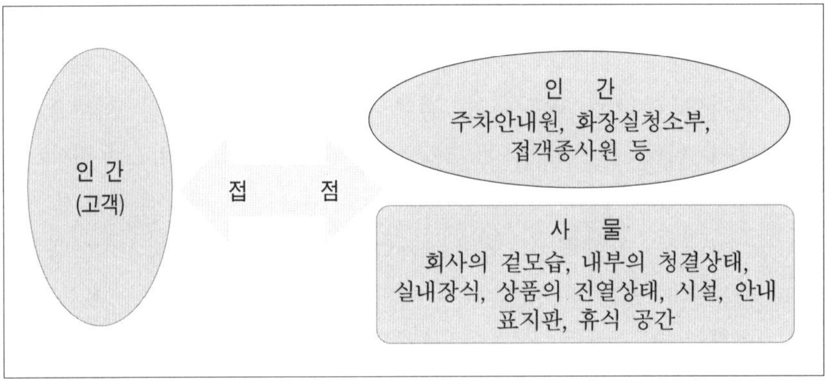

2) 접점 형태에 따른 분류

서비스접점은 원거리접점(Remote Encounter), 전화접점(Phone Encounter), 대면접점(Face-to-Face Encounter)으로 구분되며, 고객들은 한 가지의 접점 또는 여러 가지 접점의 결합으로 서비스 기업과의 관계를 경험하게 된다.

(1) 원거리접점

원거리접점은 사람과의 직접적인 접촉이 없이 일어난다. 인터넷을 통한 거래, 현금자동인출기를 통한 은행과의 접촉, 자동발매기를 통해 티켓발매회사와의 접촉, 전화 또는 우편주문 등을 통해 통신주문 서비스를 경험하는 경우 등이 여기에 해당된다. 따라서 사람이 아닌 사물이나 시스템이 고객의 품질인식에 영향을 주는데 서버나 홈페이지 품질, 서비스의 유형적 증거, 시스템, 기술적 과정품질 등이 서비스품질을 판단하는 기준이 된다.

(2) 전화접점

전화를 통한 접점은 전화라는 통신수단을 이용하여 고객이 서비스기업과 목소리로 만나는 경우이다. 고객과 서비스기업 간에 가장 빈번하게 일어나는 접점의 한 형태로서 모든 기업들이 고객서비스의 방법으로 사용하는 전화조회 및 주문접수 등에서 발생하게 된다. 전화 접점에서 품질판단은 원거리접점보다 고객과 좀더 다양한 형태의 상호작용이 일어나기 때문에 복잡해진다. 품질판단의 요소로는 전화응대를 하는 종사원의 목소리의 크기 및 성의있는 대화, 직원의 지식, 효율적으로 고객을 다루는지의 여부 등이 판단의 기준이 된다.

(3) 대면접점

고객과 서비스종사원 간에 직접적인 만남을 통해 접촉이 일어나는 접점이다. 서비스현장에서 고객과 직원이 만나는데 이때 서비스종사원은 고객과 접촉의 가능성이 있는 모든 사람이 포함된다. 그래서 대면접점에서 서비스품질을 결정하는 것은 세 가지 형태의 접점 중에서 가장 복잡하다. 직원의 복장, 시설이나 물리적 환경 등의 서비스 상징물이 유형적 단서로 중요하게 작용한다. 또 직원의 태도, 표정 및 언어적 행동이 서비스품질을 결정하는 중요한 기준이 되고, 또다른 고객도 서비스품질을 만들어 내는 데 중요한 역할을 한다.

3. 결정적 순간

1) 결정적 순간의 뜻

결정적 순간(MOT : Moment of Truth)란 고객이 기업의 종사원 혹은 기업의 특정 자원과 접촉하며 서비스의 품질을 인식하는데 영향을 미치는 상황을 말한다.[1] 이 말은 본래 투우에서 소의 숨통을 끊기 위해 마지막 일격을 가하게 되는 '결정적 순간'에서 힌트를 얻어 발전시킨 용어이다. 즉 투우사가 소의 급소를 찌르는 순간을 말하는데, '피하려 해도 피할 수 없는 순간' 또는 '실패가 허용되지 않는 매우 중요한 순간'을 의미한다. 얀 칼슨이 스칸디나비안 항공사 경영에 성공적으로 도입한 이후 MOT는 회사의 종사원이 고객을 마주치는 접점(Contact point)에서의 여러 순간들을 의미하는 용어가 되었다.

결정적 순간은 지극히 짧은 순간이지만 서비스 제공자가 고객에게 서비스의 품질을 보여줄 수 있는 기회로서 고객의 서비스에 대한 인상을 좌우한다. 이와 비슷한 개념으로 서비스 제공자와 고객이 만나게 된다는 의미로 서비스 조우(Service Encounter)라고 하기도 한다.

2) MOT의 유래

MOT란 "Moment of Truth"의 약자로 "진실의 순간" 또는 "진실된 순간"이라고 한다. 이 용어를 세계적으로 마케팅부문에서 가장 처음 사용한 사람은 스웨덴의 마케팅 학자 리차드 노만(Nornam)이다. 그 이전에는 고객과의 접촉(Encounter)에 적용되던 용어 중의 하나일 뿐이었다.

스칸디나비아 항공사(SAS : Scandinavian Airlines System) 사장인 얀 칼슨(Jan Carlzon)이 그의 저서에서 접촉순간의 중요성을 강조한 이후 고객과의 접촉을 표현하는 대표적인 용어가 되어 버렸다. 1981년 당시 39세의 나이로 적자에 허덕이던 스칸디나비아 항공사의 사장으로 취임한 얀 칼슨은 취임하자마자 모든 회사의 경영목표와 전략을 고객의 입장에서 생각하며 고객의 욕구를 충족시키는 방향으로 전환하면서, 147가지의 고객서비스 프로젝트를 실행하였다.

이 과정에서 1년에 1,000만명의 고객이 SAS항공사를 이용하고

---

1) Carlzon, J. (1987), Moments of Truth, Cambridge, Mass : Ballinger.

있으며, 한 고객이 티케팅에서 기내에 탑승할 때까지 다섯명의 직원과 접촉하게 됨을 알게 되었다. 그리고 1회의 접촉시간은 15초였고 1년 동안 고객과 항공사 직원 사이에는 5천만번의 만남이 이루어지고 있었다. 5천만번의 MOT에서의 고객 서비스가 어떻게 이루어지느냐에 따라서 회사의 경영성패가 좌우되는 것이었다.

그는 「고객을 순간에 만족시켜라 : 결정적 순간」이라는 책에서 한 순간 한 순간이 스칸디나비아 항공사의 성공을 좌우하기 때문에 모든 종사원들은 이 결정적 순간이 항공사 전체 이미지를 결정한다는 사실을 인식해야 한다고 역설했다. 결정적 순간의 개념을 도입한 후 불과 1년 만에 스칸디나비아항공은 연 800만달러의 적자에서 7,100만달러의 이익을 내는 흑자경영으로 전환하는 기적을 이뤄냈다.

3) 결정적 순간의 중요성

칼슨은 MOT의 개념을 소개하면서 불결한 기내식의 식판을 자주 예로 들었다. 만약 승객들이 자신의 식판이 지저분하다는 것을 발견하게 된다면, 그 순간 탑승하고 있는 비행기가 불결하다고 느끼게 된다는 것이다. MOT는 서비스 제공자가 고객에게 서비스품질을 보여 줄 수 있는 극히 짧은 시간이지만, 회사의 서비스 전체에 대한 고객의 인상을 좌우하는 극히 중요한 순간이었다.

결정적 순간은 고객이 서비스를 제공하는 조직과 어떤 형태로 접촉하든지 간에 발생하며, 결정적 순간들이 쌓여 서비스 전체의 품질이 결정된다. 따라서 고객을 상대하는 종사원들은 고객을 대하는 짧은 순간에 고객들로 하여금 최선의 선택을 했다는 기분이 들도록 만들어야 한다. 결정적인 순간의 중요성은 구체적으로 보면 다음과 같다.

(1) MOT의 연속

고객이 서비스를 받을 때 서비스는 MOT의 연속으로 이루어진다. 호텔식당의 MOT를 살펴보면, 식사를 위한 예약을 할 때,

차를 주차할 때, 호텔에 들어설 때, 식당에 들어설 때, 좌석을 안내 받을 때, 주문을 할 때, 음식이 제공될 때(코스별로 제공될 경우 매 순간), 잠시 화장실에 들를 때, 지급을 할 때, 그리고 호텔을 나설 때 등 MOT의 연속으로 이루어져 있다. 항공사의 MOT를 살펴보면 다음과 같다.

- 정보를 얻기 위해 전화했을 때
- 예약할 때
- 공항 카운터에 갔을 때
- 순서를 기다리고 있을 때
- 탑승권 판매원이 고객을 카운터로 불렀을 때
- 요금 지급 및 탑승권 발행
- 출발 입구를 찾고 있을 때
- 보안 검사대를 통과할 때
- 출발 라운지에서 출발을 기다릴 때
- 티켓을 건네고 탑승할 때
- 탑승하여 승무원의 환영을 받을 때
- 좌석을 찾고 있을 때
- 수하물 보관소를 찾고 있을 때
- 좌석이 앉았을 때
- 기 타

(2) 곱셈의 법칙

고객이 경험하는 서비스품질이나 만족도는 연속된 MOT에서 각 서비스의 매 순간 나타난다. 이때 연속된 MOT들은 곱셈의 법칙이 적용된다. 고객은 서비스를 경험할 때 서비스를 제공받기 전에 가지고 있던 기대와 비추어서 매 순간 만족과 불만족이 교차하게 된다. 매 순간의 만족의 연속은 덧셈이 아니라 곱셈의 법칙이 적용되기 때문에 급격하게 만족은 커지게 된다. 그러나 MOT의 연속선상에서 단 한번의 불만족은 0점이 되고 동일하게 곱셈의 법칙이 적용되어 전체 서비스는 불만족한 서비스가 되는 것이다.

(3) 불만족 위험

수많은 접점의 순간마다 만족과 불만족이 교차되기 때문에 항상 불만족의 위험이 도사리고 있다. 따라서 서비스가 지향하는 고객만족을 위해서는 불만족이 없어야 하고, 기업과 종사원은 만족과 불만족이 교차하는 매 접점의 순간마다 긴장을 늦출 수 없다. 그래서 서비스접점에 있는 모든 직원의 업무는 고객을 마주하지 않는 청소부이던 고객에게 직접 서비스를 제공하는 종사원이던 간에 고객만족에 도달하는데 그 중요성이 덜한 곳이 없다. 아무리 사소한 순간이라도 불만족이 나타난다면 모든 서비스 노력에 치명적인 손상을 주게 된다.

4) 결정적 순간의 사례

각 사례에 등장하는 청소부, 판매사원 모두 겨우 10초에서 20초 가량의 대면에 불과하지만 이것이 고객접점이고 결정적 순간이다. 고객과의 접점은 짧지만 이 짧은 순간에 고객은 서비스를 평가하게 된다.

(1) 호텔의 화장실에 들렀을 때의 MOT

한 지방의 작은 호텔에서의 일이다. 주차장에 승용차를 주차하고 있을 때 주차안내원은 차량을 유도하거나 안내에는 관심이 없는 듯 동료와 잡담을 나누고 있었다. 또 화장실에 가려고 들어서는데 입구에서 청소부를 만났다. 청소부는 고객과는 전혀 관계가 없다는 듯 청소에만 열중하였다. 입구를 막아서고 청소를 하고 있었는데 고객이 들어오자 힐끗 쳐다보았지만 비켜가라는 뜻인지 계속 걸레질을 하고 있었기 때문에 전혀 고객에게 배려하는 몸짓이 없었다. 고객은 겨우 몸을 돌려 안으로 들어가서 일을 보고 나오려고 문을 여는데, 갑자기 대걸레가 안으로 쑥 들어와서 그 걸레에 다리가 걸려 넘어질 뻔하였다. 다행히 넘어지지는 않았지만 아주 놀랐고 당황스러웠다. 그럼에도 불구하고 청소부는 아무렇지도 않은 듯 계속 바닥만 보며 열심히 걸레질을 하고 있었다.

(2) 한 공항의 면세점에서의 MOT

비행기 출발시간이 1시간 30분 정도 남았다. 그래서 면세점을 둘러보는데 판매사원이 무료해서인지, 고객을 기다리느냐고 그러는지 입구 쪽으로 나와서 팔짱을 끼고 게이트 앞의 사람들을 바라보고 있었다. 왠지 그 직원을 비키게 하고 매장 안으로 들어가기가 꺼려졌다. 한 매장에 들어서니 비교적 한산했는데 판매사원 세 명이 모여 잡담을 나누고 있었으며 지나가는 고객을 힐끗힐끗 쳐다보며 이야기를 계속 나누고 있었다. 한 판매 여사원에게 찾는 물건의 위치를 물으니 "저 쪽이에요"라고 무성의하게 대답하고는 자기 상품의 고객이 아니니 관심이 없다는 듯이 돌아서 버렸다.

다시 찾은 매장에서 상품을 보는데 계속 손님을 따라다니며 손님이 만졌던 상품을 다시 반듯하게 놓는 등 마치 손님 때문에 매장이 어지럽혀지고 있다고 질책하는 듯했다. 결국 아무 것도 사지 못하고 마음만 상하고 돌아왔다.

(3) SAS(스칸디나비안 항공)의 우수 서비스사례

스톡홀름의 그랜드 호텔에 묵었던 루디 피터슨은 어느 날 동료와 함께 SAS로 코펜하겐으로 가기 위해 호텔에서 스톡홀름 북쪽에 있는 알란타 공항으로 갔다. 공항에 도착한 피터슨은 호텔에 항공권을 두고 왔음을 알았다. 항공권이 없으면 당연히 비행기를 탈 수 없기 때문에 코펜하겐의 회의장에 참석하는 것을 일단 단념한 채 혹시나 하고 SAS의 담당자에게 사정을 설명했더니 뜻밖에도 SAS의 담당자는 "걱정 마십시오. 피터슨 씨 탑승카드를 내드리겠습니다. 그랜드 호텔의 방 번호와 코펜하겐의 연락처만 가르쳐 주시면 나머지 일은 우리가 처리하겠습니다" 하며 미소를 띠었다.

피터슨이 대합실에서 비행기 탑승시간을 기다리고 있는 사이에 담당자가 호텔로 전화를 걸었다. 담당자는 곧바로 자기회사의 리무진을 호텔로 보내 항공권을 가져오도록 조치했다. 그리하여 피터슨이 코펜하겐의 비행기를 타기 전에 항공권이 그에게 전달되었다. SAS의 담당직원이 다가와서 “피터슨 씨 항공권이 도착했습니다.” 피터슨은 그저 놀라움을 금치 못했다. 항공회사의 업무 매뉴얼에는 항공권이 없으면 비행기에 고객을 탑승시킬 수 없었으며 이를 잘 알고 있는 피터슨도 자기의 사정을 SAS의 담당자는 고작 자기의 상사에게 보고하는 것으로 끝나리라 생각하지 않았을까? 아마도 피터슨은 그 후 SAS의 단골 고객이 되었을 것이다.

〈관광 방문국 이미지의 첫 관문〉

〈사례〉 1. 찌푸리는 인천공항[2)]

중국 상하이(上海)의 경제심장인 푸둥(浦東)에서 소규모 회사를 경영하는 중국인 장모(39)씨는 출장업무차 26일 한국행 비행기를 타고 인천공항에 내린 첫날부터 기분이 상했다. 장씨가 입국심사대에서 여권과 왕복 항공권 티켓을 내밀자 출입국심사 직원이 장씨를 위아래로 훑어보며 퉁명스럽게 말을 내던졌다. “돈은 얼마나 가지고 왔나?” “숙소는?” “여행목적은?” “마중나온 사람은?” 입국심사 직원은 인터뷰 내내 고압적인 자세였고 마치 범죄인 취조하듯 장씨에게 반말 투였다. 간단한 인사말이나 인터뷰에 대한 사전 양해는 한마디도 하지 않았다.

20일 싱가포르를 출발, 오전 6시쯤 인천공항에 도착한 염모(42)씨는 공항세관의 물품신고대에서 입국자들이 150m 이상 길게 줄을 서 있는 것을 보고 한 세관 여직원에게 이유를 물어봤다. 여직원은 “비행기 3대가 한꺼번에 내려서 그렇다”며 귀찮다는 투로 한마디 내뱉고는 휙 지나가 버렸다. 꼬불꼬불 이어진 줄이 뒤엉켜도 5~6명의 직원이 웃고 잡담만 할 뿐 질서 안내를 하지 않았다. 염씨는 가방을 찾는 데 무려 1시간 30분 넘게 걸렸다. 염씨는 “9·11 미국 테러참사 이후 아무리 수하물 검사가 까다로워졌다지만 1시간 30분 동안 안내방송 한번 하지 않은 것

2) 문화일보, 2002. 01. 01일자.

은 이해할 수 없는 일"이라며 분노를 터뜨렸다.

1992년 11월 공항건설을 위한 첫 삽을 뜨기 시작한 이후 8년 4개월에 걸친 7조 9000억원이 투입된 인천공항은 동북아시아 허브공항을 목표로 건설돼 시설면에서 세계 최고 수준을 자랑한다. 그러나 공항을 개항한 지 9개월이 넘었어도 공항을 움직이는 사람들의 구태의연한 모습은 사라지지 않고 있다. 공항 세관과 출입국관리사무소·경찰 등 민원인을 상대하는 일부 공무원의 무뚝뚝한 얼굴 표정, 고압적인 자세는 그대로여서 나라의 첫 관문에서부터 한국에 대한 인상을 흐리게 하고 있다. 특히 중국에는 지금 한국 붐이 거세게 불고 있는데 공항에서 중국인들이 차별받는 느낌을 준다면 한류 열풍에 찬물을 끼얹는 격이다.

〈사례〉 2. 서비스로 맞는 일본 관문

도쿄(東京) 도심에서 60여km 떨어져 있는 나리타(成田)공항은 국제선을 운항하고 있는 20여개 일본공항 가운데 최대의 수송실적을 자랑하는 일본의 관문이다. 일본의 입국심사과정은 신속, 엄격함, 친절로 압축된다. 지난달 24일 일본 나리타공항에 도착, 출국장으로 나오기까지 걸린 시간은 불과 몇 분. 검역과 입국심사, 수하물 검사 모두가 일사천리였다. 물론 입국에 특별한 문제가 없는 사람에 한한 경우다. 그러나 문제가 있는 경우라고 해도 당사자에게 불쾌감을 주는 경우는 거의 없다.

일본 항공사에서 10년 이상 승무원 생활을 한 정모(여·36)씨는 "일본의 세관공무원은 가방검사를 할 땐 '이 가방안의 소지품을 확인해도 되겠습니까'라며 정중하게 요청하고 나중에 가방을 함께 싸주는 등 서비스정신이 강하다"고 말했다. 일본이 입국심사에서 까다롭게 검사를 고집하는 나라는 동남아·중국·남미인 등이다. 일부 밀입국자들이 일본에서 범죄를 일으켜 종종 사회문제가 되기 때문이다. 특히 입국자들이 돈을 얼마나 가지고 왔는지 꼼꼼히 챙긴다. 체류기간 중 하루 최소 2만엔의 여비가 준비되어 있지 않으면 절대로 입국 스탬프를 찍어주지 않는다. 입국목적이 불분명하거나 카드내용이 부실할 때에는 일일이 인터뷰해 심사시간도 오래 걸린다. 다만, 입국심사 직원들의 인터뷰 요청이 당사자에게 불쾌감을 주는 일은 없다. 나리타 공항의 한 관계자는 "내국인에 대한 입국심사는 한국과 달라 컴퓨터인식시스템 화면에 여권만 대면 금방 신분확인이 되어 이상이 없으면 사실상 프리패스하는 것과 마찬가지"라고 말했다. "일본공항은 상주 정부기관의 행정편의주의가 거의 없다. 공항시스템 및 시설개선 요구가 합당하다 싶으면 바로 바로 공항운영에 반영한다"며 "한국도 서비스 개선이 조금만 이루어진다면 일본에 비해 손색없는 공항이 될 것"이라고 강조했다.

제2절 고객접점서비스 관리

1. 접점서비스 관리 뜻과 관점

1) 접점서비스 관리의 뜻

접점서비스는 서비스와 고객이 직접 상호작용을 하는 결정적 순간이 연속되고 서비스의 제공기간 동안 각 순간에는 만족과 불만족이 교차한다. 또 각 순간들이 만족으로 이어질 때에는 곱셈의 법칙이 적용되어 만족의 크기는 산술적 합계보다 훨씬 더 커지게 되지만, 불만족이 나타날 경우 전체 서비스는 불만족한 결과를 초래하게 되기 때문에 매우 중요하게 관리되어야 한다.

많은 서비스기업들이 고객의 기대를 알기 위해 노력하고 있고 고객의 행태관찰, 설문조사, 전화면접 등에 많은 비용을 지급하고 있다. 그렇지만 이런 활동만으로 고객의 기대를 정확하게 알기는 매우 어렵다. 고객은 자신의 마음을 잘 드러내지 않으려 하고, 또 이런 조사들을 귀찮게 여기기도 한다. 심지어는 고객 스스로도 자신의 기대를 정확하게 알지 못하는 경우도 있기 때문이다.

접점서비스를 관리하기 위해서는 '결정적인 순간'에는 고객과 상호작용을 하는 접객종사원이 최종의사결정권자가 되어야 한다. 접점서비스관리는 각 MOT의 연속에서 접객종사원이 불만족 요인을 제거하고 만족을 이끌어 낼 수 있도록 해야 한다. 이를 위해서는 서비스경험을 바탕으로 시시각각으로 변하는 고객의 기대를 파악하고 고객의 관점에서 바람직한 서비스가 될 수 있도록 서비스에 유연성을 발휘할 수 있어야 한다.

2) 고객의 관점에 의한 MOT 관리

접점서비스의 관점은 고객의 관점이어야 한다. 흔히 서비스종사자들은 접점서비스의 경험이 많을수록 고객의 욕구와 기대에 대해서 고객보다도 더 잘 알고 있는 것으로 생각한다. 그렇지만 서비스 제공자와 고객의 시각이 일치하지 않는 경우가 많다.

한 연구에서 컨벤션센터나 호텔에서 열리는 세미나의 휴식시간에 우선적으로 고려해야 할 5가지 요소를 조사해 보았다. 세미나 참석자들은 ① 커피나 홍차가 준비되어 있을 것, ② 신속하게 나갔다가 다시 돌아올 수 있을 것, ③ 화장실이 가까이 있어서 빠른 시간 내에 이용할 수 있을 것, ④ 자기 사무실에 손쉽게 연락을 취할 수 있도록 전화가 있을 것, ⑤ 다른 참석자들과 대화를 나눌 수 있는 충분한 공간이 있을 것과 같은 순서로 중요도를 평가하였다.

그러나 연회담당 전문매니저에게 동일한 질문을 하였더니 완전히 다른 대답이 나왔다. 이들이 제시한 상위 다섯 가지 항목은 ① 따뜻하고 향이 좋은 커피를 제때 내놓을 것, ② 기타 다과류를 준비할 것, ③ 서비스장소를 멋있게 꾸밀 것, ④ 깨끗하고 흠집이 나지 않은 식기를 사용할 것, ⑤ 깨끗한 테이블을 적절히 배치할 것의 순으로 나타났다. 연회담당 전문매니저들도 전화나 화장실이 있으면 좋겠다고 생각하지만, 테이블 준비나 다과를 보기 좋게 진열하는 것에 주의를 집중하고 만다. 그러나 고객들은 휴식시간에 화장실이 청소 때문에 잠겨 있거나 가까이 있는 전화가 장거리용이 아니라면 더 큰 불만을 느낀다.

이처럼 서비스 제공자와 고객의 기본적 시각이 다른 경우가 많기 때문에, MOT를 효과적으로 관리하기 위해서는 항상 고객의 목소리에 귀를 기울여야 한다. 경험 많은 종사원이나 상급자의 목소리가 고객의 목소리를 눌러서는 안된다.

2. 고객접점서비스 관리제도

고객접점 서비스는 서비스품질평가의 중요한 요소이므로 서비스기업은 다음과 같은 제도를 고객접점서비스 관리를 위해 사용하고 있다.

1) 고객제안제도

고객제안제도(VOC : Voice of Customer)는 '고객의 소리'라는 의미로 고객들이 이용하고 있는 서비스에 대한 전반적인 사항에 대한 의견을 전달할 수 있도록 하는 제도이다. 직원들의 친절의 정도, 서비스시스템상의 의견, 불만이나 의견 등 그 내용에 구애받지 않고 다양한 의견을 자유롭게 표현할 수 있는 제도이다. 전달방법은 우편, 전화, 엽서, 인터넷 등 다양한 방법이 사용되는데 제안된 의견은 관련부서를 거쳐 최고경영자에게 전달된다.

2) 불편/불만 처리제도

고객들의 불편사항을 처리하는 제도로 고객이 제기한 불편이나 불만을 원만하게 해결하기 위한 제도이다. 이를 위해 고객상담실을 운영하기도 하는데, 한국관광공사는 관광에 따르는 불편이나 불만을 처리하기 위해 '관광불편신고'제도를 운영하고 있다. 여기에 신고된 내용에 대해서는 한국관광공사가 즉각 처리한다.

이와 같이 직접 기업이나 기관을 통해 불편/불만을 표시하기도 하지만, 공중을 상대로 신문이나 인터넷을 통해서 불평하는 것은 서비스기업에게는 매우 치명적이다. 따라서 직접 불만을 표시해준 고객에게 감사의 마음으로 성의를 다해야 한다.

3) 서비스평가제도

서비스평가는 종사원의 서비스상태를 평가할 뿐만 아니라 평가요원이 종사원을 '자극'한다. 백화점의 경우는 억지로 반품도 해 보고 "상품권으로 1만원어치만 사겠다"고 요구해 종사원을 어이없게 만든 뒤 반응을 살피기도 한다. 자극기법의 극치는 국내 특급 호텔이 '투숙객을 가장해 룸서비스를 트집 잡고, 객실 기물을 파손해 달라'며 조사회사에 의뢰한 사례가 있다. 조사를 맡았던 한국리서치측은 "비상상황에 직원들이 어떻게 대처하는지를 호텔측은 알고 싶어했다"고 말했다. 이것은 고객접점의 중요성과 고객접점에서 접객서비스 종사원의 대처능력의 중요성을 파악한 회사의 노력을 보여준다. 이와같은 서비스 평가제도에는 모니터링, 전문기관 이용, 고객서비스팀 운용 등이 있다.

(1) 모니터링(Monitoring)

모니터링은 가장고객이 되어(Mystery Shopping) 대상 종사원이 모르게 서비스 현장을 점검하는 것을 말한다. 모니터링은 언제 실시하느냐에 따라 사전모니터링과 사후모니터링으로 나눈다. 사전모니터링은 현장의 서비스를 점검하고 나서 교육이나 서비스개선을 하는 경우이다. 사후모니터링은 교육을 실시하고 나서 혹은 시스템을 개선하고 나서 얼마나 변화되었는지 결과를 보는 것을 말한다. 일반적으로 모니터링 방법으로는 방문, 전화, 비디오 촬영 등이 있다.

(2) 전문기관 이용

필요에 따라 외부의 전문기관과 계약에 의하여 평가를 실시하는 경우이다. 서비스평가를 위해 각종 조사 전문기관인 한국갤럽, 한국리서치 등과 같은 전문기관에 고객만족과 서비스의 상태를 점검하도록 의뢰하는 제도이다.

오랜 경험과 전문적인 조사관련 지식을 바탕으로 하기 때문에 정확한 조사가 가능하다. 다만, 조사에 비용이 많이 들고 일정기간만을 대상으로 하기 때문에 지속적인 조사에 어려움이 있다.

(3) 고객 서비스팀의 운용

고객서비스를 전담하는 부서를 설치하고 고객서비스 관련 모든 사항을 점검, 조사, 연구, 검토하여 최고 경영자에게 직접 보고하도록 하는 제도이다. 최고경영자의 결심을 받아내서 신속하게 제도화시킴으로써 전체 서비스 수준을 향상시키도록 하는 제도이다.

3. 고객접점서비스 평가요소

고객접점서비스 평가요소는 현장에서 고객을 접촉하는 접객종사원의 역할이 서비스 품질평가에 미치는 영향이 매우 크다는 것을 알 수 있게 한다. 접객종사원이 우수한 서비스를 제공하기 위해서는 고객지향의 서비스시스템이 갖추어져야 하고, 종사원이 이를 잘 수행해야 한다. 따라서 평가요소는 접점업무 프로세스, 표준화된 서비스, 서비스 개선노력, 고객불만처리 및 서비스 회복 노력으로 이루어진다. 특히 접객서비스 종사원의 태도, 호감, 의사소통능력, 서비스 능력과 지식은 종사원을 평가하는 중요한 요소이다. 서비스종사원의 평가를 위해 암행평가가 널리 사용되고 있다.

1) 서비스현장의 평가요소

고객접점의 중요성 때문에 서비스의 품질평가에서 서비스종사원과 서비스현장에 대한 평가에 고객접점서비스 평가가 매우 중요하게 실시된다. 산업자원부 기술표준원에서 마련한 서비스품질인증제도에 의한 고객접점서비스 운영과 관련한 평가요소를 살펴보면 다음과 같다.

(1) 접점업무 프로세스의 고객지향성(30)

회사의 서비스 설계가 고객의 관점에서 고객 위주로 이루어져 있고, 운영되는가를 평가하는 것이다. 서비스 설계가 잘못 되었다면 서비스종사원의 서비스는 고객만족을 이끌어낼 수 없기 때문이다. 고객불만이 커지게 되면 종사원은 자신의 서비스에 문제가 있다고 생각하기 쉽고, 자책이나 상실감에 빠지기 쉽지만 서비스 설계가 바뀌지 않으면, 서비스는 나아지지 않는다.

① 고객접점(MOT) 프로세스관리는 적절하게 이루어지고 있는가?
② 고객접점 업무는 표준화/매뉴얼에 따라 적절하게 이행되고 있는가?
③ 고객접점 업무체제는 고객편의 위주로 설계 운영되고 있는가?

(2) 서비스표준(화) 설정 및 이행정도(40)

올바르게 서비스가 설계되고 서비스표준이 작성되면 정확하게 종사원에게 전달되어야 한다. 또 종사원은 업무별로 설정된 서비스 매뉴얼대로 올바르게 이행해야만 좋은 서비스를 제공할 수 있다. 회사는 항상 서비스 매뉴얼(표준)대로 종사원이 서비스를 제공하는지 지속적으로 관리하게 된다.

① 서비스표준이 명확하게 설정되어 있으며 업무별로 매뉴얼화되어 있는가?
② 인적응대 서비스 이행표준이 있으며, 매뉴얼로 작성되어 관리되고 있는가?
③ 서비스표준 이행평가가 지속되고 개선활동에 반영되고 있는가?

(3) 서비스 프로세스 개선 및 운영성과(30)

서비스 제공의 결과는 더 나은 서비스를 위해 feedback되어야 한다. 환경의 변화, 경쟁서비스의 변화, 고객의 변화 및 새로운 상황의 등장과 같은 다양한 변화에 대처하고 서비스를 향상시키기 위해서 필요한 관리이다. 계획된 서비스에 문제는 없는지, 그 성과는 어떠한지를 살펴서 지속적으로 서비스를 향상시켜야 한다. 영원히 좋은 서비스는 없다. 끊임없는 변화와 노력이 고객에게 좋은 반응을 얻어야 한다.

① 고객접점 및 제공되는 서비스 프로세스는 적절하게 관리 운영되고 있는가?
② 고객접점 및 제공서비스에 대한 운영성과를 평가하여, 서비스향상을 위한 프로세스 개선에 반영한 성과가 있는가?
③ 고객접점 서비스활동은 벤치마킹 활동 등을 통하여 경쟁사와 차별화되어 운영되고 있는가?

(4) 고객불만 처리 및 서비스회복(30)

모든 서비스의 목표는 고객만족이다. 서비스 실행결과 불만을 갖는 고객이 있다면 명백하게 실패한 서비스가 된다. 따라서 기업은 고객의 불만사항에 귀 기울이지만 고객의 불만을 정확하게 파악하는 것은 매우 큰 노력을 들여야만 가능해진다. 우선 고객의 불만을 들을 수 있는 채널을 마련해야 하고, 불만사항에 대한 원인 분석과 대처방안을 마련하기 위해 자료는 잘 관리되어야 한다. 또한 불만족한 고객을 납득시키거나 감동시킴으로써 손상된 서비스의 회복에도 노력을 기울여야 한다. 불만의 파급은 매우 강력하기 때문이다. 불만족 고객의 불만 제기는 기업에게는 아주 소중한 정보가 된다.

① 다양한 고객불만 접수채널이(고객상담실, 전화, 인터넷, 엽서 등) 있는가?
② 고객불만사항은 수집, 분석되어 유형별로 관리되고, D/B화되어 있는가?
③ 고객불만 접수사항은 적절한 절차에 따라 불만고객에게 납득할 수준에 통보/조치되고 있는가?
④ 불만고객에 대한 서비스회복을 위한 예방조치, 보상 등은 적절히 되는가?

2) 관광종사원에 대한 접점서비스 평가요소

홍콩관광국(HKTB : Hong Kong Tourism Board)이 마련한 관광서비스품질인증제도(QTS(the Quality Tourism Services))에

따르면 관광서비스를 평가하기 위하여 서비스환경, 관광상품, 서비스제공과정, 서비스종사원, 서비스시스템 등 5개 분야를 대상으로 평가하고 있다. 그 중 관광소매점의 경우를 보면 관광서비스종사원의 접점서비스가 가장 중요시되고 있다.

서비스종사원의 행동이 점포의 좋은 인상을 만들고 고품질 서비스는 서비스종사원과 고객의 상호작용에 의해서 전달되기 때문이다. 그러므로 모든 서비스종사원들은 긍정적인 태도, 호감주기, 고객과 효과적으로 의사소통하기, 그리고 요구에 맞는 서빙기술을 갖도록 해야 한다. 관광종사원에 대한 접점서비스 평가요소를 고려할 때 종사원에게 중요한 항목은 다음과 같다.

(1) 긍정적인 태도(70 Points)

고객과 접촉하는 서비스종사원은 따뜻하고 좋은 매너를 가지고, 인내심과 일관된 긍정적인 태도를 보이는 열정을 가지고 있어야 한다.

① 예의바르고 정중하다.
② 고객이 환영받는다고 느끼도록 하는 친근감과 따뜻함이 있다.
③ 열정을 가지고 사전대처를 한다.
④ 고객의 욕구에 빨리 반응하고 해결을 제공할 수 있다.
⑤ 일관된 좋은 태도를 가지고 있다.
⑥ 정직하고 솔직하다.
⑦ 고객의 요구를 다루는데 인내심이 있다.
⑧ 효과적인 집단으로서 팀 정신과 부드럽게 조화를 이룬다.
⑨ 상사가 리더십을 보여주고 명확한 지시를 내린다.

(2) 호감주기(50 Points)

종사원의 깨끗하고 말쑥한 외모가 서비스품질에서 고객의 신뢰를 강화시키는 호감을 형성한다. 따라서 단정하고 깨끗한 인상을 주고 전문가다운 외모를 표현할 수 있어야 한다.

① 깨끗한 제복이나 겉옷을 입고 있다.
② 말쑥하고 깔끔한 개인 외관을 유지한다.

③ 종사원이 옷, 이름표나 그 외 모습들로 쉽게 인식된다.

(3) 효과적인 의사소통과 관계구축(100 Points)

효과적인 의사소통을 통해 직원이 고객의 욕구를 더 잘 이해할 수 있게 하고 고객과 바람직한 관계구축을 강화한다.

① 고객의 말에 경청하고 능숙하게 고객이 필요로 하는 것을 권유한다.
② 종사원은 정확한 상품을 고객에게 제공할 수 있다.
③ 영어나 다른 적당한 언어를 할 줄 안다.
④ 종사원은 고객과 좋은 느낌과 교감을 갖는다.

(4) 유능한 서빙기술과 적절한 상품지식(80점)

서비스직원은 전문적으로 정확하게 고객을 다룰 수 있도록 적절한 상품지식과 효과적으로 고객에게 제시할 수 있는 기술을 갖도록 잘 훈련되어야 한다.

① 종사원은 말로 명확하게 상품을 제시할 수 있다.
② 종사원은 솜씨 있게 상품을 선전할 수 있다.
③ 종사원은 추천하고 전문적 조언을 할 수 있다.
④ 전문적인 자세로 요청에 응할 수 있는 능력을 가지고 있다.
⑤ 상품에 대한 정확한 정보를 줄 수 있다.

3) 암행평가

(1) 암행평가의 뜻

암행평가란 평가자가 손님으로 가장해 서비스종사원이 모르게 서비스수준을 평가하는 것을 말한다. 이것은 '미스터리 쇼핑(Mystery shopping)'이라는 신종 업종[3]으로 등장해 '미스터리 쇼퍼(Shopper)'라는 아르바이트직종이 되었다.

미스터리 쇼핑이란 일반고객으로 가장한 쇼퍼가 일선 매장에서 실제 물건을 사면서 점원의 친절도, 외모, 판매기술, 사업장

3) 한국일보, 2002년 10월 03일자.

내 제품 품질 및 청결도 등을 면밀히 체크해 의뢰 고객사에게 평가 결과를 제출하는 것이다.

미스터리 쇼퍼(Shopper)는 전문 모니터요원이 아니다. 특별한 자격조건이 없고 대개 파트타임제로 일하며 구입한 물건에 대해서 쇼퍼 자신이 소유권을 가질 수도 있기 때문에 소비자로서 정확하고 실질적인 정보를 제공해준다. 현재는 패스트푸드 외식업체, 호텔, 유흥업소, 주유소, 백화점 등 주로 소매업을 하는 사업체에서 활용되고 있다.

(2) 암행평가의 실제

① 은 행

평가요원이 은행에 전화를 걸어 "전업주부인데 1000만원 대출을 받고 싶다"고 물으면 은행담당자는 필요한 서류 및 절차를 매뉴얼대로 정확히 설명해야 한다. "일단 지점에 나와 보라"는 것은 최악의 답변이다. 전화를 끊을 때도 "감사합니다. 좋은 하루 되십시오"라는 식으로 끝인사를 두 마디 이상 해야 한다. "감사합니다"처럼 짧은 인사로는 좋은 점수를 받기 힘들다.

② 백화점

모니터 요원이 백화점을 찾아 지하 2층부터 6층까지 32개 매장을 둘러봤다. 진짜 손님으로 보이기 위해 물건들을 실제로 샀다. 이 물건은 얼마 후 전부 환급했다. 환급과정은 꼼꼼히 기록했다. 이처럼 매장 1곳을 10분가량 관찰하고 나면 화장실이나 근처 은행으로 가서 평가보고서에 기록한다.

백화점은 매장뿐만 아니라 지원 부서의 전화응대도 점검한다. 모니터 요원이 "대학생 아르바이트 채용계획이 없느냐"고 전화로 물으면 인사부 직원은 매장 손님에게 답변하듯이 친절하게 안내해야 한다. 직무감찰을 주관하는 고객서비스부서가 모니터 요원의 평가대상이 되기도 한다.

③ 평가의 현실

접객종사원에게 암행평가는 매우 부담스러운 일이다. 한 백화점의 종사원은 "특히 손님이 많은 세일 기간에는 하루 종일 미소짓기가 쉽지 않다"고 말했다. "편안하게 손님을 맞다가도 '혹시 모니터 요원이 아닐까' 하는 생각이 들면 갑자기 어색해진다"고 했다. 이와 같은 업무에 대한 부담이 스트레스로 작용할 수 있기 때문에 조사 횟수를 축소하는 기업도 있다. 그렇지만 평가는 접객종사원이 항상 긴장하게 하고 고객서비스를 위해 노력하도록 자극하기 때문에 서비스품질 향상에는 크게 기여하고 있다. 전체적으로 볼 때는 조사하고 교육받으니 서비스 질은 몰라보게 좋아졌다는 반응이다.[4)]

제3절 종사원의 접점서비스 자세

1. 인 사

1) 인사의 의미

인사를 할 때에는 상대방의 입장에 서서 상대가 불편함을 느끼지 않게 해야 한다. 인사는 상대에 대한 마음을 표현하는 것으로 존경, 친절, 관심을 나타내야 한다. 특히 고객은 인사를 통해서 인정받는 느낌을 갖게 되고 깊이 인정받았을 때 감동을 느끼게 된다.

인사는 고객과 마주한 순간에 자연스럽게 먼저 할 수 있도록 습관을 들이는 것이 바람직하다. 항상 사람을 마주할 때 인사하도록 노력해야 하는데, 다음과 같은 항목을 점검하면 자신의 인사습관을 하는데 도움이 된다.

4) 파이낸셜, 2002-07-08.

항 목	CHECK
① 언제나 "안녕하십니까?" 하고 고객, 동료에게 밝게 인사합니까?	
② 외출시 또는 외출하는 동료나 상사에게 명랑하게 인사합니까?(다녀오겠습니다, 다녀왔습니다, 다녀오십시오, 잘 다녀오셨습니까? 등)	
③ 이웃이나 아는 분과 스쳐 지나갈 때 미소지으며 인사합니까?	
④ 사람 사이를 지나갈 때 "실례하겠습니다"라는 말을 합니까?	
⑤ 엘리베이터에서 내릴 때 "먼저 내리겠습니다"라고 말합니까?	
⑥ 상대방에게 도움을 받았을 때 "감사합니다"라고 곧바로 말합니까?	
⑦ 고객을 기다리게 했을 경우 "오래 기다리셨습니다"라고 말합니까?	
⑧ "변명할 말이 없습니다", "죄송합니다"라고 솔직하게 말합니까?	
⑨ 누군가 불렀을 때 상냥하게 "예" 하고 대답합니까?	
⑩ "잘 먹겠습니다", "잘 먹었습니다"가 습관되어 있습니까?	

2) 인사의 기본요건

(1) 먼저 한다

'상대방이 나를 알아볼까?' '내 인사를 받아줄까?' 등을 생각하지 않고 먼저 인사한다. 특히 고객에게는 반드시 먼저 인사를 해야 한다. 먼저 인사를 하는 것은 대화의 유리한 입장을 선점한 것이 된다. 인사가 늦어 고객에게 인사를 받은 후 겨우 인사를 했다면 고객에게 대화의 주도권을 주고 수동적으로 대답만 하게 된다.

(2) 상대방 눈을 보며 한다

상대의 눈을 편안하고 자신감 있게 마주할 수 있어야 한다. 뚫어지게 보는 것은 무례할 수 있으므로 상대의 눈과 입에 시선을 두는 것이 편안하다. 그러나 엉뚱한 곳에 시선을 준다면 성의를 의심하게 되기 때문에 항상 시선은 상대와 같은 높이에서 해야 한다.

(3) 자연스럽게 한다

상황에 맞게 자연스러운 순간에 편안하게 해야 어색하지 않다.

인사를 할 때 기본 마음가짐은 상대방의 입장에 서서 상대가 불편을 느끼지 않도록 한다. 특히 인사를 마친 후 고개를 들어 고객을 한 번 더 마주하는 것이 매우 중요하다. 인사는 고객을 숙일 때 끝난 것이 아니고 고개를 들었을 때 끝난 것이다.

(4) 자신감 있는 목소리로 인사말을 한다

편안하면서 힘이 있는 목소리가 자신감을 보여준다. 밝은 목소리의 인사를 받으면 함께 마음이 밝아지기 때문에 기분 좋은 느낌을 줄 수 있다. 그렇지만 어색할 정도로 명랑하려고 애쓰면 부담스러워진다. 음성은 약간 힘을 주어서 자신감과 확신을 주도록 하고 웃는 얼굴이 더욱 좋은 느낌의 목소리를 낸다.

음성은 밝고 생기 있는 목소리가 좋은 느낌을 전달하고 웃는 얼굴로 「감사합니다」를 했을 경우 목소리의 약간 톤이 높아지기 때문에 생기가 느껴진다. 반대로 무표정한 얼굴로 「감사합니다」를 했을 경우 목소리의 톤이 낮아져서 우울하거나 관심없는 듯이 보이기 쉽다.

(5) 가능하면 덕담을 곁들인다

인사를 나눈 후 바로 어색해질 수 있기 때문에 날씨라든가, 근황, 또는 가벼운 칭찬 등을 곁들이면 좋은 느낌이 전달된다. 중요하지 않은 대화로 '날씨가 좋습니다', '많이 덥군요' 등 날씨가 가장 무난하고, 좀더 친근감을 보일 때는 '멋지십니다', '환해 보이시네요' 등의 칭찬이 좋지만 가깝지 않은 고객에게는 개인적인 칭찬은 몹시 어색하거나 기분이 나빠질 수 있다.

3) 인사의 종류와 방법

(1) 인사의 종류

인사는 시간, 장소, 상황에 따라 인사의 각도가 다소 달라진다. 그러나 인사의 가장 중요한 기본은 자연스러움과 상대에 대한 마음의 전달이다. 지나친 형식보다는 우선 진실된 마음을 담고

자연스럽게 표현하는 것이 가장 중요하다. 일반적으로 인사를 종류별로 구분하면 다음의 표와 같다.

인사 종류	하는 경우
목 례 15°	【가벼운 인사】 ▶대답할 때 ▶자주 대할 때 ▶복도/실내 등에서
경 례 30°	【일반적인 인사】 ▶감사 ▶대기요청 ▶대답할 때
최경례 45°	【정중한 인사】 ▶맞이할 때 ▶전송할 때 ▶사과할 때

(2) 상황별 인사법

시간, 장소, 상황에 따른 인사의 방법은 다음과 같다.

상 황	대 응
상대방이 멀리서 다가올 때	인사말을 먼저 하고 인사한다.
상대방이 먼저 인사를 했을 때	반드시 대답을 한 후에 인사한다. 「네, 안녕하십니까?」
앉아서 인사할 때	앉은 자세에서 15° 정도 인사한다.
복도나 계단을 지나칠 때	간단히 예의를 표한 후 적당한 거리에서 눈높이가 맞을 때

(3) 보행시 인사법

항상 정 위치에 바르게 서서 인사를 하게 되지는 않는다. 특히 보행시에 인사를 할 경우 정중하게 인사를 하다보면 상대방은 이미 지나쳐 버리는 수가 있기 때문에 혼자서 어색해지기도 한다. 보행시의 인사는 자연스러운 것이 좋다.

① 자주 대할 때, 동료, 후배 등의 경우는 스쳐 지나가면서 할 수 있다.

② 상사나 고객 등 윗사람에게 공손함을 꼭 나타내야 할 때에는 잠깐 멈춰 서서 한다.

③ 서 있는 고객 앞을 지날 때에는 가볍게 목례하고 약간 옆으로 지나간다.
④ 크게 신경 쓰지 않는 타인의 앞을 지날 때도 한쪽으로 비켜서서 지나는 것이 좋다.
⑤ 고객과 마주쳤을 때에는 잠깐 비켜서서 양보한다.

4) 고객 인사법

종사원이 서비스상황에서 고객을 대할 때 인사말과 인사법은 평상시의 인사보다 더욱 중요하다. 인사에 마음만을 담는 것이 아니고 서비스를 담기 때문이다. 인사 한 마디에도 서비스종사원으로서의 전문성이 담겨져야 한다.

(1) 상황별 인사말과 인사법

상 황	인 사 말	인사법
손님이 오셨을 때	안녕하십니까? 어서 오십시오.	45°
용건을 말씀하셨을 때	(잘) 알겠습니다.	15°
손님의 용건을 처리할 때	잠시만 기다려주시겠습니까?	15° / 30°
손님 용건이 처리되었을 때.	오래 기다리셨습니다.	15°
컴플레인이 발생했을 때	죄송합니다.	45°
손님에게 부탁을 해야 할 때	실례하겠습니다.	15°
손님이 용건을 마치고 돌아갈 때	감사합니다. 또 오십시오.	45°

(2) 바람직한 인사말

서비스 전문가는 고객에게 하는 인사말에 고객을 위한 정중함과 함께 자신을 위해 품격을 갖추어야 한다. 지나치게 친밀감을 주는 언어를 사용하면 고객은 무시당한 느낌을 갖거나 불편을 느끼게 된다. 또 경박한 표현이나 부적절한 표현을 쓰면 고객은 종사원을 무시한다.

부족한 접객언어	바람직한 접객언어
안녕하세요.	안녕하십니까.
안녕히 계세요.	안녕히 계십시오.
고마와요.	고맙습니다.
잠깐만요.	잠시만 기다려주시겠습니까.
이쪽으로 오세요.	이쪽으로 오시겠습니까.
실례해요.	실례하겠습니다.
갔다오세요.	다녀오십시오.
늦게 와서 미안해요.	오래 기다리셨습니다.

2. 태도와 인상

1) 긍정적인 태도

고객과 접촉하는 접객종사원은 따뜻하고 좋은 매너를 고객에게 보여야 하고 인내심을 가지고 일관된 태도를 나타내야 한다. 언제나 긍정적인 태도를 보이기 위해서는 일에 대한 열정을 가지고 임해야 한다. 이러한 태도를 보이는 자세는 다음과 같다.

① 예의바르고 정중해야 한다.
② 고객이 환영받는다고 느끼도록 하는 친근감과 따뜻함이 있어야 한다.
③ 고객에게 자신이 맡은 업무에 대한 열정을 보인다.
④ 고객욕구에 반응하여 대처능력을 보여야 한다.
⑤ 일관된 태도, 정직성 그리고 인내심을 가져야 한다.
⑥ 훌륭한 서비스를 위한 팀워크를 이루어야 한다.

2) 호감 주는 인상

호감을 주는 인상은 말 이외의 수단인 몸짓, 시선, 침묵, 행동 방식, 자세, 접촉 모습 등을 통해서 만들어낼 수 있다. 사람의 첫 인상은 2~3초, 늦어도 7초 안에 결정되고 한 번 결정된 이미지를 바꾸는 데는 많은 시간과 노력이 필요하므로 처음에 좋은 인상을 주는 것은 인간관계에 매우 유리하다. 호감을 주는 인상을 만들기 위한 방법은 다음과 같다.

(1) 적당한 거리로 다가가기

고객에게 다가갈 때는 지나치게 다가가게 되면 불편함을 주게 되고 너무 멀리 떨어지게 되면 성의가 없게 느껴지며 대화가 불편해진다. 근접거리는 문화에 따라 다르지만 고객접점에서 불편함을 느끼지 않으면서 호감을 주는 적당한 거리를 찾아내서 유지하는 것은 중요하다.

(2) 시선교환

고객과 시선을 마주치면 고객에게 신경 쓰고 있다는 느낌을 줄 수 있다. 그러나 지나치게 뚫어지게 쳐다보면 오히려 고객을 불편하게 할 수 있고 반대로 성급히 시선을 거두면 믿을 수 없는 사람으로 보이거나 불성실한 사람으로 비춰질 수 있으며 매우 어색한 관계가 되고 만다. 고객과 시선을 마주하지 못하고 피하면 비굴해 보이며, 또 고객의 마음을 읽기가 어렵다. 눈을 통해서 고객의 기대를 읽을 수 있어야 고객을 만족으로 이끌 수 있다. 시선을 두지 않으면 이 정보들을 놓치게 된다.

(3) 표 정

얼굴표정은 마음을 나타낸다. 굳게 다문 입술은 반대와 무시를 나타내고, 편안한 미소는 상대를 편하게 하고 호감을 주어 인간관계를 좋게 한다. 무엇보다 미소는 자신의 마음을 즐겁게 한다. 다만, 미소가 지나치거나 어색하지 않도록 한다. 사람의 얼굴 근육은 80개이며 약 50개의 근육을 웃음에 사용하고 이 근육으로 약 8,000개의 표정을 만든다고 한다. 그러나 사람에 따라서 표정 근육의 발달 정도가 달라서 본인의 의사와는 전혀 다른 표정을 짓는 경우도 있다. 고객접점에서 올바른 표정으로 호감을 줄 수 있기 위해서는 호감을 주는 표정으로 가꿔 나가야 한다.

3) 경청과 침묵

대부분의 사람들은 들리는 것의 약 25%만을 경청한다고 한다. 그리고 나머지 75%는 한쪽 귀로 듣고 흘려버린다. 경청은 귀에 관련된 것이라기보다는 믿음, 존경, 관심, 그리고 정보의 공유에 관한 것이다. 따라서 항상 경청하도록 노력해야 하고, 특히 고객의 말에 경청하는 것은 다음과 같은 장점이 있다.

① 고객이 무엇을 원하는지 알 수 있다.
② 오해와 실수를 방지할 수 있다.
③ 서비스를 향상시키는 방법을 알 수 있다.
④ 고객에게 호감을 주고 관계를 돈독히 할 수 있다.

그렇지만 자연스럽게 경청하는 것은 그렇게 쉽지 않기 때문에 다음과 같은 노력을 들이며 확실히 듣는 것이 중요하다.

① 경청한 후 고객의 요점을 반복함으로써 정확히 이해했는지 확인한다.
"잘 들었습니다. 손님의 말을 이런 뜻이시죠?"
② 확실치 않으면 다시 질문을 한다.
"원하시는 것에 A가 나을까요? 아니면 B가 더 나을까요?"
③ 중요한 정보는 적어서 다시 읽어 주어야 한다.
회사이름, 전화번호, 날짜, 이메일주소 등 중요 정보를 메모하면 고객의 말에 경청하고 있다는 것을 확인시켜 줄 수 있다.
④ 아무것도 말하지 않으면서도 의사소통이 가능하다.
고객이 말을 할 때에는 반드시 침묵을 지켜야 한다. 고개를

끄덕이는 정도로 경청하면서 가끔 '네' 하고 대답함으로써 경청하고 있다는 것을 알린다.

4) 몸짓과 자세

바른 자세는 자신감과 능력을 나타내 준다. 고객과 대화할 때에는 고객의 편으로 약간 구부리는 것이 고객의 말을 중요하고 흥미롭게 생각한다는 인상을 주게 된다.

무심코 하는 편안한 자세가 고객에게 예상하지 못한 느낌을 줄 수 있다. 팔짱을 끼거나, 주머니에 손을 넣고 있거나, 다리를 흔든다거나, 손톱을 당긴다거나 하는 사소한 몸짓에 주의해야 한다. 대개는 단정치 못하고 산만하다는 인상을 주거나 고객에게 집중하지 않고 딴 생각을 하고 있는 듯한 부정적인 인상을 준다.

(1) 서 있는 자세

① 남 자

발뒤꿈치는 붙이고 발끝은 60°로 벌리고, 손은 달걀을 살짝 감싸는 듯한 기분으로 살짝 쥐어 아랫배에 갖다댄다. 표정은 밝게 한다.

② 여 자

발뒤꿈치는 붙이고 발끝은 30°로 벌리고, 손은 가지런히 모아서 오른손을 왼손 위에 겹쳐서 배꼽부위 조금 아래에 살짝 갖다댄다. 엄지손가락이 안보이도록 하는 것이 단정해 보인다. 표정은 밝게 미소 짓는다.

(2) 대기자세

고객이 없는 한가한 시간도 긴장을 늦추어서는 안 되는 것이 대기시간이다. 이때 동료와 잡담을 한다든지, 멍하니 서 있거나 또는 지나가는 다른 고객을 팔짱끼고 쳐다보아서는 절대로 안 된다.

대기자세는 남자의 경우 양쪽 다리를 어깨 넓이로 벌리고 손을 앞이나 옆으로 가볍게 모은다. 여자의 경우는 한쪽 발을 약간 내밀고 앞발의 발뒤꿈치에 힘을 주며 손은 자연스럽게 내린다. 그러다가 고객을 맞게 되면 다리를 한쪽으로 모으고 15° 목례하며 서두르지 말고 여유 있는 인상을 주도록 한다.

(3) 앉는 자세

의자에는 깊지도 얕지도 않게 앉고 바로 일어날 수 있도록 한다. 앉아서도 상반신은 서 있는 자세와 같이 허리를 똑바로 세운다.

여 성	남 성
한쪽 발을 뒤로 당기며 손으로 치마를 가볍게 잡고 앉을 자리를 본 후 앉는다.	주먹 한 개가 들어갈 정도로 등받이에 기대지 않고 앉는다.
무릎과 발뒤꿈치를 결코 떼지 않는다.	무릎은 주먹 2개 정도의 넓이로 벌리고 무릎에서 밑으로 똑바로 내려 둔다.
양손은 무릎 위에 가볍게 겹쳐 놓는다.	손은 무릎에 둔다.

(4) 걷는 자세

접객종사원은 걸음걸이로도 서비스의 유형성을 보여주어야 한다. 걸음걸이에 자신감과 서비스의 전문성이 드러나야 한다. 긴장감 없이 흐느적거리며 걷거나, 팔자걸음, 종종걸음, 신발을 끄는 걸음 등은 전문성이 없어 보이기 때문에 고객은 좋은 서비스를 받지 못할 것이라는 생각을 갖게 된다.

① 상체의 자세를 똑바로 한다.
② 머리는 정면으로 턱은 수평으로 가슴을 활짝 편다.
③ 허리를 기준으로 허리부터 나아가도록 한다.
④ 체중의 이동을 부드럽게 한다.

⑤ 발을 내디딘 발끝이 가슴과 수직이 되도록 한다.
⑥ 체중은 발의 엄지발가락 부근에 둔다.
⑦ 엄지발가락 방향은 직선이 되도록 한다.
⑧ 무릎 굽히는 시간을 짧게 하면 아름답게 보인다.
⑨ 양팔은 자연스럽고 가볍게 흔든다(의식적으로 두 팔을 안쪽으로 한다).

(5) 보행시 주의사항

① 업장 내에서는 바빠도 절대 뛰지 않는다. 경망스럽게 보이고 뭔가 서비스가 잘못되었다는 생각을 하게 한다.
② 주머니에 손을 넣고 걷지 않는다. 아주 거만하고, 고객에게 관심과 정성을 기울이지 않는 것으로 보인다.
③ 고객용 공간이나 좁은 공간에서는 가장자리로 걷는다. 고객에 대한 세심한 배려와 존중의 의미가 한꺼번에 전달된다.
④ 어쩔 수 없이 앞질러 갈 때는 「실례합니다」라고 하고 빠르게 지나간다. 이때, 존중의 의미를 전달하기 위해서 반드시 인사말을 하고 가볍게 목례를 하면서 간다.
⑤ 코너를 돌 때 부딪히지 않도록 주의한다. 고객과 서비스종사원이 부딪혔을 때 고객은 종사원이 경솔하고 침착하지 않다는 느낌을 갖게 된다. 경솔한 종사원의 서비스는 이미 믿을 수 없는 것이 되어 버린다. 반드시 고객의 공간에 대해 미리 배려해야 한다.
⑥ 머리가 상하 좌우로 흔들리지 않도록 한다.

3. 효과적인 의사소통과 관계 구축

효과적인 의사소통은 종사원이 고객의 욕구를 더 잘 이해할 수 있게 하고 고객과의 관계 구축을 강화한다. 관광서비스에서 필요한 효과적인 의사소통을 위해서는 가장 우선적으로는 고객의 말에 경청하여야 한다. 그 다음 올바른 말을 사용할 줄 알아야 한다. 올바른 말이란 고객의 입장을 배려한다는 느낌을 주고 고객에게 상처를 주지 않는 말이다. 똑같은 내용을 전달하는 데는 다양한 표현이 있다.

서비스전문가라면 바람직한 반응을 불러오는 말과 말투를 사용하는데 관심을 가지고 바람직하지 않은 반응을 피할 수 있는 능력을 갖추어야 한다.

특히 서비스와 관련한 업무에 있어서 대개의 고객은 종사원보다 전문적인 지식이 약하다. 따라서 무심코 고객에게 "당신은 어리석군요"라는 의미가 담긴 말을 사용하게 되는 경우가 있다. 예를 들어 "아시겠어요", "그게 아니에요" "그렇게 하면 안돼요" 등과 같이 마치 고객의 수준을 의심하고 어린아이를 대하듯 하면 고객은 '깔보는 메시지'를 정확하게 알아차린다. 어떤 상황에서도 고객은 영원한 고객이므로 고객을 존중하는 마음을 가지고 고객의 품위와 기분을 지켜주면서 내용을 전달해야 한다.

1) 금지해야 할 말투

① 모른다고 잘라 말하지 않는다.

"저는 모릅니다"라고 간단하게 잘라 말하는 것은 그 문제에 관심 없으니 귀찮게 하지 말라는 뜻이 담겨 있다. "중요한 말씀이시군요, 제가 한 번 알아보겠습니다"라고 하는 것이 좋다.

② 안된다고 단정적으로 말하지 않는다.

"저희로서는 그렇게 할 수 없습니다"라고 단정적으로 할 수 없다고 하는 것은 절대로 하고 싶지 않다는 의미가 담겨 있다. 따라서 "그것은 쉽지가 않을 것 같습니다만 한 번 해보겠습니다"라고 하고, 다른 해결방법이나 대체방법을 찾는 것이 바람직하다.

③ 고객에게 명령하지 않는다.

"손님께서는 이렇게 하셔야 합니다"라고 말하는 것은 요청이 아니라 명령이다. 요청을 할 때에는 다음과 같이 한다. "손님께서는 이렇게 하시는 것이 좋을 것 같습니다", "제가 이렇게 도와드릴 수 있을 것 같습니다." 또다른 완곡한 표현으로는 "다음에 또 이런 일이 있을 때에는 이렇게 하시면 됩니다" 등이 좋다.

④ 막연한 대기시간은 영원과도 같다.

"잠깐만 기다리세요", "잠시 후 돌아오겠습니다"와 같이 말하면 고객은 '잠깐'과 '잠시'에 대해 막연하게 생각하고 불안감을 가지기 때문에 짜증을 낼 수 있다. "2~3분이 걸릴 것 같은데 기다리시는 것이 괜찮으시겠습니까?" 등으로 정확한 시간을 알려주는 것이 좋다.

⑤ 부정적인 말을 사용하지 않는다.

어떤 일에서 실제로 안 되거나 부정적인 말로 해야 할 때에도 잘 생각해 보면 긍정적인 말로 바꾸어서 표현할 수 있다. 즉 예약하지 않은 손님이 방문했는데 좌석이 없을 때, "좌석이 없습니다"라고 하지 않고 "예약을 하셨다면 좌석을 준비했을 텐데 아쉽습니다. 20분 후에는 좌석을 마련할 수 있을 것 같습니다"라고 표현하는 것이 더욱 좋다.

2) 바람직한 표현의 예

① 옆 직원이 간식을 먹으러 자리를 비웠을 때.

"간식 먹으러 갔는데요"라고 하지 않는다. 고객은 회사의 서비스를 위해 찾아 왔고 동료의 서비스는 곧 회사의 서비스이다. 그러므로 "지금 잠시 자리를 비웠습니다. 제가 도와 드릴까요?"라고 함으로써 회사의 서비스가 언제나 고객에게 관심을 가지고 있다는 것을 보여야 한다.

② 고객의 일을 다 마무리한 다음에

"이제 다 되었습니까?"라고 하면 '이제 더 이상 하고 싶지 않다'라고 말하는 것과 같다. 또 고객의 일이 제대로 되는 것에는 전혀 관심이 없는 것으로 보인다. 따라서 "또 다른 도와드릴 것이 없습니까?"라고 함으로써 고객의 일에 깊은 관심을 가지고 배려하고 있다는 것을 나타내야 한다.

③ 고객이 감사의 인사를 해올 때

"천만에요"라고 하는 것은 다소 건방진 느낌이 든다. 고객의 감사에 더욱 겸손함을 보여야 한다. "도와드리게 되어 기뻤습니다. 언제든 말씀만 하십시오"라고 하는 것이 고객의 감사의 마음과 기쁨을 더 크게 한다.

④ 고객을 친밀감 있게 부르고 싶을 때

고객은 영원히 고객이다. 섣부른 친밀감을 표현하면 고객은 존중받지 못한다고 생각할 수 있다. 특히 고객이 나이가 어리다고 "헤이", "얘야" 등으로 불러서는 안된다. 정중함과 존중의 의미가 드러나도록 불러야 한다.

⑤ 자신의 업무와 전혀 상관이 없는 일로 고객이 화를 낼 때

"그건 저와 관련이 없는데요"라고 하지 않는다. 모든 종사원은 회사의 대표이다. 동료의 잘못이라 할지라도 고객에게 공감성을 표현해 주어야 한다. "얼마나 화가 나시는지 이해가 갑니다", "참 곤란 하셨겠어요" 등으로 말해야 고객의 마음이 누그러진다.

⑥ 고객의 끊임없는 요구들이 쏟아져 다소 짜증스러울 때

"알겠다니까요, 그렇게 할게요"라고 말해 버리면 "입을 다무세요" 하고 말하는 것과 같다. 고객은 혹시 서비스가 잘 안될까봐 걱정스러운 마음이 가득하기 때문이다. 따라서 고객의 마음을 이해하고 "손님을 위해 제가 잘 챙기도록 하겠습니다"라고 말함으로써 고객의 마음을 안심시켜야 한다.

3) 맞장구치는 말의 예

① 가볍게 하는 맞장구

예, 그렇습니까? 잘 됐습니다, 그렇게 하십시오.

② 동의하는 맞장구

과연, 정말 그렇겠군요, 알겠습니다.

③ 정리하는 맞장구

"말하자면 이런 것입니까?", "그 말씀은 이것과 이것을 말하고 싶다는 것이지요?", "이런 측면도 있습니다만…."

④ 재촉하는 맞장구

"그래서 어떻게 됐습니까?", "A는 그렇다고 치고 B는 어떻습니까?", "말씀하시는 것은 알겠습니다만…".

⑤ 몸으로 하는 맞장구

고개를 끄덕인다, 눈으로 한다, 고개를 갸우뚱한다, 손으로 가리킨다.

제10장
관광서비스의 불만 / 불평

관광서비스의 불만 / 불평

제1절 고객의 불만/불평

1. 고객 불만/불평의 뜻과 의미

1) 고객 불만/불평의 뜻

고객 불만이란 고객이 받은 상품이나 서비스에 대해 마음에 차지 않아서 만족스럽지 않은 상태를 말한다. 불평(Complaint)이란 고객이 받은 서비스나 상품이 마음에 들지 않아 못마땅하게 여기거나 그것을 말이나 행동으로 나타내는 것을 말한다. 고객의 입장에서 불만과 불평은 모두 기대했던 서비스에 못 미치게 서비스가 제공되었고, 고객의 입장에서 무언가 만족스럽지 못하기 때문에 발생하게 된다. 이와 같이 고객의 마음을 다 채우지 못했거나 고객의 마음과 달라 못마땅해 하면 실패한 서비스(Service Failure)이다.

그런데 고객이 불만을 가졌다고 해서 모두 불평을 하지는 않는다. 고객이 만족스럽지 않을 때 말하지 않고 참는 경우에도 서비스는 실패한 것이 된다. 어떠한 형태의 서비스 업종이든 서비스 실패사례는 있게 마련이다. 그런데 실패사례가 발생하지 않도록 열심히 노력하고 고객의 불평을 들을 수가 없는데도 고객이 다시는 찾아오지 않는다면 큰 문제가 된다. 항상 고객의 불만에 관심을 갖고 불평에 귀를 기울이면 서비스를 고쳐나가는데 매우 중요하다.

만족한 고객은 재구매를 하게 되는데, 이렇게 반복적 재구매를 하는 단골고객 확보가 중요하다는 것은 이미 업계에 널리 알려진 사실이다. 예를 들어 미국의 한 은행은 고객서비스를 5% 개선한 결과 고객 확보는 125%나 증대되었다. 이러한 사례는 기존 고객의 이탈이 기업의 수익에 어떻게 영향을 미치는가를 살펴봄으로써 파악할 수 있다. 고객 이탈률을 5% 줄이면 산업에 따라 다르기는 하지만 이윤이 25%에서 85%까지 증가된다고 추정하고 있다. 고객유지율 5% 증가가 이윤에 미치는 영향은 다음의 표와 같다.

업종	광고 대행사	자동차 손해 보험	자동차 서비스	은행	신용 카드	세탁	사무실 관리	출판	소프트 웨어
이윤	95%	84%	81%	85%	75%	45%	40%	58%	35%

자료 : Fredrick F. Reichhold(1995), The Loyalty Effect, Harvard Business School Press. p.37의 그래프를 도표화.

2) 고객 불평의 의미

대부분의 불만족한 고객은 불만족의 사실과 이유 등을 서비스 회사측에 좀처럼 말하지 않는다. 불만족스러웠던 서비스 사례, 또는 다른 경쟁업소로 옮기게 된 이유를 설명해 주는 고객들은 그리 많지 않다. 이 경우 고객이 불만족한 원인을 알고자 하는 서비스회사는 고객이 한번쯤 찾아 왔다가 무엇인가 불만족한 상태에서 다시 찾아오지 않을 때 이러한 고객의 수가 몇 명쯤 되는지, 무슨 이유 때문에 불만족했는지를 추적하기란 거의 불가능하다. 따라서 불평은 다음과 같은 의미를 지닌다.

(1) 서비스 실패의 고지

고객이 불평을 하면 서비스의 실패원인을 알 수 있다. 그렇지만 고객이 회사에 불평하지 않고 주변 사람들에게 나쁜 서비스 경험담을 털어놓게 되면 고객의 불평은 고객들의 입으로(negative word-of-mouth) 소문이 퍼져 서비스에 대해 나쁜 평판을 만들어 막대한 손실을 가져온다.

(2) 서비스의 문제점 제시

회사에 직접 불평한 고객은 적어도 회사의 서비스에 무엇이 잘못되어 있는지를 알려주는 소중한 정보를 제공해 주게 된다. 그리고 불평하는 고객은 다시 방문할 확률이 매우 높으며 적어도 그 서비스가 앞으로 더욱 잘 되기를 바라는 마음을 가지고 있다. 따라서 회사는 불평을 하는 고객에게 특별한 감사의 마음을 가져야 한다. 많은 시간과 비용을 들여서 조사해야만 겨우 얻을 수 있는 정보인 서비스의 문제점과 고쳐야 할 점 등에 대한 정보를 알아내고 제공해 주기 때문이다.

(3) 서비스 복구의 기회

고객의 불평은 서비스 복구의 기회가 된다. 서비스의 훌륭한 복구는 고객에게 감동을 제공하는 또하나의 기회가 되기 때문이다. '복구'의 의미는 정상으로 돌려놓는다는 뜻이다. 즉 어떤 것을 고객이 원하던 상태로 돌려놓아서 만족스러운 상태로 만드는 것이다. 따라서 서비스를 복구하기 위해서는 고객의 불평에 귀를 기울이고 미리 감지하여 빠르게 문제를 해결해야 한다. 특히 한 번 상처 입은 고객의 감정을 회복시켜 주기 위해서는 고객의 욕구와, 욕망, 필요 그리고 기대 등에 더욱 민감하게 대처해야 한다.

2. 고객불평의 효과

불평을 하는 고객의 비율에 관하여 Lele, Sheth(1987)와 소비자문제 전문가인 Goodman은 불만을 가진 고객 중 4%만이 해당 기업에 불평을 제기하고 나머지 96%는 불만이 있더라도 의사표시를 하지 않는다고 하였다. 그 이유로는 불만을 표출하는 창구가 어디인지 잘 알지 못하거나, 시간과 노력의 낭비라고 생각하거나 좋은 게 좋다는 식으로 체념하는 경우이다.

그렇지만 고객의 불평은 서비스기업의 입장에서는 많은 효과를 갖는다. Goodman에 의하면 불평을 나타내는 4%의 고객은 불평사항이 해결되지 않더라도 불만족 의사를 표시하지 않는 96%의 고객보다 해당 서비스를 다시 이용하고 재구매할 확률이 높다고 했다.

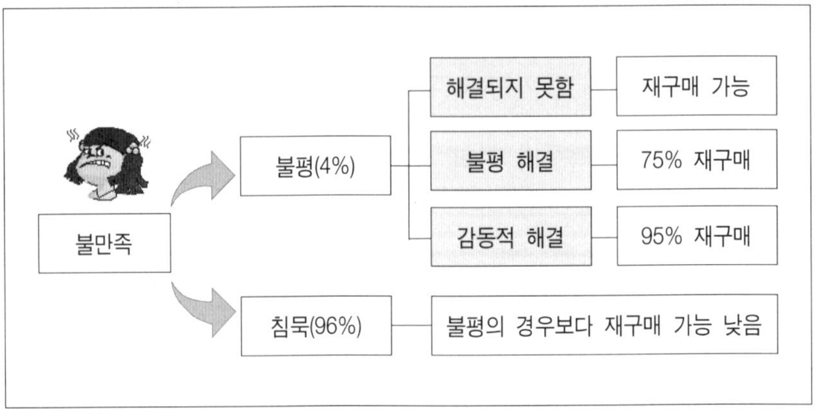

뿐만 아니라 불평사항이 해결되었을 때에는 75%의 재구매를 하게 되며, 불평사항이 신속하고 아주 만족스럽게 해결되었을 때에는 95%가 재구매를 하게 된다고 하였다.

1) 불평의 긍정적 효과

(1) 정보의 수집

현재 서비스를 이용받는 고객의 1/4은 언제라도 더 나은 서비스를 제공하는 곳으로 이익을 찾아 바로 떠날 수 있다. 회사는 고객이 경쟁사로 가버릴 때 그 이유를 알고 싶어한다. 그러나 떠나는 고객의 약 1%만이 불만을 기업에게 말해줄 뿐이다.

고객이 불평을 하게 되면 불평의 이유뿐만 아니라 그 내용을 통해서 고객에 대한 정보, 회사 및 서비스에 대한 정보 등을 얻을 수 있다. 특히 서비스시스템이 미처 발견하지 못했거나 종사원이 전혀 인식하지 못해서 고객의 오해를 사는 경우에 관한 정보는 노력만으로는 고칠 수 없었던 서비스의 문제점을 알게 해 준다.

(2) 서비스의 자극

고객의 불평은 회사와 서비스종사원을 자극하여 항상 새로운 마음가짐으로 고객서비스에 임할 수 있게 한다. 서비스에 익숙해질수록 자칫 안일해지거나 무관심해지기 쉽고, 이익이 되는 일과 그렇지 않은 일들을 구분하게 되어 타성에 젖는다. 고객의 불평은 이런 문제들을 발견하게 하고 바로잡도록 자극을 준다.

대한무역투자진흥공사(KOTRA)는 고객만족 서비스를 제공하기 위해 자사 직원들의 친절도를 고객이 직접 평가하는 그린·옐로카드제를 최근 도입했다. KOTRA는 직원과 상담 또는 문의하는 고객에게 친절하다고 생각되는 직원에게는 그린카드를, 불친절 또한 부당한 대우를 받았다고 생각되는 직원에게는 옐로카드를 기재해 카드함에 넣도록 하였다. 옐로카드를 받은 직원은 주의조치를 하는 한편 그린카드에 해당하는 직원에게는 적절한 인센티브를 제공함으로써 항상 서비스실행에 자극을 주고 있다.[1)]

---

1) 내외경제, 2001-08-06.

2) 불평의 부정적 효과

(1) 회사의 이미지 손상

불평하는 고객은 불만족한 고객이다. 불만족한 고객은 만족한 고객보다 자신의 불만족 경험을 주변에 더욱 적극적으로 알린다. 만일 방송, 인터넷 등의 대중매체에 알리게 되어 불평이 확산되면 회사와 서비스의 이미지에 손상을 입히게 된다. 특히 무형의 정신적 경험을 상품으로 하는 관광분야에서 이러한 불평의 확산은 매우 치명적이다.

관광상품은 비교적 고가의 상품이기 때문에 고객은 구매하기 전에 손해나 피해를 줄이기 위해 노력하게 되고 이때 주변의 평판에 주의를 기울인다. 회사의 이미지를 손상시키는 나쁜 평판의 확산은 구전 뿐만 아니라 인터넷을 통해서 더욱 급속히 확산되고 있다. 한 예가 소비자주권 찾기 속에 생겨난 안티 사이트들이다.

현재 인터넷상에 개설된 대표적인 기업 안티 사이트는 'NO 삼성', '안티 롯데', 'NO 현대', 'NO SK' 등 10여개에 이른다.[2] 안티 사이트는 특정 기업의 경영전략은 물론 제품과 서비스의 질에 대해 호된 비판을 가하고 있다. 최근에는 안티 사이트에 글을 올리는 소비자들이 동호회까지 결성해 포럼을 개최하고 서명운동을 벌이고 있다.

고객의 불만을 신속히 처리해주지 않으면 불량서비스에 대한 평판이 인터넷을 통해 삽시간에 확산되기 때문에 기업들은 고객 불만 처리에 노력을 기울이고 있다.[3] 서울 마포에 사는 주부 유혜진(31)씨는 최근 구입한 샴푸가 유효기간이 지난 것을 확인하고 회사 인터넷 홈페이지에 이 사실을 알렸다. 그러자 회사측은 불과 3시간만에 직원을 보내 샴푸를 회수하고 사과의 뜻으로 어린이용 치약을 증정했다. 이어 회사측은 홈페이지 '고객의 소리' 코너에 즉각 자세한 해명과 조치결과를 띄웠다.

---

2) 경향신문, 2002-02-19.
3) 조선일보, 2001-08-22.

H자동차는 인공위성을 이용한 긴급출동 서비스를 도입했다. (주)S는 최근 인터넷 홈페이지를 통해 접수된 고객불만을 '24시간내 처리'하도록 직원들에게 지침을 내렸다. 이를 지키지 못하는 직원은 관리책임자에게 사유서를 제출토록 조치한 것이다.

(2) 비용 및 손실의 발생

고객의 불평을 해결하는 데는 비용이 수반된다. 고객이 제기한 서비스의 손상부분을 바로 잡아야 할 뿐만 아니라 서비스의 손상에 따른 보상이 수반되기 때문이다. 우선 고객의 불평을 접수하고 처리하기 위한 직원의 인건비, 불평처리를 위해 다른 업무를 하지 못하는 비용, 손상된 서비스를 다시 제공해야 하는 비용 등과 고객의 정신적 피해, 불평하는데 소요된 전화비나 우편비용 또는 교통비 등에 대한 보상이 그것이다.

포드는 지난해 초 불량 타이어로 피해를 본 한 소비자가 인터넷 사이트에 올린 항의를 묵살했다. 그러나 이 사실이 네티즌 사이에 퍼지면서 회사측의 처사를 비난하는 소비자가 한 달여 사이에 700만명으로 불어나 포드측은 타이어 650만개를 리콜(제작결함에 따른 무상교환·수리)해줘야 했다. 이로 인해 포드가 입은 손실은 약 30억달러이다. 게다가 늑장 대처로 회사의 이미지가 실추되면서 주가하락 등으로 수십억달러의 추가 손실을 보았다.[4] 정보의 이동속도가 빠른 디지털시대에는 고객의 불만처리가 늦어지면 즉각적으로 영업손실로 연결된다.

3. 종사원의 서비스 복구자세

고객의 불만족이 발견되거나 고객의 불평이 있을 때에는 즉각적으로 서비스 복구가 시작되어야 한다. 서비스를 복구하기 위해 종사원은 다음과 같은 자세를 가져야 한다. 각 과정은 고객과 서비스 상황 등에 대한 서비스종사원의 판단에 따라 활용되어야 한다.

4) 조선일보, 2001-08-22.

1) 사 과

서비스가 손상된 것이 발견되거나 고객이 불평을 할 경우에 가장 먼저 사과를 해야 한다. 그러나 이때 사과는 법률적인 책임과 관련이 되는지를 미리 확인해야 한다. 만일 법률적으로 중대한 과실을 인정하거나 무거운 책임을 져야 하는 결과를 초래하는 내용에 대한 것과 관련이 있다면 무조건 사과해서는 안된다. 사과는 서비스가 고객에게 만족을 주지 못한 것에 대해 하는 것이다. 그리고 고객은 서비스가 되돌려지는 것보다 회사와 서비스가 고객이 불만족하고 실망했다는 사실에 대해 관심을 보여주는 것을 더 중요시하고 원하기 때문이다. 그리고 이러한 종류의 사과는 신속하면 할수록 고객에게 도움이 된다.

(1) 사과의 의미

사과의 뜻으로 "죄송합니다"라고 말할 때 그 의미가 "내가 죽을죄를 졌습니다, 나는 나쁜 사람입니다, 나는 서투른 사람입니다, 비난받아 마땅합니다"라는 것은 절대 아니다. 사과는 고객의 입장에서 일이 잘 안 풀렸다는 것을 회사가 인정하는 것이고, 서비스종사원의 입장에서는 고객의 문제에 관심을 가지고 있다는 것을 나타내고자 하는 의미가 더 강하다. 따라서 사과를 할 때에는 정중하고 진심을 담아서 하지만 절대로 비굴하거나 쩔쩔매는 모습을 보여서는 안 된다.

(2) 사과의 효과

프로답게 적절한 시기에 진심에서 우러나오는 사과를 함으로써 고객은 자신이 인정을 받고 있다는 느낌을 갖게 되고 전문적인 서비스를 받고 있다는 느낌을 갖게 된다. 따라서 사과는 고객으로부터 나올 수 있는 더 큰 문제를 미연에 방지할 수 있다. 또 고객의 마음을 누그러뜨림으로써 원만한 문제해결을 쉽게 한다. 더 나아가 우호적인 마음을 갖도록 함으로써 서비스를 회복뿐만 아니라 고객감동으로도 이끌 수 있다.

(3) 전문가다운 사과

때로는 고객이 잘못해서 발생된 문제를 서비스종사원이 해결해 주기를 바라기도 한다. 그 때에도 고객을 비난하지 말고 고객의 실수를 미연에 방지하지 못한 것에 대해 사과하는 것이 전문가다운 자세이다. 이때 고객은 전문가를 믿고 의지하게 된다. 다른 부서나 다른 종사원을 핑계삼아 사과해서는 안 된다. 잘못된 서비스에서 책임을 회피하려는 거의 본능적인 모습으로 보이지만 사실은 잘못된 서비스는 누가 저질렀든 회사의 서비스이다. 남을 핑계삼는 것은 나는 회사의 서비스와 관계가 없는 사람이라고 말하는 것과 같다.

효과적인 사과를 하는 방법은 진심이 어려야 고객에게 관심을 가지고 있다는 것을 전달할 수 있다. 또 사과를 할 때에는 회사를 들먹이지 말고 "제가 사과드립니다"라고 직접적인 표현을 사용해야 의미가 강하게 전달되고 전문가다운 당당함이 나타난다.

2) 경청과 문제해결

고객의 불평을 경청하는 것은 자신의 서비스에 대한 중요한 정보를 얻을 수 있을 뿐만 아니라 고객에게도 좋은 인상을 줄 수 있다. 고객의 문제에 대해 관심을 가지고 있고, 고객에게도 관심을 갖고 있으며 고객을 인정하고 있다는 느낌을 전해 줄 수 있기 때문이다. 고객은 인정받았다고 느끼고 또 자신의 문제 거리조차도 인정받았다고 느낄 때 불만이 누그러지고 문제해결에 협조하게 된다.

고객의 문제는 신속하고 공정하게 해결되어야 한다. 문제는 해결해야 하는 것이지 문제를 놓고 싸워 승리를 얻는 것은 아니다. 고객과 맞서서 고객에게 떠넘기거나, 거절하거나, 정당성을 주장하고 싸우면서 이기려 든다면 고객은 돌아가지만 절대 승리를 얻을 수는 없다. 돌아간 고객은 다시는 오지 않기 때문에 회사와 서비스는 고객을 잃는 패배를 안게 된다.

고객의 요구를 모두 무조건 받아들일 수는 없지만 고객과 고객의 문제에 관심을 보임으로써 해결의 실마리를 찾을 수 있다. 고객과 싸우지 말고 문제를 해결하도록 해야 한다. 그리고 해결은 신속하면 할수록 좋다. 실컷 싸운 후에 해결을 찾지 말고 가장 먼저 해결을 찾도록 해야 하고 그 해결은 모든 고객에게 공정한 것이 되어야 한다.

3) 보 상

고객이 한 번 서비스에 대해 불만을 느낀 후에는 손상된 서비스경험을 되돌릴 수는 없다. 비록 손상된 부분에 대한 복구가 이루어지더라도 전체 서비스경험이 불쾌하기 때문에 손해를 본 것 같이 느끼게 된다. 따라서 고객은 그와 같은 손해에 대해 적절히 보상받기를 바란다.

서비스를 복구하기 위해서는 손상된 부분만을 원상태로 돌리는 것만으로는 만족을 이끌어 낼 수 없다. 고객은 손상된 서비스로 인해 몇 번씩 오가거나, 몇 번씩 전화를 하고, 또 기다리는 일을 겪느라고 많은 시간과 노력을 들이게 된다. 또 그 과정에서 많은 심리적 갈등과 고통을 겪게 된다. 이러한 부분에 대한 대가를 산술적으로 계산할 수는 없지만, 최소한 고객이 입은 손해와 수고를 보상하는 것에 관심이 있다는 것을 나타내고 고객이 보상받았다고 느끼도록 해야 한다.

한 꽃배달서비스 업체에 대해 인터넷으로 신청한 배달이 제 시간에 이루어지지 못해 클레임을 제기했는데, 그 업체는 고객에게 미안하다고 말하기는커녕 고객이 잘못 입력한 사항이 없는지를 먼저 묻고는, 그 불평을 보상해주겠다고 해서 고객의 기분을 더욱 나쁘게 했다[5]고 한 사례가 있다. 보상이란 동일한 가치나 가격의 물리적 보상만이 아니라 심리적 보상의 의미가 더 크다. 고객이 손해를 입었다고 생각하는 것에 대해 충분히 위로하기 위해 보상을 하는 것이다.

5) 중앙일보, 2002-09-23.

(1) 보상의 약속

전남 장성군은 지난 8일부터 민원처리 만족도를 높이기 위해 민원실에 '고객만족 서비스보증 제도판'을 설치했다.[6] 제도판에는 민원봉사실 직원 15명의 이름과 사진을 게시하고 5,000원짜리 전화카드도 비치했다. 민원인은 일처리가 매끄럽지 못하거나 불친절하다고 판단되면 돌아갈 때 아무런 조건 없이 전화카드를 뽑아갈 수 있다.

(2) 확실한 보상

일년에 한두 번씩 C식당을 이용하곤 한다. 한번은 고기 맛이 예전 같지 못해 몇 조각 남겼다. 둘째 아들이 묻기에 전번보다 맛이 못하다고 했더니 후식을 가지고 온 종사원에게 이 상황을 설명했다. 조금 뒤 지배인 · 조리장 · 종사원 세 사람이 굳은 얼굴로 우리 테이블에 나타나서 사과를 하고는 새로 구워오겠다는 것이었다. 이토록 신경을 써 주는 것에 큰 감동을 받았다. 나는 "내년에 다시 올 테니 그때 맛있는 스테이크를 구워 달라"고 한 뒤 돌려보냈다. 음식값을 내려고 계산서를 보는 순간 나는 졸도(?)할 뻔했다. 내가 먹은 요리 값을 아예 빼고 청구한 것이었다.[7]

4) 서비스 회복

서비스의 회복(Service Recovery)은 더욱 철저하게 엄격해야 한다. 고객이 서비스에 대해 불만을 갖는 것은 서비스에서의 약속이 지켜지지 않았기 때문이다. 서비스에 실망한 고객은 또다시 실패한 서비스를 만날까 우려하게 되고 경계하는 마음이 되기 쉽다. 그러므로 만일 복구과정에서 한 새로운 약속을 어겼다면 복구는 영원히 실패하고 만다. 그러므로 서비스의 복구를 위해 임시방편으로 함부로 약속을 해서는 절대 안 된다. 약속된 사항에 대해서는 더욱 엄격하게 우선적으로 지켜져야 한다.

또 문제를 해결하고 나서는 서비스가 복구되어 고객이 만족에

---

6) 대한일보, 2001-02-15.
7) 조선일보, 2002-02-28.

도달하였는지를 반드시 확인하여야 한다. 서비스 복구를 확인하는 절차는 고객에게 관심을 가지고 있다는 것을 다시 보여 줌으로써 서비스의 복구를 더욱 확실하게 할 수 있고 고객감동의 기회를 얻을 수 있기 때문이다. 고객과 고객의 문제에 끝까지 관심을 가져주는 서비스를 고객은 반드시 다시 찾을 것이기 때문이다.

서비스 회복을 위해 R호텔은 불만처리의 전권을 고객접점부서와 접점 종사원에게 위양하고 역할연기(Role Playing) 등을 통해 불만처리의 노하우(Know-how)를 익힌다. 그리고 서비스회복을 통해 고객과의 관계를 구축하기 위해 3-3-3 규칙을 따르고 있다. 3-3-3 규칙이란 고객의 불만은 3분 내에 해결하고, 3일 내에 사과편지를 보내며, 3주 내에 고객의 불만을 야기시켰던 문제점을 개선하기 위해 어떤 서비스품질 혁신활동이 계획되었는지를 통보하는 것이다. 이 규칙은 고객과의 관계에 대한 종사원의 인식을 항상 새롭게 함으로써 고객을 감동하게 만드는 중요한 도구가 된다. 서비스를 회복하기 위한 구체적인 행동요령은 다음과 같다.

(1) 목소리와 시선

침착하고 차분한 느낌을 주기 위해 목소리와 톤은 낮추는 것이 좋다. 시선은 겸손과 관심을 나타내기 위해 약간 아래로 하면서 고객과 눈높이를 맞춘다. 진지한 표정으로 고객의 문제에 귀를 기울여야 한다.

(2) 생각한 후 말하기

고객은 불만족하였고 불평을 가지고 있다. 따라서 매우 민감하게 반응할 수 있고 또 서비스회복을 위한 약속은 반드시 지켜져야 하기 때문에 신중하게 말을 해야 한다. 성급하게 약속을 하기보다는 고객의 불평 내용에 대해 사실관계를 확인하기 위해 잠시 여유를 두는 것이 좋다.

(3) 장소를 바꾸어 보기

고객이 몹시 흥분해 있거나 다른 고객이 많은 장소일 경우에는 장소를 바꾸기를 권하면 이동하면서 잠시 여유를 가질 수 있다. 고객에게도 새로운 분위기에서 차분히 말할 수 있는 기회가 된다.

(4) 사람을 바꾸어 본다

고객의 흥분이 지나치면 자기보다 상관으로 바꾼다. 고객은 좀더 높은 지위의 사람이 응대하기 때문에 자신의 문제가 중요하게 다루어진다는 느낌을 줄 수 있다. 그러나 대면하는 사람을 여러 번 바꾸는 것은 좋지 않다. 고객은 똑같은 내용을 또 설명해야 하기 때문이다.

5) 불친절사례의 자기진단

고객의 불평은 서비스종사원의 사소한 실수와 태만, 타성에 젖어 소홀히 여긴 행동에서 나타나는 경우가 많다. 따라서 서비스종사원은 주 1회 자기진단을 통해서 불친절 사례가 나타나지 않도록 해야 한다. 자기 진단을 위한 항목으로는 다음과 같은 것이 있다.

〈불친절 자기진단 항목〉

항 목	진 단 내 용	결 과					비고
		1주	2주	3주	4주	5주	
1. 사용금지 용어	"그건 안됩니다"라고 말한 적이 있는가?						
2. 전화	"다시 거세요"라고 하거나 전화약속을 잊어버렸던 적은 있는가?						
3. 3초 내 반응	손님을 아무 의사표시 없이 3초 이상 기다리게 했던 적이 있는가?						
4. 고객용건처리	"잘 모르겠습니다. 다른 곳에서 알아보세요"라고 했는가?						
5. 안내예절	턱 · 손가락 · 볼펜 끝으로 무성의하게 안내했는가?						
6. 마감 후 손님	"영업 끝났습니다" 하며 고객을 되돌려 보낸 적이 있는가?						
7. 고객물건	고객의 물건을 함부로 다룬 적이 있는가?						
8. 항상 쉬운말로	전문용어 · 법률용어 등을 사용했는가?						
9. 배웅 인사	배웅인사를 빠뜨린 적이 있는가?						

제 2 절 관광불편신고

1. 관광불편신고센터

1) 운영목적

한국관광공사는 관광불편신고센터를 1977년 6월 30일 관광사업개선 전담반 내에 설치하였다. 동 센터는 관광산업의 국제경쟁력을 제고하고 관광객 수용태세 정비와 확충을 통하여, 외래관광객이 더욱 편리하고 안락한 여행을 즐길 수 있는 기반을 조성함으로써 실질적 외래관광객의 유치증대를 목적으로 하고 있다.

뿐만 아니라 내·외국인의 관광관련 불편사항을 종합분석하고 외래 관광객을 위한 수용태세의 문제점을 제시함으로써 관광부문의 정책입안, 연구개발 및 서비스 개선을 위한 기초자료로 활용하고 관광불편 신고사항에서 나타난 주요 문제점에 대한 개선방향 제시를 통하여 관광관련 업계의 자율적인 불편 해소방안 강구 및 서비스 개선을 유도하고자 하는 등 다음과 같은 목적으로 해마다 신고내용을 분석하고 있다.

① 외래관광객 유치증대

② 관광관련 부문의 정책입안, 연구개발, 관광서비스 개선

③ 관광관련 업계의 자율적인 관광서비스 개선 유도

2) 관광불편신고센터 운영현황

일 월	운 영 현 황
1977. 6. 30	관광불편신고센터 설치(관광사업개선 전담반 내)
1978. 4. 5	관광공사에서 동 센터 전담(단, 서울지역대상)
1986. 3. 29	관광불편신고센터 운영요령 제정(교통부훈령 제807호)
1987. 7. 1	전국 13개 시·도 관광과 및 7개 시·군으로 확대 설치, 운영
1987. 11. 25	관광불편신고센터 운영요령 개정(교통부훈령 제834호)
1988. 12. 28	관광불편신고센터 운영요령 개정(교통부훈령 제865호)
1990. 12. 29	관광불편신고센터 운영요령 개정(교통부훈령 제918호)
1995. 7. 27	센터 운영에 관한 규정 제정(문화관광부훈령 제50호)
1997. 12. 24	센터 운영에 관한 규정 개정(문화관광부훈령 제74호)
1999. 11. 3	센터 운영에 관한 규정 개정(문화관광부훈령 제47호)
2001. 2. 2	센터 운영에 관한 규정 개정(문화관광부훈령 제64호)
현 재	전국 23개소에서 관광불편신고센터 설치 운영 중

3) 신고접수 및 처리방법

(1) 신고방법

엽서, 서신, 방문 면담, 전화, 팩스, 공사 인터넷 홈페이지, 이메일(E-mail) 등

- 전화 : (02)735-0101
- 이메일(E-mail) : tourcom@knto.or.kr
- 팩스 : (02)777-0102
- 홈페이지 : http://www.visitkorea.or.kr

〈신고 방법별 구성비〉

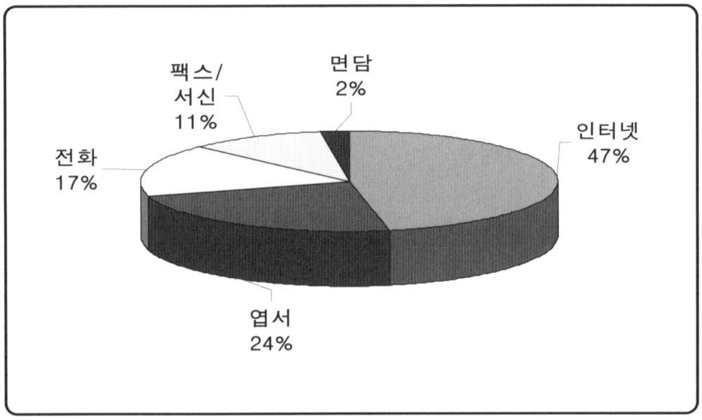

(2) 처리방법

사안에 따라 해당기관으로 보내거나 관광공사에서 직접 처리한다. 처리한 후에는 그 결과를 해당기관이나 공사에서 신고인에게 개별 통보한다. 또한 접수 처리된 신고현황 및 사례에 대한 월별 통계자료를 작성하고 연간 분석서를 발간하여 관계기관 및 관광업계에서 관광 불편사항이 나오지 않도록 사전에 예방하고 또 관광서비스의 개선을 도모한다.

(3) 불편신고 처리절차

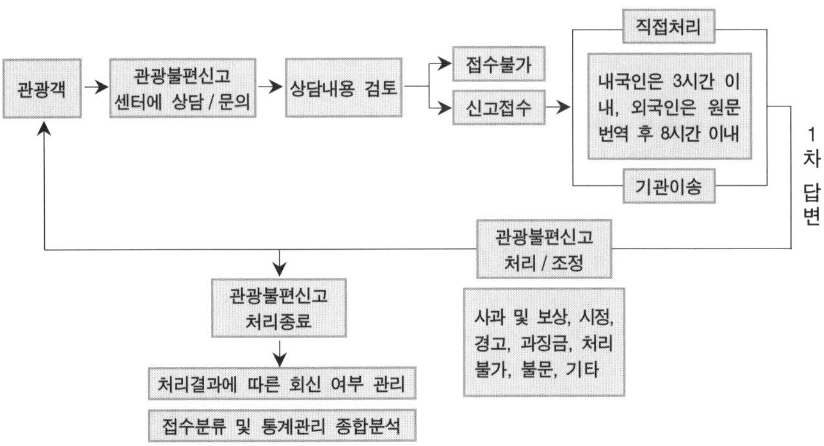

① 불편신고 접수
② 내국인 신고는 3시간, 외국인 신고내용은 8시간 내 해당기관으로 보낸다.
③ 해당기관은 7일 이내에 처리하고 신고인과 공사에 결과를 회신한다.
④ 외국인에게는 영어 또는 자국어로 회신한다.
⑤ 신고내용의 분류 및 통계자료를 관리한다.

2. 관광불편신고 현황

1) 접수건수 현황

관광불편신고는 2001년까지 증가세를 보이다가 2002년 전후 월드컵 개최와 함께 각종 관광환경 개선조치가 집중적으로 이루어짐에 따라 큰폭으로 감소했다. 그러나 2004년부터 주 5일제가 실시되면서 관광인구가 양적으로 성장하였고, 이에 따라 불편신고 역시 다시 증가하였다.

연 도	불편 사항	불편 외 사항	총접수
2000	731	24	755
2001	860	17	877
2002	552	18	570
2003	506	13	519
2004	633	7	640
2005	739	23	762
2006	627	19	646
2007	558	23	581
2008	526	24	550
2009	640	35	675

2008년에는 경기침체로 인한 해외출국자수의 감소로 2006년 이래 3년간 불편신고 총접수 건수가 감소하였으며, 2009년에는 입국 외래객이 780여만 명으로 전년대비 13.4% 성장하였고, 그 중에서도 일본인 입국자 수가 전년대비 28.4% 증가하면서 일본인의 불편신고가 급증했다.

〈연도별 불편신고 접수건수 추이〉

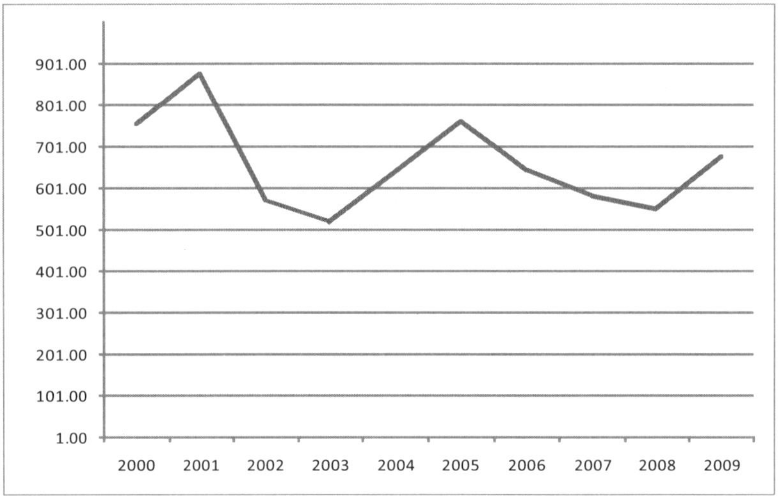

2) 업종별 신고접수 현황

최근 3개년 관광불편신고 유형별 접수현황에 따르면 2007년에서 2008년까지 불편신고 비율이 31.0%로 가장 높았던 '여행사' 관련 접수 비율이 2009년에는 15.5%(99건)에 그쳤으며, 이에 반해 10% 내외 수준이었던 '쇼핑' 관련 불편접수가 24.4%(156건)로 가장 큰 비중을 차지하였다. 그 밖에 '택시'(13.6%, 87건)와 '숙박'(92%, 59건) 관련 2009년 불편신고 접수 현황은 2007년 및 2008년과 비슷한 수준을 유지하고 있다. 불편 외 사항은 2009년 35건의 주된 내용은 감사내용이다.

〈2009년 업종별 접수현황〉

	유　　형	건　　수
1	쇼핑	156
2	여행사	99
3	택시	87
4	숙박	59
5	관광종사원	31
6	음식점	31
7	분실 및 도난	30
8	항공 및 공항	21
9	버스	21
10	안내표지판	4
11	기타	101

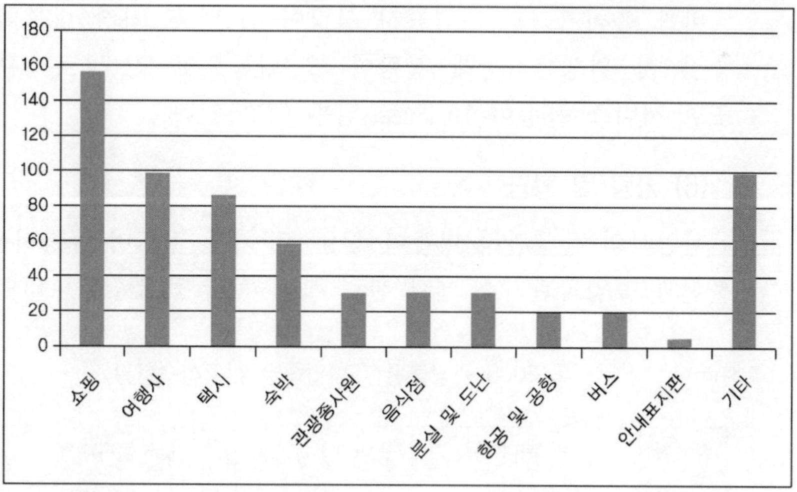

(1) 여행사

2009년 여행사 관련 불편으로 접수된 99건의 불편 중 주된 내용은 '계약해지 및 환불'(25.3%), '계약조건 불이행'(21.2%), '옵션상품 등 쇼핑 관련'(17.2%), '안내서비스 불량'(17.2%) 등으로 나타났다.

(2) 숙 박

숙박의 경우 총 59건이 접수되었으며, 서비스 불량이 32.2%로 가장 많고 그 다음이 시설 및 위생관리 불량이 22.%로 나타났다. 그밖에 과다, 부당요금 징수와 예약취소 및 위약금 등이다.

(3) 택시횡포

신고인의 상당수가 외국인이며, 부당요금 징수(미터기 사용거부)에 대한 불만이 가장 많다. 그밖에는 운전사의 불친절과 난폭운전 및 우회운전이 있다.

(4) 쇼 핑

가장 많은 신고건수를 나타내고 있으며 탁송지연 및 내역오류, 제품 및 맞춤 불량, 환불 및 제품교환 요청 등이다.

(5) 음식점

비싼 음식가격과 가격표시 불량이 41.9%로 가장 많으며, 음식품질 및 위생관리상태 불량이 그 다음으로 22.6%로 나타났다. 또한 서비스 불량이 19.4%로 뒤를 잇고 있다.

(6) 공항 및 항공

항공사의 운영관리 미흡이 42.9%로 가장 많으며 공항시설 이용불편과 출입국관리소 세관 관련 불편이 각 14.3%로 나타났다.

〈2009 관광불편신고 업종별 신고접수현황〉

(단위 : %)

유 형	세부 불편내용	구성비	유 형	세부 불편내용	구성비
여행사 (99건)	계약해지 및 환불	25.3	숙박 (59건)	예약취소 및 위약금	8.5
	계약조건 불이행	21.2		예약조건 불이행 및 허위광고	3.4
	옵션상품 등 쇼핑관련	17.2		도난 및 분실	1.7
	안내서비스 불량	17.2		기타	22.0

	부당요금 징수	4.0	관광 종사원 (31건)	응대태도 불량 및 불친절	45.2
	기타	15.2		무성의한 태도	29.0
쇼핑 (156건)	탁송지연 및 내역오류	25.0		미숙한 안내서비스	9.7
	제품 및 맞춤 불량	17.9		기타	16.1
	환불 및 제품 교환요청	14.7	음식점 (31건)	비싼 음식가격 및 가격 표시 불량	41.9
	기타	42.3		음식품질 및 위생관리 상태 불량	22.6
택시 (87건)	부당요금 징수 및 미터기 사용거부	65.5		서비스 불량	19.4
	운전사 불친절	10.3		부당요금 청구	3.2
	난폭운전 및 우회운전	6.9		기타	12.9
	승차거부 및 도중하차 강요	5.7	공항 및 항공 (21건)	항공사 운영관리 미흡	42.9
	운전사 호객행위	2.3		공항시설 이용	14.3
	기타	9.2		출입국관리소 세관관련	14.3
숙박 (59건)	서비스 불량	32.2		공항버스	9.5
	시설 및 위생관리 불량	22.0		기타	19.0
	과다·부당요금 징수	10.2			

3) 불편 외 신고 현황

2009년도 불편 외 사항은 101건이다. 내용은 감사서한 및 한국 여행소감 등이다. 특히 개별 관광객들의 다양한 경험, 여행 중 만난 한국인들의 친절과 성심껏 안내해 준 관광안내소 안내원, 두고 왔던 물건을 찾아주었던 택시기사 등에 대한 감사내용과 호텔 등의 서비스만족에 대한 인사 등이다.

제3절 여행서비스 불편신고

1. 여행사서비스 불편신고 내용

1) 주요 내용

여행사서비스 관련 불편신고는 2005년 221건에서 2009년 99건으로 감소하고 있으며 전체 불편신고에서 여행사 관련 불편신고가 차지하는 비중은 2008년의 30% 내외에서 2009년에는 15.5%로 급격히 축소되었는데, 여기에는 환율상승과 신종플루 유행 등 해외여행이 전체적으로 축소된 데에서 영향을 받았으며, 관광불편신고센터 운영에 관한 문화체육관광부의 훈련에 의거하여 2006년 6월부터 한국일반여행업협회 내에 설치되어 운영되고 있는 불편신고 접수창구로 분산된 데도 기인한다.

2009년 접수된 여행사 관련 불편신고 세부내용으로는 '계약해지 및 환불'이 가장 많은 25.3%를 차지했으며, 다음으로 '계약조건 불이행' 21.2%, '옵션상품 등 쇼핑 관련' 17.2%, '안내서비스 불량' 17.2%, '부당요금 징수' 4.0% 등으로 나타났다.

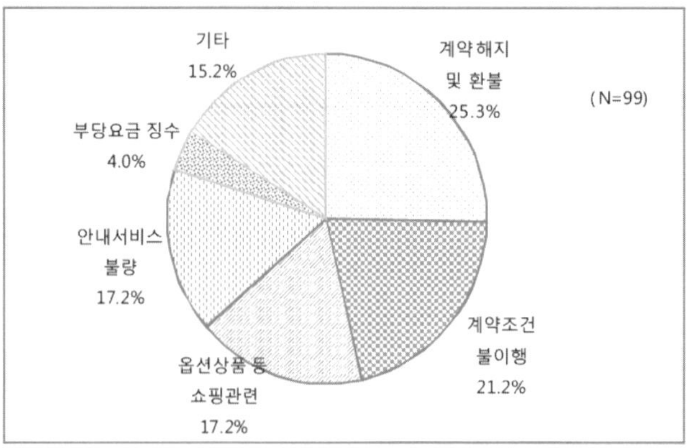

그러나 최근 3년간 접수된 여행사 관련 불편신고의 세부 내용에 따르면 '계약해지 및 환불'과 '옵션상품 등 쇼핑 관련' 신고비율이 지속적으로 증가하고 있는 반면에 '안내서비스 불량'에 대한 접수비율은 다소 낮아진 것을 확인할 수 있다.

2) 여행사 업종별 불편신고 내용

이를 업종별로 살펴보면, 일반여행업이 50건으로 가장 많고, 국외여행업이 36건, 국내여행업이 13건이다. 불편신고 내용으로 보면 '계약해지 및 환불'은 국외여행업에서 19건이 나타났고, '계약조건 불이행' 역시 국외여행업에서 11건이 발생하였다. '옵션상품 등 쇼핑관련', '안내서비스 불량'에 대한 신고 접수는 일반여행업에서 다수 나타났다.

〈여행업종별 신고접수내용 현황〉

(단위 : 건)

구 분	일반여행업	국외여행업	국내여행업	총 계
계약해지 및 환불	4	19	2	25
계약조건 불이행	9	11	1	21
옵션상품 등 쇼핑관련	15	0	2	17
안내서비스 불량	12	2	3	17
부당요금 징수	3	0	1	4
기 타	7	4	4	15
총 계	50	36	13	99

2. 여행사 불편신고 관련 주요 문제점

1) 계약해지 및 환불

① 여행취소에 대한 위로금, 여행상품비용 환불금 지급 지연

② 여행취소 이후 여행사의 과도한 위약금 요구

③ 항공권 미확보 등의 이유로 여행사의 일방적 여행 취소
④ 여행일정, 숙소, 식사 등이 계약사항과 다른 경우 환불요청에 대한 여행사의 지급회피 등

2) 계약조건 불이행

① 여행상품에 명시된 여행일정, 숙소, 식사를 임의로 변경하는 경우
② 항공편 구입 후 출국과 귀국 시간이 변경되거나 경유 횟수를 잘못 알려주는 등의 불편
③ 여행계약 시 약속한 특전이나 사은품을 받지 못하는 경우 등

3) 옵션상품 등 쇼핑관련

① 옵션상품 불참에 따른 노골적 팁 요구와 불이익 강조
② 해외여행 도중 구입한 상품으로 인한 피해
③ 예정된 여행일정 대신 임의로 쇼핑을 계속하도록 강요받음 등

4) 안내서비스 불량

① 가이드의 무성의한 안내 및 불쾌한 언사로 인한 심리적, 물질적 피해
② 여행지에 대한 가이드의 소양이 부족하여 관광지에 대한 적절한 소개를 받지 못함.
③ 제휴 쇼핑센터나 식당을 강요하는 등 커미션을 목적으로 한 가이드의 악의적 여행일정 운영
④ 가이드의 부적절한 안내로 인해 여행에 제대로 참여하지 못함 등

5) 부당요금 징수

① 여행일정이나 제공요건에 비해 과도한 요금을 징수하는 경우
② 현지 여행경비 이중 납부 또는 1인 여행객에 대한 추가 요

금징수 피해

③ 추가요금을 냈으나 약속된 서비스나 시설을 제공하지 않는 경우 등

6) 기 타

① 여행 중 발생한 사고에 대한 보상이나 대응이 미흡한 경우

② 여행사 직원의 실수로 여행에 참가하지 못하게 된 경우에도 여행자에게 경비를 요구하는 경우

③ 여행사 측에서 경유시간에 대한 고려가 부족해 여행에 불편을 초래한 경우 등

3. 개선방안

1) 관광업계에 운영자금 특별융자 및 여행사의 쇼핑수수료율에 대한 제한 결의
2) 중요한 표시 및 광고사항 고시와 통합공고 개정
3) 항공권 취급 수수료 표준 단가표 마련
4) 우수여행상품 인증, 서비스 품질 우수기업 인증제의 확대를 통한 여행자 신뢰성 증대
5) 여행업관련 정책 및 제도 보완
6) 여행업 선진화를 위한 자구노력
7) 여행업관련 지도와 감독 노력

4. 여행사 관련 주요 신고사례

여행사 관련 주요 신고사례는 계약조건 불이행 사례가 가장 많고 그 다음이 안내서비스 불량 그리고 부당요금 징수의 순이다. 이 사례들을 통해서 관광업계의 현황을 살펴봄과 동시에 이러한 상황에서 우수한 관광서비스종사원으로써의 자세를 생각할 수

있어야 한다. 각 사례들의 자세한 부분에서 관광서비스종사원으로서 부족했던 서비스를 생각하고 만족한 서비스가 되기 위해 하지 말아야 했거나 또는 해야만 했던 부분들에 대한 논의가 필요하다.

1) 계약조건 불이행

여행사들의 계약조건 불이행은 여행업무의 성격상 여러 관광업자와 연계되어 이루어지는데, 업무의 연계가 제대로 이루어지지 않는 경우가 원인이 된다. 따라서 서비스종사원은 자신의 업무뿐만 아니라 고객의 입장에서 관광이 원만하게 이루어질 수 있도록 모든 계약내용을 확인할 수 있어야 한다. 또한 관광서비스는 서비스의 내용을 서류화하고 정확하게 확인하는 체계를 갖추어야 한다.

여행상품의 경우는 관련업체의 약속 불이행이나 변경의 경우에 여행사 자신도 선의의 피해자임에도 불구하고 고객의 불평을 처리해야 한다. 최종 상품을 고객에게 판매하고 서비스를 제공해야 하는 입장이기 때문인데 이때 가장 우선적으로는 고객의 불평에 대한 올바른 자세를 갖추어야 한다.

먼저 여행사의 책임범위에 속하는지 아닌지를 가장 먼저 확인해야 한다. 여행사의 책임이라면 고객의 불편에 대해서는 사과를 하고 문제의 원인에 대해 고객에게 정확하게 고지한다. 섣부른 해결노력이 더욱 심각한 문제를 발생시킬 수 있기 때문에 정확한 대처방안이나 보상을 생각해야 한다. 그렇다고 하더라도 고객에게 쩔쩔매는 인상을 주거나 심각하게 죄스러운 마음을 가진 것으로 비춰져서는 안 된다. 잘못된 부분을 인정하고 책임지려는 자세가 필요하다. 여행사의 과실이 아니라면 당당한 자세로 상황을 설명하고 고객의 마음을 이해하고 위로하는 자세로 도와주려는 모습을 보여야 한다.

여행사가 고객과 맺은 계약조건은 반드시 지켜야 한다. 여행사가 고객과의 약속을 스스로 어겼을 때는 철저하게 사과하고 문제를 해결하고 보상하여야 한다. 특히 문서로 계약된 경우 문서는 각 위반사항에 대한 보상의 근거가 되는데, 많은 고객은 위반사항에 국한된 문서상의 액수보다는 여행을 망친데 대한 위반으로 여겨 여행금액 전액 환급을 요구하는 경우도 있다.

〈사례〉 1. 내국인

1월 6일 ○○관광이 주관하는 용평스키장 1일 패키지를 다녀왔다. 갈 때는 리무진버스를 탔는데, 돌아올 때는 관광버스를 타라고 했다. 분명히 여의도에서 출발하여 여의도로 도착하는 상품이었음에도 기사는 처음에 여의도에서 내려주지 않는다고 했다. 실랑이 끝에 여의도발 리무진에 탈 수 있었다. 기사횡포에 기분이 상해 ○○관광에 연락하여 사과를 요구하였는데 곧 전화를 주겠다고 하더니 아직까지 일언반구도 없다. 여행사의 각성을 촉구하며 따끔한 경고 및 공식적인 사과를 요구한다.

- 처리결과 : 여행사가 신고인에게 사과하고 해당직원의 시말서를 제출받아 상호 원만한 합의하에 종결 처리됨.

〈사례〉 2. 내국인

○○여행사를 통해 상해 여행상품을 계약하고, 여행경비도 완불하였다. 우리 일행까지 열명 정도의 인원이 새벽부터 일어나 인천공항에 도착하여 여행 출발을 기다렸다. 그런데 여행사 측에서는 갑자기 비행기 시간이 바뀌었다며 오늘 1시 비행기를 타든지, 아니면 여행을 취소하든지 하라고 했다. 새벽부터 그렇게 준비를 했는데 갑자기 일정을 바꿔버리다니 정말 화가 났다. 그래서 우리 가족은 여행을 취소했다. 그리고 여행사 직원에게 항의를 하자 그는 "환급을 해주면 될 것 아니냐"고 오히려 큰소리였다. 잘못을 저질러놓고서도 미안하다고 사과하기는커녕 오히려 화를 내는 직원 때문에 너무 화가 난다.

- 처리결과 : 해당 여행사가 신고인에게 여행요금의 50%(870,000)를 지급하였음이 확인되어 종결처리.

〈사례〉 3. 내국인

○○여행사를 통해 중국여행을 다녀왔는데, 처음에는 국적기를 통해

중국으로 가기로 되어 있었다. 그런데 항공좌석이 없으니 대련 경유 중국항공으로 가라고 하더니 대금을 입금한 후에는 대련 경유 좌석도 없으니 하얼빈 경유로 가라고 하였다. 어쩔 수 없이 하얼빈 경유 비행기로 출발하였으나 공항에서 많은 시간을 기다려야 했고, 3박4일 일정을 2박3일에 다니느라 일행이 몸살 등으로 건강을 해쳤다. 당초 광고했던 내용과 다른 일정에 대하여 변명 일색으로 책임을 회피하고 있어 즐거워야 할 여행에 분노만 남았다.

- 처리결과 : 향후 패키지여행시 여행경비 7% 할인을 약속하고 상호 합의처리됨.

〈사례〉 4. 내국인

○○여행사를 통해 괌 여행을 다녀왔는데, 출발일 인천공항에서 티켓팅을 하는데 좌석이 없다 하여 부득이 사이판을 경유하여 저녁 7시반에 괌에 도착하였다. 3일 휴가 중 첫날을 고생만 하고 그냥 보내고 이틀을 괌에서 보내고 왔다. 돌아와 여행사에 항의를 하니 항공사의 잘못이라며 책임을 회피하고 있다.

- 처리결과 : 신고인의 보상청구를 기각함이 심의·결정되었고 이의제기 고지하였으나 이의제기가 접수된 사실이 없음이 확인되어 종결 처리됨.

〈사례〉 5. 내국인

○○○○투어에 대해 고발한다. 출발 전에는 기본적인 정보(현지의 연락처, 현지 출입국카드 작성요령 등)를 제공하지 않았고 출발 당일엔 여행사 직원이 늦어 비행기 이륙시간 20분 전에서야 부랴부랴 일처리를 했다. 현지 공항에서는 어느 곳에서도 여행사의 푯말을 볼 수 없어 미아가 될 뻔했고 그룹의 숫자까지 속였다. 기본으로 제공된다던 스타페리를 이용할 수 없어 현지가이드에게 문의하니 그런 내역은 아는 바 없다고 했다. 이처럼 기본 옵션 중 한 가지를 뺐을 뿐 아니라 돌아와서 여행사에 항의하니 연락한다고 하더니, 감감무소식이다가 뒤늦게 15만원에 합의를 요구했지만 본인은 전액 환급을 요구한다.

- 처리결과 : 해당 여행사에서 15만원의 보상을 중재하였으나 거부함. 한국소비자보호원에 동 신고관련 소비자피해구제 접수 확인, 종결 처리함.

〈사례〉 6. 내국인

4월 25일부터 8박 9일 동유럽여행을 계획하여 ○여행사에 4명에 대해 여행경비를 5,644,000원을 완불했다. 그런데 출발 하루 전에 중국 비행기로 바뀌었다고 연락이 와서 본인들은 당초 계획과 달라 여행할 수 없다며 환급을 요구했다. 바로 다음 날인 4월 25일에 돌려준다고 했다. 그러나 주지 않아 다시 사장에게 전화하니 30일에 주겠다고 했다. 그러나 주지 않았다. 그리고는 5월 10일까지 시간을 달라하고 이제는 사장은 전화도 안 받는다.

- ▸ 처리결과 : 해당 여행사가 신고인에게 5,644,000원을 지급키로 당사자 간 합의.

〈사례〉 7. 내국인

8월 12일부터 3박4일간 일본으로 여행을 갔다. 출발 며칠 전, 신청한 인원이 많아 객실 배정에 문제가 있을 것 같아 예약치 않겠다고 하니 특급 수준의 객실을 준다고 확약하여 예약했다. 그러나 우리 가족이 현지에 도착하여 들어간 객실은 더럽고 싱크대가 있는 객실이었고 에어컨도 소리만 나고 시원하지 않았다. 프런트에 내려가 방을 바꿔 달라고 했으나 되지 않아 가이드용이라는 1인용 객실에서 잠도 못 자고 불쾌했다. 여행사측은 방 2개 값으로 12만 원을 배상한다고 하지만, 우리가족은 이 일로 여행을 망쳤으므로 4명의 경비 320만 원 정도를 요구하는 바임.

- ▸ 처리결과 : 해당 여행사가 신고인에게 140,000원을 환급하여 상호 원만히 합의 종결

〈사례〉 8. 내국인

○○여행사를 통해 사이판에 여행을 갔다. 예약시, 특급호텔인 다이이치에서 묵으며 가격이 저렴해 믿음이 가지 않아 직접 여행사를 방문했고 담당자를 만나 카드결제로 예약을 했다. 출발 하루 전날 여행사는 '다이이치 호텔에 객실이 없으니 그랜드 호텔로 옮길 수 없느냐'고 물었다. 본인은 '그럴 수 없다'고 했고 아무런 연락이 없길래 '원래 호텔에 묵겠지' 했다. 그런데 공항에서 수속을 마치고 계약서를 보니 그랜드호텔로 되어 있었다. 그랜드호텔의 객실은 낡았고 조식은 형편없었다. 돌

아와 여행사의 사과와 손해배상을 청구했으나 이미 다녀왔으니 아무 말 말라는 식의 대응을 하고 있다.

▸ 처리결과 : 해당 여행사가 신고인에게 정중히 사과하고 상호 원만 해결.

〈사례〉 9. 내국인

지난 6월 일행 28명이 홍콩으로 여행을 떠났다. 여행사에서 제공한 숙박과 음식, 쇼핑, 관광 등 제반 사항의 서비스가 엉망이었고 관광객들에게 선택관광도 강제로 요구를 했다. 여행사들이 국내를 떠나 해외로 나간 관광객들을 그들만의 이익을 위해 함부로 행동하고 요구하는 자세는 시정되어야 한다.

▸ 처리결과 : 해당 여행사가 신고인에게 정중히 사과. 상호합의 종결처리.

〈사례〉 10. 내국인

4월 4일부터 2박3일간 아내와 함께 ㅅ여행사를 통해서 제주도 여행을 갔다. 그러나 도착부터 가이드는 1시간 이상 나타나지 않았고 계약서에서는 1급 호텔이었으나 실제로는 3급 호텔이었다. 그리고 잠수함투어 상품도 제대로 이루어지지 않았다. 여행시 제대로 이루어지지 않았던 점은 여행 후 통장으로 입금해준다던 얘기는 몇 개월이 지난 지금, 여행사 직원들은 모두가 책임을 전가하고 있는 상태이다. 금전적 배상을 요구한다.

▸ 처리결과 : 여행사측에 향후 업무처리상의 계약불이행은 행정처분의 대상이 됨을 알려 주의토록 하고 시정을 통보함(이미 소비자보호센터의 중재를 통해 민원사항 해결).

〈사례〉 11. 내국인

ㅇ여행사를 통해 괌여행을 다녀왔으나 계약사항과 위배되는 점이 있어 보상을 원한다. 당 여행사에서는 옵션 두 가지를 현지 여행에서 빼버렸다. 직원 잘못이라고 하지만 고의든 사기든 약속을 지키지 못한 부분에 대하여는 어떠한 책임이라도 여행객에게 져야 한다.

▸ 처리결과 : 해당 여행사가 신고인에게 일인당 5만 원씩 총 10만원 환급함.

2) 안내서비스 불량

안내서비스는 국외여행인솔자(TC : Tour Conductor)와 현지가이드(Local Guide)로 나뉜다. 안내서비스 불량의 많은 경우는 외국의 관광지에서 안내서비스를 하는 현지가이드의 문제일 때가 많다. 그렇지만 현지에서 행사를 감독할 책임을 갖고 있는 TC가 적절한 통제를 행하지 못하는 것도 문제가 된다. 현지 가이드의 수입체계가 각종 수수료에 의존하는 경우 수입을 위한 무리한 옵션강요에 의해 발생하고 있다. 고객의 입장에서는 계약위반 못지않게 여행을 망치게 하는 중요한 요인이고 감정으로 치달아, 정신적 피해의 정도도 매우 크지만 그 중요성에 비해서 계약의 범위나 위반사항을 증명하기가 어렵고, 보상도 미약하다.

안내서비스를 담당하는 종사원은 관광서비스에 대한 신뢰와 만족을 높여 관광감동에 기여하는 절대적인 역할을 하기 때문에 최고의 전문가정신이 요구된다. 단기적인 이익을 추구할 수 있으나 그 결과 고객의 불만과 불평을 사는 것은 장기적으로는 고객을 잃어버리는 사태를 초래하게 된다. 회사와 서비스 그리고 종사원 개인의 발전을 위해서는 장기적인 고객관리를 통해 수익을 달성할 수 있도록 해야 한다.

〈사례〉 1. 내국인

친구들과 방콕으로 졸업여행을 다녀왔다. 그런데 도착 후, ○○투어 소속 가이드 박○○씨가 "일정대로 다니면 시간이 남으니 선택관광을 해야 한다"고 해 "돈이 없다"고 하자 제일 싼 D코스를 권했다. 가이드가 데리고 간 곳을 '여자나체쇼'를 하는 곳이었다. 사전에 설명 없이 아직 학생인 우리들을 그런 곳으로 데리고 간 저의를 모르겠다. 또한 가기 전 진의를 알 수 없는 성적 농담으로 심한 수치심을 느끼게 했다. 쇼핑센터관광도 비싼 곳만 돌아다녀 여행을 망쳤다. 진정한 가이드의 역할이 무엇인지 일깨워줘야 한다.

▸ 처리결과 : ○○투어가 신고인에게 사과, 상호 원만히 합의 종결처리.

〈사례〉 2. 내국인

○여행사를 통해 괌을 다녀왔는데 기본 패키지 투어요금을 내고, 옵션투어는 우리 일행이 따로 알아본 업체를 통해서 하기로 양해를 구하고 떠났다. 그런데, 현지의 ○여행사 소속의 가이드는 자신을 통해서 옵션투어를 하지 않는다 하여 우리를 괌 공항에 내팽개치다시피 하였으며 어떻게 알았는지 우리가 옵션관광을 이용한 업체에 대해 노골적으로 항의를 하고 인터넷에 우리를 성토하는 글을 올리는 등 불쾌한 행동을 보이고 있다. 여행사와 가이드의 사과를 받고 싶다.

▸ 처리결과 : ㅎ여행사가 신고인에게 사과하고 신고인을 짐작케 하는 사이트의 게시판 글 삭제, 상호 원만 해결.

〈사례〉 3. 내국인

○투어를 통해 싱가포르/빈탄 5일 상품을 구매하여 여행을 다녀왔다. 여행 중에 일방적으로 일정을 바꾸고 숙박시설은 온통 냄새투성이었다. 여행일정을 관광객을 위하는 체하면서 천재·지변이 일어난 것도 아닌데 가이드의 사리사욕으로 인해 바뀌었다고 생각하니 도저히 그냥 묵과할 수 없다. 사실을 확인하여 이런 악덕업체의 피해가 더 이상 발생하지 않도록 조치를 취해주기 바란다.

▸ 처리결과 : 신고인이 개인적으로 타기관의 절차로 처리하겠다며 종결처리요청서 접수함.

〈사례〉 4. 내국인

8월말 ○투어몰을 이용해 해외여행을 갔다 왔으나 여행사 직원이 여행정보 내용(관광지 정보, 옵션내용)을 제대로 전달해 주지 않았으며, 현지 운전사의 부업이라며 기념품(열쇠고리, 라이터)의 구입요구는 불쾌하였다.

▸ 처리결과 : 해당 여행사가 신고인에게 정중히 사과하고 상황을 설명하여 당사자 간 원만히 합의.

〈사례〉 5. 내국인

○○여행사를 통해 가족 8명이 사이판에 다녀왔다. 한달 전에 예약했는데 떠나기 이틀 전 등급이 더 낮은 호텔로 가라고 했다. 또 여자 가

이드가 버스 안에서 옵션관광을 빨리 선택하라고 강요/재촉했다. 대금은 그 자리에서 1,190달러를 지급하라고 했다. 이 가이드는 한국 슈퍼마켓에 내려주며 4일 동안 필요한 물품을 사게 했고, 다음날 여행지인 마나가하 섬에 들어가기 위해 구명조끼와 오리발 등을 필수로 사야 한다고 했다. 나중에 알고 보니 이는 모두 거짓말이었다. 귀국 후 ○○여행사에 항의하자 자기들과는 관계가 없다면서 무책임하게 응대했다.

▸ 처리결과 : 해당 여행사가 신고일행 총 8명에게 위로금 일인당 20,000원을 신고인 대표에게 지급키로 함.

3) 부당요금 징수

부당요금은 그 내용이 비교적 명확하기 때문에 문제가 발생한 요금에 대해서 환급하는 등으로 해결방법이 분명하다. 부당하다고 느끼지 않도록 사전에 충분한 설명과 이해를 구하는 것이 무엇보다 중요하다. 그러나 이로 인해 여행을 망쳤다고 생각하는 경우 전체 관광서비스의 손상에 대한 보상이 어렵기 때문에 서비스를 복구할 수 있는 기회를 마련하는 것도 어려워진다.

〈사례〉 1. 내국인

3월 7일 중국북방항공을 타기 위해 공항에 체크인 하려는 순간 항공권을 잃어버린 것을 알고 항공권을 구입했던 ○○사에 연락했다. 마침 공항에 이를 처리할 인력이 나가 있으니 연결해주겠다 했다. 그때는 수수료가 없다고 했는데 재발급하고 나니 만원을 요구했다. 수수료를 내는 것이 정당한지 궁금하고 또한 원래의 항공권을 찾으면 반드시 돌려줘야 하며, 안 그러면 2~3배의 무슨 돈인지를 물어야 한다고 하는데 이 또한 알 수 없다.

▸ 처리결과 : 해당 여행사 신고인에게 상황설명 후 상호 원만히 합의.

〈사례〉 2. 내국인

부모님을 모시고 ○투어를 통해 방콕을 다녀왔다. 방콕공항의 공항세 12달인데 15달러를 내라고 했다. 여행 중 가이드는 개인당 40달러씩 팁을 요구해 너무 비싸다고 항의하자 “내기 싫은 사람은 내지 말라”는 식으로 불쾌하게 말했다. 또 마지막 날의 쇼핑에선 일부러 비싼 곳으로만 데리고 가 구매도 못하고 마음만 상했다. 돌아와 여행사 사장에게 팁 강요와 옵션 일정에 대해 말했지만, 책임자들은 불성실한 답변과 태도로 일관해 더욱 기분이 나쁘다. 공항세 12,000원은 돌려받았지만 항의한 사람만 돌려받고 그렇지 않은 사람은 그냥 넘어간다는 것도 납득하기 어렵다. 강요당한 팁과 무성의한 옵션투어, 전화비 등에 대한 손해배상 청구와 관계자들의 사과를 원한다.

▸ 처리결과 : 해당 여행사가 신고인에게 여행경비 일체를 환급하여 상호 원만해결.

〈사례〉 3. 내국인

○○관광을 통해 필리핀으로 신혼여행을 다녀왔다. 계약 당시 옵션이나 팁이 포함되어 있어 일절 추가금액이 없다고 강조했는데, 결혼식 당일에 본인이 식장에서 매우 혼잡한 상황에서 추가금액이 있다고 전화를 받았다. 결혼식을 바로 끝낸 입장에서 별 수 없이 여행을 다녀왔지만 추가된 226,200원은 부당한 요구라고 생각한다.

▸ 처리결과 : 여행사가 신고인에 104,000원 보상 합의.

4) 기 타

〈사례〉 1. 내국인

1월 14일 호주/뉴질랜드로 여행을 가신 부모님께서 병이 나, 이틀밖에 관광을 하지 못하고 현지에서 병원에 다니다가 결국 20일 오전 5시 인천공항으로 귀국하셨다. 병으로 관광도 못하고 자비로 치료 및 투숙비를 물고 돌아오는 부모님께 현지 여행사는 없던 일로 하겠다는 확인서에 서명케 하고 오히려 팁을 달라고 했다 한다. 본인은 2월 말경 ○투어에 여행을 제대로 하지 못한 부분에 대해 환급을 요구했으나 못해 준다고 했다.

▸ 처리결과 : 해당 여행사 신고인에게 350,000원을 환급하고 사과함.

〈사례〉 2. 내국인

○항공을 통해 ○○투어의 허니문 상품을 계약하였으나, 개인사정으로 출발을 못하게 되었다. 출발 전일 통보하였기 때문에 20%의 위약금

을 물으면 되는데 50%의 위약금을 요구하였다. 여행사와의 실랑이 끝에 총 여행경비 359만원 중 107만원을 위약금으로 빼고 나머지를 환급받았다. 그러나 359만원의 20%는 70여만원으로 약 37만원을 위약금으로 더 낸 것이다. 이에 대한 환급을 요망한다.

▸ 처리결과 : ○○투어가 311,300원을, 최초의 계약업체인 ○항공이 40,700원을 신고인에 환급함.

제 4 절 숙박서비스 불편신고

1. 숙박서비스 불편신고 내용

1) 주요 내용

2009년 숙박관련 불편신고는 59건으로 전체 640건 중 9.2%를 차지하고 있다. 이는 최근 5년간의 신고건수와 비슷한 수준이다. 주요 신고내용으로는 서비스 불량이 32.2%로 가장 많고, 시설 및 위생관리 불량 22.0%, 과다 부당요금 징수 10.2% 등이다. 이는 최근 3년간의 숙박 관련 불편신고 내용으로 볼 때 '서비스 불량' 건

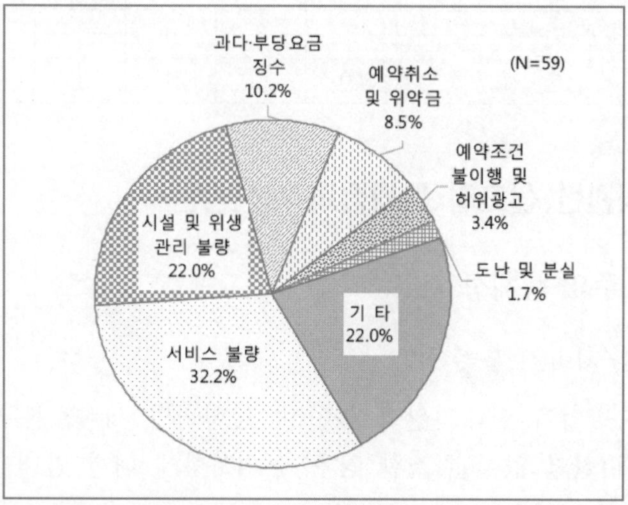

수가 다소 증가하고, '과다 또는 부당요금 징수'는 다소 감소하고 있다.

2) 업종별 불편신고 내용

이를 업종별로 살펴보면, 특급호텔관련 불편이 20건이며, 이 중 서비스불량이 가장 많았으며, 1급 이하의 호텔은 총 12건 중 서비스불량과 시설 및 위생관리 불량이 다수를 차지하고 있다. 여관의 경우는 총 22건 중 서비스불량이 가장 많고, 시설 및 위생관리 불량과 예약취소 및 위약금 등이 나타났다.

〈여행업종별 신고접수내용 현황〉

(단위 : 건)

구 분	관광호텔		일반호텔 펜 션	콘 도	여 관	총 계
	특 급	1급 이하				
서비스 불량	8	3	2	0	6	19
시설 및 위생관리 불량	3	6	0	0	4	13
과다부당요금 징수	4	0	1	0	1	6
예약취소 및 위약금	1	0	1	0	3	5
예약조건 불이행 및 허위광고	0	0	0	0	2	2
도난 및 분실	1	0	0	0	0	1
기 타	3	3	0	1	6	13
총 계	20	12	4	1	22	59

2. 숙박관련 신고의 문제점과 개선방안

1) 주요 문제점

① 서비스 불량

숙박업체 안내직원의 불친절, 공항픽업 서비스를 예약해 두었으나 설명 없이 취소한 경우, 문의사항에 대한 안내에 주지 않거나 일방적으로 전화를 끊어버리는 경우, 갑작스러운 예약 취소 및 퇴실 강요, 고객의 항의에 대해 무시하거나 책임을 회피하는 경우 등

② **시설 및 위행관리 불량**

객실 내 청소상태 불량, 객실 내 시설 및 비품 미비 또는 에어컨 등의 미작동, 욕실 누수 및 샤워기 불량 등

③ **과다·부당요금 징수**

객실료에 대한 과다 징수, 외국인 요금과 내국인 요금을 다르게 설정, 투숙 중 주문하지 않은 내역에 대한 청구 등

④ **예약 취소 및 위약금 관련 불편**

사전예약 완료 후에 숙소에 도착했을 때 예약사항이 확인되지 않는 경우, 숙박업소의 사정으로 인해 예약변경 또는 환불을 강요받은 경우, 시설 불편으로 인한 환불요청을 거부하는 경우, 여행객 사정으로 예약한 객실의 일부를 취소하려고 했으나 허용하지 않는 경우 등

⑤ **예약조건 불이행 및 허위광고**

과대광고와 다르게 실제시설과 환경은 매우 불만족한 경우, 싱글룸을 예약했으나 다른 사람과 함께 방을 쓰도록 하고도 환불요청을 거부하는 경우 등

⑥ **도난 및 분실**

객실 내에 있던 여행객의 서류 등 소지품 일부가 쓰레기로 오인되어 버리는 경우 등

⑦ **기 타**

원치 않는 유형의 숙소를 선택하게 된 경우, 예약상황이나 객실사정에 대한 문의에 응답을 받지 못하는 경우, 다국어 지도 및 관광안내자료의 비치가 안된 경우 등

2) 개선방안

① 숙박정보를 위한 한국관광 숙박 길라잡이 구축
② 중저가 숙박시설의 확충 및 이용 활성화 지원(굿스테이 인증사업, 한옥통합정보시스템 구축 등)
③ 소비자 만족도를 호텔 등급결정 기준에 반영하여 합리적인 등급 결정 및 가격 설정 도모
④ 성수기 바가지 요금 근절을 위한 조사 실시 및 홈페이지 실시간 게재
⑤ 국제경쟁력 강화를 위한 제도 개선과 감독 활동

3. 숙박관련 주요 신고사례

1) 서비스 불량

서비스종사원의 역할이 가장 중요한 문제가 되어 발생한 경우이다. 특히 특급호텔에서 많이 발생하는 신고사례이다. 시설과 설비가 매우 뛰어난 특급호텔의 경우 고객은 시설과 설비를 기준으로 호텔서비스의 모든 측면이 갖추어지기를 기대하게 된다. 즉 시설이나 설비가 부족한 호텔의 경우에는 종사원의 서비스에 대한 기대도 낮아지지만, 특급호텔의 경우에는 시설에 준하는 서비스수준을 갖추고 있을 것이라고 기대하게 되는 것이다.

고객의 기대가 높은 만큼 서비스종사원의 역할이 중요하지만, 호텔투숙을 객실 이용으로만 한정하여 생각할 경우 종사원의 서비스에 대해 간과하기가 쉽다. 그러나 호텔서비스는 시설과 설비만을 제공하지 않는다. 시설과 설비에 준하는 서비스종사원의 서비스가 호텔서비스를 완성시키는 것이므로 서비스종사원의 철저한 서비스자세가 무엇보다 요구된다.

서비스 불량으로 인한 호텔서비스의 손상은 고객이 호텔의 객실을 이미 이용했다는 이유로 고객에 대한 보상은 사과와 친절

교육에 그치고 있다. 그러나 고객의 입장에서는 손상된 서비스에 대한 올바른 서비스 회복이라고 보기 힘들다. 따라서 서비스의 손상은 장기적으로 회사와 서비스를 위협하게 되므로 서비스종사원에 대한 철저한 교육이 무엇보다 중요하다.

〈사례〉 1. 내국인

1월 18일 춘천 ○호텔에 투숙하려고 전화로 문의하며 아이 1명 포함 3명이라고 하자 방이 없다고 했다. 잠시 후 다시 전화해 이번엔 2명이라고 하자 방이 있다고 하였으나, 다시 아이가 하나 있다고 하자 다시 방이 없다고 했다. 방이 있음에도 아이 때문에 방을 내줄 수 없다는 게 이해가 가지 않는다.

▸ 처리결과 : 해당 업체에 간단명료하고 친절하게 안내하도록 친절교육 실시

〈사례〉 2. 일본인

호텔에서 1월 20일 오후 8시에는 룸서비스를 전화로 불렀는데 1시간을 기다려도 오지 않았다. 21일에는 카드키가 맞지 않아 문이 열리지 않았다. 카드의 세팅이 잘못되어 있었다. 24일에는 예약을 하고 갔는데도 예약이 되어 있지 않다고 했다.

▸ 처리결과 : 대구시장 명의의 사과서신 발송

〈사례〉 3. 내국인

3월 16일 서울의 ○모텔에 숙박을 하려했으나 방이 없다, 청소가 아직 안되어 있으니 기다려라, 카드결제는 안된다는 핑계를 대면서 숙박을 거부하였다. 하지만, 우리가 항의하는 동안에도 다른 손님들은 받고 있었다. 소위 낮손님을 여러 차례 받기 위해, 저녁때까지 숙박객을 받지 않으려는 것으로 판단된다. 월드컵을 앞두고 숙박업체의 이런 행태는 사라져야 한다.

▸ 처리결과 : 종사원교육 실시 및 서비스교육에 만전을 기하도록 주의

〈사례〉 4. 재미교포

나는 한국에 입국 전 대구의 ○호텔에 전화로 5박을 예약하였다. 당

시 직원은 예약번호는 별도로 필요 없으니 그날 오시기만 하면 된다고 하여, 그 말을 믿고 3월 12일 호텔에 가서 체크인을 하려고 하니 예약이 되어 있지 않았다. 상황을 말해도 '예약이 안 되어 있고 방이 없어 투숙이 안 된다'고 하니, 일단 호텔을 나왔다. 어떻게 일급 호텔에서 이런 사고가 생기는지 이해가 안 된다. 보다 철저한 예약관리 등 서비스 개선을 촉구한다.

▸ 처리결과 : 민원인에게 호텔대표자가 직접 사과, 종사원에게 특별정신교육 실시

〈사례〉 5. 내국인

논산의 ○리조트에서 숙박을 하는데 같은 층에 숙박한 음대교수들이 계속 각종 악기를 연주하는 바람에 잠을 제대로 잘 수가 없었다. 이에 대해 항의하였으나 직원들은 '내일 다른 방이 비면 옮겨 주겠다'고만 할 뿐 아무런 조치도 취하지 않았다. 애초부터 그 층에만 방이 비어 있어서 그 방을 내게 준 것이다. 그런 상식 없는 직원이 어디 있단 말인가. 난 철저한 보상을 원한다.

▸ 처리결과 : 업체로 하여금 직원자체교육을 실시토록 하는 한편, 다시는 이런 일이 없도록 시정조치

2) 시설 및 위생관리상태 불량

〈사례〉 1. 내국인

부산 ○호텔에 숙박했는데 샤워 중 욕실 환풍기 뚜껑이 위에서 떨어져서 매우 놀랐다. 남자인 나도 그렇게 놀랐는데 여성고객들은 기절을 하고도 남을 것 같았다. 하루빨리 시설관리상태 점검을 실시해야 한다.

▸ 처리결과 : 호텔 현장 점검 및 주의를 촉구하고 위의 내용을 신고인에게 회신

〈사례〉 2. 내국인

두 가족이 양양의 ○콘도에 투숙했으나 한숨도 못 자고 다음날 대전으로 돌아오게 되어 보상을 청구한다. 이유는 바람이 불어 화장실의 환풍기 뚜껑이 날려 다칠 뻔했고 밤새도록 시끄러워 관리인을 불렀으나

그도 손을 댈 수 없다고 했다. 다음날 영업과장과 통화를 하니 민원을 제기하면 보상하겠다고 답변했다. 그래서 나는 총 합계금 60만원을 청구하는 바이다.

▸ 처리결과 : 고성군에서 동 업체에 노후한 시설에 대한 보수 및 관리에 철저 지시

〈사례〉 3. 미국인

본인은 경주의 ○호텔에 숙박을 했는데, 이 호텔의 객실은 더럽고 이곳저곳 수리를 해야 할 형편이었다. 천장이 혐오스럽게 낡았고, 벌레가 나오고, 못질한 곳이 떨어져 있고, 카펫은 찢어지고 올이 풀려 있었다.

▸ 처리결과 : 신고인에게 정중히 사과하고 차후 경주 관광시 최대한 서비스를 제공할 것을 전자메일 및 전화상으로 양해를 구하고 종결처리

〈사례〉 4. 일본인

서울의 ○호텔에 숙박했는데 방안에 인터넷 테이블은 있는데 접속이 안됐다. 방에 샴푸가 없는 날이 많고 화장실 변기의 안쪽 뚜껑이 올라가지 않아 남자가 소변 본 후에 앉을 수가 없다. 5월 20일 오전 5시, 7시에 샤워에서 녹물이 나와 프론트에 전화하니 공사 중이라 어쩔 수 없다며 호텔과는 관계가 없다고 한다. 이런 서비스에 어이가 없고 다시는 한국에 오기 싫다.

▸ 처리결과 : 시설관리에 만전을 기하고 전 직원에 대한 친절서비스 교육 실시 행정명령, 신고인에게 호텔대표의 정중한 사과문 발송

〈사례〉 5. 일본인

5월 20일부터 23일까지 한국을 여행하였다. 서울에 있는 ○호텔에 숙박하였는데 에어컨이 전혀 가동되지 않았다. 밤에 더워서 창문을 열고 잤다가 벌레에 물려 혼이 났다. 한국을 10번 이상 오고 있지만 이런 일은 처음이다.

▸ 처리결과 : 신고인이 묵은 방은 기상청 평균온도 적용 방임. 투숙객의 개인적 체질을 고려하여 개별난방 가능한 일부 객실을 갖추도록 행정지도

〈사례〉 6. 내국인

경북 영주에 있는 ○콘도의 객실과 주차장을 신고한다. 11월 16일에 이용했는데 객실에 난방이 안 되어 추웠고, 이불은 너무 짧아 이리 저리해도 발을 덮을 수 없었다. 신장 180이라고 이불이 짧다는 것은 이해할 수 없다. 다른 이불을 달라고 했지만 마찬가지였다. 또 주차장시설이 너무 협소했다.

- 처리결과 : 객실 1실 당 차량을 5대까지 가져오는 회원들로 인한 불편으로 홍보를 통해 불편 해소키로 함.

3) 부당요금 징수

〈사례〉 1. 일본인

2월 9일 명동의 ○호텔에 숙박하였다. 2주 전에 똑같은 호텔을 이용했을 때에 5만 원이었던 요금이 6만 원으로 올라 있었다. 주인은 가구배치를 바꿔 요금을 올렸다고 했으나 2주 전과 변화가 없었다. 변칙적인 방법으로 올려 받은 요금에 대해 환급을 요구한다.

- 처리결과 : 서울시가 당 호텔에 행정조치 및 차액에 대해 환급 지시

〈사례〉 2. 홍콩인

4월 5일 저녁 7시 45분경 서울역에 내려 Y호텔에 전화했다. 트윈룸의 가격을 물으니 5만 5천 원이라고 했다. 8시 15분쯤 동 호텔에 들어가니 트윈룸이 6만 원이라고 했다. 영수증으로 이를 증명할 수 있다. 30분도 안 되는 시간차로 객실료를 올려 받는 호텔에 크게 실망했다.

- 처리결과 : 해당 호텔이 신고인에 차액환급 및 사과문 발송한 점 고려하여 '주의' 조치.

〈사례〉 3. 일본인

서울의 ○모텔에 숙박을 하고 1박을 더하기 위해 2만 5천 원을 직원에게 지급하였으나 나중에 여주인이 다시 2만 5천 원을 더 요구하였다. 영수증을 보여주었더니 그 영수증을 가져가며 다시 2만 5천 원을 요구하여 결국 또 돈을 더 냈다. 도대체 뭐가 어떻게 된 일인지 아직도 모

르겠다. 이미 기분이 상할 대로 상해 그날 밤 그 모텔을 나와 버렸다.

- 처리결과 : 209호 손님을 108호로 착각해 다음날 영수증 착오 25,000원을 다시 돌려줌.

〈사례〉 4. 홍콩인

1월 22일 종로구에 있는 ○모텔에 묵게 되었다. 체크아웃을 할 때 주인은 4통의 local 통화에 대해 5천원을 요구했다. 나는 1월 27일 그를 다시 찾아가 과부과된 전화요금에 대한 환급을 요구했다. 그는 못 알아듣는 체하다가 내가 불평을 하며 화를 내자, 알아듣고서 4천원을 돌려주었다. 이들의 이런 행동들이 한국에 대한 인상을 나쁘게 한다.

- 처리결과 : 언어소통의 불편에서 온 일로 공중전화가 비치되어 있는데도 불구하고 직통전화를 요구하여 전화를 내어주어 20분 사용함.

〈사례〉 5. 프랑스인

서울의 ○호텔에 예약을 하고 신용카드로 결제 후 한국에 왔으나 호텔예약이 되어 있지 않았다. 그래서 다시 예약을 하고 호텔을 이용하였는데 프랑스로 돌아왔을 때 예약에 대한 요금과 호텔 이용에 대한 요금이 2중으로 청구되었다. 호텔 측의 환급과 사과를 요구한다.

- 처리결과 : 조사결과 호텔에서는 두 번의 객실요금을 청구한 사실이 없으며 신고인의 오류로 판명됨.

〈사례〉 6. 내국인

7월 28일 제주 ㄹ호텔에 숙박을 한 후 체크 아웃시, 우리가 모기향을 피워 객실 마룻바닥에 흔적이 남았다고, 도색비 3만 원을 내라는 것이다. 이것은 청소직원이 모기향 흔적을 본 직원의 말만 듣고 청구한 것이고, 체크인시 모기향 금지라는 말도 없었다. 객실 마룻바닥에는 우리가 들어오기 전부터 담배 자국들이 있었다. 이것은 수리 목적으로 숙박비를 더 갈취하겠다는 느낌밖에 들지 않는다. 이러한 호텔은 개선되어야 한다.

- 처리결과 : 신고인에 ○호텔 측으로부터 사과를 받아 민원이 해소됨.

〈사례〉 7. 내국인

경주 ○호텔에 숙박을 했는데, 패키지 할인요금이 있음에도 불구하고 프런트에서는 할인이 안 된다며 일반요금을 받았다. 이에 대한 보상과 호텔 측의 사과를 원한다.

▸ 처리결과 : 2002년 2월 22일 사과문과 무료숙박권 발송

〈사례〉 8. 중국인

경주의 ○호텔에 체크인 할 때, 프런트데스크 직원에게 예약슬립을 보여 주고, 아무 문제가 제기된 바 없다. 그런데 체크아웃시 추가요금을 내라고 하여 온라인으로 이미 대금을 지급했다고 하니, 객실료를 더 내야만 한다고 했다. 본인은 비행기 시간 때문에 바빠서 우선 신용카드로 결제를 했다. 프런트데스크 직원이 차후 확인하여 연락해 달라고 했지만 아무 연락이 없고, 호텔과 hotelro.com에 이메일을 보냈지만 역시 아무 답변이 없다.

▸ 처리결과 : 2002년 7월 31일자로 받았던 신용카드 매출을 취소하였으며 예약자에게는 이메일로 답변하였음.

4) 분실 및 도난

〈사례〉 1. 일본인

호텔 ○에서 묵었는데 분명히 문을 잠그고 잠자리에 들었다. 아침에 이야기 소리에 깼는데 잠근 문이 열려 있었고 내 가방을 찾았으나 없었다. 가방에는 봉투에 든 돈 900만 원과 지갑이 있었고 지갑 안에도 현금을 포함해 각종 신용카드가 들어 있었다. 경찰을 불렀지만 말이 안 통했고 직원들의 태도도 너무 무성의했다. 돈이 든 가방을 찾게 되길 바란다.

▸ 처리결과 : 호텔의 직원 및 숙박자를 상대로 수사한바 특이점 발견치 못함. 피해자 불출석 정확한 피해경위 청취 불가능. 계속 수사 중.

〈사례〉 2. 캐나다인

부산의 ○호텔에서 숙박을 하고 다음날 사무를 끝낸 후 호텔로 돌아오니 본인의 방문이 열려 있었다. 놀라 확인해보니 회사에서 받은 650달

러가 없어졌다. 호텔직원에게 말하니 호텔방을 식히려고 문을 열어둔 것이며 돈이 없어질 리가 없다며 오히려 화를 내었다. 어디에 가서 도움을 청해야 할지 모르겠다. 공사의 도움으로 꼭 잃어버린 돈을 되찾고 싶다.

▸ 처리결과 : 객실이 열려 있던 것은 체크아웃 후 환기를 위해서였으며, 분실한 돈은 신고인이 당시에 신고를 하지 않아 상황이 부정확하여 변상이 어려움.

5) 기 타

〈사례〉 1. 내국인

인터넷을 이용하여 제주도 민박을 알아보던 중 북제주군의 ㅅ민박에서 요금을 올려 부르고 계약금을 미리 받은 다음 일행 중 1명이 조모님 상을 당하여 예약일 8월 7일에 가지 못하게 되어 일주일 전에 취소를 했는데도 계약금을 돌려주지 않고 있다. 세계적 관광지로 발돋움하는 제주에서 아직도 이런 횡포가 자행돼서는 안 된다.

▸ 처리결과 : 민박업주에 대한 행정지도 강화, 불편 재발생 금지 지도

〈사례〉 2. 내국인

6월 16일, 경기도 가평의 ㅇ빌리지에 전화로 7인용 방을 예약하였으나 도착해서 보니 4인용 방이어서 숙박을 하지 못하고 강촌에서 지내게 되었다. 1박 2일의 여행이 끝나긴 했으나 여행지의 불친절 서비스가 관행이 되어서는 안 된다고 생각한다.

▸ 처리결과 : 신고인에게 직접회신 발송, 동일사례 발생치 않도록 조치함.

〈사례〉 3. 내국인

7월 22일 강원도 횡성군에 위치한 ㅇ리조트를 이용했다. 관광지의 물가가 조금 비싸다는 것이 통례라는 것은 알고 있지만, 다른 곳에서 여행하다 보니 선택의 여지도 없이 비싼 것을 이용할 수밖에 없다는 것이다. 행정지도로 조금 싸게 이용할 수 있었으면 한다.

▸ 처리결과 : 철저한 직원교육을 통해 가격에 맞는 최상의 서비스제공으로 고객이 만족할 수 있는 휴식 공간을 만들도록 지도하겠음.

〈사례〉 4. 내국인

친구와 부산 ○호텔에서 숙박을 하게 되어 카드를 사용하려 하였으나 호텔 측에서 사용할 수 없다고 한다. 특급호텔에서 카드를 사용할 수 없는 점과 불친절한 태도는 외국인이 많은 관광지로서의 자세가 아니다. 한국관광의 미래를 위해서라도 잘못된 서비스는 개선되어야 하며 관광객을 홀대하는 점은 반드시 시정해 주기 바란다.

▸ 처리결과 : 전 직원을 대상으로 서비스 재교육 실시

제5절 기타 불편신고

1. 관광종사원 관련 신고

1) 신고내용

2009년도 관광종사원 관련 불편신고는 31건으로 전체 불편신고 640건 중에서 4.8%를 차지하고 있으며 2006년도 9.9% 이후 지속적으로 감소하다가 2009년도 다시 증가세로 돌아섰다. 주된 불편내용은 '응대 태도 불량 및 불친절'이 45.2%로 가장 많았으며, '무성의한 태도' 29.0%, '미숙한 안내서비스' 9.7% 등으로 나타났다.

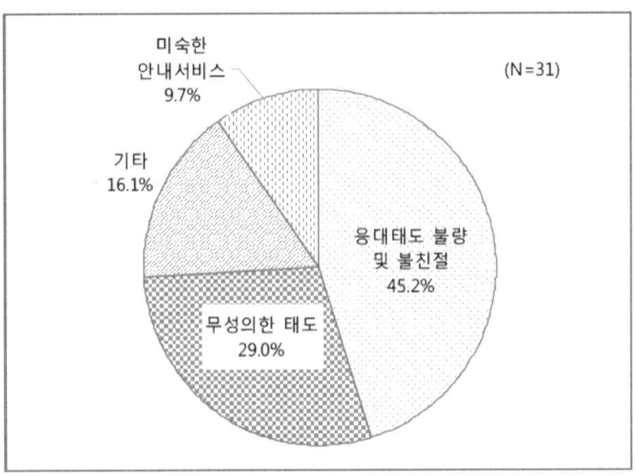

2) 주요 문제점

① 응대태도 불량 또는 불친절

관광지 안내직원이 시설보호나 관람시간 제한을 위해 관광객에게 고압적인 언행으로 제지한 경우, 관광지 이용관련 문의에 대해 불친절하게 응대한 경우, 외국어를 할 수 없다는 이유로 여행객의 문의에 대답을 회피하는 경우 등

② 무성의한 태도

기상상황 등으로 시설 이용이 취소된 경우 이에 대한 사전 공지나 양해가 없는 경우, 관광안내소 직원들이 여행객의 문의에 무성의하게 응대하는 경우 등

③ 미숙한 안내서비스

KR패스 교환처에 대한 외국인의 문의에 공항이나 공항철도 종사원들의 모른다는 식의 대응이 있는 경우 등

④ 기 타

관광안내를 원했으나 적절한 요원의 안내를 받지 못한 경우, 유람선 이용 중 안전관련 주의사항에 대한 안내보다 물건 판매를 안내받게 된 경우 등

3) 개선방안

① 표준 안내서비스 매뉴얼 발간 및 관광안내원 대상 보급 및 교육
② 전국 관광안내원의 관광정보제공 서비스 수준 향상을 위한 관광정보안내시스템(i-net)운영 활성화
③ 전국 관광안내소 서비스 수준 진단을 위한 모니터링 실시
④ 자율적 개선 유도 및 개선책 마련과 사설 관광안내소의 운영실태 점검
⑤ 관광객 접점 근무자의 서비스 능력 향상을 위한 노력 등

4) 관광종사원관련 불편신고 사례

〈사례〉 1. 내국인

○○ 공항 터미널에서 버스 티켓을 예매하였는데, 발권창구의 여직원 2명의 불친절과 형편없는 직업의식에 너무나 화가 났다. 해당 직원에 대한 적절한 조치가 필요하다.

▸ 처리결과 : 직원특별교육 실시 및 재발방지 약속

〈사례〉 2. 미국인

○○터미널의 배치가 매우 혼란스럽다. 한글 외에 어느 언어로도 안내/표지가 되어 있지 않았고, 단 하나 있는 '안내'라는 창구에는 직원이 한 명도 없었다. 또 매표창구에 있는 여직원은 아무도 영어를 못했고 매우 불친절했다. 승강장이 어딘지 표시가 없고, 인근 지역의 안내서나 지도도 없다. 지하철에 대한 확실한 표시도 찾을 수 없다.

▸ 처리결과 : ○○ 및 인근지역의 안내서 및 지도배치에 관한 사항 시정조치

〈사례〉 3. 홍콩인

(주)○○여행사를 통해 9일간 한국여행을 다녀왔는데 가이드가 관광안내를 할 것이 아주 많았을 텐데도 제대로 설명하지 않았고, 일정에 대해서도 애당초 여행사가 준 일정 외에 가이드로부터 상세한 일정안내를 받지 못했다. 가이드의 무성의한 태도와 관광지식 부족으로 제대로 여행을 즐길 수 없었기에 적절한 조치를 바라는 바이다.

▸ 처리 결과 : 홍콩 현지여행사가 신고인에 200달러 환급함.

〈사례〉 4. 일본인

○○고속버스 터미널 옆 관광안내소에서 숙박할 곳을 소개해 달라고 하니 '여기엔 여관이 수백 곳도 넘는데요'라고 말하길래 그래도 괜찮은 곳을 알려달라고 했더니 '어디나 다 똑같다'며 차갑게 대하는 것이었다. 안내소 밖에는 분명히 '도움이 필요하면 무엇이든 말씀하세요'라고 되어 있지 않은가. 다음날, 그 안내직원을 또 볼 수 있었는데 '이곳 지도가

있습니까'라고 묻자, '우린 지도를 만들진 않아요'라며 불친절한 대답. 이 안내소 직원의 안내태도를 개선해 주기 바란다.

▸ 처리 결과 : 해당 안내소직원 호출하여 친절서비스교육 실시

〈사례〉 5. 내국인

○관광을 통해서 태국여행을 했다. 그런데, 태국 현지 가이드가 여행 마지막 날, 자신이 잘 아는 한의사가 있다면서 우리 내외를 그 한의사한테 안내하였다. 그 의사는 나를 보자 간이 안 좋다고 하고, 내 처한테는 신장이 안 좋다고 겁을 주며 약을 지어먹어야 한다고 했다. 우리는 얼떨결에 2천 달러를 주고 약을 지어왔다. 돌아와서 생각해보니 아무래도 사기를 당한 것 같다. 가이드가 이런 식으로 호객행위를 하는 것은 막아야 한다.

▸ 처리 결과 : ○관광이 신고인에게 구입한 약의 미사용분을 반품해 주기로 하여 상호 원만히 합의 종결처리

2. 음식점관련 신고

1) 신고내용

2009년 음식점 관련 불편신고는 전체 640건 중 31건으로 4.8%를 차지하고 있다. 최근 2년 간의 20여건 내외의 수준에 비해 2009년 다소 증가의 양상을 보이고 있다. 주요 내용으로는 비싼 음식

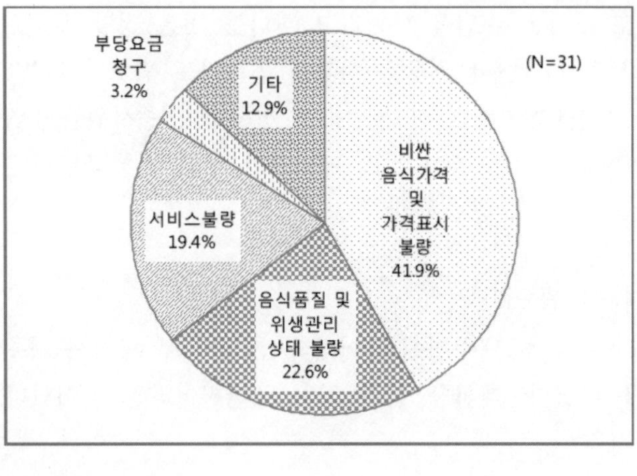

가격 및 가격표시 불량이 13건으로 가장 많고, 음식품질 및 위생관리 상태 불량, 서비스 불량, 부당요금 청구 등으로 이루어져 있다. 특히 최근 3년간 '비싼 음식가격 및 가격표시 불량'과 관련하여 불편신고가 계속해서 증가하고 있다.

2) 신고사례

〈사례〉 1. 일본인

1월 12일 부산의 한 포장마차에서 이용 후 계산을 하는데 맥주 7병에 3만 5천 원, 안주 한 접시에 1만 5천 원, 합계 5만 원을 요구했다. 가격표가 없는 관계로 나도 애초에 맥주나 안주 값을 물어보았어야 했지만, 보통의 경우 맥주 한 병에 3천 원, 안주는 만 원을 받는 것으로 알고 있다. 주인에게 비싸다고 말하자 도로에 나와서까지 큰 목소리로 언성을 높이기에 창피해서 그 자리를 피해버렸으나 너무 분했다.

▸ 처리결과 : 포장마차에 대한 지속적인 단속 지시

〈사례〉 2. 외국인

친구와 함께 ○○빌딩 지하에 있는 레스토랑에 갔다. 우리는 모두 속이 안 좋은 상태여서 토스트와 커피를 주문하였으나, 점원이 오후에는 토스트가 안 된다고 하여 대신 바게트를 주문하였다. 그런데 매니저가 다시 오더니 식사를 주문하지 않으려면 나가라고 하는 것이었다. 레스토랑에서 손님에게 음료와 빵을 제공하지 않으려 한다니 믿을 수가 없다. 또 찾아온 손님을 나가라고 한다는 것은 정말 무례한 행동이다. 그 레스토랑 사장에게 정중한 사과의 편지라도 받고 싶다.

▸ 처리결과 : 불편 신고 업소를 방문하여 종사원들의 언어 교육을 실시하는 것을 약속받고, 매니저와 직원 전체 명의로 사과편지를 쓰는 것으로 종결처리.

〈사례〉 3. 일본인

이태원의 한 맥주집에 들어갔다. 거기서 두 명이서 맥주 2병과 칵테일 2잔을 마셨다. 계산을 하려 하니 80만원이라는 것이었다. 어이가 없고 화가 나서 우리가 '경찰서로 가자'고 했더니 업소 측에서 20만원만 내라고 했다. 그것도 비싸다고 했더니 그 이하로는 받을 수 없다고 하여 할 수 없이 20만원을 지급하였다. 그런데 그 사람들은 호텔까지 따라와서 '경찰엔 가지 말라'고 귀찮게 하였다. 정말 불쾌했고 다시는 한국에 오고 싶지 않다. 위 업체에 대해 적절한 행정처분을 해주기 바란다.

▸ 처리결과 : 신고자에게 영수증을 보내면 차액금을 환급하겠다는 서신발송

〈사례〉 4. 일본인

2월 10일 손님을 모시고 이태원의 ○○갈비에 갔다. 삼계탕을 시켰는데 속의 찹쌀이 데워지지 않고 식은 상태로 나왔다. 일부러 손님을 모시고 가서 대접하고자 한 건데, 그런 음식이 나와서 충격이었고, 손님보기 민망하였다. 가게에서 다시 끓여와 먹긴 먹었지만, 기분이 상했다.

▸ 처리결과 : 현장출장 후 업소 행정지도 및 종사원 교육 강화.

〈사례〉 5. 내국인

거제도 여행 중 ○○횟집에서 식사를 하는데 상한 밥을 주었다. 주인은 전혀 미안한 기색도 없이 밥을 바꿔주었고 식사비도 다 받았다. 위생과 서비스에 문제가 많다.

▸ 처리결과 : 종사원 부주의로 상한 밥이 제공된 것을 사과하고 원만히 해결

〈사례〉 6. 일본인

3년 전 남대문 시장에 있는 모 음식점에서 소갈비를 먹은 적이 있다. 당시 1인분에 1만 5천원이던 가격이 작년 3월에 갔을 때는 배로 뛰어 1인분에 3만원을 받았다. 게다가 일부러 일본인 전용 메뉴판까지 만들어 놓았는데, 이것은 일본인에게 바가지를 씌우기 위한 행위로밖에 보이지 않았다. 현지에 가서 이 메뉴표가 정당한 것인지 확인해 주기 바란다. 이처럼 일본인 관광객을 상대로 한 상술행위는 참을 수가 없다. 엄중히 항의하는 바이다.

▸ 처리결과 : 내・외국인의 메뉴판을 일치시키도록 지시

〈사례〉 7. 내국인

서울 시내의 ○음식점에 갔다. 겨우 한대 주차할 자리가 나서 차를 세우고 들어갔더니 음식 먹다 말고 키 들고 나오라고 해서 불려나가는 손님들이 10분 동안 8명이었고. 잠깐 서 있으라고 해서 차안에서 10분 대기하고 그동안 음식은 다 식어가고, 손님 많이 받으려고 2~3명씩 온 손님들은 이리저리 자리를 옮겨야 하고(오지도 않은 단체손님 자리 마련 때문에)

▸ 처리결과 : 주차시설 확충지시, 종사원 교육 등 서비스 개선에 최선의 노력할 것을 계도하였음.

〈사례〉 8. 내국인

재미교포인 친구 2명과 월미도 내의 한 횟집에서 식사를 했다. 호객행위해서 회값을 4만원이라고 하여 들어갔었다. 그런데 음식상태가 불결했고 회에서 생선가시가 자꾸 나와 불평을 했더니 다시 준다면서 먹던 것 위에 살 몇 점 더 얹어서 내왔다. 아무래도 남이 먹던 것을 주는 것 같아 기분이 나빠 나오려고 했다. 주인이 2만원은 주고 가야 한다고 하며 쌍욕을 해댔다. 1만원만 주고 나오다가 선글라스를 두고 나와서 다시 들어가니 1만원을 더 내지 않으면 안경을 안준다고 회칼로 삿대질하며 위협했다. 안경을 찾기 위해 할 수 없이 1만원을 또 내었다. '다시는 월미도에서 회를 먹지 말아야겠다'는 생각뿐이었다.

▸ 처리결과 : 행정지도 및 친절교육 실시, 특별 위생점검을 실시하여 위생상 문제가 발생하지 않도록 조치함.

〈사례〉 9. 내국인

땅끝마을 전망대와 그곳에 위치한 모 식당은 관광지로서의 품위를 갖추지 못하고 있다. 전망대는 볼 것이 없었고 식당은 불친절하였으며 관광객을 대하는 태도는 아주 불성실하였다. 어려운 시간을 쪼개어 많이 알려진 관광지를 방문하게 되는데, 한국 관광 발전을 위해 해당관청의 관광지 관리가 철저히 이루어졌으면 한다.

▸ 처리결과 : 7월 22일 해당 식당에 친절 및 위생교육 실시, 전망대의 내부시설물 보완계획

3. 공항 및 항공관련 불편 신고

1) 신고내용

2009년 공항 및 항공과 관련한 불편신고는 21건으로 전체 불편신고 640건 중 3.3%를 차지하고 있다. 이는 2005년 공항 및 항공관련 불편신고가 34건 접수된 이래 전체 불편신고 중 차지하는 비율이 지속적으로 감소하고 있다.

주요 불편내용으로는 항공사 운영관리 미흡이 9건으로 가장 많고, 공항시설 이용 관련이 3건, 출입국관리소 및 세관 관련이 3건, 공항버스 관련 및 기타로 나타나고 있다. 이러한 수치는 최근 3년 동안 변동폭이 크지 않게 유지되고 있다.

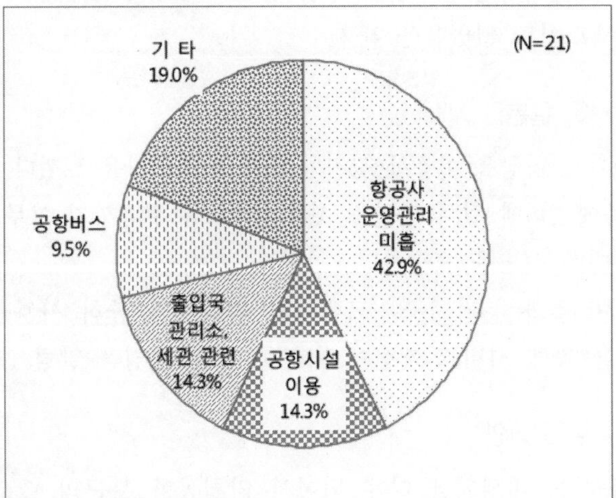

2) 공항 및 항공관련 신고사례

〈사례〉 1. 내국인

본인이 11월 22일 ○○공항에서 입국심사를 받을 때의 일이다. 특별한 설명 없이 외국인을 뒤로 가라하고 내국인들을 먼저 앞에 세워 심사를 하였다. 이유를 모르는 외국인은 항의를 했다. 내국인들은 외국인에 대한 예우로 먼저 심사해주라고 양보하기까지 했으나, 관리들은 얼굴을 찡그리며, 윽박지르듯 불친절한 태도를 보였다. 시정되어야 할 일이다.

▸ 처리결과 : 상기 공항에서는 내외국인 심사대가 따로 분리되어 있지 않아 외국인은 별도로 마지막에 심사함을 설명

〈사례〉 2. 내국인

필리핀 발 인천을 향하는 기내에서의 일이다. 면세품관련 질문을 하니 '모른다'고 했다. 잠시 후, 이어폰이 들리지 않아 교체를 요구하니, 잠시 후 던지듯 주고 갔다. 역시 들리지 않아, 손짓으로 불렀으나 1시간이 지나도 오지 않았다. 왜 오지 않느냐고 물으니 한국승무원이 '승무원에 대한 협박은 구속 처벌된다'며 오히려 협박했다. 5분후 필리핀 남자 승무원이 내 자리로 와서 쌍욕을 하며 주먹으로 나를 치려는 시늉을 했다. 주변 사람들이 말려도 계속 욕을 했다.

▸ 처리결과 : 언어소통상의 문제로서 항공사 직원은 어떠한 물리적인 제스처도 없었음을 해명

〈사례〉 3. 일본인

1월 ○○항공을 이용시 직원의 대응에 불쾌함을 느꼈다. 이에 대해 ○○항공측에 2회에 걸쳐 민원을 제출하였으나 현재까지 아무런 회신이 없다. 이에 대한 설명을 요구한다.

▸ 처리결과 : 9월 16일 고객에게 전화로 정중히 사과함. 직원 재교육을 통해 서비스 개선에 최선을 다할 것임을 알림.

〈사례〉 4. 외국인

경유하는 비행기를 타게 되어서 인천공항 부근의 ○○○호텔에 숙박했다. 익일 조식이 포함된다고 했다. 다음날 아침, 호텔은 내가 부탁한 모닝콜을 해주지 않았다. 때문에 나는 식사도 하지 못한 채 8시발 비행기를 놓치지 않으려고 곧장 공항으로 향해야만 했다.

▸ 처리결과 : 호텔에 서비스교육 강화 조치함.

〈사례〉 5. 일본인

공항의 수화물검사장에서 검사를 하는 도중 검사원에게 '금속 이외에

종이류도 꺼냅니까?'라고 물었더니 '전부 꺼내, 지갑도!'라는 것이었다. 그런 말투도 기분이 상했는데, 한국말을 못 알아들을 것이라고 생각했는지 '○새끼, 쪽발이!'라고 하는 것이다. 일본인 중에는 한국말을 알아듣는 사람도 있고, 국제공항이라는 곳에서는 있을 수 없는 일이다.

▸ 처리결과 : 보안검색대직원의 철저한 재교육 실시, 적극적인 서비스 정신 함양

〈사례〉 6. 중국인

본인은 인천 발 홍콩행 ○○항공기의 스튜어디스의 근무태도가 좋지 않은 점을 신고한다. 승객이 콜라를 마시고 싶은데 스튜어디스가 너무 바빠서 가지고 왔으나 그녀는 아주 싫은 얼굴로 예의 없게 승객을 대했다. 또한 다른 스튜어디스들도 같이 불친절하게 했다. 본인은 처음 한국에 여행 왔다. 한국은 예의국가로 알았는데 이번 ○○항공의 스튜어디스들의 업무태도에 실망을 느끼고 이로 인해 한국의 좋았던 인상이 나쁘게 변했다.

▸ 처리결과 : 사과 이메일 발송

〈사례〉 7. 외국인

국제공항인 제주공항에서 커피 한잔 마실 곳이 없다는 것이 이해가 안간다. 월드컵이 열리고 많은 외국인이 몰리는 공항에 커피를 마실 곳이 없다는 것은 서비스가 부실한 것이다.

▸ 처리결과 : 제주국제공항 일반대합실에는 커피숍이 4곳 운영중이며 1층, 3층 등 자판기가 16대 운영되고 있음을 설명

〈사례〉 8. 내국인

○○여객터미널 내 입국장 안과 바깥 로비 어느 곳도 물 마실 곳이 없다. 한두 시간 대기하는 것도 아닌데 매점에서 물을 사서 먹어야만 한다는 것은 말이 안된다. 또, 황사경보가 심각한 날이었는데 자동문 양쪽을 모두 열어놓아 건강이 염려됐으나, 아무도 관심을 갖는 사람이 없었다. 대책마련이 시급하다.

▸ 처리결과 : 음료수대 설치완료, 출입문 관리요원 배치예정임을 통보

〈사례〉 9. 일본인

서울발 도쿄행 ○○항공 기내에서 식사 서비스를 받은 후 제공된 고추장이 맛있어 10개들이 10세트를 카드로 살 수 있는지 물어보았다. 확인하고 오겠다고 간 스튜어디스는 오지 않고 그사이 기내 판매가 시작되었다. 나는 의뢰를 한 스튜어디스를 기다리고 있었으므로 특별히 재차 의뢰할 필요성을 못 느껴 그 상태로 기다리고 있었다. 시간이 흘렀지만 그 스튜어디스는 나타나지 않았고 착륙시간이 되자 벨트를 확인하러 왔다. 어떻게 됐는지 묻자 기내판매는 종료됐다고 해 원하던 고추장은 1세트밖에 구입할 수 없었다. ○○항공 기내 스튜어디스의 고객에 대한 태도는 매우 유감이 아닐 수 없다.

▸ 처리결과 : 승무원에게 엄중한 경고, 서비스 직무향상 교육조치

4. 기타 불편 외 신고

한국관광의 발전을 위한 제안이나 느낀 점, 기타 여행소감 및 감사서한 등으로 구성된 불편 외 신고사항은 2009년 35건이 접수되었으며, 감사서한의 대상은 친절한 택시기사, 호텔종사원, 관광안내원 등으로, 한국여행시 느꼈던 감동이나 즐거운 경험 등 여행담도 포함하고 있다.

〈사례〉 1. 일본인

○○관광호텔에서 숙박했는데 매우 좋다. 전주여행이 매우 만족스러웠다.

▸ 처리 결과 : ○○관광호텔에 업무참조 공문 발송

〈사례〉 2. 일본인

작년 10월부터 매월 회사직원들과 한국여행을 하고 있다. 현지 가이드인 ○○여행사의 구명숙씨가 매회 안내를 하였는데, 단순한 안내뿐 아니라 한국의 역사, 문화, 유행 등을 친절하게 설명해 주었고 한국인이 일본에 대해 갖고 있는 솔직한 감정을 말해주는 등 서로 깊은 교감이 이루어졌다. 관광공사에도 감사의 뜻을 전하며 이 감사인사를 ○○여행

사에도 전해주기 바란다.

▸ 처리 결과 : ○○여행사에 감사서신 전달

〈사례〉 3. 외국인

일본 공항에서 중국으로 가기 위해 체크인을 하려고 했을 때 중국 여행사에서 내 항공예약을 취소한 걸 알고 무척 놀라고 당황스러웠다. 그러나 ○○항공사 데스크의 한 여직원이 친절하게도 나를 위해 항공권을 구해주었고, 그래서 일본에서 서울을 거쳐 Yantai로 올 수 있었다. 그 여직원에게 깊이 감사드린다.

▸ 처리 결과 : ○○항공에 업무참고

〈사례〉 4. 일본인

처음 하는 해외여행. 여러 가지 면에서 걱정했지만 택시 기사분, 시장에서의 쇼핑, 거리사람들, 모두 친절하게 대해줘 매우 즐거운 여행이 되었다. 또다시 한국에 오고 싶다.

▸ 처리 결과 : 서울시에 감사서신 이송

〈사례〉 5. 미국인

○○관광개발 관광호텔에서 아주 훌륭한 서비스를 받았다. 모든 종사원들에게 감사의 말씀을 전한다.

▸ 처리 결과 : ○○관광개발 관광호텔에 감사서신 이송

〈사례〉 6. 내국인 대리신고

3월 20일 ○○호텔에 묵고 있는 일본인 할머니가 택시(서울 ○○사 6949)에 지갑을 놓고 내렸는데, 기사분이 친절하게 지갑을 갖고 호텔로 전달해 주었다. 감사의 뜻을 전하고 싶다.

▸ 처리 결과 : 공사에서 감사서신 이송

〈사례〉 7. 일본인

○○고속버스 터미널에서 일본에 전화를 걸려고 전화카드를 샀는데 되지 않았다. 그때 젊은이들 몇몇이 와서 휴대폰으로 이곳저곳 물어보더니 자신들의 동전으로 일본에 전화를 걸어주었다. 감사의 뜻을 전하

고 싶다. 그리고 ○○관광안내소 버스시각표가 있으면 좀더 편리한 여행이 될 것 같다.

▸ 처리 결과 : ○○시 관광진흥과 업무참고 요청

〈사례〉 8. 미국인

서울에서 며칠을 보냈는데 관광지도, 책자, 안내소 모두 아주 친절하고 도움이 되었다. 서울 전 지역 어디나 지하철을 타고 편하게 다닐 수 있었다. '시티 투어' 버스도 좋았고 버스 안의 음성안내도 잘되어 있었다. 미국 로스앤젤레스의 한국관광공사 지사에서 미리 관광안내서를 받아 그것들을 가지고 다니며 관광을 했다. 한국은 멋진 나라이다.

▸ 처리 결과 : 서울시에 감사서신 발송

〈사례〉 9. 일본인

모범택시 기사(○○○)가 한국의 고속도로 사정을 알고 싶어하는 본인에게 여러 가지로 도움을 주어 감사인사를 드리고 싶다.

▸ 처리 결과 : 개인택시조합에 감사서신 이송

〈사례〉 10. 외국인

제주공항 자원봉사자 ○○○양이, 내가 월드컵 경기를 보기 위해 제주도를 방문했을 때 친절하고 적극적으로 도와주어 감사의 글을 보낸다.

▸ 처리 결과 : 월드컵조직위/제주도청에 감사서신 이송

〈사례〉 11. 내국인

7월 21일 강릉(정동진) 통일공원관리사무소 직원이 필름을 그냥 주셨다. 너무 감사하고, 친절을 꼭 알리고 싶다.

▸ 처리 결과 : 강원도 관광기획과 이송, 해당직원에 대하여 표창 격려함.

〈사례〉 12. 일본인

경주시내의 11번 좌석버스 운전기사의 선행에 감사드린다(8/3~4일까지 경주시 방문 중 버스 안에서 지갑 잃어버린 것을 찾아줌).

▸ 처리 결과 : 경주시 관광진흥과에 감사서신 이송

제11장

접객서비스 실제

접객서비스 실제

제1절 고객응대

1. 만 남

사람을 만날 때에는 그 사람의 모습이 먼저 눈에 들어온다. 이때 형성되는 첫인상은 상대방을 판단하는 최초의 실마리가 된다. 느낌이 좋은 사람, 까다로운 사람, 차가운 사람, 거만한 사람 등을 결정한다. 항상 좋은 느낌과 좋은 인상을 줄 수 있도록 하면 상대방으로부터 호의적인 반응을 얻어낼 수 있다. 다음의 이미지 체크리스트를 작성하여 자신의 이미지를 바르게 파악하고 호감을 주는 이미지로 바꾸어 나가야 한다.

구 분	체 크 포 인 트	YES	NO
표정	① 명랑한 표정인가		
	② 표현력은 풍부한가		
	③ 웃는 얼굴의 느낌은 좋은가		
눈	① 빛나고 있는가		
	② 시선의 방향은 좋은가		
	③ 시선을 잘 마주치는가		
자세	① 비뚤어져 있거나 어느 한쪽으로 치우쳐 있지 않나		
	② 좋지 않은 습관은 없나		
동작/인사	① 신속한 동작을 취하나		
	② 바른 태도로 인사하고 있나		
걸음걸이	① 좋지 않은 습관은 없나		
	② 걷는 속도는 적당한가		
손	① 좋지 않는 습관은 없는가		
	② 제스처는 적당한가		
말하는 법	① 음성은 적당한가		
	② 발음은 밝고 명료한가		
	③ 억양은 있는가		
	④ 타이밍 · 스피치는 적당한가		
	⑤ 언어사용은 정중한가		
	⑥ 알기 쉽고 설득력이 있는가		

1) 좋은 첫인상

(1) 미 소

미소는 편안하고 부드러운 느낌을 줄 수 있어야 한다. 가식적인 억지로 꾸민 듯한 미소가 되어서는 진심이 전달되지 않고 불편해진다. 또한 지나치게 웃거나 하면 오히려 불쾌감을 줄 수도 있기 때문에 주의해야 한다. 미소는 마음만으로 되지 않기 때문에 거울을 보고 연습해야 하며, 오랜 시간 연습이 필요하다.

(2) 시 선

시선을 교환하면 고객은 서비스종사원이 자신에게 신경을 쓰고 있다는 느낌을 갖게 된다. 그러므로 항상 시선은 상대방으로 향해야 한다. 반드시 상대방과 시선을 교환한 후 자연스럽고 따뜻한 느낌이 전달되도록 바라보아야 한다. 시선은 적절히 마주쳐야 한다. 시선을 마주치지 않으려고 하는 사람은 신뢰가 가지 않고 불성실한 사람으로 보이기도 하고 또는 무시받는 듯한 느낌을 줄 수도 있다. 그러나 너무 뚫어지게 바라보면 노려보는 듯한 느낌을 주어 상대방이 불편해진다. 상대방은 아래위로 훑어보는 경우 몹시 기분이 상할 수 있다.

(3) 태 도

태도는 많은 것을 보여 준다. 예를 들어 팔짱을 끼고 있다거나, 한쪽 다리에만 힘을 싣고 서 있다거나, 두 손을 주머니 안에 깊숙이 넣고 있는 모습 등은 무형의 장애를 만들어 낸다. 반면에 한 걸음 앞으로 나아간 인사는 친밀감과 성의를 보여준다. 그리고 반가움을 나타내면서도 적극적인 사람으로 보여질 수 있다. 그러므로 고객을 대할 때에는 자신이 어떤 태도를 나타내고 있는지 항상 주의해야 한다.

(4) 신속한 행동

민첩하다는 인상을 주는 것은 상대를 기다리지 않게 하려는 배려를 나타낼 수 있기 때문에 좋은 인상을 줄 수 있다. 그러나 서두르거나 성급한 행동으로 보이면 전문성이 떨어져 보인다.

(5) 침착한 언행

말과 행동이 지나치게 빠르면 불안정해 보인다. 신속한 행동을 보이면서도 차분하고 절제된 모습을 잃지 않아야 한다. 특히 불필요한 손장난이나 다리 떨기를 조심해야 하고 실내에서는 천재·지변과 같은 일이 아니라면 뛰지 않는 것이 좋다. 그러나 반대로 팔자걸음을 걷는 등 지나치게 여유를 부리면 고객은 무시당한 듯한 느낌을 받게 된다.

(6) 절제된 자세

편안한 자세는 본인에게는 편하지만 보는 사람에게는 불편하다. 본인에게 다소 불편하더라도 고객에게 편안한 자세를 취해야 한다. 서비스종사원의 자세는 고객에게 전문성을 나타내야 하므로 절제된 모습을 보이기 위해 허리를 똑바로 하고 가슴을 편다. 이 자세는 세련되고 또 여유로워 보이며 자신감 있어 보인다. 지나치게 경직된 모습이 되지 않으려면 항상 이 자세에 익숙해지도록 해야 한다. 갑작스럽게 이 자세를 취하면 경직되기 때문에 보는 사람도 불편해진다. 자세가 불안정하면 비굴해 보이거나 추해 보일 수 있음을 항상 명심한다.

2) 명 함

명함은 한 장의 종이에 불과하지만 중요한 커뮤니케이션의 도구로 그 사람의 얼굴이며 인격이다. 특히 업무용으로 쓰이는 명함은 회사의 이름을 밝히게 되므로 회사를 대표하는 얼굴이 된다. 서로 처음 대면할 때 명함을 교환하고 인사를 나누게 되는데 이 때에도 예절이 매우 중요하다.

명함은 루이 14세 때 생겼다고 전해지는데, 루이 15세 때에는 현재와 같은 동판인쇄의 명함을 사용했다고 한다. 또 중국에서는 옛날부터 친구집을 찾아간 경우, 친구가 부재했을 경우 자기 이름 쓴 것을 놓고 오는 관습이 있었다고 한다. 이렇게 동서양에서 오랜 역사를 갖고 있으며 사교 및 사회생활에서 자신을 대신해 주고 있다.

(1) 주는 자세

자기 명함을 줄 때에는 반드시 일어서서 오른손으로 준다. 오른쪽이나 오른손은 서양에서 경의를 표하는 것으로 인식된다. 이때에는 상반신을 약간 구부려 예를 갖춘 다음 겸손하게 "○○○라고 합니다. 잘 부탁드립니다." 정도의 인사말을 곁들이는 것이 좋다.

회사일로 명함을 전할 때에는 자기 소속을 분명히 밝힌다. 이때 상대방에게 주는 인상이 자기가 추진하는 업무의 성공 여부를 결정한다고 해도 과언이 아니다.

(2) 받는 자세

명함을 받을 때에도 일어서서 두 손으로 받아야 한다. 한 손으로 받는 것은 상대에게 거만한 인상을 줄 수 있고 예의에도 어긋난다. 이때 손가락이 상대방의 이름을 가리지 않도록 주의하는 것이 좋다. 또 받은 다음에는 반드시 상대의 명함을 그 자리에서 들여다보면서 확인한다. 혹시 읽을 수 없는 어려운 한자가 있는 경우에는 물어보는 것이 좋다. 명함을 받자마자 보지도 않고 바로 집어넣지 않도록 한다. 또 상대가 명함을 내밀 때 딴전을 피우지도 말아야 한다. 상대방 명함을 손에 쥔 채 만지작거리거나 탁자를 툭툭치는 등 산만한 행동을 보여서도 안 된다. 상대의 명함은 상대를 나타내는 것이므로 관심을 보이고 소중하게 다루어야 한다.

상대방은 명함을 내미는데, "저는 명함이 없는데..."라고 말하는 것도 실례이므로 항상 명함을 소지하도록 한다. 명함은 상대를 아는 가장 기본적인 자료이므로 활용하는데 따라 효과적인 성과를 이룰 수도 있다.

(3) 동시 및 다수가 주고받을 때

명함을 주면서 동시에 받는 경우가 의외로 많다. 이런 경우에는 한 손으로 받는 편이 낫다. 자신의 명함을 오른손으로 내밀면서 상대방의 명함은 왼손으로 들고 오른손으로 거들어 받는다.

명함은 일반적으로 아랫사람이 먼저 건네는 것이 기본이다. 그렇지만 방문했을 경우에는 방문한 사람이 먼저 건네는 것이 예의이다. 또 상대가 다수인 경우, 상대방 중 가장 지위가 높은 사람부터 명함을 교환한다.

2. 접객예절

회사를 방문한 고객에 대한 정중함은 회사에 대한 호의와 직결된다. 그러므로 회사를 방문한 고객을 접했을 때에는 자신이 주는 인상이 회사의 이미지에 영향을 끼친다는 점을 염두에 두고 항상 정중하고 친절해야 한다.

일을 하면서 손님을 대충 맞거나, 손님의 질문에 곁눈질로 대답하는 태도, 동료와 이야기하거나 전화를 받느라고 인사를 하는 손님에게 답례를 하지 않는 태도 등은 상대방을 불쾌하게 할 뿐 아니라 회사의 이미지를 손상시킬 수도 있다. 일부러 찾아온 상대방의 수고를 생각하고 누구에게나 성의 있게 대하는 인상을 주도록 한다.

1) 안 내

(1) 방향지시

방향이나 혹은 어떤 장소, 사람, 물건 등을 가리킬 때 무의식 중이라도 좋지 못한 태도를 보일 경우 인해 고객의 눈살을 찌푸리게 한다. 방향의 지시방법은 손끝을 모으고 뻗어 손바닥을 약간 위로 향하게 하여 손바닥 전체로 가리킨다.

① 손목은 구부리지 않고, 팔꿈치부터 쭉 편다.

② 가리키는 방향이 우측이면 오른손으로, 좌측이면 왼손으로 가리킨다.

③ 팔꿈치의 각도는 목적지까지의 거리감을 나타낸다. 팔꿈치를 길게 펴면 먼 거리를 나타내고 가까운 곳을 가리킬 때는 팔꿈치를 구부린다.

④ 말과 함께 한다. "이쪽입니다."

⑤ 시선과 함께 해야 한다. 「상대의 눈→가리키는 방향→상대의 눈」으로 시선이동을 하여 상대편이 이해했는지를 보아야 한다.

(2) 입실 안내

일반적인 입실 안내는 문을 여는 방법에 따라 다르다. 밀어서 여는 경우는 먼저 실내에 들어가서 안에서 문을 잡고 손님을 맞이하고, 당겨서 여는 경우에는 복도에서 문을 잡고 손님을 먼저 모신다. 또 방 안에서 어디가 상석인지를 파악해 놓아야 한다. 입구에서 가장 멀고, 창문에 가깝고, 그림 등이 보이는 자리가 상석이다. 응접실로 손님을 안내할 경우에는 만약을 위해 꼭 노크를 하고 들어간다. 입실방법, 앉을 자리 등을 체크한다.

① 자기 앞쪽으로 여는 문

물을 열고 문에 평행으로 서서, 고객의 얼굴을 보고 목례를 하고 나서 "들어오십시오"라고 말을 하며 안내한다.

② 밀어서 여는 문

문을 밀기 전에 문 안쪽의 안전성을 확인하고 연다. 그리고 고객이 지나기 편하도록 배려해야 한다.

(3) 부서 안내

회사를 방문한 고객을 맞는 담당자가 따로 있더라도 방문객이 해당 부서를 찾지 못하고 머뭇거리고 있을 때에는 먼저 무슨 일로 왔는지를 묻고, 어느 부서의 누구를 찾아왔는지 확인한 후 안내하거나, 안내할 수 없는 경우에는 전화로 해당자에게 연락을 해 주고 방문객에게 찾아갈 곳을 알린다.

① 상사에게 불청객이 방문했을 때

손님이 상사를 찾아왔을 때에는 우선 상사와 사전 약속이 되어 있는지를 파악하는 것이 좋다. 늘 반가운 손님만 찾아오는 것이 아니기 때문이다. 만약 상사가 만나기를 꺼리는 손님이라면, "회의에 참석 중이셔서 나오시기가 곤란하시답니다. 나중에 연락드리시겠답니다"라는 식으로 사양의 뜻을 완곡하게 전하도록 한다.

② 급한 업무수행 중에 손님이 찾아왔을 때

급한 업무수행 중에 손님이 찾아왔을 때에는 자리를 권하고 나서 기다리게 한 후 업무를 최대한 빨리 처리하고 손님을 응대한다. 기다리는 분이 지루함과 어색함을 덜 느끼도록 사보나 그 밖의 읽을 거리, 차 등을 미리 권하는 것이 좋다.

③ 고객이 찾는 직원이 자리를 비운 경우

우선 방문객을 적당한 장소로 안내한 후 사원이 사내에 있는 경우 곧바로 연락을 취한다. 담당사원이 업무상 외출을 했을 경우에는 부재이유를 밝히고 귀사 예정시간을 알려주는 것이 좋다. 동료를 대신해서 부득이 만나야 할 경우 책임 없는 말을 해서 후에 담당자가 난처해지는 일이 없도록 각별히 유의한다.

(4) 장소 안내(복도·레스토랑 등)

고객이 어떤 장소를 물어왔을 때에는 상대방의 입장에서 설명을 한다. 사내 근무자는 회사 내를 거의 잘 알기 때문에 간단하게 말해도 잘 알지만, 외부에서 방문한 고객은 잘 모르는 곳이기 때문에 구체적으로 안내를 해 주거나 또는 상황적 여유가 된다면 찾는 장소까지 안내하는 것이 좋다.

① "제가 안내해 드리겠습니다. 이쪽으로 오시겠습니까?" 하고 손으로 방향을 가리킨다.
② 고객이 안심하고 안내를 따라 움직일 수 있도록 배려가 필요하다.
③ 고객에게 맞춰 2, 3보 정도 앞으로 걸으면서 가끔 시선을 고객의 발 밑에 둔다.
④ 코너를 돌 때에는 일단 정지하여 다시 한 번 방향을 가리키며 "이쪽입니다"라고 이야기한다.
⑤ 복도에서는 고객을 중앙으로 걷게 하고 안내자는 좌측으로 간다.

2) 계단 오르내리기

① 계단을 오를 때에는 원칙적으로 고객의 뒤에서 걷는다. 고객이 발을 헛디뎠을 때 받쳐주려는 배려이다.
② 내려갈 때에는 고객의 앞으로 간다. 고객의 안전을 위한 배려이다. 안내를 하는 경우는 앞에 서도 관계없다.
② 에스컬레이터는 기본적으로 계단과 동일하다. 좌측으로 비켜서고 우측은 급한 사람을 위해 비워두는 배려이다.

3) 엘리베이터에서의 안내요령

엘리베이터의 실내도 기본적으로 방과 같다. 손님이 소수일 경우에는 밖에서 단추를 눌러 손님을 먼저 태우고, 사람이 많을 경우는 먼저 들어가 열림 단추를 누른다. 엄밀하게 말하면 가장 높은 사람을 안쪽으로 모셔야겠지만, 그것보다 빨리 태우는 것이 더 중요하다. 중역이나 꽤 중요한 손님이 이미 타고 있다면 자리가 비어 있어도 그냥 보내는 것이 좋다. 이 경우 "먼저 가십시오" 하고 인사를 한다.

① 타고 내리는 것은 반드시 고객이 우선한다. 그러나 안내원이 없을 경우나 안에 손님이 많을 때에는 안내자가 먼저 탄다. 내릴 때에는 손님이 먼저 내린다.
② 엘리베이터 안에서는 말소리를 낮추고 가능하면 말하지 않는다.

3. 물건 주고받기

고객에게 물건을 전할 때에도 주는 사람의 동작에 따라 그 물건이 귀한 것이 될 수도, 보잘 것 없는 것이 될 수도 있다. 보잘 것 없는 물건도 주는 태도에 따라 귀한 것처럼 느끼게 만들 수도 있다. 항상 두 손으로 주고받아야 하는데 이것은 상대방에게 경의를 표하는 의미이다.

1) 주는 법

① 항상 양손으로 드린다.
② 상대방에게 정면을 향해 받기 쉽도록 한다.
③ 주는 물건의 내용을 정확하게 나타내는 말과 함께 건넨다. ("여기 항공권이 있습니다", "여기 영수증입니다" 등)
④ 시선은 물건을 받아야 하는 상대방을 본 후 전달하는 물건을 보고 마지막으로 물건을 받은 상대방을 봄으로써 상대에게 중요한 물건을 잘 전달하는 마음을 나타낸다.

2) 받는 법

① 항상 양손으로 받아야 감사와 존중의 마음을 나타낼 수 있다.
② 말과 함께 받아야 받는 물건을 명확하게 하고, 마음을 표현할 수 있다.
③ 시선은 물건을 주는 상대방을 본 다음에, 받는 물건을 보고 마지막으로 물건을 준 상대방을 봄으로써 상대가 주는 중요한 물건을 잘 받는 마음을 나타낸다.

제2절 전화응대

1. 전화응대의 의의

1) 전화응대의 중요성

전화는 상대방의 얼굴을 직접 보지 못하고 대화하기 때문에 다른 때보다도 특히 목소리에 주의를 기울여야 한다. 고객은 서비스종사원의 얼굴표정을 볼 수도 없고, 몸짓이나 손짓 등의 무언의 태도를 볼 수가 없다. 고객들은 전화통화를 하는 사람의 목소리의 톤과 크기 그리고 잡음들에 근거해서 상상하게 된다. 미소지으며 전화를 하고 있는지, 화가 나 있는지 등의 기분상태를 알아차릴 수도 있다. 그러므로 고객과 통화를 하기 전에 고객을 대하는 정신적 준비가 되어 있는지를 잠시 확인해야 한다.

기분 좋은 전화 목소리를 내기 위해서는 연습이 필요하다. 그리고 기분 좋은 전화목소리를 낼 수 있다면 고객에게 매우 좋은 인상을 줄 수 있고 좋은 느낌을 줄 수 있다. 고객을 만나는 것과 마찬가지로 전화 수화기를 들기 전에 고객을 응대할 준비가 되어 있는지 반드시 확인한다.

2) 기분 좋은 전화를 위한 점검

전화는 고객이나 상대방의 얼굴을 직접 보지 못하고 대화하기 때문에 자칫하면 실수하기 쉽고 오해가 발생할 소지가 많다. 그러나 고객과의 전화 한 통이 회사의 이미지를 결정한다는 점에서 매우 중요하므로 소홀함이 없어야 한다. 가장 먼저 기분 좋은 목소리를 낼 수 있다면 고객에게 좋은 인상을 줄 것이다. 전화 목소리를 점검하기 위해서는 친구나 상사에게 평가를 받아 보는 것도 좋다. 그리고 스스로 자신의 목소리를 녹음해서 직접 들어

본다면 훨씬 더 많은 고쳐야 할 점을 발견할 수 있다. 자신의 전화 목소리를 점검할 때 주의할 항목은 다음과 같다.

① 목소리가 듣기에 편하다.
② 낱말을 분명하게 발음한다.
③ 말하는 속도가 적당하다.
④ 목소리 톤이 듣기 좋다.
⑤ 상대방에 대한 관심과 일에 대한 열정을 상대방이 느끼게 말한다.

2. 전화응대의 기본태도

1) 수화기 들기

① 벨소리는 2~3번 이내 받는다.

전화벨 소리는 귀에 거슬리는 소리 중의 하나이다. 고객이 전화를 했는데 전화벨이 10번 이상 울릴 때까지 아무도 받지 않거나, 계속 통화 중이라면 '제발 전화하지 마세요'라고 대답하는 것과 똑같다. 이런 일을 방지하기 위해서는 벨이 3번 이상 울리지 않도록 하는 것이 좋다. 너무 빨리 받는 것은 전화 받을 마음의 자세가 미쳐 갖추어지지 않을 수 있다. 한 번 심호흡하고 받는 것이 가장 바람직하다.

② 수화기를 드는 순간 모든 소리가 전달된다.

수화기가 전화를 떠나는 순간 고객은 모든 소리를 들을 수 있다. "그래서 말이야, 내가 어제 어쩌구… 아, 여보세요"라고 말했을 때 고객은 이미 다 듣고 있다.

③ 소속과 이름 밝히기

"안녕하세요, ○○여행사의 김○○입니다. 무엇을 도와드릴까요?"라고 말하면 가장 바람직하다. 이 말은 첫째, "안녕하세요" 또는 "좋은 아침입니다" 등과 같은 인사를 했다. 둘째, 전화 건 사람에게 먼저 내가 누구인가를 밝혔다. 셋째, 어떻게 도와 드리면 좋겠는가 하는 물음을 했다. 다만, 이때 말투에 주의해야 한다. 상투적이지 않고 마음을 담도록 하는 것이 중요하다.

④ **경청과 성실한 답변**

대화를 나눌 때에는 대면하고 있을 때와 마찬가지로 경청하고 적절하게 대답하는 것이 중요하다. 특히 목소리로 경청하고 있다는 느낌을 주기 위해서는 적당한 순간에 대답과 반응을 보여야 한다.

대화의 내용을 정확하게 파악하고 고객에게 그 내용을 다시 한 번 확인함으로써 오해를 줄일 수 있다. 고객의 물음에는 성실하게 답변하고 잘 모르는 사항에 대해서는 기다리게 한 후 답변하거나 전화를 끊고 다시 거는 방법이 있다. 다시 걸 경우에는 정확하게 몇 분 후에 걸 것인지를 말하는 것이 좋다.

⑤ **끝인사**

"좋은 하루 되십시오. 저는 김○○이었습니다"와 같이 말하는 것이 좋다. 끝 인사로 기분 좋게 통화를 마무리할 수 있고, 통화자를 다시 한 번 밝힘으로써 대화내용에 대한 신뢰성을 높일 수 있다.

2) 통화 중 기다리게 할 때

이따금 고객과 통화를 하던 중 잠시 기다리게 해야 할 경우가 생긴다. 동시에 걸려온 전화를 받아야 한다거나, 고객의 물음에 답하기 위해 잠시 어떤 서류를 가지고 와야 한다던가, 내용을 확인하기 위해 다른 직원에게 물어보아야 하거나, 또는 유난히 공격적인 고객과 통화를 하다가 잠시 마음을 추스르기 위해 여유를 두어야 할 필요가 있을 수도 있다.

(1) 적절한 용어 사용

그런데 어떤 경우라도 고객을 기다리게 할 경우에는 "잠시만 기다려 주시겠어요?"라고 허락을 구한다. '잠시만 기다리세요'라고 말하는 것보다 훨씬 승낙을 받을 가능성이 높다.

(2) 개별 서비스

절대로 허락 없이 기다리게 해서는 안 된다. 또 허락을 구했다면 승낙이 있을 때까지 마음대로 해서는 안 된다. 이 경우 고객이 "못 기다리겠어요"라고 말할 가능성은 거의 없지만, 정말 기다릴 수 없는 상황이 있을 수 있는 것이다. 서비스는 고객 개개인이 필요로 하는 기대에 개별적으로 부응해야만 한다.

3) 전화응대의 태도

(1) 금지사항

어떤 경우에라도 고객에게 명령하거나, 관심이 없다거나, 안된다거나, 질책하는 듯한 용어를 사용해서는 안된다. "기다리세요", "모릅니다", "할 수 없습니다", "없습니다", "뭐라구요?" 등의 말은 절대로 사용해서는 안된다. 또한 다음과 같은 행동들은 자신의 인격을 의심하게 한다.

① 통화 도중 주변 사람의 얘기를 듣고 통화 내용과 관계없이 함께 웃거나 하는 행위
② 상대의 얼굴이 보이지 않는 점을 이용해 혀를 내미는 행위
③ 볼펜이나 자를 가지고 책상을 두드리는 행위
④ 담배를 입에 물고 있거나 껌이나 음식을 씹고 있는 행위

(2) 올바른 표현의 예

■ 실례합니다만, 어느 분이시라고 전해드릴까요?
■ 감사합니다.
■ 오래 기다리셨습니다. 오래 기다리시게 해서 대단히 죄송합니다.
■ 전화주셔서 감사합니다.
■ ○○○씨께 전해드리겠습니다. 잠시만 기다려주십시요.
■ ○○○지배인님, ○○회사의 ○○○씨로부터 전화왔었습니다.
■ 저는 같은 업장의 ○○○라고 합니다. 제게라도 좋으시다면 용건을 받아두겠습니다. 괜찮으시다면 제가 용건을 받아들여도 되겠습니까? 죄송합니다. ○○○는 지금 자리를 비웠습니다. 5분후(에는) 들어올 것 같습니다. ○○○씨가 돌아오는 대로 전화를 드리도록 하겠습니다.
■ 바쁘신데 죄송합니다만..
■ 즉시 처리하겠습니다.
■ 담당자를 바꿔드리겠습니다. 잠시만 기다려 주시겠습니까?
■ 알겠습니다. 잘 알겠습니다.
■ 실례합니다.
■ 여러 가지로 폐를 끼쳤습니다.
■ 바로 알아보고 대답해 드리겠습니다.
■ 앞으로 더욱 주의하겠습니다.

4) 문의 전화 응대

(1) 업장의 영업시간

오전과 오후를 구분하여 설명하고 개점부터 폐점까지를 말한다. 그리고 용건을 물으면 고객에게 더욱 관심을 나타내는 것이 된다.

(2) 회사의 위치

고객의 입장에서 고객이 이해하기 좋도록 설명해야 한다. 따라서 현재 계신 곳을 여쭈어본 후 이용 가능한 교통수단을 묻는다. 지하철, 버스, 승용차, 도보 등 오는 방법에 맞게 설명을 하고 큰 건물을 중심으로 방향까지 정확하게 말한다.

(3) 업장 예약문의 사례

(따르릉 따르릉~)

직원 : 감사합니다. 아리랑의 김미라입니다.
고객 : 여보세요. 예약하고 싶은데요.
직원 : 예약하시는 날짜는 언제십니까?
고객 : 5월 8일입니다.
직원 : 오늘이시군요. 몇 분이십니까?
고객 : 세 사람입니다.
직원 : 세 분이시구요. 몇 시에 오시겠습니까?
고객 : 저녁 8시요.
직원 : 테이블과 룸이 있습니다만.
고객 : 테이블 조용한 쪽으로 부탁합니다.
직원 : 그 밖에 특별히 준비해야 할 것이 있으면 말씀해 주십시오.
고객 : 없습니다.
직원 : 그럼, 전화하신 분 존함과 연락처를 주시겠습니까?
고객 : 저는 글로벌전자 강신호입니다. 전화번호는 123-4567이

구요.

직원 : 예! 그럼 제가 다시 한번 예약 상황을 확인하겠습니다. 오늘 저녁 8시 한식당 아리랑에 테이블 쪽으로 세분 예약하셨습니다. 예약하신 분은 글로벌전자의 강자, 신자, 호자 되시구요. 연락처는 123-4567입니다. 저는 아리랑의 김미라입니다. 전화 주셔서 감사합니다.

3. 전화접객

1) 전화 받는 요령

전화가 걸려오면 벨이 세 번 이상 울리지 않도록 되도록 빨리 받고, 회사의 이름과 소속부서, 자신의 이름을 말한다. 서비스 업장이라면 우선 '안녕하십니까?'라고 인사를 먼저 한 후 회사와 소속, 이름을 밝히는 것이 좋다.

전화를 걸어온 상대방이 누구인가를 알고 나면 곧 인사를 한다. 만약 다른 사람을 찾으면 친절하게 바꾸어 준다. 만약 상대방이 찾는 사람이 부재중일 때에는 메시지가 있는지 확인하여 정확하게 전달해 준다.

용건이 끝나면 인사말을 하고 고객이 먼저 수화기를 놓은 후에 전화를 끊는 것이 예의이다. 아무리 바쁘더라도 잘못 걸려오는 전화에 대해서도 친절하게 받아야 한다. 전화는 회사를 찾은 사람에 대한 응대이기 때문에 잘못 걸려왔더라도 회사를 대표하는 마음가짐으로 친절하게 응대해야 한다.

(1) 통화 중 메모

특히 신입사원의 경우 회사의 거래처, 회사에서 사용하는 전문용어, 고객 및 고객의 문제점 등에 대해 잘 알지 못한다. 또 전화로 용건을 듣고 전하는 일이 많은데 이런 때에는 항상 메모를 하는 것이 좋다. 부재중인 사람을 찾는 전화를 받을 때에는 상대의 용건을 간결하면서도 명확하게 적어 놓아야 한다. 그 쪽에서 전화를 원하는지 아닌지, 상대방의 이름과 전화번호를 확인하고 전화 받은 시간과 자신의 이름도 적어 놓아야 한다.

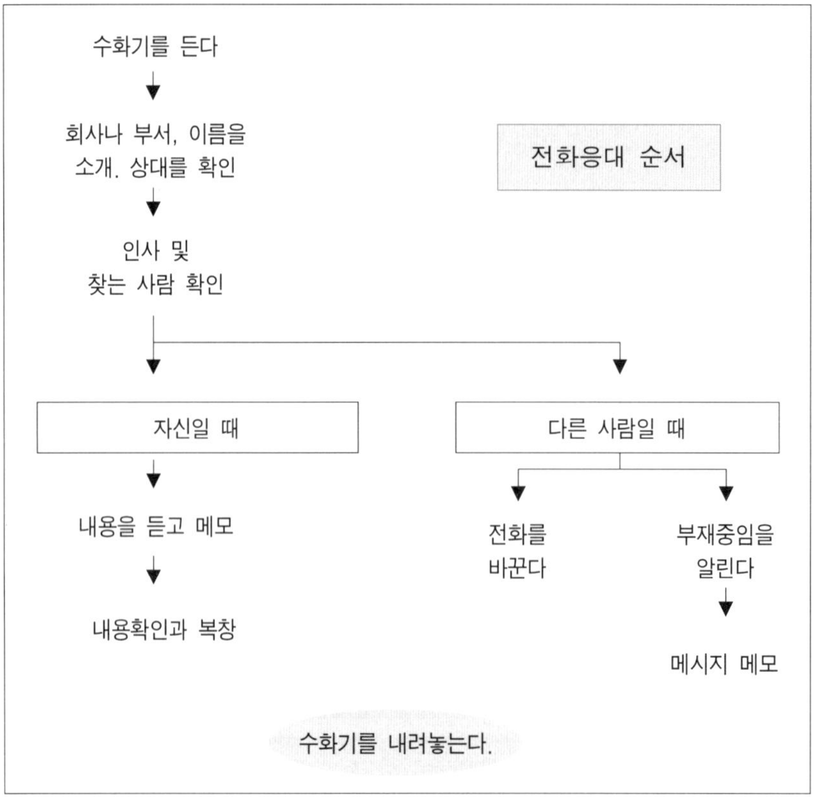

(2) 휴대폰의 사용

휴대폰은 어디서든지 연락이 가능해 편리하지만, 예의를 지켜 사용할 줄 알아야 한다. 고객을 맞는 업장에서 또는 고객과의 상담 중에 전화가 걸려와 대화를 중단시키는 것은 예의에 어긋나므로, 미리 꺼 놓거나 진동으로 바꾸는 것이 좋다. 만일 꼭 받아야 할 개인적인 전화라면 자리를 이동해서 받아야 한다.

(3) 개인적인 전화

업장에서는 많은 사람이 같이 근무하고 있고, 고객을 응대하는 장소이다. 전화의 사용이 매우 빈번하기 때문에 가급적 개인적인 전화는 하지 않는 것이 가장 좋다. 그러나 일을 하다보면 업무 이외의 전화를 걸거나 받게 되는 경우가 있다. 이럴 때에는 가급적 점심시간 등을 이용하는 것이 좋고, 분명히 사적인 일이라면 사무실을 나가서 핸드폰이나 공중전화를 이용하는 것이 바람직하다. 어쩔 수 없이 전화를 받게 되었을 때에는 작은 목소리로 통화하고, 용건을 짧게 해야 한다. 동료와 고객에게 불편을 주지 않아야 한다.

2) 전화 거는 요령

전화를 걸 때에는 상대방이 수화기를 들면 바로 자기 소속과 이름을 밝히는 것이 좋다. 어느 회사의 누구, 혹은 어느 부서의 누구임을 먼저 말하고 상대를 부탁한다. 그리고 상대방이 전화를 받으면 다시 한 번 자신의 이름을 밝히고, 용건을 말한다. 혹시 전화를 잘못 건 경우에는 반드시 사과를 한 후에 전화를 끊는다.

용건이 끝나면, 인사말을 하고 전화를 건 쪽에서 먼저 수화기를 놓는다. 그러나 상대방이 윗사람이거나 고객인 경우에는 상대방이 수화기를 놓은 후에 전화를 끊는다. 통화 도중에 전화가 끊어지면 전화를 건 쪽에서 다시 걸어야 한다.

고객에게 전화를 걸기 전에 용건을 메모해 두면 통화 도중 서두르거나 고객을 기다리게 하지 않을 수 있다. 고객과 대화 도중에 자신이 의도했던 내용을 모두 전달하지 못하고 끊는 경우 전화를 다시 해야만 하기 때문이다.

또 대화 도중 확인해야 할 서류들을 옆에 두고 대화를 나누는 것이 좋다. 고객의 질문에 신속하게 대답하고 업무를 처리할 수 있다. 전화 통화 중에 새로 결정된 사항 등에 대해서도 메모를 해 두고 끊기 전에 그 내용을 다시 한 번 확인하는 것이 좋다.

3) 다른 곳으로 전화 연결하기

고객들은 자신의 전화가 이 사람 저 사람에게 빙빙 돌려지는 것을 무엇보다 싫어한다. 절대로 그렇게 해서는 안 된다. 가능하면 처음 전화를 받은 사람이 도와줄 수 있어야 한다. 그렇지만 꼭 돌려야 할 필요가 있다면 차라리 메시지를 받은 다음 적절한 직원에게 다시 전화를 걸어주도록 조치하는 것이 좋다. 그래도 전화를 돌려야 할 경우에는 전화를 돌려받게 될 직원의 이름과 전화번호를 가르쳐 주도록 한다. 그렇게 하면 전화교환기에 문제가 있더라도 통화자가 그 직원에게 다시 전화를 할 수 있기 때문이다. 그리고 가능하다면 전화가 제대로 돌아가는지 확인하기 위해 전화를 끊지 말고 잠깐 기다리는 것이 좋다.

(1) 전화 받을 사람의 확인

어느 부서의 누구인지, 담당자는 누구인지를 확인해야 한다. 또는 고객이 특정한 사람을 찾는 경우에는 그 사항을 확인한다. "영업부 김과장 말씀이신가요?" "잠시만 기다려 주십시오."

(2) 전화 받을 사람 알리기

전화 받는 직원이 해결할 수 없어 고객의 용건에 맞는 사람에게로 전화를 돌려야 할 경우 반드시 그 직원에 대해 알려준다. "담당부서인 ○○○로 연결해 드리겠습니다. 연결되지 않으면 212-1233번으로 다시 하십시오" 또는 "담당부서 직원이 잠시 상담 중입니다. 말씀하신 내용을 전달하겠습니다. 연락처를 주시면 5분 이내로 전화를 드리도록 하겠습니다. 괜찮으시겠습니까?"

(3) 송화구를 막은 다음 전화 받을 사람에게 이야기한다

① 전화를 받을 직원에게 고객의 이름과 용건을 알려준다.

그래야 고객은 똑같은 말을 반복할 필요가 없고 전화받는 직원도 좀더 신속한 처리를 할 수 있다.

② 고객을 언급할 때에는 반드시 존칭을 사용한다.

전화를 돌리는 중에 고객에게 대화의 목소리가 들릴 수 있다. 고객에 대한 존중을 표시하고 필요할 경우에 HOLD 버튼 이용하는 것도 좋다.

(4) 메시지 받기

전화를 받을 사람이 즉시 받을 수 없을 때에는 전화를 건 사람에게 그 상황을 알려준다. “잠시 통화 중이십니다” “지금 결재를 받고 계십니다”와 같이 말하고 전화를 건 사람의 메시지를 받는다. “전하실 말씀이 있으십니까?” 하고 메시지를 받을 경우에 메시지는 정확하고 빠뜨리는 것이 없어야 한다. 전화를 건 사람의 이름, 전화번호 등을 받아놓도록 해야 한다. 전화를 받을 사람이 알고 있다고 할 경우에는 “빨리 답변을 드리기 위해”라는 말을 덧붙이면 대개는 다시 전화번호를 알려주게 된다. 그리고 메시지를 받은 날짜와 시각 그리고 메시지를 받은 자신의 이름도 메모에 적어 놓는다.

4. 경어와 어휘 사용 예

1) 경어의 뜻

경어는 말을 듣는 상대방에게 존경의 뜻을 나타내기 위하여 사용되는 말을 말한다. 경어를 사용할 때에는 존경하는 마음이 상대방에게 충분히 전달될 수 있는 말을 선택하는 것이 가장 중요하다. 마음을 전달하기 위해서는 상대의 입장과 자신의 입장을 고려해서 정확한 경어를 사용해야 한다. 또한 경어는 말하는 사람의 인격을 판단하는 수단이 되기도 한다.

경어를 사용하는 가장 큰 목적이 상대방에 대한 존경의 뜻을 표현하는 것이기 때문에 경어를 사용할 때에는 듣는 사람이 존경받고 있다는 느낌을 받도록 해야 한다. 따라서 말뿐만 아니라 표현 동작, 음성, 태도가 모두 존경의 의미를 함께 나타내야 한다.

이와 같은 의미를 담고 있는 기본적인 어휘의 평상어, 존대어, 겸양어를 살펴보면 다음의 표와 같다.

〈경어의 사용 예〉

평 상 어	존 대 어	겸 양 어
말한다	말씀하십니다	말합니다
있다	계십니다	있습니다
한다	하십니다	합니다
간다	가십니다	갑니다
온다	오십니다	옵니다
만난다	만나십니다	만납니다
듣는다	들으십니다	듣습니다
먹는다	잡수십니다	먹습니다
알고 있다	알고 계십니다	알고 있습니다

평상어는 동격이나 아랫사람에게 할 수 있고, 존대어는 윗사람에게 또는 윗사람을 높이기 위해 사용한다. 겸양어는 윗사람에게 말할 때 사용하지만, 윗사람보다 지위가 낮은 사람을 지칭함으로써 듣는 사람을 높이는 의미가 있다.

2) 어휘사용의 예

(1) 고객에게 사용하기

바람직하지 않은 접객언어	바람직한 접객언어
① 무슨 일입니까?	(어서 오십시오) 무슨 용건이십니까?
② 누구를 부를까요?	어느 사람을 부르면 되겠습니까?
③ 어느 회사 사람이오?	손님께서는 어느 회사에서 오셨습니까?
④ 용건을 말해주세요.	다른 사람도 상관 없으시다면 용건을 말씀해주시겠습니까?
⑤ 30분 후에 돌아오니까 기다리세요.	(죄송합니다) 30분 정도면 돌아오니 기다려주시겠습니까?
⑥ 나중에 전화하겠습니다. 전화번호를 알려주세요.	나중에 전화 드리겠습니다. 죄송합니다만 그쪽 전화번호를 알려주시겠습니까?
⑦ 지금 없습니다. 곧 연락해서 그쪽으로 보내겠습니다.	대단히 죄송합니다만, 지금 자리를 비웠습니다. 급히 연락을 취해서 찾아뵙도록 하겠습니다.
⑧ 이쪽으로 와서 주소를 써 주세오.	죄송합니다만, 이곳으로 오셔서 주소를 써주시면 감사하겠습니다.
⑨ 이전에 여기 온 것이 언제죠?	이전에 이쪽으로 오셨던 것이 언제쯤입니까?
⑩ 저쪽 창구로 가보시오	죄송합니다만, 저편의 창구에 가셔서 문의하시겠습니까?
⑪ 담당자를 바꿀 테니 기다리세요.	지금 담당자를 바꿔드리겠습니다.
⑫ 그렇습니까? 난 몰랐습니다.	그렇습니까? 정말 죄송합니다. 확인해 보도록 하겠습니다.

(2) 거래처나 다른 회사 사람에게 사용하기

상 황	존 경 법
회사의 평사원에 관해 거래처 사람(직급에 관계없이)에게 말할 때	"은행에 갔습니다"처럼 '-씨-'를 넣지 않는다.
직급이 있는 사람을 그 사람과 같은 직급의 사람이나 그 아래의 사람에게 말할 때에는 자기보다 직급이 낮더라도 높이지 않는다.	"(부장이) 김과장 은행에 가셨습니다"처럼 '-씨-'를 넣지만, 그 사람 직급이상의 사람에게 말할 때에는 "(부장이 과장을 다른 회사 부장에게) 김과장 은행에 갔습니다"처럼 '-씨-'를 넣지 않는다.
자기보다 직급이 높은 사람을 다른 회사 사람에게 말할 때	상대방의 직급에 관계없이 "(평사원이 과장을 다른 회사 부장에게) 김 과장님 은행에 가셨습니다"처럼 '-씨-'를 넣어 말한다.

(3) 직장 내에서 사용하기

상 황	존 경 법
동료에 관해서 말할 때	누구에게 말하는가에 관계없이 -씨-를 넣지 않는다.
윗사람이 아랫사람에게 말할 때	"김영희씨, 김과장 어디 갔어요? 하고 말한다.
나이가 많은 동료를 다른 동료나 아랫사람에게 말할 때	"(과장이) 김영희씨, 김과장 어디 가셨어요?" 와 같이 서술어에 '-씨-'를 넣을 수 있다. ※ 윗사람에게 말할 때 '-씨-'를 넣지 않는 것이 원칙
윗사람에 관해서 말할 때	듣는 사람이 누군이든지 '-씨-'를 넣어 말하는 것이 원칙이다. 즉 "(평사원이) 사장님, 이과장님 어디 가셨습니까?"하고 말한다.

(4) 직장 내 호칭 사용하기

직장은 사람들에게 생계의 터전이 되고, 사람들은 가족보다 그 직장의 동료들과 더 많은 시간을 함께 보낸다. 따라서 직장에서 이루어지는 인간관계, 주고받는 말 한마디는 그 사람의 희로애락에 직접적인 영향을 끼칠 수 있으므로 보다 세심한 주의가 필요하다.

상 황	올바른 호칭의 표준안
남자직원이 남자동료를 부를 때	'○형'으로 부를 수 있다.('형' 하거나 '○○형' 또는 '○○○형'하는 것은 지나치게 사적인 인상을 준다)
여직원이 여직원을 부를 때	'언니'나 '○○언니' 할 수 있다. 그러나 '미스○○언니'처럼 부르는 것은 좋지 않다.
직함이 없는 선배 또는 나이가 많은 동료직원	'님'을 붙여 '선배님' 또는 '○선생님', '○○○선배님' 한다.
나이 지긋한 기혼의 여자 직원	'○여사' 또는 '○○○여사'라고 부른다.
부장이나 과장이 한 자리에 여럿 있어 구분해서 말해야 할 때	'총무부장님' 또는 '○○○부장님'처럼 이름이나 소속에 직함을 붙여 부른다.
상사가 아랫사람을 부를 때	'○○○씨'를 쓴다.
아랫사람이라도 나이가 많은 경우	'○선생(님)', '○○○선생(님)'으로 부른다.
나이차이가 많은 어린 직원일 때	'○군', '○양'으로 부를 수 있다.
직장에서 윗사람을 그보다 윗사람에게 지칭하는 경우	'총무과장님이' 하고 주체를 높이는 '-씨-'를 넣어 "총무과장님이 이 일을 하셨습니다"처럼 높여 말한다. ※ 윗사람 앞에서 그 사람보다 낮은 윗사람을 낮추는 것이 우리나라에서는 가족 간이나 사제 간 같은 사적인 관계에서는 적용될 수도 있지만 직장에서는 적용되지 않는다.

제12장

관광서비스 품질 인증

관광서비스 품질 인증

제1절 관광관련 인증제도

1. 한국의 우수여행상품 인증제도

1) 우수여행상품 인증제도의 뜻과 내용

(1) 우수여행상품 인증제도의 뜻

우수여행상품 인증제도는 문화체육관광부가 우수여행상품을 인증함으로써 급증하는 국내·외 관광객의 여행상품 선택에 편의를 제공하고, 다양하고 전문적인 여행상품의 개발을 촉진하여 여행상품의 국제경쟁력을 높이는데 그 목적이 있다. 여기서 우수여행상품이란 관광객의 기대를 만족시키는 여행상품으로써 규정에서 정한 기준에 부합되는 것을 말한다. 문화체육관광부는 우수여행상품 인증제의 공정하고 원활한 추진을 위해서 한국일반여행업협회(KATA)를 시행기관으로 지정했다.

(2) 인증제도 등장의 배경

한국관광공사와 문화체육관광부가 국내관광 활성화를 위해 2001 우수 국내여행상품 공모전의 첫 번째 우수 국내여행상품이 선정, 발표되었다. 여행관련 기관 및 여행전문가, 인터넷여행동호회의 운영책임자로 구성된 전문 심사위원들이 전국 18개 여행사의 25개 응모상품을 대상으로 소재의 참신성, 내용의 충실도 등을 고려하여 심사한 결과 8월의 우수 국내여행상품으로 트렉코리아의 "온 가족이 함께 하는 푸른 동해안", 논산 동선관광의 "황산벌 역사기행", 감동이 있는 여행의 "동해안 북부해안 하계 패키지", 남도문화관광센터의 "보길도 달빛따라 여름낭만 보듬기" 등 여름 휴가상품으로 알맞는 모두 4개의 국내여행상품이 선정되었다. 이후 여행상품의 거래질서를 확립하고 선택의 편의를 제공하고자 2002년 초반에는 여행상품을 인바운드, 아웃바운드, 도메스틱으로 그 범위를 확대하여 실시하게 되었다.

2) 인증의 기준

(1) 인증대상과 시기

인증의 대상범위는 외국인국내여행(인바운드), 국민 해외여행(아웃바운드), 국민국내여행(도메스틱) 등에서 개발 중이거나 유통 중인 여행상품으로 시행기관에 인증을 신청한 여행상품 중 본 규정의 기준에 부합된 여행상품을 대상으로 한다. 평가수수료는 55,000원이며 우수여행상품 인증시기는 신청건수 등을 고려하여 연 2회 이상 실시하며, 기간은 1년간 유효하다.

(2) 인증의 효과

문화체육관광부장관은 인증상품을 개발한 자(또는 업체)에게 우수여행상품인증서를 발급하는데 다음과 같은 표시를 사용할 수 있다. 인증의 유효기간은 1년이지만 소비자 반응과 상품의 지속성 등을 감안하여 연장 또는 단축할 수 있다.

인증을 받은 여행상품 및 업체는 우수여행상품 표지를 홍보 등에 사용할 수 있고 예산지원을 받을 수 있으며, 우수여행상품이 국·내외 여행소비자 등에게 널리 알려질 수 있도록 홍보활동 등 필요한 조치를 할 수 있다.

한 글	영 문	한 문

(3) 인증의 기준

인증의 기준은 인바운드, 아웃바운드, 도메스틱 상품별로 따로 정하고 각 상품별 각 항목과 가중치는 위원회가 상황에 맞게 조정할 수 있다.

① 외국인 국내여행상품의 평가항목과 기준

a. 독창성 : 여행지, 숙박, 음식, 교통수단 등에서 타상품과 차별되는 참신성과 우수성

b. 국가이미지 제고 : 지역의 이미지 향상을 통해 국가이미지를 제고하는 효과에 기여 정도

c. 시장성 : 소비자로부터의 호응도, 판매된 규모 등

d. 만족도 : 여행지, 숙박, 교통수단 등의 여행내용만족도, 안내원과 종사원에 대한 서비스 만족도와 계약조건의 이행에 대한 형식 만족도 등

e. 가격적정성 : 초저가 여행상품과 호화 여행상품을 방지하는 등 상품가격과 여행서비스 간의 적정성 여부

f. 소비자 보호 : 보험, 안전대책 등의 소비자보호 안전장치 구비 여부

② 내국인 해외여행상품의 평가항목과 기준

a. 독창성 : 여행상품의 구성요소인 여행지, 숙박, 음식, 교통수단 등에서 타상품과 차별할 수 있는 참신성과 우수성
b. 가격적정성 : 초저가 여행상품과 호화 여행상품을 방지하는 등 상품가격과 여행서비스 간의 적정성 여부
c. 시장성 : 소비자로부터의 호응도, 판매된 규모 등
d. 건전성 : 매춘, 퇴폐, 호화 사치관광 등을 지양한 여행의 건전도
e. 만족도 : 여행지, 숙박, 교통수단 등의 여행내용 만족도, 가이드와 통역관 등의 서비스 만족도 그리고 계약조건의 이행에 대한 형식 만족도
f. 교육성 : 여행지역의 문화, 역사 등을 통한 교육적 효과
g. 환경보호 : 밀렵, 생태계 훼손 방지 등 환경보호 측면
h. 소비자 보호 : 보험 등의 소비자 보호 안전장치 구비 여부

③ 내국인 국내여행상품의 평가항목과 기준

a. 독창성 : 여행상품의 구성요소인 여행지, 숙박, 음식, 교통수단 등에서 타상품과 차별할 수 있는 참신성과 우수성
b. 가격적정성 : 초저가 여행상품과 호화 여행상품을 방지하는 등 상품가격과 여행서비스 간의 적정한 여부
c. 시장성 : 소비자로부터의 호응도, 판매된 규모 등
d. 건전성 : 매춘, 퇴폐, 호화 사치관광 등을 지양한 여행의 건전도
e. 만족도 : 여행지, 숙박, 교통수단 등의 여행내용 만족도, 가이드 등의 서비스 만족도 그리고 계약조건의 이행에 대한 형식 만족도
f. 교육성 : 여행지역의 문화, 역사 등을 통한 교육적 효과
g. 환경보호 : 밀렵, 생태계 훼손 방지 등 환경보호 측면
h. 소비자 보호 : 보험 등의 소비자 보호 안전장치 구비 여부

(4) 인증의 취소

인증된 우수여행상품이 인증제의 운영취지에 벗어나거나 인증 당시의 기준을 유지하지 못하고 있는 것으로 확인되었을 때에는 문화체육관광부장관은 그 인증을 취소할 수 있다. 위원회가 우수여행상품취소를 요청할 수 있는 경우는 다음과 같다.

① 인증된 상품이 인증시에 제시한 여행목적, 여행방법, 여행시기, 여행일정 등과 상이하게 시행될 때
② 인증된 상품이 국익과 사회상규에 어긋나거나 본 규정을 지키지 아니한 때
③ 소비자평가가 현저히 낮거나 민원발생이 빈번한 때
④ 천재·지변, 전염병, 전쟁, 파업 등으로 여행자의 생명과 신체 등에 위해가 예상되거나 재산상의 불이익이 예상될 때
⑤ 기타 위원회가 인증을 계속하는 것이 부적합하다고 의결한 때

3) 2002년도 인증현황

(1) 업체별 인증현황

업체명	건수	업체명	건수
(주)하나투어	29	(주)다음레져	2
롯데관광개발(주)	27	(주)범한여행	2
(주)국일여행사	18	(주)원나루여행사	2
(주)현대백화점	8	(주)VIP 여행사	2
(주)자유여행사	7	(주)대웅여행사	1
(주)한불관광여행	6	(주)마이투어클럽닷컴	1
(주)인터파크 여행	4	(주)솔항공여행사	1
(주)김앤드류투어	3	(주)여자와 여행	1
(주)여행자클럽	3	(주)V.I.P 여행사	1
(주)한나라관광	3	(주)대한여행사	1
(주)세중	2	(주)씨에프랑스 으뜸세계여행	1
총 계	125		

(2) 상품별 인증현황

상 품 명	업체명
방콕 파타야 무앙보란/나비농원 5일	(주)김앤드류투어
베트남 남북부/캄보디아 앙코르와트 7일	
오사카/시리하마/가츠무라 5일	
곰배령 야생화 탐방	(주)여행자클럽
맛따라 떠나는 정선 5일장과 정선아리랑 여흥을 찾아-기차여행	
겨울연가 마지막 촬영지 외도/해금강	
한국3대세계문화유산방문 4일간 여행	(주)한나라관광
한일친선소년 축구투어	
한국 대주유의 여행	
싱가포르/빈탄 (앙사나) 5일	(주)세중
허니문 발리(그랜드미라지) 5일	
섬진강 황토 염색 체험(1박2일)	(주)다음레저
밤도깨비 부산가다(무박2일)	
몽고, 바이칼 호수 테룰지 8일	(주)범한여행
중남미 5개국 유퍼히델하트완전일주 18일	
한국 송이버섯 채취 투어	(주)원나루여행사
한국경주 나자렛원 방문단	
VIP H10 발리 산티카빌라스 5일	(주)VIP 여행사
VIP H04 발리 더빌라스 5일 (허니문)	
외국인 한의학 체험관광프로그램	(주)대웅여행사
남도 미각과 함께 하는 가을 내장산 단풍여행	(주)마이투어클럽닷컴
남도의 정자문화와 명소	(주)솔항공여행사
온몸으로 느끼는 자유-춤명상 여행	(주)여자와 여행
홍도 · 흑산도 2박3일 PKG	(주)V.I.P 여행사
동유럽 단기 11일 연수	(주)대한여행사
인도 고성투어 9일	(주)씨에프랑스으뜸 세계여행

상 품 명	업체명
[패키지]신들의 섬, 발리 6일-GA	(주)하나투어
[패키지]나만의 꿈-푸켓피피섬 6일-OZ	
[패키지]남국의매력-마닐라팍상한따가이따이 4일-KE	
[패키지]방콕파타야 3박5일-KE	
[패키지]환상의 섬 막탄샹그릴라 리조트 4일(세부직항)-PR	
[패키지]싱가포르바탐조호바루 5일-SQ	
[패키지]싱가포르바탐조호바루 5일-OZ	
[패키지]베트남앙코르왓 4박6일-VN	
[패키지]특선-태국싱가포르(조)홍콩 6박7일-CX	
[패키지]베트남북부 3박5일-VN	
[패키지]지상의 낙원-마닐라보라카이 5일-OZ	
[허니문]방콕푸켓 특급 5일-OZ	
[허니문]푸켓라구나비치리조트-OZ	
[허니문]발리 인터콘티넨탈 리조트 5일-KE	
[허니문]랑카위 펠랑기 리조트 5일-MH	
[패키지]호주뉴질랜드 북섬 8일-OZ	
[패키지]사이판PIC GOLD 5일-OZ	
[패키지]괌PIC GOLD 5일 - KE	
[허니문]사이판 PIC GOLD 5일-OZ	
[패키지]서안계림 5일-WH	
[크루즈]서부카리브해 보이져 11일-UA	
[크루즈]알래스카 인피니티 9일-AC	
[패키지]비엔나 음악회와 동유럽 6개국 11일-OZ	
[패키지]사운드오브뮤직과 동유럽 6개국 10일-KL	
[패키지]정통리기산과 루체른 유람선 3개국8일-KE	
[패키지]러시아+북유럽 4개국 피요르드 11일-KE	
[패키지]러시아+북유럽 4개국과 빙하관광 12일-KE	
[패키지]정통몽블랑과 융프라우 4개국 9일-KE	
[패키지]아프리카사파리 완전일주 15일-CX	

상 품 명	업체명
홍콩 3일+자유시간 하루더	롯데관광개발(주)
치앙마이, 치앙라이, 골든 트라이앵글, 미얀마 6일	
하노이, 하롱베이 5일	
허니문)“초특급리조트” 싱가포르/빈탄 (빈탄라군/니와나) 5일	
허니문)엘니도 라겐 리조트 5일	
후아힌 허니문 힐튼 리조트 5일	
발리 허니문 르메르디앙 리조트 5일	
허니문)“초특급리조트” 싱가포르/빈탄 (반얀트리/인드라마야) 5일	
{품격} 호주(골/시)뉴질랜드 남북섬(빙하) 12일	
허니문)뉴질랜드/피지 6일	
{품격} 호주(시/포)뉴질랜드 남북섬(빙하) 11일	
북해도 완전일주 5일	
롯데단독)캐나다 항공 완전일주 8일	
롯데단독)미서부, 디즈니랜드 8일	
롯데단독)하와이 5일	
롯데단독)캐나다, 록키, 자스퍼 완전일주 9일	
롯데단독)하와이섬 완전일주 6일	
롯데단독)중남미 완전일주 17일	
롯데단독)미서부, 디즈니랜드, 하와이 11일	
롯데단독)미동부, 캐나다, 퀘백 9일	
롯데단독)하와이, 마우이, 매직쇼 5일	
신정통)스페인/그리스/이집트/터어키 12일	
신정통)러시아, 북유럽 12일	
신정통)유럽 6개국 12일	
신정통)유럽 4개국 10일	
신정통)유럽 3개국 8일	
골든루트, 스칸디나비아 북유럽 4개국일주 9일	

상 품 명	업체명
한류열풍중심 드라마 촬영지 관광 5일	(주)국일여행사
휴식과 관광을 한번에-홍콩/발리 5일 여행	
신들의 섬-발리 5일 여행	
태양이 작열하는 해변으로-푸켓/방콕 5일 여행	
동양에서 유럽맛보기 홍콩/마카오 4일 여행	
로맨틱파라다이스-세부 4일 여행	
에메랄드빛 산호섬-랑카위 5일 여행	
영원한자연의 감동 호주/뉴질랜드 북섬 8일 여행	
남태평양의 여유와 낭만 피지/호주/뉴질랜드 남북섬 12일 여행	
사계절테마의 감동여행아오모리 4일	
유키마츠리(눈축제)의 고장 북해도 4일 여행	
오사카와 나라, 교토 그리고 동양 최대의 온천큐슈여행 4일	
일본의 심장 혼슈를 보면 일본이 보인다-일본본토 5일 여행	
잃어버린 문명을 찾아서-디럭스브라질/페루 12일 여행	
자연탐방북유럽 4개국+러시아 12일(덴마크, 노르웨이, 스웨덴, 핀란드, 러시아)	
디럭스3대 볼거리포함관광+지중해 4개국 12일(스페인, 그리스, 터키, 이집트)	
디럭스지중해역사탐방3개국 10일 여행(그리스, 터키, 이집트)	
비엔나회전타워 동유럽5개국 9일 여행(헝가리, 폴란드, 체코, 오스트리아, 슬로바키아)	

상 품 명	업체명
화려한 축제의 리조트 푸켓 르메르디앙 5일	(주)현대백화점
요리와 쇼핑의 도시 (홍콩 대발견)	
<핵심명소일주> 북경, 서안, 계림 6일	
늘 푸르른 제주여행 3일	
“설악에서 금강까지” 4일	
제주 조랑말 투어 3일	
All in One go Korea (1)	
All in One go Korea (2)	
방콕 푸켓 5일	(주)자유여행사
방콕 후아힌 5일	
<품격>뉴질랜드 남, 북섬 일주 8일 (NZ)	
오사카/나라/교토/벳부 4일	
고품격 제주/부산/경주/설악/ 서울 고국관광 7박8일	
알찬 제주/서울 4박5일	
신나는 서울 3박4일	
색동꾸러기 탐방 프로그램(C코스)	(주)한불관광 여행
색동꾸러기 탐방 프로그램(B코스)	
경남꾸러기 탐방 프로그램(A코스)	
색동꾸러기 탐방 프로그램(A-1코스)	
색동꾸러기 탐방 프로그램(D코스)	
색동꾸러기 탐방 프로그램(F코스)	
방콕/파타야/무앙보란 5일	(주)인터파크 여행
발리 5일 (H/M)	
품격 호주/뉴질랜드 남북섬 10일	
품격 유럽 6개국 융프라우 12일	

2. 홍콩의 관광서비스품질 인증제도

1) QTS의 뜻과 목적

(1) QTS의 뜻

QTS(Quality Tourism Service)제도는 홍콩 관광서비스산업에서 서비스표준을 향상시키기 위한 지속적인 노력의 일환으로 홍콩관광국(HKTB : Hong Kong Tourism Board)이 만든 서비스업체의 신청에 의한 서비스 인증제도이다. 방문객들에게 행복, 즐기기와 기억할 만한 방문이 되도록 추구하기 위해 홍콩의 소매점과 외식분야의 서비스품질을 쉽게 확인시키기 위해 만들었다. 2000년 4월에 처음으로 시행되었으며 현재 보증된 서비스질을 약속하는 표지가 업장의 유리에 게시되었다.

(2) QTS의 목적

이 제도는 홍콩 관광서비스산업에 맞는 최초 품질인증표시로서 방문객과 지역고객이 관광서비스 제공자의 관광서비스 품질을 확인할 수 있도록 돕고, 관광산업을 지원하는 부가가치를 실현시킬 수 있도록 모든 서비스제공자의 능력을 강화시킬 목적으로 제정되었다. QTS 인증은 이들 신청기업들이 정해진 기준을 이행했다는 인정을 주는 것으로 서비스제공자가 자기평가를 하도록 하고, 지속적은 향상을 하기 위해 서비스실행에 있어서 갭이 존재하는 곳을 확인하도록 돕는다. 또한 홍콩은 이 제도로 아시아의 요리의 도시와 쇼핑천국으로서의 홍콩의 평판을 강화하기 위해 홍콩의 관광서비스 품질을 끌어올리고자 한다.

(3) 인증의 장점

모든 인증받은 업체는 고품질서비스 제공자를 나타내는 QTS 표지의 사용할 자격을 얻으며 다음의 장점을 누린다.

① 전문가에 의해 작성된 평가보고서와 중간점검 방문보고서가 최초평가와 중간방문이 끝난 시점에 각 신청업체에 제공된다.
② 정해진 일련의 기준에 따른 고품질 상품과 서비스를 제공하는 것을 보증받은 업체로서의 확인과 인증을 받는다.
③ 홍콩관광국의 세계적인 마케팅 캠페인으로 세계적인 마케팅 촉진을 할 수 있다.
④ 표준점검표를 적용함으로써 직원에게 우수한 사업과 운영을 따르도록 고무시킨다.
⑤ 개선이 필요한 곳을 확인하고, 지속적인 개선을 할 능력을 갖는다.
⑥ 제도에 의한 감독자의 방문으로 고품질서비스를 유지할 수 있다.
⑦ 고품질 서비스제공자를 나타내는 QTS 표지는 지역고객과 외국관광객이 찾을 수 있다.

2) QTS 평가항목

홍콩관광국(HKTB)은 홍콩생산성위원회(HKPC : Hong Kong Productivity Council)에 여행, 소매, 외식사업 부문의 구성원들과의 광범위한 협의를 거쳐 다음의 5개 분야에 나타난 주요 대상영역의 평가기준을 개발했다. 각 QTS의 평가항목과 점수는 다음과 같다.

(1) 환경(물리적 위치) (150점)

① 접근용이성, 눈에 잘 띄는 로고, 표지 그 유지상태(50점)

② 청결성, 말쑥함, 유지상태(통풍, 냄새, 온도) 그외 시설 등 (50점)

③ 편의시설(50점)

(2) 상품 (250점)

① 다양한 상품들을 고객에게 적절한 선택을 제시(90점)

② 상품의 품질(80점)

③ 안전과 청결위생(80점)

(3) 서비스제공과정 (100점)

기억에 남는 쇼핑경험을 즐길 수 있도록 편안하고 즐거운 쇼핑환경을 제공하는 정도를 말한다.

① 명확하고 충분한 정보제공 (50점)

② 적당한 시설 (50점)

(4) 종사원 (300점)

직원의 행동이 점포의 좋은 인상을 만든다. 고품질 서비스는 직원과 고객의 상호작용에 의해서 전달된다. 모든 직원들에게 긍정적인 태도, 호감 주기, 고객과 효과적으로 의사소통하기, 그리고 요구에 맞는 서빙기술의 소유를 중요하게 다루고 있다.

① **긍정적인 태도** (70점)

고객과 접촉하는 서비스직원은 따뜻하고 좋은 매너를 가지고, 인내심과 일관된 긍정적인 태도를 보이는 열정을 가지고 있다.

a. 예의바르고 정중하다.

b. 고객이 환영받는다고 느끼도록 하는 친근감과 따뜻함이 있다.

c. 열정을 가지고 사전에 대처를 한다.

d. 고객의 욕구에 빨리 반응하고 해결을 제공할 수 있다.

e. 일관된 좋은 태도를 가지고 있다.

f. 정직하고 솔직하다.

g. 고객의 요구를 다루는데 인내심이 있다.

h. 효과적인 집단으로서 팀 정신과 부드러운 조화를 이룬다.

i. 상사가 리더십을 보여주고 명확한 지시를 내린다.

② **호감주기** (50점)

깨끗하고 말쑥한 외관이 점포에 의해 제공된 서비스품질에서 고객의 신뢰를 강화시키는 호감을 형성한다.

a. 직원이 깨끗한 제복이나 겉옷을 입고 있다.

b. 말쑥하고 깔끔한 개인 외관을 유지한다.

c. 직원이 옷, 이름표나 그 외 자세들로 쉽게 인식된다.

③ **효과적인 의사소통과 관계구축** (100점)

효과적인 의사소통은 직원이 고객의 욕구를 더 잘 이해할 수 있게 하고 고객과의 관계구축을 강화한다.

a. 고객의 말에 경청하고 능숙하게 고객이 필요로 하는 것을 권유한다.

b. 직원은 정확한 상품을 고객에게 제공할 수 있다.

c. 영어나 다른 언어를 할 줄 아는 직원이 있다.

d. 직원은 고객과 좋은 느낌과 교감을 갖는다.

④ **유능한 서빙기술과 적절한 상품지식** (80점)

직원은 전문적으로 정확하게 고객을 다룰 적절한 상품지식과 유능한 서빙기술을 갖도록 잘 훈련되었다.

a. 직원은 구두로 명확하게 상품을 제시할 수 있다.

b. 직원은 솜씨있게 상품을 선전할 수 있다.

c. 직원은 추천하고 전문적 조언을 할 수 있다.

d. 전문적인 자세로 요청에 응할 수 있는 능력을 가지고 있다.

e. 상품에 대한 정확한 정보를 줄 수 있다.

(5) 서비스시스템 (200점)

서비스 품질에 영향을 주는 인간, 경영과 기술적 요소들이 고객만족을 달성하도록 통합하는 것을 말한다.

① **품질보증** (50점)

깨끗하고 말끔한 쇼핑환경 뿐만 아니라 상품의 질과 유용성을 보증하는 품질통제기법을 가지고 있다.

a. 점포는 불합리한 노후와 퇴보, 손상에서 상품을 보호하고, 상품의 질과 효용을 확신하는 품질통제기법을 가지고 있다.
b. 품질통제에 관한 훈련과 감독을 직원에게 제공한다.
c. 해충통제시스템이 있어서 쥐, 바퀴벌레와 다른 해충이 없다는 확인이 규칙적으로 유지된다.

② **효과적인 의사소통과 친밀한 서빙절차** (60점)

점포는 고객의 의견을 경청함으로써 사전행동 역할을 하고 있다. 그리고 실용주의적이고 명확하게 정의된 고객서빙절차를 실행한다.

a. 청구서는 회사이름, 주소, 전화번호 등이 인쇄되어 근거를 보여준다.
b. 명확하고 정확한 청구시스템이 있다.
c. 영수증은 정확하게 기술되고 명백하게 항목들이 기재되어야 한다.
d. 고객으로부터의 피드백이 모여지고 그에 따라 전략이 세워질 수 있는 채널이 있다.
e. 고객과 관리 사이의 정보의 흐름을 용이하게 하는 효과적인 시스템이 있다.

③ **적절한 안전과 비상절차** (30점)

소매점은 엄격하게 안전보장과 관련된 법적 필요조건에 따라야 한다. 필요한 때 참고할 수 있는 절차가 있다.

a. 안전과 비상대책이 관련 법적 필요조건에 부합된다.
b. 충분한 비상구가 있어 운영할 수 있으며, 직원들이 화재시 탈출경로를 알고 있다.

④ 민감한 불평 다루기와 효과적인 서비스회복 (60점)

점포는 직원이 불평에 반응하여 구제하는 행동을 함으로써 고객의 신용과 믿음을 다시 얻을 수 있도록 하는 잘 개발된 서비스 회복 시스템뿐만 아니라 불평을 다루는 경로와 절차를 가지고 있다.

a. 불평을 처리할 수 있는 경로와 명확하게 기록된 절차
b. 반환과 환급을 할 수 있는 명확한 정책
c. 직원에게 사고나 불평의 경우에 빠르고 적절한 개선행동을 할 수 있는 권한이 주어져 있다.

제2절 기타 인증제도

1. 한국 서비스품질 인증제도

1) 서비스품질 우수기업 인증제도의 뜻과 특전

(1) 제도의 뜻

서비스품질 우수기업 인증제도란 서비스산업에 대한 표준과 방향을 제시하여 선진국 수준의 높은 서비스품질을 국민에게 제공함과 더불어 국가경쟁력의 기반을 강화하고자 2001년 3월 2일 산업자원부 고시 제2001-23호에 따라 서비스분야의 품질경영 우수기업을 선정·지원하기 위하여 서비스품질 우수기업 인증요령을 제정·공시하면서 시작되었다. 이 제도는 서비스산업의 각 부문별, 단위별로 효율적인 서비스를 제공하고 개선하기 위한 서비스혁신 방향을 제시하고, 평가기준에 따라 평가를 실시하여 서비

스품질이 우수한 기업(사업장)을 인증하는 제도이다.

서비스품질 인증을 통하여 기업의 서비스품질의 질적 향상과 각 구성원들의 서비스 마인드를 고취시키고, 그 결과를 널리 알려 기업 및 공공기관에 고객지향적이고 시장지향적인 서비스문화를 확산·보급하여 산업경쟁력 강화와 국가경쟁력을 제고하는 데 그 목적이 있다. 서비스품질 결정요인(지표)으로는 ① 리더십, ② 시스템, ③ 인적자원, ④ 시설/환경, ⑤ 경영성과 등이다. 서류심사 및 공개평가(700점), 암행평가(100점), 고객평가(200점)를 실시한 후 그 결과를 토대로 서비스품질 인증전문위원회에서 최종 심의결정한다.

(2) 인증의 특전

서비스품질 인증업체는 홍보 및 광고에서 다음의 인증마크를 사용할 수 있다.

서비스품질 인증업체에 대한 특전은 다음과 같다.

① 품질경쟁력 50대 우수기업 선정 및 공산품 사후봉사(A/S) 우수기업 인증신청시 우대한다.

② 신문지상에 종합광고 및 집행기관 홈페이지, 월간지에 홍보한다.

③ 선정된 업체의 홍보책자를 제작하여 이를 관련기관(단체) 및 업계에 배포하여 홍보 및 판로를 지원한다.

2) 인증대상업종과 평가분야

(1) 대상업종

구 분	대 상 업 종
유통서비스업	백화점, 대형할인점, 인터넷쇼핑몰, TV홈쇼핑
운송서비스업	여행사, 택배(항공운송서비스 포함), 포장이사, 렌터카
숙박서비스업	호텔, 콘도미니엄(종합휴양업 포함)
외식서비스업	식당(한식, 일식, 중식)중 200석 이상 규모 식당, 패스트푸드점(패밀리 레스토랑, 피자, 햄버거, 치킨), 단체급식
정보통신서비스업	이동전화, 초고속통신망
금융/보험서비스업	은행, 증권, 보험(생명, 손해, 화재), 신용카드, 신용금고
교육/문화서비스업	대학교/대학, 학습지, 공공행정기관, 운전학원(교습학원 포함), 서점(대형서점, 인터넷서점)
보건/복지서비스업	병원(종합 · 일반 · 개인 · 한방병원. 단, 의원은 제외)
일반서비스업	테마공원(놀이공원), 종합용역업(보안(시큐리티), 빌딩관리업), 주유소, 고속도로 휴게소, 예식장, 스포츠센터
계	32개 업종

(2) 관광업종 평가분야

업 종	평가 분야	
호 텔	① 경영자의 리더십 ② 서비스경영 전략계획 ③ 서비스품질 평가시스템 ④ 인적자원 및 조직체계	⑤ 호텔 부대시설의 서비스품질(등급) 수준 ⑥ 접객서비스품질 수준 ⑦ 경영성과 ⑧ 고객평가
콘 도	① 경영자의 리더십 ② 전략적 서비스품질 계획 ③ 서비스품질 평가시스템 ④ 인적자원 및 조직체계 ⑤ 콘도시설의 서비스품질	⑥ 회원관리 서비스품질 수준 ⑦ 접객서비스품질 수준 ⑧ 경영성과 ⑨ 고객평가

2. 국가고객만족지수 대상

1) 국가고객만족지수의 뜻과 배경

(1) 국가고객만족지수의 뜻

국가고객만족지수(NCSI : National Customer Satisfaction Index)는 국내외에서 생산되어 국내 최종소비자에게 판매되고 있는 제품 및 서비스품질에 대한 만족을 나타내는 지수이다.

(2) NCSI 개발배경

한국생산성본부가 품질경쟁력을 측정할 수 있는 국가경제지표의 개발이라는 거시경제적 측면과 기업의 보다 정확한 고객만족도 측정과 활용이라는 두 가지 측면에서 국가고객만족지수(NCSI)를 미국 미시간대학(University of Michigan)의 국가품질연구소(National Quality Research Center)와 공동으로 개발하여 품질에 관한 기업, 산업, 경제부문, 국가단위의 유용한 정보를 제공하기로 하였다. 이를 위해서 해당 제품을 직접 사용해 보고 이 제품과 관련된 서비스를 받아 본 고객이 직접 평가한 만족수준의 정도를 모델링에 근거하여 측정, 계량화한 지표를 의미한다.

2) 조사대상 기업과 조사방법

(1) 조사대상 기업

조사대상 기업(사업체)은 해당 산업 내에서 매출 또는 시장점유율 상위를 차지하고 있는 기업들을 대상으로 하며, 국내시장에서 일정부분 이상의 점유율과 인지도를 확보하고 있는 외국 기업들도 포함된다. 이러한 비교작업을 통해 국내 기업들과 외국기업들 간 품질경쟁력의 수준을 국내시장 내 소비자들의 평가를 바탕으로 직접 비교해 볼 수 있으며, 우수사례에 대한 벤치마킹의 포인트를 제시할 기회를 제공하게 된다. 또한 정부 및 공공행정서비스를 제공하는 기관(Agencies)들은 GDP에서 차지하는 비중에 비해 실제 국민생활 속에서 차지하고 있는 중요성이 매우 크기 때문에 NCSI 조사대상에 포함된다.

NSCI대상은 한국생산성본부에서 매년 4분기에 각 분야의 기업체를 자체적으로 조사하여 12월에 발표한다.

(2) 관광분야 조사대상 기업과 고객 범위

NCSI 조사에 포함된 관광관련 기업은 항공과 호텔이며 고객의 범위는 다음과 같다.

구 분	조사대상 기업	고객정의(18세 이상)
항공(국제선)	대한항공/아시아나항공/싱가포르항공/일본항공/유나이티드항공	1년 이내 편도기준 4회 이상 국제선 이용경험이 있는 고객
항공(국내선)	대한항공/아시아나	1년 이내 국내선 이용경험이 있는 고객
호 텔	리츠칼튼/ 쉐라톤워커힐/ 플라자/ 웨스틴조선/ 인터콘티넨탈/조선/하얏트	현재 해당호텔에 이틀 이상 투숙하고 있는 개인고객(직접 체크인/ 최근 3년 내 투숙경험 있는 자)

(3) 조사방법

고객이 얼마나 만족했는지를 확인하기 위해 직접 고객에게 질문한다. 연간 50,000여명과의 전화인터뷰, 또는 산업특성에 의한 일대일 면접(face to face interview)방식을 통해 자료를 수집하는데, 조사는 가계소비자를 대상으로 인구센서스의 지역별, 성별 인구분포를 고려한 할당 표본추출방식(Quota Sampling)을 사용한다. 설문조사 절차는 고객들은 정형화된 설문서에 따라 동일한 질문을 받게 된다. 설문서는 동일한 17개의 설문항과 8개항의 인구통계학적 설문항으로 구성되어 있다.

3. 기타 외국의 서비스품질 표준

1) ISO 국제품질표준

ISO(the International Organization for Standardization)국제품질 표준은 ISO 조직체에 의해서 제정되었다. ISO는 현재 91개 국가로 구성되어 있으며, 180개의 기술위원회로 구성되어 있다. 국제시장에서 품질이 점점 관심을 끌게 되자, 1987년 국제적 표준을 ISO 9000시리즈로 명명하였다.

ISO 9000 시리즈는 기업에게 수여하는 상이 아니고 기업의 품질시스템에 대해 우수성을 보증하는 인증제도이다. 그래서 유럽에 있는 기업들이 ISO 9000 시리즈 인증을 받은 기업의 제품과 서비스의 품질을 따로 검사하지 않고도 그 회사의 제품을 구입할 수 있도록 하는 제도이다. ISO 9000 인증제도가 한국에는 1992년 처음으로 상륙했다. 도입 첫해 인증을 획득한 기업의 수는 20개 정도였으나 1995년에는 1,000개 기업을 넘었으며 1997년 6월 말에는 3,000여개 이상의 업체가 등록하였다.

2) 말콤 볼드리지 품질대상

말콤 볼드리지 품질대상(The Malcolm Baldrige National Quality Award)은 1987년 8월 20일에 미국의 Ronald Reagan 대통령에 의해서 제정되었다. 이 상은 레이건 정부 때 상무장관을 역임하였던 말콤 볼드리지의 이름을 따서 제정된 상으로써 미국의 기업이 품질에 관해 받을 수 있는 최고의 상이다. 품질과 생산성에 대한 인식을 고취시키고, 품질의 중요성을 전파하고, 성공한 품질전략과 기법을 미국 내의 다른 기업들에게 전파하며, 품질향상에 대한 지침서와 기준을 설정하기 위하여 제정되었다. 1998년까지 10년간 수상업체 중 서비스업체와 7가지의 평가기준은 다음과 같다.

① Merrill Lynch Credit Corp., Xerox Business Service(1997)

② Dana Commercial Credit Corporation(1996)
③ AT&T Consumer Communications Services, GTE Directories Corporation (1994)
④ AT&T Universal Card Services, The Ritz-Carlton Hotel Company
⑤ Federal Express Corporation

<table>
<tr><th colspan="2">기 준</th><th>점 수</th><th>소 계</th></tr>
<tr><td rowspan="2">1. 리더십</td><td>1.1 리더십 시스템</td><td>80</td><td rowspan="2">110</td></tr>
<tr><td>1.2 기업의 사회적 책임과 공공의식</td><td>30</td></tr>
<tr><td rowspan="2">2. 전략적 계획</td><td>2.1 전략개발절차</td><td>40</td><td rowspan="2">80</td></tr>
<tr><td>2.2 기업전략</td><td>40</td></tr>
<tr><td rowspan="2">3. 고객과 시장지향</td><td>3.1 고객과 시장에 대한 지식</td><td>40</td><td rowspan="2">80</td></tr>
<tr><td>3.2 고객만족과 고객관계의 향상</td><td>40</td></tr>
<tr><td rowspan="3">4. 정보와 분석</td><td>4.1 정보와 자료의 선택과 사용</td><td>25</td><td rowspan="3">80</td></tr>
<tr><td>4.2 비교되는 정보와 자료의 선택과 사용</td><td>15</td></tr>
<tr><td>4.3 기업의 성과에 대한 분석과 검토</td><td>40</td></tr>
<tr><td rowspan="3">5. 인력자원 개발과 경영</td><td>5.1 직무시스템</td><td>40</td><td rowspan="3">100</td></tr>
<tr><td>5.2 종사원 교육과 훈련, 그리고 개발</td><td>30</td></tr>
<tr><td>5.3 종사원의 복지와 만족</td><td>30</td></tr>
<tr><td rowspan="3">6. 공정관리</td><td>6.1 제품과 서비스 공정관리</td><td>60</td><td rowspan="3">100</td></tr>
<tr><td>6.2 보조공정관리</td><td>20</td></tr>
<tr><td>6.3 공급업자와 동반자 관리</td><td>20</td></tr>
<tr><td rowspan="5">7. 영업성과</td><td>7.1 고객만족에 대한 성과</td><td>130</td><td rowspan="5">450</td></tr>
<tr><td>7.2 재무와 시장에 대한 성과</td><td>130</td></tr>
<tr><td>7.3 인력자원에 대한 성과</td><td>35</td></tr>
<tr><td>7.4 공급업자와 파트너에 대한 성과</td><td>25</td></tr>
<tr><td>7.5 기업의 특수한 목적에 대한 성과</td><td>130</td></tr>
<tr><td colspan="2">총 점</td><td colspan="2">1,000</td></tr>
</table>

평가항목 중 30%라는 가장 큰 비중을 두고 있는 고객만족의 세부 항목과 점수 내역은 다음과 같다.

〈고객만족 항목별 세부점수〉

항 목	점 수
고객 요구에 대한 인지와 지식	30
고객커뮤니케이션 관리	50
고객서비스에 관한 기준	20
고객에 대한 이해와 자세	15
고객의 고충에 대한 대응	25
고객만족 확보의 제 방편	20
고객만족의 확보기준	70
고객만족의 상대 비교 (자사, 경쟁사, 업계평균 등)	70
합 계	300

3) 데밍상

데밍상(The Deming Prize)은 1951년 일본의 UJSE(the Union of Japanese Scientists and Engineers)에 의해 Deming의 업적을 기리기 위해 제정되었다. 1950년 일본에 건너온 Deming은 일본의 많은 경영자들과 기술자들에게 통계적 품질관리에 대한 교육을 시켰다. 그리고 통계적 품질관리에 대한 책을 저술하였고, 이 책은 많은 사람들에 의해 구독되었다. 여기에서 얻은 수익금을 Deming은 전부 UJSE에 기부하였다. 이 기부금을 기금으로 하고, 일부 일본의 신문사와 개인적인 기부금을 받아 일본의 UJSE가 제정한 상이 바로 데밍상이다. 데밍상의 평가기준은 ① 기업의 정책과 계획, ② 조직과 경영, ③ 품질에 대한 교육과 홍보, ④ 품질정보에 관한 자료수집과 전달 그리고 이용, ⑤ 분석, ⑥ 표준화, ⑦ 통제, ⑧ 품질보증, ⑨ 성과, ⑩ 미래에 대한 계획 등이다.

그 동안 데밍상을 받은 회사들로는 히타치, 도요타, 일본제철, 닛산 등이 있다. 서비스업체로써 처음으로 데밍상을 수여받은 기업은 1979년 건축설계회사인 다케나카 고무텐사이다. 데밍상은 외국의 기업들에게도 그 문호가 개방되었다.

참고문헌

김연성 외 4인, 품질경영, 박영사, 1999. 3.

김왕상, 관광서비스경영론, 대왕사, 2001.

김성혁, 관광서비스, 백산출판사, 2001.

도미경, 동양사상을 근거로 한 관광에 관한 고찰, 한국여행학회, 여행학연구 2002.

도미경, 관광과 여행의 의미에 관한 연구, 한국관광학회, 관광학연구, 2003.

론 젬키, 크리스턴 앤더슨, 서비스달인의 비밀노트, 세종서적, 2002.

사마천, 사기.

삼성 에버랜드 서비스 아카데미, 에버랜드 서비스 리더십, 21세기북스, 2001. 2.

송정일, 지금은 관광연출시대, 백산출판사. pp.154-157.

안영진, 21세기 기업경쟁력 강화를 위한 TQM : 품질경영, 박영사, 1999. 2.

오세소, 박충환, 고객중심과 시너지 극대화를 위한 마케팅, 박영사, 1999. 9.

이기애, 고객에게 감동을 주는 서비스-손님은 가게에서 감동을 받고 싶어한다, 아카데미북, 1999. 1.

이명식, 박명엽, 관광서비스마케팅, 형설출판사, 2002.

이유재, 서비스마케팅, 학현사, 2001.

일본경제신문사, 손님은 가게에서 감동을 받고 싶어한다. 아카데미북, 1999.

켄 블랜차드 · 셀든 보울즈, 조천제 외 옮김, 열광하는 팬, 21세기 북스 2002.

관광불편신고 분석서, 한국관광공사, 2009.

한국소비자보호원, 소비자의 해외관광여행의 의식 및 행태 조사, 2000.
_____, 해외여행상품 이용 및 서비스 실태조사, 2000
_____, 국외 여행상품의 문제점 및 개선방안, 2003.
_____, 여행에 관한 소비자보호방안 연구, 2000.
_____, 여가 소비문화 의식 및 실태조사 결과보고서, 2001.
한국문화유산답사회, 답사여행의 길잡이, 돌베개, 2001
한국산업자원부 기술표준원, 정부의 서비스품질 우수기업 인증제도 안내, 2002. 3.
_____, 한국 서비스품질 인증제도 발전방안에 관한 연구, 2001. 11.
_____, 한국 서비스품질 우수기업 인증 평가표-현장 평가표.
_____, 2002년 한국 서비스품질 우수기업 인증-고객심사 평가표.
_____, 2002년 한국 서비스품질 우수기업 인증-암행 평가표.
WTO, 2002 국제관광잠정통계.

경향신문, 2002.
경향신문, 2003.
내외경제, 2001.
대한일보, 2001.
문화일보, 2002.
매일경제, 2002.
아사히신문, 2000.
연합뉴스, 2002.
조선일보, 2001.
중앙일보, 2002.
파이낸셜, 2002.
한국일보, 2002.
한국일보, 2003.

Bateson, J. E. G., *Managing Services Marketing*, 2nd eds., Fort Worth, TX: The Dryden Press, 1992.
Bitner M. J., *Servicescapes: The Impact of Physical Surroundings*

on Customers and Employees, Journal of Marketing, Vol. 56, April, 1992.

David L. Kurz & Kenneth E. Clow, *Service Marketing*, 1998.

Fredrick F. Reichhold, *The Loyalty Effect,* Harvard Business School Press, 1995.

Grönroos, C., *Developing Service Quality: Some Managerial Implications*, In Möller, K. & Paltschik, M., eds., Contemporary Research in Marketing, Vol. 2, The X VIIth Annual Conference of the European Marketing Academy, Helsinki. Finland. 1986.

Grönroos, C., *Service Quality: The Six Criteria of Good Service Quality*, Review of Business, No. 3(New York: St. John's University Press), 1988.

Holbrook, M. B., and K. P. Corfman, *Quality and Value in the Consumption Experience: Phaldrus Rides Again,* in Perceived Quality, J. Jacoby and J. Olson(eds.,), Lexington, Massachusetts : Lexington Books, 1985.

John M. Rathmell, *What is Meant by Service?* Journal of Marketing, October, 1966.

K. J. Blois, *The Marketing of Services: An Approach*, European Marketing Journal, Vol. 8.

Kurtz, David L. and Kenneth E. Clow, *Services Marketing*, New York: John Wiley & Sons, 1998.

Oliver R. L., *Processing of the Satisfaction Response in Consumption; A suggested Framework and Research Propositions*, Journal of Consumer Satisfaction, Dissatisfaction, and Complaining Behavior, Vol. 2, 1989.

P. Kotler, *Marketing for Non Profit Organizations*, New Jersey: Prentice-Hall, 1982.

Parasuraman A., V. A. Zeithaml. and L. L. Berry, "*A Conceptual Model of Service Quality and Its Implications for future Research,*" Journal of Marketing, Vol. 49, Fall, 1985.

Parasuraman A., Valarie A. Zeithaml, and Leonard L. Berry, "*A Conceptual Model of Service Quality and Its implication the Future,*" Journal of Marketing, Fall, 1985.

Robert C. Judd, "*The case for Redefining Services,*" Journal of Marketing, Vol. 28, January, 1964.

Schlesinger, L. A., and J. L. Heskett, "*The Service-driven Service Company,*" Harvard Business Review, September/ October, 1991.

The American Heritage Dictionary of the English Language, Fourth Edition, Houghton Mifflin Company.

Valerie A. Zeithaml & Mary Jo Bitner, *Service Marketing*, 1966.

William J. Stanton, *Fundamentals of Marketing,* 7th. eds., NY: McGraw-Hill Book Co., 1984.

Yi, Youjae, "*Critical Review of Consumer Satisfaction,*" in Review of Marketing, Zeithaml B. A. eds., Chicago, Ⅱ: American Marketing Association, 1990.

Zeithaml. B. A., L. L. Berry, and A. Parasuraman, "*Communication and Control Processes in the Delivery of Service Quality,*" Journal of Marketing, April, 1988.

Zeithaml. Valarie A. and Mary Jo Bitner, *Services Marketing*, New York: McGraw-Hill Co., 1996.

도미경(都美慶)

경기대학교 대학원 졸업(관광경영학 박사)
서울여자대학교 경영학과 수석졸업
소성관광종합연구소 연구원 역임
아주여행사 국외여행인솔자 역임
이스타꼬레여행사 해외여행부 과장 역임
배재항공여행사 국외여행인솔자 역임
현재, 대덕대학 교수

논 문

관광경영분석에 관한 연구, 2005.
관광의 정신적 가치 확립에 관한 연구, 2004.
관광과 여행의 의미에 관한 연구, 2003.
인터넷시대 여행사의 전략에 관한 연구, 2000.
여행사의 경영성과에 영향을 미치는 요인에 관한 연구, 1999.
여행사 경영분석 모델개발에 관한 연구, 1998 외 다수

저 서

웰빙시대 여행사실무, 백산출판사, 2005.
관광서비스의 이해, 백산출판사, 2003.
여행사경영실무론, 대왕사, 2002 외 다수

고객감동을 위한
관광서비스의 이해

2003년 12월 5일 초 판 발행
2010년 9월 10일 개정판 발행

저 자 도 미 경
발행인 (寅製) 진 욱 상

발행처 백산출판사

서울시 성북구 정릉3동 653-40
등 록 : 1974. 1. 9. 제 1-72호
전 화 : 914-1621, 917-6240
FAX : 912-4438
http://www.ibaeksan.kr
edit@ibaeksan.kr
biz@ibaeksan.kr

값 20,000원
ISBN 89-7739-600-X